*Frauengeschichten*
*Berühmte Frauen und ihre Freundinnen*
Herausgegeben von
Joey Horsley und Luise F. Pusch

# Frauengeschichten

*Berühmte Frauen
und ihre Freundinnen*

Herausgegeben von
Joey Horsley und
Luise F. Pusch

WALLSTEIN VERLAG

**Bibliografische Information der Deutschen Nationalbibliothek**
Die Deutsche Nationalbibliothek verzeichnet diese Publikation
in der Deutschen Nationalbibliografie;
detaillierte bibliografische Daten sind im Internet über
http://dnb.d-nb.de abrufbar.

2. Auflage 2010
© Wallstein Verlag, Göttingen 2010
www.wallstein-verlag.de
Vom Verlag gesetzt aus der Stempel Garamond
Umschlaggestaltung: Susanne Gerhards, Düsseldorf,
unter Verwendung einer Fotografie von
Erika Mann (links) und Pamela Wedekind, 1927.
Monacensia. Literaturarchiv und Bibliothek München.
Signatur: EM F 142. Aufnahme E. Sogalla, Berlin 1927.

Druck: Hubert & Co, Göttingen
ISBN 978-3-8353-0634-9

# Inhalt

# »*Anders lieben ... andere Lust*«

## Nicht nur Männer haben Frauengeschichten
### Vorwort

*von*
*Joey Horsley*

Wir leben in einer Zeit wachsender Akzeptanz gleichgeschlechtlicher Beziehungen, zumindest im Westen. Seit der
gay-rights-Bewegung der 60er und 70er Jahre wird die gay
marriage von immer mehr Ländern anerkannt.[1] In Deutschland gibt es seit 2001 die »kleine« »Homo-Ehe«, wobei die
Rechte der Paare seither ständig erweitert werden – seit Oktober 2009 bekommen Lesben und Schwule Hinterbliebe-
nenrente, wenn ihr/e PartnerIn stirbt.[2] In den USA können
lesbische und schwule Paare bis jetzt in fünf Bundesstaaten
heiraten, und unter Obama und den DemokratInnen wurden
im Oktober 2009 »gender, sexual orientation and identity«
den bisherigen Diskriminierungskategorien Rasse, Religion
und ethnische Identität hinzugefügt: Wenn Menschen aufgrund ihres Geschlechts oder ihrer sexuellen Identität diskri-
miniert werden, gilt dies als »federal hate crime«.[3] Fernsehen
und Film bringen auch seit den 80er Jahren mehr und positi-
vere Darstellungen lesbischer und schwuler Charaktere, was
zu größerer Vertrautheit und somit Akzeptanz führt.[4]

Aber mit der größeren Sichtbarkeit kommt auch die negative Reaktion, der backlash. In Südafrika, wo die Rechte von
Schwulen und Lesben im Grundgesetz verankert sind, werden Lesben »zwecks Umpolung« von Männerbanden gekid-
nappt und vergewaltigt.[5] In den USA sind es vor allem konservative religiöse Kreise, die gegen die gleichgeschlechtliche
Ehe massiv und meist mit Erfolg agitieren. Wo immer über
die gay marriage per Volksentscheid abgestimmt werden

sollte – bis jetzt in 31 Bundesstaaten –, wurde sie nach einer gut finanzierten Hetz- und Angstkampagne abgelehnt, zuletzt in Kalifornien (2008) und Maine (2009). Ein oft zitierter »Grund« für die Ablehnung der gleichgeschlechtlichen Ehe: wenn sie legalisiert würde, müssten schon Kinder in der Schule lernen, dass gleichgeschlechtliche Paare ebenso »normal« sind wie alle anderen.[6] Viele Gegner der Homo-Ehe behaupten, sie hätten gar nichts gegen Lesben und Schwule, sondern wollten nur die Institution der Ehe »schützen«; aber es ist klar, dass die Homophobie längst nicht überwunden ist.

Angesichts solch widersprüchlicher Strömungen nimmt es nicht wunder, dass die Moderatorin einer Fernsehdiskussion zur Homosexualität neulich vor allem feststellte, dass das Thema ungemein starke Emotionen wecke.[7] Die Frage nach der Sexualität eines Individuums geht ja an die Wurzeln der Identität und berührt die Gesamtheit der Kultur und Gesellschaft und ihrer Institutionen. Um die heutigen Kontroversen besser verstehen zu können, hilft es, etwas über die Sozial- und Kulturgeschichte gleichgeschlechtlicher Liebe zu wissen, die seit über 30 Jahren von TheoretikerInnen und HistorikerInnen erforscht wird.[8]

Zu den neueren Ansätzen und Einsichten gehört seit Mead, Elias, Beauvoir, Foucault, Bourdieu und anderen die wichtige Erkenntnis, dass das »soziale Geschlecht« (gender) und die »sexuelle Identität« vom jeweiligen sozialen bzw. kulturellen Kontext abhängen, also weitgehend »gesellschaftlich konstruiert« sind und nicht einfach »natürlich« oder für alle Zeiten gegeben.[9] Daraus folgt die zweite These unseres Buches, nämlich die Notwendigkeit, die Geschichte der Frauenliebe explizit als Teil der *Frauen*geschichte zu verstehen, separat von der Geschichte der Homosexualität allgemein. Zwar gelten Aspekte der Verfolgung und Diskriminierung für Frauen wie für Männer; die Geschichte der lesbischen Liebe spiegelt aber vor allem die Geschichte von Frauen in einer patriarchalen Gesellschaft wider. Der Kampf der Frau um mehr Rechte, zum Beispiel gegen die herrschenden Machtstrukturen im späten 19. Jahrhundert, sollte mit dem Schreckbild der »gefährlichen Lesbierin« geschwächt werden.[10]

Vor der neueren Frauenbewegung wurden Frauen in der Geschichtsschreibung weit weniger beachtet als Männer; weibliche Beziehungen (vor allem die zu anderen Frauen) und Taten wurden kaum wahrgenommen, schon gar nicht ernsthaft erforscht. Auch heute sind Frauen – und infolgedessen auch Lesben – weniger sichtbar als ihre männlichen Zeitgenossen. Dies war neulich auch in der Sendung von Maischberger (»Schwule und Lesben an die Macht!«) deutlich zu sehen (obwohl es vermutlich nicht vielen aufgefallen ist): Auf sieben geladene Herren in der Runde kam eine einzige Frau (die lesbische Schauspielerin Maren Kroymann), und sie kam fast überhaupt nicht zu Wort.[11]

Die biographischen Aufsätze in diesem Band wollen dem abhelfen und als Fallstudien über die Chancen und Hindernisse von Liebesbeziehungen zwischen Frauen auch dem weiteren Projekt dienen, Frauen und ihre Geschichte – vom frühen 18. Jahrhundert bis zur Mitte des 20. Jahrhunderts in Europa und Amerika – sichtbarer zu machen.

Die erste Geschichte, über Catharina Margaretha Linck und ihre Ehefrau Catharina Margaretha Mühlhahn, führt uns in die Welt der frühen Neuzeit, als »Unzucht« zwischen Frauen noch mit dem Tod bestraft wird und Frauen aus den ärmeren Schichten manchmal Männerkleider anziehen, um bessere Überlebensmöglichkeiten zu finden. Frauen, die sich von Frauen angezogen fühlen, identifizieren sich vielleicht auch deshalb als »Männer«, weil das heterosexuelle Paar das einzige Vorbild für erotische Beziehungen ist.[12]

Kurz danach ändert sich die Einstellung zur (im Mittelalter noch als stark und gefährlich eingestuften) weiblichen Sexualität. Das aufkommende Bürgertum konzipiert die Geschlechterrollen und -charakteristiken neu in Richtung zunehmender Polarisierung: Männer sind aktiv, stark und vernünftig, Frauen passiv, abhängig und vom Gefühl geleitet. Zum polarisierten Geschlechterbild kommt ein absolut phallozentrischer Sexualitätsbegriff hinzu, der der Frau jegliches eigenständige Begehren abspricht. Zum Beispiel verkündet 1796 der Rechtsphilosoph Fichte:

> Im unverdorbenen Weibe äußert sich kein Geschlechtstrieb, und wohnt kein Geschlechtstrieb, sondern nur Liebe; und diese Liebe ist der Naturtrieb des Weibes, einen Mann zu befriedigen.[13]

Daraus folgt die im 18. und 19. Jahrhundert weit verbreitete Überzeugung, dass ohne einen Penis kein Sex stattfindet, dass die bürgerliche Frau kein erotisches Begehren hat und demnach geschlechtliche Liebe zwischen Frauen nicht existieren kann.

Die Frauen, die so als asexuelle, moralisch reine Wesen definiert werden, gewinnen dadurch allerdings einen gewissen Freiraum, ihre Gefühle füreinander auszudrücken und zu leben. Da sie auch als empfindsam und »vom Herzen« geleitet gelten, ist es nur ein kleiner Schritt zur weitverbreiteten und gesellschaftlich anerkannten »romantischen Freundschaft«, bei der eine Frau sich eine andere (oder mehrere) zur innig – oft leidenschaftlich – geliebten Freundin nimmt.[14] Manchmal hat eine der Frauen oder haben beide auch einen Gatten, aber die Beziehung zur Freundin ist meist viel intimer und zärtlicher, sicher auch erotischer, wenn auch wahrscheinlich nicht oft genital. Die meisten Frauen, die sich während dieser Zeit in eine Frau verlieben und eine »romantische Freundschaft« pflegen, finden nichts Ungewöhnliches dabei und halten sich für »normal«, denn es gibt noch keine Trennlinie zwischen »lesbischen« und »heterosexuellen« Frauen – diese Begriffe existieren ja überhaupt noch nicht.[15]

Die Deutschamerikanerin Mathilde Franziska Anneke schreibt zum Beispiel 1859 ganz offen an ihren (ihr inzwischen allerdings nur noch platonisch verbundenen) Gatten von ihrer Liebe zu der jüngeren Mary Booth: »Ich weiß, sie liebt mich auch, und ich fühle mich wieder glücklich, geliebt und verstanden zu werden.«[16] Für sie wie für ihr Umfeld ist es selbstverständlich, dass sie ihre Freundin mehr liebt als ihren Mann. Das Thema Frauenliebe wird nicht problematisiert, sondern als eine aus einem breiten Spektrum möglicher Beziehungsformen angesehen. Anneke bezweifelt, übrigens höchst modern, ob es »überhaupt angeht, die verschiedenen Stadien der liebenden Verhältnisse und die Kategorien von Freundschaft und Liebe einzuteilen«.[17]

Wie viele englische und amerikanische Frauen der zweiten Hälfte des 19. und des frühen 20. Jahrhunderts ist auch die »Achtundvierzigerin«[18] Anneke politisch und beruflich engagiert, u. a. als Journalistin, Schriftstellerin, Erzieherin und Frauenrechtlerin. Und wie viele ihrer Zeitgenossinnen findet sie es nicht nur emotional befriedigend, sondern auch praktisch, ihr Leben mit einer Frau zu teilen. Anneke zieht zuerst mit Mary Booth und dann, nach deren Tod, mit einer zweiten, ihr ergebenen Frau zusammen. Solche »Bostoner Ehen«, wie sie wegen der Vielzahl derartiger Beziehungen in Neuengland genannt werden, erlauben den Frauen, ihren beruflichen, künstlerischen oder politisch-reformatorischen Zielen nachzugehen, gestärkt durch eine liebende, sie unterstützende Partnerin und ohne sich um Mann und Kinder kümmern zu müssen.[19] Solche Lebensgemeinschaften werden im späten 19. Jahrhundert meist noch in die Tradition der »romantischen Freundschaften« eingeordnet und respektiert. Andere künstlerisch, sozialreformerisch oder politisch tätige Frauen, wie die britische Komponistin Ethel Smyth, lehnen die traditionelle Ehe und Familie als unvereinbar mit ihren sonstigen Zielen auch ab, verlieben sich auch in Frauen, ohne aber eine eheähnliche Lebensgemeinschaft einzugehen.

Mit dem Aufkommen der Frauenrechtsbewegung aber versucht das verunsicherte Patriarchat, die selbstständigen, feministisch gesinnten Frauen als »unweiblich« und krankhaft zu diffamieren, dadurch ihre Forderungen zu diskreditieren und sie so zu isolieren und von anderen, traditioneller lebenden Frauen abzuspalten. Der antifeministische backlash wird von der im späten 19. Jahrhundert gerade entstehenden Sexualwissenschaft unterstützt, die es unternimmt, die Menschen in feste sexuelle Kategorien einzuteilen. Die Begriffe ›Homosexualität‹ und ›Heterosexualität‹ entstehen, und zu den polarisierten Geschlechtercharakteristiken kommt jetzt die Opposition zwischen »normalen« und »abnormen« bzw. »krankhaften« Sexualtypen. Obwohl Sexologen wie West-phal, Krafft-Ebing oder Ellis sich hauptsächlich für die männliche Homosexualität interessieren, versuchen sie, ihre Theorien auch auf Frauen auszudehnen. Eine Frau, die ihre Liebe zu oder ihre Lebensgemeinschaft mit einer anderen Frau für selbstverständlich gehalten hat, muss nun befürch-ten, dass sie als »invertiert«, als »perverses Mannweib« oder »krankhafte Lesbierin« von der Gesellschaft verabscheut wird.[20]

Frauen werden also von »zu engen« Freundschaften mit anderen Frauen – sowie von feministischem Engagement – zunehmend abgeschreckt. Gleichzeitig werden sie zu hetero-sexuellen Bindungen angehalten. Denn der alte Grundsatz, die Frau habe keinen Geschlechtstrieb, wird nun außer Kraft gesetzt. Die neue Sexualwissenschaft und die Sexualreform-bewegungen räumen auf mit der viktorianisch/wilhelmi-nischen Prüderie und entscheiden anders – aber doch nicht so ganz anders –, als es Fichte deklariert hatte: Die gesunde mo-derne Frau soll ihre Sexualität ausleben, und zwar in Form von heterosexuellem Geschlechtsverkehr.[21] Wenn sie es vor-zieht, ledig zu bleiben oder keinen Sex zu haben, läuft sie Ge-fahr, als »frigide« oder gar lesbisch diffamiert zu werden.

Zwischen etwa 1880 und 1920 also, als das viktorianische bzw. wilhelminische Zeitalter von der Moderne abgelöst wird, verwandeln sich weibliche Rollenbilder und Beziehungsmus-ter gewaltig. Die Frage der sexuellen Identität wird zum Thema endloser Debatten und Selbstbefragung, wird sozio-logisch, psychologisch, politisch und existenziell brisant. Mit Ausnahme der Frauen der ersten beiden Kapitel unseres Bu-ches werden alle besprochenen Frauen vor dem Hintergrund solcher Definitions- und Deutungskontroversen ihre Liebes-beziehungen zu gestalten und zu verstehen versuchen, aller-dings in sehr verschiedenen Kontexten und mit unterschied-lichen Resultaten.

Ethel Smyth beginnt, in einer noch »unschuldigen« Ära, sich in ältere Frauen zu verlieben, hat auch ein langes intimes Verhältnis zu einem Mann und grübelt ihr Leben lang und weit bis ins 20. Jahrhundert über die Natur und den Sinn der Liebe und der Sexualität. Für Smyth sind beide unerlässliche Komponenten ihres kreativen Schaffens. Die englischen und deutschen KünstlerInnen- und Adelskreise, in denen sie verkehrt, gestatten ihr größere Freiheiten, als den meisten bürgerlichen Frauen ihrer Zeit vergönnt war.

Natalie Clifford Barney und Renée Vivien haben Geld genug, über ihre Lebensbedingungen zu bestimmen, unabhängig von den Wünschen ihrer Familien. Barney bejaht ihre Liebe zu Frauen begeistert als »eine Sache der Natur« und etabliert in Paris eine lesbische community, wo Frauen aus vielen Ländern neue Kenntnisse sammeln und Lebensformen ausprobieren können. Vivien sucht in Sappho ein Vorbild lesbischen Lebens und Dichtens, wird aber wegen der öffentlichen Diffamierung ihrer Werke schließlich entmutigt und tödlich depressiv.

Auch Marina Zwetajewa und Sophia Parnok erkunden in ihrer Dichtung die Liebe zwischen Frauen. Beeinflusst durch französische Stereotype der Dekadenz versucht Zwetajewa, sich klar zu werden über die Rollen der Liebenden in dieser neuen Leidenschaft, die sie als »Duell zweier Willen« bezeichnet: »Und ich weiß nicht: Habe ich erobert? / Wurde ich überwältigt?«[22] Die beiden können in den Kreisen des russischen »Silbernen Zeitalters« (1893-1917), das sich als antibürgerlich und sophisticated sieht, ihre Liebe öffentlich ausleben. Wie bei fast allen Paaren, die in diesem Band vorkommen, wird ihre Beziehung durch Eifersucht und (mindestens emotionales) »Fremdgehen« gestört – ob mit einer anderen Frau oder mit einem Mann. Zwetajewa versteht sich auch als bisexuell, während Parnok (außer einer frühen Scheinehe) nur Beziehungen zu Frauen hat.

Trotz der leidenschaftlichen Liebesbeziehung, die Anfang der 30er Jahre zwischen der deutschen Schriftstellerin und Filmautorin Christa Winsloe (*Mädchen in Uniform*) und der amerikanischen Journalistin Dorothy Thompson entbrennt, lehnen beide die Bezeichnung »lesbisch« für sich ab. Beide identifizieren sich als heterosexuell, sind zeitweise verheiratet und leben mit Männern zusammen. Beide erkennen sich vor allem nicht in den negativen Stereotypen der Zeit wieder, wonach Lesben als »pervers« stigmatisiert und ausgegrenzt werden. Thompson versucht in ihrem Tagebuch ihre unerwartete Empfindung für Winsloe zu definieren: »Wie um Himmels willen soll man solche Gefühle nennen, wenn nicht Liebe?«[23] Erstaunt preist sie »diese wunderliche Zärtlichkeit, diese durchdringende Wärme ... dafür gibt es keine Worte [...]«.[24] Obwohl sie nach wenigen Jahren als Liebespaar auseinandergehen, bleiben die beiden befreundet, bis Winsloe, fälschlich als Nazispionin verdächtigt, im französischen Exil von Kriminellen erschossen wird.

Ruth Benedict und Margaret Mead, führende Pionierinnen der modernen Anthropologie, tragen wesentlich zur Auflösung der starren Geschlechterrollen sowie zum Abbau negativer Vorurteile gegenüber »abweichenden« (deviant) Gruppen bei. Sie selbst sind frei in ihrem Denken und Handeln, gehen Liebesbeziehungen zu Männern und Frauen ein, heiraten und trennen sich wieder (Mead wird dreimal geschieden). Trotzdem müssen auch sie ihre gleichgeschlechtlichen Beziehungen größtenteils im Versteck leben: Benedict aus Angst, ihre Professur an der Columbia-Universität zu verlieren; Mead, um ihren Status als beachtete öffentliche Intellektuelle und Autorin im konservativen Nachkriegsamerika zu wahren. Ihre eigene Tochter und Biographin Catherine Bateson erfährt erst nach Meads Tod von der intensiven Liebesbeziehung zu Ruth Benedict, der einst angebeteten Lehrerin der jungen Anthropologie-Studentin. Auch diese liebende Freundschaft überlebt ihre erste, erotische Phase; Benedict und Mead unterstützen einander als treue Kolleginnen bis zu Benedicts Tod. Danach schreibt Mead die Biographie ihrer Freundin und kümmert sich um ihren Nachlass, beides Zeichen ihrer tiefen, andauernden Liebe.

Das Liebesleben Erika Manns umspannt die Zeit von den Goldenen Zwanzigern bis zu ihrem Tod in den späten 60ern. Die unbefangene Selbstverständlichkeit, mit der sie in die Berliner Szene eintaucht und weiterhin gleichgeschlechtliche Beziehungen eingeht, bezeugt sowohl ihre persönliche und politische Furchtlosigkeit als auch die Verachtung bürgerlicher Normen in KünstlerInnenkreisen, in denen sie meist verkehrt. Allerdings leidet sie, wie auch Mead und Thompson, unter dem wachsenden Konservatismus der Nachkriegszeit.

*   *   *

Wie die »Frauengeschichten« nahelegen, gab es in der Art, wie diese frauenliebenden Frauen auf ihre jeweilige gesellschaftliche Situation reagierten, sowohl Gemeinsamkeiten als auch große Unterschiede. Faktoren wie gesellschaftliche Schicht, Reichtum und Status, Alter, religiöse und politische Einstellung spielten wichtige Rollen in den oft schwierigen Schicksalen. Die Freundinnen betraten dabei meist neue, für sie unbekannte und zuweilen steinige Pfade. Unterwegs erfuhren sie aber auch Leidenschaft und Nähe und zum Teil großes Glück. Und was sie entdeckten und lebten, bleibt für uns heute ein reiches, anregendes Erbe.

## Anmerkungen

1 Vgl. http://en.wikipedia.org/wiki/Status_of_same-sex_marriage; ebenso http://www.ukgaynews.org.uk/marriage_timeline.htm.

2 Vgl. Bericht von Chantal Louis in der *Emma* vom 23.10.2009. http://www.emma.de/rente_fuer_lebenspartnerinnen_2009_10_23. html.

3 Vgl. http://en.wikipedia.org/wiki/Matthew_Shepard_Act.

4 Siehe Streitmatter.

5 Siehe z. B.: http://www.reuters.com/article/worldNews/idUS-TRE52C3MN20090313.

6 Siehe z. B.: http://www.boston.com/news/local/maine/articles/2009/11/04/maine_voters_overturn_states_new_same_sex_marriage_law/?page=2.

7 Menschen bei Maischberger, Sendung vom 3.11.2009. http://www.daserste.de/maischberger/sendung.asp?datum=03.11.2009& Suche+starten.x=11&Suche+starten.y=5.

8 Vgl. Judith Offenbach (= Luise F. Pusch), S. 210-232, für eine frühe, heute noch relevante Analyse. Joey Horsley, S. 7-16, liefert eine partielle Auflistung der Literatur und eine kurze Zusammenfassung der Geschichte der Frauenliebe im Westen vom 18. Jahr-

hundert bis zur Zeit der zweiten Frauenbewegung. Vgl. Leila J. Rupp für eine globale Übersicht der Liebe zwischen Frauen von den Anfängen bis zur heutigen Zeit. Eine neuere, ausführliche Darstellung der Geschichte der Sexualwissenschaft bietet Sigusch.
9 Vgl. dazu auch z. B. Martha Nussbaum.
10 Vgl. z. B. Faderman 1981, S. 239-253; Jeffreys.
11 Siehe Anm. 7.
12 Vgl. Dekker und van de Pol, S. 77.
13 Johann Gottlieb Fichte, *Grundriß des Familienrechts*, zit. in Steidele, S. 15. Fichte sieht die Frau zwar als Vernunftwesen, aber aus Vernunft erfahre sie ihre »Befriedigung des Herzens« in der Befriedigung des männlichen Geschlechtstriebs. Denn im Akt der Zeugung sei nur der Mann aktiv, das Weib passiv.
14 Carroll Smith-Rosenberg, Lillian Faderman, Emma Donoghue, Sharon Marcus und Martha Vicinus u. a. haben diese Geschichte vor allem für Amerika und England dokumentiert und gedeutet, Karin Lützen und Hilde Schmölzer für Europa. Leila J. Rupp liefert eine Jahrhunderte umfassende, globale Übersicht.
15 Das Wort *Heterosexualität* wird von Karl Maria Kertbeny in den 1860er Jahren erfunden, aber erst 1880 veröffentlicht. Sigusch, S. 146.
16 Brief an Fritz Anneke vom 23.9.1859, zit. nach Wagner, S. 108.
17 Brief an Fritz Anneke vom 1.12.1868, zit. nach Wagner, S. 272.
18 D. i. Teilnehmerin an der deutschen Revolution von 1848.
19 Faderman 1999 dokumentiert viele Fälle von Pionierinnen in Reformbewegungen in den USA des 19. Jahrhunderts, die eine Frau als Lebensgefährtin hatten.
20 Mehr dazu bei Horsley, S. 9 f. und Anmerkungen.
21 Für eine ausführliche Darstellung, vgl. Jeffreys 1989.
22 Aus dem Gedichtzyklus »Die Freundin«, zit. nach Burgin in diesem Band, S. 187.
23 Zit. nach Sheean, S. 240. Siehe Hermanns in diesem Band, S. 209.
24 Zit. nach Sheean, S. 242. Siehe Hermanns in diesem Band, S. 209.

## Literatur

Abelove, Henry, Michèle Aina Barale und David M. Halperin. Hrsg. 1993. *The Lesbian and Gay Studies Reader*. New York und London.

Brown, Judith C. »Lesbian Sexuality in Medieval and Early Modern Europe.« In: Duberman u. a., S. 67-75. (Rpt from Judith Brown 1985. *Immodest Acts: The Life of a Lesbian Nun in Renaissance Italy*.)

Dekker, Rudolf, und Lotte van de Pol. 1990 [1989]. *Frauen in Männerkleidern. Weibliche Transvestiten und ihre Geschichte.* Mit einem Vorwort von Peter Burke. Aus dem Niederländischen von Maria-Theresia Leuker. Berlin.

Donoghue, Emma. 1993. *Passions Between Women: Britisch Lesbian Culture 1668-1801.* New York.

Duberman, Martin B., Martha Vicinus u. George Chauncey, Jr. Hg. 1989. *Hidden from History: Reclaiming the Gay and Lesbian Past.* New York.

Estlund, David M., und Martha C. Nussbaum, Hg. 1997. *Sex, Preference, and Family. Essays on Law and Nature.* New York.

Faderman, Lillian. 1981. *Surpassing the Love of Men: Romantic Friendship and Love Between Women from the Renaissance to the Present.* New York. [Dt.: *Köstlicher als die Liebe der Männer: Romantische Freundschaft und Liebe zwischen Frauen von der Renaissance bis heute.* Aus dem am. Engl. von Fiona Dürler und Anneliese Tenisch. Hg. Bettina Kobold. Zürich. 1990.]

—. 1991. *Odd Girls and Twilight Lovers: A History of Lesbian Life in Twentieth-Century America.* New York.

—. 1999. *To Believe in Women: What Lesbians Have Done for America – A History.* Boston (Mass.).

Horsley, Joey. 2005. »Wie Rotwein und Honig, wie Brot am Morgen – Liebe zwischen Frauen.« Vorwort zu Horsley/Pusch 2005, S. 7-16.

Horsley, Joey, und Luise F. Pusch, Hg. 2005. *Berühmte Frauenpaare.* Frankfurt a. M.

Jeffreys, Sheila. 1985. *The Spinster and Her Enemies: Feminism and Sexuality 1880-1930.* London.

Lützen, Karin. 1992 [1990]. *Frauen lieben Frauen. Freundschaft und Begehren.* Aus dem Dänischen von Gabriele Haefs. München.

Marcus, Sharon. 2007. *Between Women: Friendship, Desire, and Marriage in Victorian England.* Princeton, N. J.

Nussbaum, Martha C. 1997. »Constructing Love, Desire, and Care«. In: Estlund und Nussbaum, S. 17-44.

Offenbach, Judith (= Luise F. Pusch). 1983. »Feminismus – Heterosexualität – Homosexualität«. In Pusch 1983, S. 210-232.

Pusch, Luise F. Hg. 1983. *Feminismus. Inspektion der Herrenkultur. Ein Handbuch.* Frankfurt a. M.

Rupp, Leila J. 2009. *Sapphistries: A Global History of Love Between Women.* New York und London.

Schmölzer, Hilde. 2009. *Frauenliebe. Berühmte weibliche Liebespaare der Geschichte.* Wien.

Sheean, Vincent. 1964. *Dorothy und Red: Die Geschichte von Dorothy Thompson und Sinclair Lewis.* Aus dem am. Engl. von Fritz Jaffé. München/Zürich.

Sigusch, Volmar. 2008. *Geschichte der Sexualwissenschaft.* Frankfurt a. M./New York.

Smith-Rosenberg, Carroll. 1975. »The Female World of Love and Ritual: Relations Between Women in Nineteenth-Century America«. *Signs* 1/1, S. 19-27.

—. 1989. »Discourses of Sexuality and Subjectivity: The New Woman, 1870-1936«. Duberman u. a., S. 164-180.

Steidele, Angela. 1999. »Von keuschen Weibern und lüsternen Tribaden. Der Diskurs über sexuelle Handlungen zwischen Frauen im 18. und frühen 19. Jahrhundert.« *Forum Homosexualität und Literatur* 35, S. 5-34.

Streitmatter, Rodger. 2009. *From »Perverts« to »Fab Five«: The Media's Changing Depiction of Gay Men and Lesbians.* New York.

Vicinus, Martha. 1993. »'They Wonder to Which Sex I Belong': The Historical Roots of the Modern Lesbian Identity«. In: Abelove u. a., S. 432-452.

—. 2004. *Intimate Friends: Women Who Loved Women, 1778-1928.* Chicago.

Wagner, Maria. Hg. 1980. *Mathilde Franziska Anneke in Selbstzeugnissen und Dokumenten.* Frankfurt a. M.

# »Als Mann und Frau etliche jahr mit einander gelebt«

## Catharina Margaretha Linck (1687-1721) und Catharina Margaretha Mühlhahn (1697-1776)

*von*
*Angela Steidele*

> in Summa es seÿnd solche umbstände beÿ der Sache die
> so leichte nicht in der welt passiret seÿn mögen[1]

Die Geschichte von Catharina Margaretha Linck und Catharina Margaretha Mühlhahn gleicht einem authentischen Schelmenroman. Wie Simplicius Simplicissimus strich Linck alias Anastasius Lagrantinus Rosenstengel durch die deutschen Lande, die vom Dreißigjährigen Krieg noch schwer gezeichnet waren, und bestand, als Mann verkleidet, haarsträubende Abenteuer. Einmal zog sie den Kopf buchstäblich und in letzter Sekunde aus der Schlinge. 1717 heiratete sie Catharina Mühlhahn, die fortan mit ihr über Land zog. Doch anders als Grimmelshausens Roman ging die Geschichte der beiden Catharinen nicht gut aus. Sie flogen auf und wurden drastisch bestraft: Die ›Ehefrau‹ musste für drei Jahre ins Zuchthaus, der ›Ehemann‹ wurde 1721 auf dem Fischmarkt in Halberstadt enthauptet.

Überliefert ist die traurige und zuweilen auch urkomische Geschichte dieses tollkühnen Frauenpaars dank der umfangreichen, heute noch erhaltenen Gerichtsakten.[2] Trotz einiger Leerstellen ermöglichen sie es, die weit zurückliegenden Spuren von Liebe und Begehren zwischen Frauen in der Frühen Neuzeit zu verfolgen.

# Waisenkind, Prophet, Soldat und Handwerker

Beide Catharinen stammten aus dem unteren sozialen Milieu, Catharina Linck sogar fast aus der Gosse. Ihre Mutter Magdalena Linck, die Witwe des Lein- und Wollwebers Martin Linck aus Schönebeck an der Elbe, war auf ihre Weise eine Landstörzerin Courage; als Marketenderin begleitete sie ein Regiment und bot den Soldaten Waren und wohl auch sich selbst zum Kauf an. Am 15. Mai 1687, dem Pfingstsonntag, brachte sie in dem kleinen Marktflecken Gehofen im heutigen Thüringen unehelich eine Tochter zur Welt, die am Pfingstmontag die Namen Catharina Margaretha erhielt. Die Überlebensversuche von Mutter und Tochter müssen sich in den nächsten Jahren im ärmlichsten Milieu abgespielt haben, denn sie landeten schließlich im Elend von Glaucha an der Saale, gleich bei der alten Stadt Halle. Wen der Dreißigjährige Krieg und im Anschluss die Pest noch nicht umgebracht hatte, der soff sich dort dank einer erzbischöflichen Branntweinlizenz zu Tode. So war es kein Zufall, dass ausgerechnet hier der junge August Hermann Francke sein großes karitatives Stiftungswerk begann, als er zum Pastor an St. Georgen ernannt wurde. Ab 1695 eröffnete er zuerst eine Schule, dann ein Waisenhaus, es folgten eine Apotheke, eine Druckerei und ein Verlag, die Canstein'sche Bibelanstalt, und vieles mehr. Ausgerechnet in diesen später berühmten und bis heute bestehenden Francke'schen Stiftungen fand Magdalena Linck 1696 eine Anstellung, und ihre neuneinhalbjährige Tochter wurde in das Waisenhaus aufgenommen.

Während der nächsten vier Jahre genoss Catharina Annehmlichkeiten, die ihr sehr wahrscheinlich neu waren – ein Dach über dem Kopf, ein Bett in der Nacht, warme Kleidung und genügend zu essen. Außerdem lernte sie lesen, schreiben und rechnen und erwarb damit fast unerhörte Kenntnisse für ein Mädchen und noch dazu aus dem niedrigsten Stand. Bettelkinder wie sie wurden sonst nicht unterrichtet. Vor allem aber kümmerte man sich im pietistischen Waisenhaus um Catharinas Seele, die vor dem ewigen Verderben zu bewahren war. Und so wurde von morgens bis abends gebetet, der Ka-

# Catharina Margaretha Linckin.

| A. | B. |
|---|---|
| Als eine Weibes-Person und Inspiratische Prophetin. | Als eine verstellte Manns-Person und Soldate, unterm Nahmen-Anastasius Lagarantinus Rosenstengel. |

Titelkupfer des Pamphlets »Umständliche und wahrhaffte Beschreibung einer Land- und Leutebetrügerin« (1720)

techismus aufgesagt, Psalmen und Bibelsprüche vorgetragen, Gesangbuchlieder gesungen, kurz, ein umfangreiches Glaubensprogramm absolviert. Da »man sie verpflichten wollte, fünf bis sechs Stunden am Tag zu Gott zu beten«, lief sie mit elf oder zwölf mal weg, denn »das erschien ihr so hart, dass sie lieber fliehen wollte«.[3] Kurz vor ihrem dreizehnten Geburtstag, im Jahr 1700, wurde sie aus dem Waisenhaus entlassen. Als ihre »Qualitates abeuntium«, eine Art Abgangsresümee, wurde im Waisenalbum notiert: »war so vor sich hin«.[4] Sie scheint schon früh eigene Wege gesucht zu haben.

Francke schickte sie zu einem hallischen Knopfmacher und Baumwolldrucker, bei dem sie sich einige handwerkliche Fähigkeiten aneignete, die sie später gut gebrauchen sollte; glücklich war sie dort auch nicht. Nach zwei Jahren lief sie erneut weg. Die fünfzehn Jahre alte Catharina Margaretha wanderte alleine saaleabwärts nach Calbe, wo sie Unterschlupf bei Freunden fand. Hier vollzog sie die große, entscheidende Veränderung in ihrem Leben: Zum ersten Mal zog sie Männerkleidung an. Offensichtlich hatte sie die körperlichen Voraussetzungen dafür, als Mann durchzugehen. Der preußische General Friedrich Wilhelm von Grumbkow beschrieb sie ein paar Jahre später als »fort bien faite«,[5] also als sehr gut gebaut. Sie war groß und verfügte über einen verlässlichen Körper – alles andere erledigten die Kleider, die in Zeiten strikter Vorschriften Sein, Stand und Geschlecht bestimmten. Jeder, der Catharina Linck in Hosen sah, hielt sie für einen jungen, noch zarten Mann. Vermutlich band sie sich mit einem Streifen Stoff die Brüste ab. Ihren Zopf musste sie nur lösen, denn auch Männer trugen zu der Zeit die Haare weit über die Schultern herab. Laut Grumbkow hatte Catharina Linck »un beau visage« – ein schönes Gesicht. Man darf also annehmen, dass sie gut aussah und als Mann vielleicht besonders attraktiv wirkte. Dass sie restlos überzeugte, verdankte sie »einem mit Leder überzogenen Horn, wodurch Sie den Urin gelaßen«[6] – virtuos im Stehen.

In ihrem Inquisitionsprozess wurde sie später gefragt, weshalb sie sich als Mann ausgegeben habe. Sie wich aus, indem sie darauf verwies, das hätten »ja mehr WeibsLeuthe gethan«.[7] Damit hatte sie zweifellos recht. Von der Antike bis zum 20. Jahrhundert sind bemerkenswert viele Fälle von Frauen überliefert, die als Männer lebten, und die tatsächliche Zahl muss noch höher gewesen sein, da nur die Fälle bekannt wurden, bei denen etwas schiefging. Fast alle handelten aus einem wirtschaftlichen Motiv heraus: Armut. Sie stammten, wie Catharina Linck, aus der Unterschicht und versuchten, durch ihren Kleidertausch von dem sozialen Prestige zu profitieren, das ein Leben als Mann bot und bietet. Denn im Gegensatz zur Verwandlung vom Mann zur Frau bedeutet die Verwandlung von der Frau zum Mann immer sozialen Aufstieg. Im frühen 18. Jahrhundert standen einer Frau aus der Unterschicht als Mann mit einem Mal Berufsmöglichkeiten, Verdienstquellen, Freiheiten und Rechte offen, von denen sie vorher nur träumen konnte. Lincks Armut und unbefriedigende Lebensaussichten als Frau dürften demnach ihren Kleidertausch zuerst motiviert haben. Dass die Liebe dabei auch eine Rolle spielte, sollte sich bald zeigen.

Catharina Linck wusste, dass sie als Mann nicht wieder in ihre alte Umgebung zurückkehren konnte. Auch heute noch kollidiert der Geschlechtertausch eines Individuums jenseits karnevalesker Spiele heftig mit den Erwartungen der Umwelt. Um 1700 wurde er nicht akzeptiert. Catharina Lincks Entschluss, als Mann aufzutreten, ging daher die Entscheidung voraus, vollständig mit ihrem alten Leben zu brechen. Ihre neue Heimat fand sie bei einer radikalpietistischen Sekte, deren Mitglieder die Kirche ablehnten und in ekstatischen Zuständen wie die Jünger zu Pfingsten das Wort Gottes empfingen. Auf dem Strohhof vor Halle warnten sie Schnapsbrenner, Zuhälter und Huren vor Gottes Zorn. Die zu Pfingsten geborene und getaufte Catharina Linck unterhielt ein besonderes Verhältnis zum Heiligen Geist; als die Gruppe weiterzog, schloss sie sich in ihrer neuen Identität als Mann der Gruppe an. In einem weiten Bogen wanderten sie durch Böhmen nach Nürnberg, wo der Jüngling aus Halle nach den Riten der Gruppe in der Pegnitz außerhalb der Stadttore getauft wurde. Die Prophetin Eva Lang begleitete ihn ins Wasser, tauchte ihn dreimal vollständig unter und taufte ihn im

Namen von »Jehova Almajo Almejo« auf die Namen Anastasius Lagrantinus Rosenstengel.[8] Catharina Margaretha Linck
erhob sich aus dem Wasser der Pegnitz als neu geborener –
Mann.

Der neue Name zeugt von Hintersinn und kaustischem
Humor. »Anastasius«, der ›Auferstandene‹, mag nach außen
die religiöse Wiedergeburt durch die Erwachsenentaufe bezeichnet haben; für Linck selbst außerdem die Auferstehung
als Mann. Der androgyne ›Rosenstengel‹ wirkt wie ein ironi-
scher Kommentar auf ihr Doppelleben als Frau – die Rose –,
und als Mann – der Stängel. »Lagrantinus« schließlich ist eine
freie Erfindung, der Name existierte gar nicht. Vielleicht ging
es Catharina Linck darum, in diesem Kunstnamen den künst-
lichen, d. h. selbstgeschaffenen Charakter ihrer neuen Identität zu betonen. Alles zusammengenommen offenbart sich in
diesem Namen nicht zuletzt eine ordentliche Portion Selbstironie.

Die Taufe in der Pegnitz war die Initiation für die Gabe,
den Heiligen Geist empfangen und wie die Jünger zu Pfingsten in Zungen sprechen zu können. Pünktlich noch am Tag
der Taufe fiel Rosenstengel in eine religiöse Verzückung,
fing nach gemeinsamen Gebeten und Gesängen an zu toben,
wälzte sich mit Schaum vor dem Mund auf der Erde und
schlug mit dem Kopf gegen die Wand, bis er schließlich in
eine ruhige Trance trat und eine so genannte *Aussprache*
hatte, in der er Gottes Wort als Offenbarung verkündete.
Solche körperlichen Verzückungen waren um 1700 keine
Seltenheit; die Quäker (engl. »to quake«, »zittern«) hatten
ein paar Jahrzehnte zuvor sogar ihren Namen von den Zu-
ckungen erhalten. In der Unmittelbarkeit, mit der Anastasius
Rosenstengel vom Heiligen Geist ergriffen wurde, zeigte sich
die Dringlichkeit seines Wunsches, als Medium anerkannt zu
werden. Ein »Quackerpulver«,[9] also eine Droge, die psyche-
delische Visionen hervorrief, könnte ihm dabei geholfen
haben. Vielleicht war das Ganze aber auch eine kühle Be-
rechnung und Verstellung, wie Lincks ganzes neues Sein:
Als Mann und als Medium Gottes erhielt Anastasius Rosenstengel ein Catharina Linck unerreichbares Ansehen.

Zwei Jahre zog Anastasius Rosenstengel mit der radikal-pietistischen Sekte durch halb Deutschland, doch seine Karriere als Prophet verlief nur mäßig, da er sich aus Ehrgeiz zu äußerst unglücklichen Prophezeiungen verleiten ließ. In Köln befahl er einer Jungfer Elisabeth in Trance, sie solle vierzig Tage und Nächte fasten. Sogleich bekam aber der Gefährte der Jungfer ebenfalls eine Aussprache, in der er Rosenstengel widersprach, da Elisabeth ein so langes Fasten nicht aushalten könne. Um seinen Ruf zu wahren, entschloss sich Rosenstengel daraufhin zu einer grotesken Versuchung Gottes oder des gesunden Menschenverstandes. Denn er prophezeite einem reichen Kölner Kaufmann, er könne wie Jesus über das Wasser gehen. Am nächsten Tag wurde die Probe aufs Exempel gemacht – und es geschah, was abzusehen war: Als der Kaufmann versuchte, unterstützt vom Gebet und Gesang der Sektenmitglieder, über den Rhein zu schreiten, fiel er ins Wasser, begleitet vom einhelligen Gelächter der Schaulustigen. Fast wäre der Arme ertrunken. Rosenstengel verteidigte sich bibelfest mit der Behauptung, der Kaufmann sei untergegangen, weil er wie Petrus auf dem See Genezareth gezweifelt und nicht den rechten Glauben gehabt habe. Doch das half ihm nicht mehr. Fluchtartig musste er die Stadt und seine Sekte verlassen.

Er schlug sich eine Zeitlang als Schweinehüter im Sauerland durch, doch schließlich wusste die erst 17 Jahre alte Catharina Linck nicht weiter, und ihr blieb nichts anderes übrig, als nach Halle zu ihrer Mutter zurückzukehren. Hier musste sie freilich wieder Frauenkleider anziehen und Mägdedienste verrichten, was ihr so wenig zusagte, dass sie, kaum war der Winter vorüber, im Frühjahr 1705 erneut verschwand. Die nächsten sieben Jahre verbrachte sie als Soldat im Spanischen Erbfolgekrieg (1701-1714), in dem über die Vormachtstellung im heutigen Belgien und in Europa gestritten wurde.

Catharina Linck begann 1705 bei den Truppen des Kurfürstentums Hannover, einem bunt zusammengewürfelten Söldnerheer, als Musketier, also als einfacher Soldat zu Fuß. Sie nannte sich Caspar Beuerlein und lernte im Winterlager

– Krieg wurde nur in der schönen Jahreszeit geführt – schie-
ßen, fechten und exerzieren. Im Sommer nahm sie an den
Feldzügen in Brabant teil. Der Dienst war sommers wie winters hart und wurde äußerst schlecht bezahlt. Für die Bereit-
schaft, zu töten und zu sterben, wurde ein einfacher Soldat
lediglich vor dem Verhungern bewahrt. Fast niemand ging
freiwillig zum Fußvolk, das aus gepressten, oft leibeigenen
Bauernsöhnen bestand, Tagelöhnern, Landstreichern und
Verbrechern. Man musste schwer in der Klemme sein oder
seine eigenen Lebensumstände als unerträglich empfinden,
um sich wie Catharina Linck freiwillig zu verpflichten.

Doch für sie hatte ein Leben als Soldat Vorteile. Sie verfer-
tigte sich ein »von Leder gemachtes ausgestopfftes Männliches Glied«, an das sie einen »Beütel von Schweine Blasen
gemacht« bzw. »zweÿ ausgestopffte von Leder gemachte tes-
ticuli gehänget« hatte. Die gelernte Knopfmacherin und Kat-
tundruckerin wusste offensichtlich mit ihren Händen umzu-
gehen. Mit »einem ledern Riemen« band sie sich den Dildo
samt Hoden um. Mit diesem Geschirr gegürtet ging sie nicht
nur regelmäßig zu »unterschiedlichen Mädgens unter denen
Soldaten«, also zu Prostituierten, wie sie später in ihrem
Gerichtsprozess zu Protokoll gab. Sie habe auch »unterschiedliche Wittwen caressiret, welche den ledernen penem
befühlet, auch damit gespielet, und doch nicht erkandt«.
Manchmal lief sie »gantze Meilen nach einem schönen Weibes Menschen« – und eine preußische Meile maß damals über
sieben Kilometer. »Öffters«, gestand sie später den Inquisi-
tionsrichtern, wäre sie dabei »so brünstig geworden, daß
Sie nicht gewust wo Sie bleiben sollen«.[10] Bei den Soldaten
fand Catharina Linck also Gelegenheit, ihre Sexualität auszuleben, und dies mag der Hauptgrund gewesen sein, weshalb
sie es dort überhaupt aushielt. Mit dem Lederdildo befand sie
sich im Übrigen ganz auf der Höhe des Liebeslebens ihrer
Zeit.[11]

Diese Annehmlichkeiten erkaufte Catharina Linck sich
hart. Als sie Ende Mai 1708 ahnte, dass sie bald als Kanonen-
futter herhalten sollte, desertierte sie zusammen mit zwei Kameraden. Doch mitten im Kampfgebiet des Krieges kamen

die drei nicht weit. In der Nähe von Antwerpen wurden sie wieder eingefangen, zurück zu ihrem Regiment unweit von Löwen gebracht und schon Anfang Juni zum Tod durch den Strang verurteilt. Unterm Galgen entschied der Musketier Beuerlein, dass ein Leben als Catharina Linck doch wieder vorzuziehen sei. Seinem wöchentlichen Bericht an den preußischen König Friedrich I. von Preußen konnte der General Friedrich Wilhelm von Grumbkow daher am 7. Juni eine pikante Anekdote hinzufügen:

Vor einigen Tagen hat sich im Regiment von Stalmeister bei den Lüneburger Truppen ein ziemlich außergewöhnlicher Fall ereignet, drei Männer sollten gehängt werden, nachdem der Henker mit einem kurzen Prozess gemacht hatte, bat der zweite darum, ein junger Mann, der die anderen verführt hatte, dem Prediger noch ein Wort zu sagen; und nachdem er ihm ein Versprechen abgenommen hatte, ihn nicht zu entdecken, sondern es zuzulassen, dass er gehängt würde, ohne ihn zu verraten, erklärte er ihm, dass er ein Mädchen sei, geboren in Halle in Sachsen, und da sie von sehr anständigen Leuten stamme, bat sie ihn, von all dem nichts zu sagen, sondern stattdessen dafür zu sorgen, dass ihre Eltern nicht über ihr trauriges Los unterrichtet würden; der Prediger hielt ihr nicht Wort, sondern entdeckte sie, und man brachte sie zurück in Haft, die Füße in Eisen geschmiedet, Ich habe dieses Mädchen am nächsten Morgen auf dem Marsch gesehen, sie ist ungefähr zwanzig Jahre alt, von guter, starker Statur, und hat ein schönes Gesicht, allerdings von der Sonne gebräunt, über ihrer Brust trägt sie ein Weißblech, damit man sie nicht erkennt; sie sagt, sie sei seit vier Jahren Soldat, und niemals habe ein Mann sie berührt.[12]

Catharina Margaretha Linck hatte Glück. Die Militärrichter überprüften ihre Angaben, korrespondierten mit August Hermann Francke in Halle und entließen sie schließlich nach 16 Wochen in Gefangenschaft. Obwohl sie als Caspar Beuerlein ihren Mann gestanden hatte, betrachteten die Militärrichter sie als Frau, die in diesem Krieg nichts zu suchen hatte und demnach auch nicht als Deserteur zu verurteilen war. Frauenverachtung rettete ihr das Leben.

Nach diesem brenzligen Abenteuer hatte Catharina Linck vom Soldatenleben jedoch noch nicht genug. Statt nach Halle zurückzukehren, wie ihr auferlegt worden war, diente sie noch weitere vier Jahre bei verschiedenen Regimentern. Erst als der Krieg zu Ende ging, 1712, beendete sie ihre militärische Karriere.

Linck war nun 25 Jahre alt, hatte viel von der Welt gesehen und Erfahrungen gemacht, die sie als Frau nie hätte machen können. Als sie nach Halle zurückkehrte, war sie stärker als je zuvor. Sie fand Arbeit beim Universitätstuchmacher, bei dem sie Flanell herstellte und Baumwollstoffe bedruckte, und sie verschaffte sich größere persönliche Freiräume: Sie konnte durchsetzen, auch in Halle teilweise Männerkleidung zu tragen, etwa bei der Arbeit. Besuchte sie jedoch ihre Mutter in Glaucha, zog sie einen Rock an, um sich nicht weiteren Ärger mit den Leuten im Waisenhaus oder gar mit Francke höchstpersönlich zuzuziehen.

Diese ruhigen und erfolgreichen Jahre endeten 1716 schlagartig, als ein Werbekommando auf der Jagd nach neuen Rekruten Catharina Linck festnahm, die in Männerkleidung unterwegs gewesen war. Auf der Wache des Regiments sollte sie den Werbekontrakt unterschreiben. Doch nach sieben Jahren als Musketier war ihr Interesse an diesem Beruf erloschen. Und so klärte sie die Soldaten über ihr Geschlecht auf – um überraschenderweise trotzdem nicht freigelassen zu werden. Linck trat als Kerl auf, also konnte sie auch Soldat werden, so die Logik der Werber. In ihrer Not blieb ihr nichts anderes übrig, als einmal mehr August Hermann Francke einzuschalten. So kam es zu der kuriosen Situation, dass um Catharina Lincks Geschlecht gestritten wurde. Eine offizielle Untersuchung im Rathaus der Stadt Halle ergab, dass sie eindeutig eine Frau war. Damit war zwar die Gefahr, wieder zu den Soldaten zu müssen, abgewendet; doch ihr relativ selbstbestimmtes Leben in Halle war vorbei. Catharina Linck hatte in den vergangenen Jahren permanent die Grenzen dessen ausgetestet, was die hallische Bevölkerung in Bezug auf Geschlecht und gender zulassen konnte. Nun hatten sich hochrangige Personen für sie eingesetzt, *weil* sie eine Frau war, da konnten und mussten die Autoritäten der Stadt von ihr verlangen, dass sie sich als solche auch verhielt. Doch Catharina Linck war nicht bereit, als Frau zu leben. Sie verließ ein letztes Mal ihre Heimatstadt, zog wieder die geliebten Hosen an und machte sich auf nach Halberstadt.

## Eheglück und -leid

Das preußische Halberstadt im östlichen Harzvorland war damals eine provinzielle Metropole mit 8000 Einwohnern, einer prosperierenden jüdischen Gemeinde und einer großen Hugenottenkolonie. Bei einem französischen Strumpfwirker fand Anastasius Lagrantinus Rosenstengel im Frühjahr 1717 Arbeit als Schönfärber und Kattundrucker. In seiner neuen Nachbarschaft lernte er bald die junge Frau kennen, die sein Schicksal werden sollte: die neunzehnjährige Catharina Margaretha Mühlhahn. Die beiden verliebten sich ineinander und beschlossen bald, zu heiraten.

Über Mühlhahn ist weit weniger bekannt als über Linck, da sich die Inquisitionsrichter wesentlich mehr für diejenige von ihnen interessierten, die sich männliche Privilegien herausnahm. Zudem war sie zehn Jahre jünger als Linck und bis dahin auf den Wegen geblieben, die sich für eine junge Frau aus einfachem Milieu schickten. Sie stammte aus Clausthal im Harz, wo sie am 10. November 1697 getauft worden war. Ihre Eltern waren der Puchsteiger, Brauer und Bürger Johann Joachim Mühlhahn und seine Frau Catharina Margaretha geb. Eichsfelder – die dritte Catharina Margaretha dieser Geschichte. Als leitender Angestellter im Harzer Bergbau, als Bürger, der Steuern zahlte und ein Haus besaß, muss Johann Joachim Mühlhahn seine junge Familie materiell gut versorgt haben. Vier Jahre nach der Geburt der ersten Tochter kam der Sohn Johann Bestian zur Welt. Doch nur fünf

Tage nach der Taufe starb der Vater mit 28 Jahren. Seine erst zwanzig Jahre alte Witwe scheint danach in eine prekäre Situation geraten zu sein. Wie sie ihre Kinder groß zog, ist nicht bekannt. Doch dreieinhalb Jahre später geschah ihr dasselbe Malheur wie weiland Magdalena Linck: Am 17. Februar 1705 ließ sie in Clausthal ihren unehelichen Sohn Johann Otto taufen. Irgendwann danach verließ sie den Harz und kam mit ihren drei Kindern nach Halberstadt. Ihre Lebensumstände dort waren bürgerlicher als die von Mutter und Tochter Linck, aber keinesfalls gehoben. Ihre älteste Tochter Catharina Margaretha mag ihr als beschwerliche Esserin auf der Tasche gelegen haben. Als Anastasius Rosenstengel sich ihr als künftiger Schwiegersohn vorstellte, hieß sie ihn daher erst einmal willkommen. Rosenstengel hatte eine Stelle bei dem Strumpfmacher, er verdiente Geld. Mehr konnte die Mutter nicht für ihre Tochter verlangen.

Was trieb Catharina Linck alias Anastasius Rosenstengel zu diesem Schritt? Verliebt war sie schon früher gewesen, doch das hatte sie noch an keinem Ort gehalten. Flexibilität war bisher ihr wichtigstes Mittel gewesen, um an stets neuen Orten mit immer neuen Menschen ihre Existenz als Mann aufrechterhalten zu können. Vielleicht wollte sie nach all der Unruhe – sie wechselte seit 14 Jahren ständig ihre Umgebung – endlich ankommen. Als kirchlich eingesegneter Ehemann, so mag Linck gedacht haben, war sie vor Zweifeln sicher, und Mühlhahn war die richtige Frau dazu. Ob die sich ebenfalls schon zuvor mit Frauen eingelassen hatte, ist nicht bekannt. Die einzigen ausführlichen Zeugnisse über sie stammen aus dem späteren Inquisitionsprozess, in dem sie leugnete, das wahre Geschlecht ihres Mannes gekannt zu haben. Der verständliche Wunsch, ihr Leben zu retten, ließ sie ihre wahre Neigung abstreiten. Die Richter glaubten ihr nicht und überführten sie mehrerer Lügen. Tatsächlich wusste sie, dass Anastasius in Wirklichkeit Catharina war, allein schon deshalb, weil ihrer Mutter schon in der Verlobungszeit Zweifel am Geschlecht des Bräutigams kamen. Vergeblich forderte sie ihn auf, ihr sein bestes Stück zu zeigen. Catharina Mühlhahn deckte Catharina Linck, denn sie war das, was sie wollte.

Erst im Verlauf ihrer nicht eben glücklichen Ehe veränderte sich diese Einstellung.

Vor der Hochzeit gab es noch mehr Schwierigkeiten. Kaum hatte der Pastor der St.-Pauls-Kirche, Israel Clauder, das erste von drei Malen das Aufgebot im Gottesdienst verlesen, kamen Gerüchte auf, der Bräutigam sei schon verheiratet und habe in Halle Frau und Kinder. Wie jedes gute Gerücht vermischte auch dieses Gerede Wahres mit Falschem, da der Schönfärber Rosenstengel ja tatsächlich aus Halle stammte, dort allerdings ledig geblieben war. Mittels zweier Zeugen gelang es dem Bräutigam, das Gerücht zu widerlegen. Trotz dieser Schwierigkeiten im Vorfeld traute Pastor Clauder Anastasius Rosenstengel und Catharina Mühlhahn am Sonntag, den 12. September 1717. Damit hatte es Catharina Linck geschafft: Ihre Frau trug nun ihren Ring, ihren falschen Namen, und sie selbst galt vor der ganzen Welt als Mann. Welche abenteuerliche Existenz sie sich erfunden hatte, bezeugt der Traueintrag im Kirchenbuch:

Der Junggesell Anastasin[us] Lagrantinen Rosenstengel, Schönfärber und Carthundrucker alhier, Hrn. Cornelii Josephi Rosenstengels; gewesenen Berghauptmans in Guttenburg, bey Prage in Böhmen belegen nachgel[assenen] eheleibl[ichen] Sohn und Jungfer Catharina Margaretha Müllhannin, Hrn Johann Joachim Müllhanen, weiiland gewesenen Puchsteigers auch Bürgers u. Brauers im Clausthal, nachgelaßene eheleibl[iche] Tochter in unser St. Petri und PauliKirchen öffentl[ich] copulirt.[13]

Für die Hochzeitsnacht hielt die Mutter ihre Tochter unter vier Augen an, »beÿ dem Beÿschlaff darnach« zu fühlen, ob ihr Mann »ein Weib seÿ«.[14] Man darf davon ausgehen, dass Catharina Mühlhahn als gute Tochter dem Befehl ihrer Mutter mit dem größten Vergnügen nachkam. Ihr frisch gebackener Ehemann verkündete, er wolle sie 24-mal beglücken – sie kamen auf drei oder vier Mal. Catharina Linck begehrte ihre neue Ehefrau sehr, »nach dem Sie verliebt gewesen«. War ihre »Liebe auf dem höchsten«, so habe »es ihr in den Adern,

Arm und Beinen gekribbelt«, beschrieb Catharina Linck ihre umfassende Lust. Mit dem Dildo müssen die beiden einen recht spielerischen Umgang gehabt haben, da Catharina Rosenstengel ihrem ›Ehemann‹ sogar einen blies, wie sie später beide zugaben. Allerdings gab es im Bett auch Schwierigkeiten. Wenn Catharina ihren Anastasius zuweilen zurückwies, habe der »wohl länger genurgelt«[15] – wobei das eingedunkelte »ö« den mitteldeutschen Zungenschlag verrät.

Schon bald nach der Hochzeit trübte sich das eheliche Glück. Linck verlor ihre Anstellung und verkaufte, um an Geld zu kommen, die Aussteuer ihrer Frau, Leinen, Bettwäsche, Kleider, alles zusammen im Wert von etwa 80 Reichstalern, was einem bescheidenen Jahreseinkommen entsprach. Daraufhin warf die Schwiegermutter ihren Schwiegersohn aus dem gemeinsamen Haushalt und drängte ihre Tochter, sich scheiden zu lassen. Während die Schwiegermutter weiterhin nur vermuten konnte, was mit diesem Rosenstengel nicht stimmte, hatte Pastor Clauder mittlerweile von seinen pietistischen Weggefährten in Halle die Wahrheit erfahren. Auch August Hermann Francke wurde über die ungeheuerlichen Vorgänge unterrichtet:

> Ich wil noch mit einer zwar unsaubern doch recht curieusen Historie von Unser Magdalenen ihren Mädgen diesen Brief schließen, welche diese ist, daß sie wieder ihre Männerkleider angeleget, nach Halberstad gezogen, den Namen Rosenstengel angenommen, sich für einen Leinwandsdrucker ausgegeben, und sich von Unsern guten Claudern mit einer dortigen Weibes Person copulieren lassen. Wir haben wegen des PseudoRosenstengelii Beschaffenheit Herr Clauder Nachricht gegeben, worauf jener mit seiner jungen Frau sich auß dem Staube gemacht hat.[16]

Im Frühjahr 1718 verließen die Rosenstengels fluchtartig Halberstadt. Noch hielt die Ehefrau zu ihrem ›Ehemann‹ und zog mit ihm bettelnd übers Land. Ihre wirtschaftliche Lage besserte sich erst, als sie im Spätsommer 1718 Münster erreichten, wo Anastasius Rosenstengel ausgerechnet im

Jesuitenkolleg als Pförtner angestellt wurde. Er hatte sich als armen Sohn von Täufern vorgestellt, der in Sorge um sein Seelenheil um Rat und Unterstützung bei den Jesuiten nachfrage. Offensichtlich wusste Catharina Linck sehr genau, was das Wort *Täufer* in Münster auslösen musste. Einen solchen Bittsteller konnte die Gesellschaft Jesu, die Speerspitze der Rekatholisierung nach den Glaubenskriegen, nicht abweisen. Damit waren zwar die schlimmsten materiellen Nöte der Rosenstengels erst einmal überwunden. Doch nach einem Jahr blieb ihnen nichts anderes übrig, als die Zeche für ihre Aufnahme zu zahlen: Sie mussten den katholischen Glauben annehmen. Im Winter 1719/20 taufte Pater Ludolf Schaumburg in der Basilika St. Petri zuerst Catharina Rosenstengel, danach Anastasius; »sobald ihr vermeinter Mann getaufft gewesen«, erinnerte sich die Ehefrau später, »hätte der Pater Sie beÿderseits vor den Altar gefordert, einem jeden einen Ring gegeben, und Sie zum Zweÿten Mahl getrauet, Sie hätte der Trauung wiedersprochen, der Pater aber habe gesagt, die erste Trauung möchte wohl nicht richtig seÿn«.[17] So schafften die beiden Frauen das Kunststück, zum zweiten Mal getraut zu werden. Sowohl die evangelische als auch die katholische Kirche segnete diesen Bund.

Für Catharina Linck, die dieses Mal die Namen Johannes Lagrantinus annahm, war dies die dritte Taufe ihres Lebens, die sie als pragmatische Überlebenskünstlerin vermutlich unbeteiligt über sich ergehen ließ. Catharina Rosenstengel dagegen hatte Skrupel und beteuerte später, nur die Armut habe sie zu diesem Schritt verleitet. Spätestens ab diesem erzwungenen Konfessionswechsel dachte sie darüber nach, ob der Preis, den sie in dieser Ehe zahlen musste, nicht zu hoch war. Sie hatte erst ihre Aussteuer, dann ihr Zuhause verloren, nun auch noch ihre Konfession, und gewonnen hatte sie Lust, bittere Armut – und Prügel. »Zum besten habe Sie sich mit ihr nicht vertragen, denn weil dieselbe Ihr lose Worte gegeben, daß Sie nichts verdiente, so habe Sie solche zum öfftern geschlagen«,[18] gab Catharina Linck zu. Als die Rosenstengels das Kolleg im Frühjahr 1720 verlassen mussten, kehrte die Ehefrau daher nach Halberstadt zu ihrer Mutter zurück. Ihr

Mann begleitete sie, verabschiedete sich jedoch vor den Toren der Stadt, um ein Zusammentreffen mit der Schwiegermutter und Pastor Clauder zu vermeiden.

Linck wanderte weiter nach Helmstedt, wo sie sich als Cornelius Rosenstengel an den jungen Pastor von St. Marienberg, Johann Friedrich Heine, wandte, dem sie eine herzergreifende Komödie vorspielte. Mit »sehr niedergeschlagenen Angesicht und betrübten Hertzen«[19] erzählte »er« ihm, er sei vor 24 Jahren in Nürnberg geboren worden, seine Eltern seien Inspirierte bzw. Quäker gewesen, die ihn acht Tage nach seiner Geburt an der Vorhaut mit einer Nadel hätten ritzen lassen. Getauft habe ihn eine Prophetin namens Eva in Köln am Rhein, als er schon zwölf Jahre alt war; »nach vielen Fatalitäten« hätten ihn in Münster die Jesuiten als Torhüter beschäftigt und im katholischen Glauben unterwiesen. Da sie ihm aber verboten hätten, in der Bibel zu lesen, sei er davongelaufen. Nun bitte er den Pastor Heine, ihn in der lutherischen Konfession zu unterrichten, damit sein Seelenheil nicht Schaden nähme. Die Rechnung der gerissenen Catharina Linck ging auf: Rosenstengel durfte erst einmal bleiben. Das Damenstift St. Marienberg führte eine größere Wirtschaft und konnte einen Handlanger unterbringen. Am Sonntag, den 12. Mai 1720 wurde Catharina Linck alias Cornelius Rosenstengel zum vierten Mal getauft. Dieses Mal nahm sie die Namen Julius Augustus an und kehrte in ihren ursprünglichen lutherischen Glauben zurück. Wichtiger waren allerdings die 25 Reichstaler, die sie von ihren Paten erhielt. Virtuos schlug die »Land- und Leute-Betrügerin«[20] mit ihren diversen Taufen Kapital aus der Konkurrenz der christlichen Konfessionen um die zur Seligkeit zu führenden Schäfchen. Noch mehr Geld stellten die großzügigen Paten in Aussicht, wenn Rosenstengel seine Frau nach Helmstedt brachte und sich dort mit ihr trauen ließ. Es wäre ihre dritte Trauung gewesen.

Und so begab sich Rosenstengel tollkühn nach Halberstadt, wo mindestens der Pfarrer Clauder um sein Geheimnis wusste. Doch seine Frau konnte nicht rasch mit ihm wegeilen, denn sie lag krank zu Bett. Ob sie ihren ›Mann‹ bei besserer Gesundheit noch einmal begleitet hätte, ist unklar. Vielleicht hatte sie genug von dem wechselvollen und unsicheren Leben in bitterer Armut an der Seite dieser Frau. Vielleicht war sie aber einfach zu schwach, um zu protestieren und einzugreifen, als es zum final showdown zwischen ihrer Mutter und ihrer Frau kam.

> [A]uch habe die Mutter ihr vorgehalten, daß Sie kein Kerl, sondern ein Weib wäre, und als Sie darüber in Streitt gerathen, hätte die Mutter nebst der Petersen Sie angekrigt, ihr den Degen begriffen, die Hosen aufgerißen, dieselbe visitiret und gefunden, daß Sie kein Kerl, sondern ein Weib seÿ, Sie hätten ihr auch das lederne Instrument vom Leibe gerißen, und solches nebst einem mit Leder überzogenen Horn, wordurch Sie den Urin gelaßen, und welches Sie am bloßen Leibe zustecken gehabt, weggenommen, und als Inquisita dennoch behaupten wollen, daß Sie ein Kerl seÿ, hätten Sie ihr das Geburts Glied von einander geklappet, und gefunden, daß Sie nicht das aller geringste Männliches an sich habe, da Sie ihr dann Schläge darzugegeben, und hätte die Schwieger Mutter das lederne Instrument samt dem Horn in die Gerichte geliefert.[21]

## Inquisition

Mit ihrer Anzeige trat die Schwiegermutter nicht nur einen Prozess gegen ihren falschen Schwiegersohn, sondern auch gegen die eigene Tochter los. Beide wurden sofort verhaftet und ins Richthaus der Stadt Halberstadt am Fischmarkt geworfen, in dessen Kellerverliesen sie nun den berüchtigten Inquisitionsprozess, die einzige Form des Strafprozesses, über sich ergehen lassen mussten. Catharina Linck leistete keinen Widerstand; zu erdrückend und offenkundig stand die Beweislast gegen sie. Willig antwortete sie in dem wochenlangen Verhör dem Inquirenten, dem Halberstädter Stadtrichter August Heinrich Meschmann, und erzählte ihm und den vier Schöffen ihre ganze Lebensgeschichte.

Catharina Mühlhahn dagegen kämpfte. Hauptgegenstand ihrer Inquisition war die Frage, ob »Sie umb die Betriegereÿ, und daß die Lincken, ihr vermeinter Mann, keine Manns Person gewesen, gewust und jedennoch, nachdem Sie dergleichen erfahren, solche actus venereos exerciret [sexuellen Akte begangen], ja sogar, wie Sie dessen beschuldiget wird, ihr selber das lederne Instrument appliciret [eingeführt hat]«.[22] Mühlhahn behauptete, sie habe besten Gewissens einen Mann geheiratet. Sie präsentierte sich als »einfältig Mägdgen«, das nichts Genaues über die Anatomie des Mannes wusste. Ihr Mann habe sein Glied »steiff und schlap« machen und damit pinkeln können, auch wenn er sich dabei merkwürdig oft die Schuhe »bepißet« habe.[23] Nackt habe sie ihn nie gesehen. Da Mühlhahn nicht gestehen wollte, ordnete der Richter Meschmann die Confrontatio an, d. h. die Gegenüberstellung der beiden Inquisitinnen, in der Hoffnung, Mühlhahn würde sich verraten. Ihr Wortduell wurde in den Inquisitionsakten sorgfältig festgehalten:

Inquisit hat zwar ad Artic[ulum] Confront[ationis] 6 der Coinquisitin unter Augen gesagt, daß wie Sie ihr das lederne Ding einmahl in den Mund gesteckt, wäre Sie, die Linckin, splitter nackend gewesen, und habe die Coinquisitin Muhlhahnin ihr die Brüste befühlet, und also wohl wißen und fühlen können, ob das Ding leder oder Fleisch gewesen, allein es widerspricht hierin die Coinquisitin derselben und saget: die Linckin wäre nicht nackend gewesen, Sie hätte das Hembde darum geschlagen gehabt, die Brüste hätte Sie wohl gefühlet, aber die Linckin hätte dabeÿ gesaget, viele Mannsleüte hätten solche Brüste.[24]

Spätestens an dieser Stelle entlarvt sich Catharina Mühlhahns Strategie, sich als gänzlich naiv darzustellen, als eine verzweifelte Farce. Doch rettete ihr diese Lüge das Leben, denn Richter Meschmann gelang es nicht, Mühlhahn zu überführen. Dazu wären ein Geständnis oder zwei Zeugenaussagen nötig gewesen – es gab aber nur die Aussage Catharina Lincks. Die rächte sich dafür, von Mühlhahns Mutter verraten und von Mühlhahn selber aufgegeben worden zu sein, und zog ihre einstige Liebe mit in den Abgrund. Aus Liebe oder Edelmut hätte sie ihre Ehefrau auch schützen und alle Schuld auf sich nehmen können. Rosenkrieg bei den Rosenstengels.

Auch Zeugen und Sachverständige wurden vom Stadtgericht vernommen. Zwei Halberstädter Ärzte untersuchten Catharina Linck und berichteten, dass sie »an derselben gar nichts hermaphroditisches, vielweniger Männliches, sondern Sie schlechterdings als eine Weibes Person beschaffen gefunden« hätten. Außerdem könne man aus der Größe ihrer Brüste und der Weite ihrer Scheide rückschließen, »daß Sie ihre weibliche Glieder nicht gäntzlich würde haben ruhen laßen, sondern solche bey Ihrem herum Vagiren wohl schändlich dürffte gemißbraucht haben«.[25] Mit den medizinischen Untersuchungen, die sie über sich ergehen lassen musste, erlebte Catharina Linck den Beginn einer Tradition, die das gleichgeschlechtliche Begehren am Körper zu verstehen suchte. Als 150 Jahre nach Lincks Gerichtsprozess das homosexuelle Begehren als Krankheit definiert und damit von der Medizin als Forschungsgegenstand für sich reklamiert worden war, wurden Frauen, die Frauen, und Männer, die Männer liebten, zum Gegenstand eingehender anatomischer Studien.[26]

Im Dezember 1720 wurden die Inquisitionsakten geschlossen und an ein übergeordnetes Spruchkollegium geschickt, das um ein Consilium, eine Urteilsempfehlung, gebeten wurde. Der Inquisitionsprozess teilte sich in ein untersuchendes Gericht vor Ort und in ein urteilendes auswärts, in diesem Fall die Juristische Fakultät der Universität Duisburg. Etwa fünf Monate später, im April 1721, ging in Halberstadt das Consilium aus Duisburg ein, das der Dekan Caspar Theodor Summermann verfasst hatte. Er verfügte im Namen der Fakultät,

Daß Catharina Margaretha Linckin, oder der so genante Anastasius Lagrantinus Rosenstengel, wegen ihrer begangenen und bekandten Mißethaten dem Nachrichter an

seine Hand und Bande zu lieffern, von Ihm zur gewöhnlichen Richtstatt zu führen, alda ihr selbsten zur wohlver-
dienten Straffe, andern aber zu einem abscheulichen Exempel mit dem Strange vom Leben zum Tode zu bringen,
und solchem nach deren Cörper zu verbrennen.
Die Catharina Margaretha Muhlhahnen aber zur Erlernung
der Wahrheit mit der scharffen Peinlichen Frage ziemlicher
maßen (nemlich im Zweÿten Grad) anzugreiffen.[27]

Dieses Urteil war zweigeteilt: Während Summermann über
Catharina Linck ein endgültiges Urteil, ihr Todesurteil,
gefällt hatte, verfügte er über Catharina Mühlhahn nur ein
Interlocutum, einen Zwischenbescheid. Offenbar glaubte
Summermann nicht, von der Coinquisitin bereits die ganze
Wahrheit gehört zu haben, und ordnete daher die Folter an,
um das Geständnis als Grundlage für ein endgültiges Urteil
zu erpressen.
    Das Urteil für Catharina Linck ging auf die *Peinliche Ge-
richtsordnung Karls V.* (1532) zurück, deren Artikel 116 lau-
tet:

Straff der vnkeusch, so wider die natur beschicht. Jtem so
eyn mensch mit eynem vihe, mann mit mann, weib mit
weib, vnkeusch treiben, die haben auch das leben ver-
würckt, vnd man soll sie der gemeynen gewohnheyt nach
mit dem fewer vom leben zum todt richten.[28]

Seitdem der alttestamentarische Gott die Stadt Sodom vernichtet hatte, galt die gleichgeschlechtliche Unzucht im jü-
disch-christlichen Kulturkreis als eine der grässlichsten Sünden. Artikel 116 der *Peinlichen Gerichtsordnung* galt vom 16.
bis zum 19. Jahrhundert als zentraler Referenztext für die
Bestrafung von Sodomie, die ein weitgespanntes Spektrum
lustvoller Betätigungen umfasste: Selbstbefriedigung, Sex
zwischen Frauen bzw. zwischen Männern, Anal- oder Oral-
verkehr (selbst mit dem Ehegatten), Sex mit Heiden, Tieren,
leblosen Dingen, Leichen oder mit dem Teufel. Ex negativo:
Sex war nur dann *nicht* sodomitisch, wenn er potentiell einem

neuen Christen zum Leben verhelfen konnte. Das Ehepaar Rosenstengel hatte also gleich dreifach Sodomie begangen: Einmal, indem sie als Frauen sexuell miteinander verkehrt, dann, weil sie dazu einen leblosen ledernen Gegenstand gebraucht, und schließlich, weil sie damit auch noch Fellatio praktiziert hatten. Ein neuer Christ war bei alldem nicht zu erwarten gewesen.

Die Lust von Frauen aneinander war nicht nur auf dem Papier strafbar, sondern wurde auch tatsächlich sanktioniert. Zwar ist die Geschichte des lesbischen Begehrens in der Frühen Neuzeit noch weitgehend ungeschrieben; doch drei Fälle sind bislang im deutschsprachigen Raum vor Lincks und Mühlhahns Inquisitionsprozess bekannt, in denen frauenbegehrende Frauen hingerichtet wurden. Katherina Hetzeldorfer wurde 1477 in Speyer ertränkt, weil sie zwei Jahre lang mit einer anderen Frau Tisch und Bett geteilt hatte.[29] Auf dieselbe Weise wurde in Basel 1537 eine Frau hingerichtet, die eine andere geheiratet hatte.[30] In Hamburg wurde Anna Ilsabe Bunck, die »Jungfer Heinrich«, 1702 zusammen mit ihrer Ehefrau gerädert.[31] Sie musste eines besonders grausamen Todes sterben, weil sie nicht nur wegen Sodomie, sondern auch wegen Mordes verurteilt worden war. Im Allgemeinen hatten sich dagegen in der Strafrechtspraxis leichte Abmilderungen zu Gunsten verurteilter Sodomiten ergeben, seitdem die *Peinliche Gerichtsordnung* in Kraft getreten war. So war es üblich geworden, männerliebende Männer zunächst durch das Schwert hinzurichten und anschließend zu verbrennen. Dass Summermann Catharina Linck vor der Verbrennung hängen lassen wollte, war eine besonders harte, da – im Gegensatz zum Enthaupten – zusätzlich entehrende Strafe.

Für Catharina Margaretha Mühlhahn waren die Aussichten nicht rosiger. Die Folter war kein Strafmaß, sondern eine Fortführung der Inquisition, ein *peinliches* Verhör. Folter 2. Grades – der zweitschlimmste Grad – bedeutete Daumen- und Beinschrauben, dünne Schnüre, die durchs Fleisch bis zum Knochen durchgezogen wurden, außerdem die Streckbank, die die Gelenke auskugelte. Hatte Mühlhahn in der Folter gestanden, hätte ihr dasselbe Urteil wie Catharina

Linck bevorgestanden. Gestand sie nicht, folterte man in der Regel weiter.

Mit Summermanns Consilium war der Verfahrensgang jedoch noch lange nicht beendet. Denn der preußische König Friedrich Wilhelm I. behielt sich als absoluter Herrscher die Entscheidung in jedem Prozess vor, in dem eine Todesstrafe verhängt worden war. Und so übersandte die Regierung des Fürstentums Halberstadt im Mai 1721 die Inquisitionsakten zusammen mit dem Duisburger Consilium nach Berlin, wo sich zunächst das so genannte »Criminal-Collegium« mit dem Fall beschäftigte. Im Juni lag dessen ausführliches Gutachten vor, das heute das Herzstück der erhaltenen Gerichtsakten darstellt. So vormodern der Inquisitionsprozess wirken mag – die juristische Diskussion des Falles war deutlich von der Aufklärung beeinflusst. Ausführlich gingen die Kriminalräte auf den »Mißbrauch der Heil[igen] Tauffe, und öffterer Abfall von der Religion« ein, die aber »keine absolute Todes Straffe nach sich ziehen« müssten.[32] Sünden, so machten die Kriminalräte klar, bestrafe Gott, vor Gericht zählten nur Verbrechen. Die Frage nach der weltlichen Strafe verengte sich daher auf die Sodomie – und genau hierüber konnten sich die Mitglieder des Criminal-Collegiums nicht einigen und gaben für Linck zwei verschiedene Urteilsvorschläge ab. Das erste Votum folgte Artikel 116 der *Peinlichen Gerichtsordnung* und verlangte die Todesstrafe. Allerdings sollte Linck, moderner, durch das Schwert gerichtet werden und nicht, wie Professor Summermann wollte, durch den Strang. Diesem Votum schloss sich die Mehrheit der Räte an.

Eine Minderheit im Collegium votierte anders. Sie bezweifelte, dass hier Sodomie vorlag, da der Dildo die Körper der beiden Frauen nicht wirklich miteinander vereinigt habe. Außerdem könne »beÿ dergleichen Instrument der Saame nicht außgesogen oder außgelassen werden«.[33] Nun hatte sich aber die Frage von emissio bzw. immissio seminis für Männer in Sodomieprozessen zur lebensentscheidenden Frage entwickelt. Ohne Beweis – nach den Gesetzen des Inquisitionsprozesses also ohne Geständnis –, dass es beim Analverkehr zur Ejakulation gekommen war, wurden im 18. Jahrhundert

Männer nicht mehr hingerichtet. Da die beiden Catharinen jedoch bei aller Lust kein Sperma verschwendet hatten, folgerten die Berliner Kriminalräte in ihrem Sondervotum, dass auch in Lincks Fall die Todesstrafe nicht verhängt werden könne; schließlich habe sie das einzige ihrer Verbrechen, das mit dem Tod zu bestrafen war, die Sodomie, gar nicht begangen, da sie von Frauen physisch nicht begangen werden konnte. Sie schlugen daher vor, Catharina Linck nicht zu töten, sondern lebenslänglich ins Zuchthaus zu sperren und ihre Frau für drei Jahre.

Der weitere Verlauf der juristischen Diskussion über Sodomie bestätigte die Ansätze dieses Sondervotums. Liebe zwischen Frauen wurde in juristischen Kommentaren im 18. Jahrhundert zu einem logischen Problem. Die phallozentristischen Konzepte von Sexualität einerseits sowie die Zuweisung neuer Rollenkonzepte für Männer und Frauen Ende des 18. Jahrhunderts andererseits ließen die Behauptung, Frauen könnten miteinander Sex haben – wie etwa aus der *Peinlichen Gerichtsordnung* hervorging –, absurd erscheinen. Denn in dem neuen komplementären Aktiv-passiv-Modell der Geschlechter bedeutete ›Frau mit Frau‹ nun ›passiv mit passiv‹ bzw. ›nichtphallisch mit nichtphallisch‹ – kurzum, der Logik dieser Gedankenmodelle nach war Sex zwischen Frauen, obwohl offiziell strafbar und in Gesetzestexten evident, de facto nicht existent. 1787 schrieb etwa der Jurist Jacob Cella in *Über Verbrechen und Strafen in Unzuchtsfällen*:

[Das] natürlichste wäre wohl anzunehmen, daß Weib mit Weib keine eigentliche sodomia sexus begehen könne: indem alles, es mag nun mit oder ohne künstliche Werkzeuge bewerkstelligt werden, blos auf unzüchtige Spielereien hinausläuft, an denen die Imagination mehr Antheil als die Realität hat.[34]

Diese gedankliche Entwicklung führte dazu, dass Artikel 116 der *Peinlichen Gerichtsordnung* im weiteren Verlauf des 18. Jahrhunderts in seinem Bezug auf Frauen als Irrtum bezeichnet und die Unzucht zwischen Frauen im *Strafgesetz-*

*buch für die Preußischen Staaten* (1851) schließlich nicht mehr erwähnt wurde – und folglich auch nicht mehr strafbar war.

Im Gegensatz zum umstrittenen Urteil für Catharina Linck war man sich im Criminal-Collegium über das Urteil für Catharina Mühlhahn einig. Einer »einfältigen und zu diesem Laster verführten Person« könne man nicht die Todesstrafe zuerkennen. Damit aber »das Mittel die Wahrheit heraus zukriegen, nicht härter als die Straffe selbsten seÿn möge«, solle Mühlhahn die Folter erlassen und sie zu drei Jahren Zuchthaus verurteilt werden.[35]

Im Geheimen Rat, dem obersten Beratergremium des Herrschers, wurde der Fall der beiden Catharinen am 13. Oktober 1721 besprochen. Das Ergebnis der Diskussion überrascht, denn der Geheime Rat beschloss:

> Die Linckin sonst Rosenstengel genant, soll vorkommendem Umbstand nach mit der erkanten Halsstrafe verschonet, hingegen mit starken Staupenschlagen auß der Stadt gebracht, auff Lebzeit ins Zuchthauß geliefert, und so verwahret werden, daß sie nicht gelegenheit habe andere zu verführen. Die Mülhanin soll sonder tortur auff 3 Jahr ins Zuchthauß gebracht werden.[36]

Die Geheimen Räte schlossen sich also dem milden Sondervotum des Criminal-Collegiums an. Nun lag das letzte Wort bei Friedrich Wilhelm I. Noch am selben Tag schrieb er eigenhändig das Urteil, das der Empfehlung des Geheimen Rates bis in den Wortlaut folgte. Doch als ihm die Reinschrift vorgelegt wurde, verweigerte er die Unterschrift und ließ den Vorgang ruhen. Er bedachte sich und zwang wenige Tage später, am 20. Oktober 1721, den Geheimen Rat, das milde Votum zu revidieren. Am 25. nahm er das Urteil, das er am 13. Oktober geschrieben hatte, wieder hervor, strich heftig darin herum und entschied nun:

> [D]ie Lincken sonst Rosenstengel genant die sich fälschlich für eine Mans Pesohn ausgegeben, und sich mit der Muhlhahnen wüklich trauen laßen, und beÿde als Mann

und Frau etliche jahr mit einander gelebt [soll] vorkommenden umbständen nach mit dem Schwert vom Leben zum Tode gebracht werden, und habt ihr solches an der inquisitin voll streckenzulaßen

Die Mulhahnin aber soll ohne dieselbe mit der Tortur zu belegen auf 3 jahr ins Spinnhaus gebracht werden, alß weshalb ihr das gehörige zu verfügen habt.[37]

Friedrich Wilhelm I., der Soldatenkönig, war berüchtigt dafür, Hinrichtungen auch bei geringen Verbrechen wie Diebstahl anzuordnen. Oft verlangte er grausame Exekutionen auf dem Rad, mit glühenden Zangen oder per Sack im Wasser. Unberührt von der heraufdämmernden Aufklärung benutzte er seine Souveränität im Strafrecht als Beweis seiner absolutistischen Machtfülle. Insofern verwundert weniger, dass er Catharina Linck schließlich doch zum Tod verurteilte, als vielmehr dass er den Fall noch eine Woche in der Schwebe hielt. Sein Zögern markiert, zusammen mit dem milden Votum seiner Ratgeber, den Paradigmenwechsel, der in der juristischen und gesellschaftlichen Behandlung der Frauenliebe stattfinden sollte. Da außerhalb des Geltungs- und Einflussbereichs der *Peinlichen Gerichtsordnung* Liebe zwischen Frauen nirgendwo im Europa der Frühen Neuzeit strafbar war, dürfte Catharina Linck die letzte Frau gewesen sein, die für ihre Liebe zu Frauen zum Tod verurteilt wurde.

## Die Rosenstengelsche

Ende Oktober traf das Urteil in Halberstadt ein. Lincks Hinrichtung wurde auf Anfang November 1721 festgesetzt. In ihren letzten Lebenstagen erhielt sie die üblichen Vergünstigungen, bekam besseres Essen und Wein, ordentliche Kleidung und den Beistand eines Pfarrers. Am Morgen ihres Todes musste sie vor einer großen Menschenmenge auf dem Fischmarkt erst das Spektakel des Endlichen Rechtstages über sich ergehen lassen, d. h. der Stadtrichter August Heinrich Meschmann und die vier Schöffen zogen in festlichen

Gewändern auf den Markt und trugen die Anklage gegen Catharina Linck vor, die anschließend ihr Geständnis öffentlich zu wiederholen hatte. Daraufhin verlas der Richter das königliche Urteil, brach den Stab über die Verurteilte und übergab sie dem Henker, mit dem sie die Enthauptungsbühne besteigen musste. Der Pfarrer hielt eine letzte Ansprache, dann befahl der Henker Catharina Linck, sich hinzuknien, und hieb ihr mit dem langen Richtschwert den Kopf ab. Leiche und Kopf legte er auf einen Wagen, fuhr zum Halberstädter Galgenberg und verscharrte sie unterm Galgen. Ihrem Traueintrag im Kirchenbuch von St. Paul fügte der Pastor später eine Nebenbemerkung bei, die ihn vor Zorn in der Datierung irren ließ:

NB. Dieser benahmte Kerl ist eine recht Gottloses Weibstück gewesen so viele himmelschreyende Sünden und Sodomitereyen begangen. Davor sich auch die Heyden entsetzen möchten. Ihre begangene boßhafftigen Sünden müßen unserer Jugend kein Aergerniß zugeben, gantz geheim unter suchet worden. Anno 1721 im October wurde sie auf öffendlichen Marckt decolliret, deßen Weib sitzt noch gefangen.[38]

Auch das Urteil für Catharina Rosenstengel geb. Mühlhahn wurde vollstreckt. Drei Jahre musste sie schwerste Zwangsarbeit im Zuchthaus in Magdeburg oder in Halle verrichten, wo sie nicht nur mit anderen verurteilten Verbrecherinnen lebte und arbeitete, sondern auch mit Prostituierten, Bettlern, ungeratenen Kindern, aufsässigen Gesellen, ja selbst Geisteskranken. Die 15 Stunden Arbeit pro Tag waren dabei noch keine besondere Strafe, auch Handwerker und Tagelöhner schufteten so lange. Hunger, ungeheizte Räume, haarsträubende hygienische Verhältnisse und Gewalt von Seiten der Schließer machten das Leben zur Hölle. Ein Besucher des Magdeburger Zuchthauses erinnerte sich schaudernd:

Ein einziges Zimmer fasste die Gefangenen, alte und junge, männlichen und weiblichen Geschlechts, 48 an der Zahl, in sich. Hier spannen sie Wolle, hier assen sie, hier schliefen sie auch zum Theil, wenigstens die des 2ten Geschlechts, auf halb vermodertem Stroh, hier verrichteten sie ihre Nothdurft. Ein unerträglicher Gestank hatte sich durch das ganze Gemach verbreitet, der Fussboden war mit Schmutz überzogen, die Wände schwarz und fürchterlich. Ich konnte es hier nicht lange aushalten.[39]

Als Catharina Rosenstengel entlassen wurde, blieb der 27 Jahre alten Zuchthäuslerin nichts anderes übrig, als wieder zu ihrer Mutter nach Halberstadt zurückzukehren. 1726 heiratete sie den Wollarbeiter Johann Levin Peters, und zwar in St. Paul, derselben Kirche, in der sie neun Jahre zuvor Catharina Linck geheiratet hatte. Zehn Monate später brachte sie ihr erstes Kind zur Welt, Wilhelm Gottlieb. Zwei Jahre später folgten die Zwillingstöchter Catharina Dorothea Salome und Anna Margaretha. Doch auch diese Ehe brachte Catharina Peters verwitwete Rosenstengel geb. Mühlhahn kein Glück: Ein paar Jahre später lief ihr Mann weg. Die Gründe sind nicht bekannt, doch darf man annehmen, dass die ehemalige Zuchthäuslerin und Sodomitin auf dem Heiratsmarkt nicht allzu anspruchsvoll hatte auftreten können und in Johann Levin Peters einen Mann geheiratet hatte, mit dem das Glück in Form einer soliden Wirtschaftsgemeinschaft von Anfang an auf der Kippe stand. Anfang Februar 1737 brachte sie eine weitere Tochter unehelich zur Welt; die kleine Catharina Elisabeth starb jedoch schon ein Jahr später. Die andern drei scheint die Mutter erfolgreich großgezogen zu haben. Wie sie sich und ihre Kinder durchbrachte, ist nicht bekannt. Trotz eineinhalb Jahren kräftezehrender Haft während der Inquisition und drei Jahren Zuchthaus wurde Catharina Mühlhahn für ihre Zeit sehr alt. Sie starb erst mit 78 Jahren am 17. Januar 1776. Sie überlebte ihre Frau um 55 Jahre.
Im Kirchenbuch von St. Paul, das so etwas wie das Familienstammbuch der Rosenstengels ist, findet sich nur ein Hinweis, wie Catharina Mühlhahn ihr weiteres Leben zubrachte. Der Taufeintrag ihres unehelichen Kindes bezeugt, wie lange ihr erster Ehemann bzw. erste Ehefrau, Catharina

Margaretha Linck alias Anastasius Lagrantinus Rosenstengel, im kollektiven Gedächtnis der Stadt verblieben war. Denn darin wird die Kindsmutter bezeichnet als »Catharinen Margarethen Mühlhahnen des weggelaufenen Levin Peters ux[or; Ehefrau] sonst die Rosenstengelsche genand«.[40] 15 Jahre nach der Hinrichtung Catharina Lincks und elf Jahre nach ihrer Eheschließung mit Johann Levin Peters galt Catharina Mühlhahn immer noch als »die Rosenstengelsche«. Sie ist dieses Stigma oder diese Auszeichnung nicht losgeworden, die Halberstädter haben noch lange dieser beiden miteinander verheirateten Frauen gedacht.

## Anmerkungen

1 Kanzleibericht an Friedrich Wilhelm I., 26. Juli 1721, Steidele 2004, S. 212. (Im Folgenden wird Steidele 2004 als Steidele zitiert.)

2 A[ct]a betr. Catharina, Margaretha Lÿnckern oder der sogen. Anastasius Lagrantinus Rosenstengel und dessen vermeintes Eheweib Cathar[ina] Margar[aretha] Mühlhahnen. 1721 Okt[ober] 13. Geheimes Staatsarchiv Berlin, Sig. I. HA Geheimer Rat, Rep. 33 Fürstentum Halberstadt, Nr. 62, 1715-1721. Vollständig abgedruckt in Steidele, S. 181-223.

3 Bericht von Friedrich Wilhelm von Grumbkow an Friedrich Wilhelm I., 7. Juni 1708, Steidele, S. 173.

4 Jacobi und Müller-Bahlke, S. 279.

5 Bericht von Friedrich Wilhelm von Grumbkow an Friedrich Wilhelm I., 7. Juni 1708, Steidele, S. 172.

6 Gutachten des Berliner Criminal-Collegiums, 19. Juli 1721, Steidele, S. 195.

7 Gutachten des Berliner Criminal-Collegiums, 19. Juli 1721, Steidele, S. 196.

8 Gutachten des Berliner Criminal-Collegiums, 19. Juli 1721, Steidele, S. 188.

9 Zedler Bd. 30, S. 8.

10 Gutachten des Berliner Criminal-Collegiums, 19. Juli 1721, Steidele, S. 192 f.

11 Vgl. Dekker und van de Pol, S. 28.

12 Bericht von Friedrich Wilhelm von Grumbkow an Friedrich Wilhelm I., 7. Juni 1708, Steidele, S. 173.

13 Trauregister der St. Peter- und Paul-Gemeinde in Halberstadt, 12. September 1717, Ev. Kirchspiel Halberstadt, Domarchiv.

14 Gutachten des Berliner Criminal-Collegiums, 19. Juli 1721, Steidele, S. 200.

15 Alle Zitate des Absatzes: Gutachten des Berliner Criminal-Collegiums, 19. Juli 1721, Steidele, S. 193.

16 Johann Anastasius Freylinghausen an August Hermann Francke, Anfang 1718, Archiv der Franckeschen Stiftungen Halle, Sig. FSt/H C 241 : 63. Für diesen neuen Quellenfund danke ich Frau Dr. Erika Papst und Frau Dr. Britta Klosterberg.

17 Gutachten des Berliner Criminal-Collegiums, 19. Juli 1721, Steidele, S. 200.

18 Gutachten des Berliner Criminal-Collegiums, 19. Juli 1721, Steidele, S. 194.

19 Gutachten des Berliner Criminal-Collegiums, 19. Juli 1721, Steidele, S. 194.

20 Titel des Pamphlets *Umständliche und wahrhaffte Beschreibung einer Land- und Leute-Betrügerin* (1720), Steidele, S. 174-180.

21 Gutachten des Berliner Criminal-Collegiums, 19. Juli 1721, Steidele, S. 195.

22 Brief der Halberstädter Regierung an Friedrich Wilhelm I., 7. Mai 1721, Steidele, S. 185.

23 Gutachten des Berliner Criminal-Collegiums, 19. Juli 1721, Steidele, S. 200.

24 Gutachten des Berliner Criminal-Collegiums, 19. Juli 1721, Steidele, S. 200.

25 Gutachten des Berliner Criminal-Collegiums, 19. Juli 1721, Steidele, S. 201.

26 Vgl. Westphal 1869.

27 Gutachten des Berliner Criminal-Collegiums, 19. Juli 1721, Steidele, S. 202.

28 Radbruch, S. 81.

29 Vgl. Puff.

30 Vgl. Wunder, S. 133 f.

31 Vgl. Michelsen, S. 223-227.

32 Gutachten des Berliner Criminal-Collegiums, 19. Juli 1721, Steidele, S. 208 f.

33 Brief der Halberstädter Regierung an Friedrich Wilhelm I., 7. Mai 1721, Steidele, S. 184.

34 Zitiert nach Derks, S. 43.

35 Gutachten des Berliner Criminal-Collegiums, 19. Juli 1721, Steidele, S. 209.

36 Spätere Ergänzung des Kanzleiberichts an Friedrich Wilhelm I., 26. Juli 1721, Steidele, S. 212.

37 Urteil von Friedrich Wilhelm I., 25. Oktober 1721, Steidele, S. 216.

38 Trauregister der St. Peter- und Paul-Gemeinde in Halberstadt,

12. September 1717, Ev. Kirchspiel Halberstadt, Domarchiv. Steidele, S. 134.

39 Wagnitz, S. 196 f.

40 Taufregister der St. Peter- und Paul-Gemeinde in Halberstadt, 3. Februar 1737, Ev. Kirchspiel Halberstadt, Domarchiv. Steidele, S. 138.

# Literatur

Brown, Judith C. 1989. »Lesbian Sexuality in Medieval and Early Modern Europe«. In: Martin Bauml Duberman [u. a.]. Hgg. *Hidden from History. Reclaiming the Gay and Lesbian Past.* New York, S. 67-75.

Crompton, Louis. 1980/1981. »The Myth of Lesbian Impunity. Capital Laws from 1270 to 1791«. In: Salvatore J. Licata und Robert P. Petersen. Hgg. *Historical Perspectives on Homosexuality* [= *Journal of Homosexuality* 6, 1/2], S. 11-25.

Dekker, Rudolf, und Lotte van de Pol. 1990. *Frauen in Männerkleidern. Weibliche Transvestiten und ihre Geschichte.* Berlin.

Derks, Paul. 1990. *Die Schande der heiligen Päderastie. Homosexualität und Öffentlichkeit in der deutschen Literatur 1750-1850.* Berlin.

Friedli, Lynne. 1987. »›Passing Women‹: a Study of Gender Boundaries in the Eighteenth Century«. In: G. S. Rousseau und Roy Porter. Hgg. *Sexual Underworlds of the Enlightenment.* Manchester. S. 234-260.

Jacobi, Juliane, und Thomas J. Müller-Bahlke. Hgg. 1998. »*Man hatte von ihm gute Hoffnung ...*« *Das Waisenalbum der Franckeschen Stiftungen 1695-1749.* Hallesche Quellenpublikationen und Repertorien 3. Tübingen.

Michelsen, Jakob. 1996. »Von Kaufleuten, Waisenknaben und Frauen in Männerkleidern. Sodomie im Hamburg des 18. Jahrhunderts«. In: *Zeitschrift für Sexualforschung.* 9. Jg., H. 3. S. 205-237.

Müller, Franz Carl. 1891. »Ein weiterer Fall von conträrer Sexualempfindung«. In: *Friedreich's Blätter für gerichtliche Medizin* 4. S. 279-300.

Puff, Helmut. 2000. »Female Sodomy: The Trial of Katherina Hetzeldorfer (1477)«. In: *Journal of Medieval and Early Modern Studies* 30, 1. S. 41-61.

Radbruch, Gustav. Hg. 1984. *Die Peinliche Gerichtsordnung Kaiser Karls V.* [1532]. 6. Auflage hg. von Arthur Kaufmann. Stuttgart.

Schultze-Galléra, Siegmar. 1930. »Seltsame Schicksale einer ›inspirierten‹ Hallenserin«. In: *Hallische Nachrichten*, 11. September.

Steidele, Angela. 1999. »Von keuschen Weibern und lüsternen Tribaden. Der Diskurs über sexuelle Handlungen zwischen Frauen im 18. und 19. Jahrhundert.« In: *Forum Homosexualität und Literatur* 35, S. 5-34.

—. 2004. *In Männerkleidern. Das verwegene Leben der Catharina Margaretha Linck alias Anastasius Lagrantinus Rosenstengel, hingerichtet 1721. Biographie und Dokumentation.* Köln.

*Umständliche und wahrhaffte Beschreibung einer Land- und Leute-Betrügerin.* o.O. 1720. In: Steidele 2004, S. 174-180.

Wagnitz, Heinrich B. 1791/1792. *Historische Nachrichten und Bemerkungen über die merkwürdigsten Zuchthäuser in Deutschland.* 2 Bde. Halle.

Westphal, Carl Friedrich Otto. 1869. »Die conträre Sexualempfindung. Symptom eines neuropathischen (psychopathischen) Zustandes«. In: *Archiv für Psychiatrie und Nervenkrankheiten* 2, S. 73-108.

Wunder, Heide. 1992. »Geschlechtsidentitäten. Frauen und Männer im späten Mittelalter und am Beginn der Neuzeit«. In: Karin Hausen u. Heide Wunder (Hgg.). 1992. *Frauengeschichte – Geschlechtergeschichte.* Frankfurt a. M. [u. a.], S. 131-136.

Zedler, Johann Heinrich. 1732-1764. *Grosses vollständiges Universal-Lexicon aller Wissenschaften und Künste, welche bißhero durch menschlichen Verstand und Witz erfunden und verbessert worden.* 64 Bde., 4 Bde. Suppl. Halle.

# » Wenn's überhaupt angeht, die verschiedenen Stadien der liebenden Verhältnisse und die Kategorien von Freundschaft und Liebe einzuteilen«

## Mathilde Franziska Anneke
## (1817-1884)

*von*
*Joey Horsley*

Die aus Westfalen stammende Frauenrechtlerin und Schriftstellerin Mathilde Franziska Anneke wird heute als Teilnehmerin an der deutschen Revolution von 1848/49, als Pionierin der deutschen und US-amerikanischen Frauenrechtsbewegungen und als Aktivistin gegen die Sklaverei in den amerikanischen Südstaaten anerkannt.[1] Das Thema ihrer Liebe zu Frauen bleibt dabei weitgehend unbeachtet, stattdessen wird sie meist im Zusammenhang mit ihrem Gatten und Gesinnungsgenossen Fritz Anneke abgehandelt, den sie 1847 heiratete und mit dem sie 1849 nach Amerika emigrierte und sechs Kinder hatte.[2] Aber seit ihrer Jugend hatte sie auch stark gefühlsbetonte Frauenbeziehungen, und die zweite Hälfte ihres Erwachsenenlebens teilte sie mit Frauen.[3] Ihrer Liebe zu der Amerikanerin Mary Booth, mit der sie sechs Jahre zusammenlebte, verdanken wir den größten Teil von Annekes schriftstellerischer Produktion, und die Zusammenarbeit mit der ihr ebenfalls ergebenen Lehrerin Cäcilie Kapp brachte ihr dann mit der von beiden gegründeten Mädchenschule eine Erwerbs- und Arbeitsmöglichkeit für fast 20 Jahre. Ihre spannungsreiche Geschichte kann als Fallstudie dienen für die Möglichkeiten und Einschränkungen sowie für die Vielfalt der Beziehungen, die Frauen im 19. Jahrhundert erlebten.

Mathilde Franziska
Anneke (stehend)
und Mary Booth
in Zürich

Cäcilie Kapp,
Vassar College, 1877

## I. 1817-1847: Entwicklung zur Rebellin

Die älteste Tochter der Elisabeth Hülswitt und des Domä-
nenrats Karl Giesler wird am 3. April 1817 auf dem groß-
väterlichen Gut zu Ober-Leveringhausen in Westfalen geboren. Hier und dann in Blankenstein an der Ruhr, wohin die
Familie 1820 zieht, verlebt Mathilde eine idyllische Kindheit,
genießt die Natur und die Freiheit eines aufgeklärten Eltern-
hauses, das auch Umgang mit Künstlern und Literaten (wie
Levin Schücking) pflegt. Das Mädchen besucht die Elemen-
tarschule in Blankenstein, wird aber auch von ihrer Mutter
und einem Privatlehrer unterrichtet. Als Mathilde 17 ist,
zieht die Familie nach Hattingen – Vater Giesler hat sich mit
Eisenbahn- und Bergbauaktien verspekuliert und einen großen Teil seines Vermögens verloren.

Durch eine Heirat mit dem zehn Jahre älteren adligen
Mülheimer Weinhändler Alfred von Tabouillet rettet die
hübsche 19-jährige Mathilde ihre Familie vor dem Ruin,
denn seine Eltern übernehmen die Schulden der Gieslers.
Sehr bald aber entpuppt sich der Mann, den Mathilde zu
lieben glaubte, als Trinker und gewalttätiger Tyrann, der
nicht davor zurückschreckt, seine schwangere Frau zu schlagen. Kurz nach der Geburt ihrer Tochter Johanna (»Fanny«)
1837 trennt sich Mathilde von ihrem Mann und – eine damals
fast unerhörte Tat – reicht die Scheidung ein. Die wird
nach zwei erfolglosen Gerichtsverfahren schließlich gewährt,
aber ein drittes Verfahren gibt ihr wegen »böslicher Verlas-
sung« des Ehemannes 1843 die Alleinschuld. Später schreibt
sie: »Nach dem Ausgang eines unglücklichen Scheidungs-
prozesses meiner ersten Ehe, worin ich ein Opfer der preußischen Justiz wurde, war ich zum Bewusstsein gekommen
und zur Erkenntnis, dass die Lage der Frauen eine absurde
und der Entwürdigung der Menschheit gleich bedeutende
sei [...].«[4]

Mathilde, »verehelicht gewesene von Tabouillet, geborene
Giesler« (wie sie sich jetzt nennt), zieht nach Wesel und dann
nach Münster, wo die nun alleinerziehende Mutter versucht,
sich und ihre Tochter mit Veröffentlichungen durchzubrin-

gen. Sie gibt zwei »Gebetbücher für die christ-katholische Frauenwelt« heraus, schreibt für Zeitungen, gewinnt für ihre Jahrbücher Literaten und DichterInnen wie Ferdinand Freiligrath und Annette von Droste-Hülshoff. Allerdings wird sie von den Kreisen der »guten Gesellschaft« als »genant« möglichst gemieden. Annette giftet:

Ich bin gewiss, die Tabouillet würde mich ganz aussaugen an Beutel, Geist und Körper. Sie ist nämlich blutarm und muss sich und ihr Kind allein mit Schriftstellern ernähren. Bis jetzt hat sie die Kost (ich glaube auch die Wohnung) bei ihrer Herzensfreundin Klementine Amelunxen eigentlich umsonst, d. h. für einen Silbergroschen per Tag ... und die arme Klementine liegt ohne Hoffnung an der Schwindsucht, vor vier Wochen erwartete man täglich ihren Tod. Du siehst, wohin eine Bekanntschaft mich führen würde.[5]

Jahre danach blickt Mathilde auf diese bittere Zeit zurück: »es beschleicht mich wieder jenes Gefühl einer unterdrückten Taglöhnerin, das ich in so reichlichem Maße empfunden, als ich nur von diesem Lohn mein und meines Kindes Leben fristete.«[6]

Schon aus Wesel hat Mathilde an die »Herzensfreundin« Klementine liebevolle, ja sehnsüchtige Briefe geschrieben, und als die todkranke Freundin dann stirbt, übermacht sie ihr ganzes Vermögen Mathilde. Weil aber Mathilde inzwischen ihren Glauben aufgegeben hat, weigern sich die katholischen Bischöfe, es ihr auszuzahlen.[7] Wahrscheinlich an diese geliebte Freundin hatte Mathilde auch einige innige Gedichte gerichtet, die sich im Nachlass befinden, darunter »Ein letztes Lied« (ca. 1840), das vom Schmerz der Trennung und von einem »Grablied [...] der Liebe« handelt, ob durch den physischen Tod oder durch einen Bruch in der Beziehung, ist nicht klar.[8] Jedenfalls scheint es, dass Mathilde in dieser Zeit nicht nur über den Verlust der Liebe ihres ersten Gatten trauert, sondern auch sehr intensive Frauenfreundschaften eingeht, wie die zu Klementine und auch zu ihrer Cousine Franziska

Rollmann, späterer Hammacher (1825-1895). Letztere soll
als ältere Dame gesagt haben, sie hätte in ihrem Leben niemanden so tief geliebt wie Mathilde, auch nicht ihren Mann.[9]
Und Briefe von Mathilde an ihren geliebten »Herzensengel«
zeigen, dass sie diese Liebe erwidert.[10] Solch leidenschaftliche
»romantic friendships« zwischen Frauen sind für Europa,
England und Amerika im späten 18. und im 19. Jahrhundert
vielfach dokumentiert und wurden von der Gesellschaft akzeptiert und sogar gepriesen.[11]

Angesichts der Ablehnung der Münsteraner »guten Gesellschaft« – sowie der Erfahrung der entwürdigenden Armut
als alleinerziehende Mutter und der Diskriminierung als Frau
von Seiten der »Justiz« – verwandelt sich die königstreue,
schwärmerisch katholische Bürgerstochter allmählich in eine
demokratisch gesinnte Freidenkerin, die über die erste Seite
des von ihr herausgegebenen Gebetbuches schreibt: »Von
den Göttern, die der Mensch in seiner Not erschuf.«[12] Sie
treibt ihre soziale und politische Emanzipation voran durch
Verbindung mit Gleichgesinnten der immer stärker werden-
den politischen Opposition des Vormärz und schreibt für die
führenden liberalen Zeitungen der Zeit, die *Kölnische Zeitung* und die angesehene Augsburger *Allgemeine Zeitung*. Im
liberalen »Demokratischen Verein« trifft sie in Münster frei-
heitlich denkende Menschen wie Fritz Anneke, einen jungen
Offizier a. D., der wegen seiner demokratischen Ideen unehrenhaft entlassen wurde. Sie bewundert seinen Idealismus
und aufrechten Charakter, überwindet ihr anfängliches Zögern, sich noch einmal mit einem Mann einzulassen. Die beiden heiraten 1847 und ziehen nach Köln, wo ihre Wohnung
bald zum Treffpunkt oppositioneller und demokratischer
SchriftstellerInnen und JournalistInnen wird. Mathilde beschreibt die Gruppe als »ästhetisches Kränzchen von lauter
Communisten«.[13] Es kommen führende Köpfe der Bewegung
wie Georg und Emma Herwegh, Ida und Ferdinand Freiligrath, Karl Marx und Ferdinand Lassalle.

## II. 1847-1849: Feministisches und revolutionäres Agieren in Deutschland

Als die Feministin Louise Aston (1814-1871) wegen ihres Lebensstils – sie raucht öffentlich Zigarren, trägt Männerkleidung und genießt ein freies Liebesleben – und ihrer radikalen Ideen – sie glaubt nicht an Gott und plädiert für die Emanzipation der Frau – als »staatsgefährliche Person« aus Berlin ausgewiesen wird, verteidigt Mathilde sie in einer Streitschrift, *Das Weib im Conflict mit den socialen Verhältnissen* (1847).[14] Dabei beschreibt sie auch ihr eigenes Los, wenn sie ruft:

> Schmäht das Weib nicht, das die Fesseln Eurer von Euren Götzen geheiligten Eide brach – die reichen Säle hinter sich ließ und in die Kammer ihrer stillen Armut trat [...]. Oh, schmäht es nicht, wenn es [...] vorzog, in das Leben, das ernste, hineinzuziehen, mit ihm zu wagen und zu streiten [...].[15]

Mathilde fragt: »Warum auch sollte das Weib überhaupt die schweigsame Dulderin fortan noch sein? – Warum noch länger die demütige Magd, ›die ihrem Herrn die Füße wäscht‹?«[16] Als einzige der feministisch gesinnten Frauen der Zeit ergreift sie Partei für die hauptsächlich wegen ihres Atheismus verfemte Aston und liefert eine flammende Kritik der Religion als Unterdrückungsinstanz. Sie ruft die Frauen auf, die Augen aufzumachen und zu erkennen, dass sie durch die Religion betrogen werden. »Mit Weihrauchduft will man Euer Sinnen umnebeln, mit glatten Worten Euch betören«, mahnt sie. »Die Andacht, diese Heuchelei und Lüge im Glorienschein, hat das Weib zur Schwärmerin gemacht, und in ihr [...] hat es aufhören müssen zu denken [...].«[17]
Sie fragt, warum »Ansichten, die den Männern seit Jahrhunderten bereits angehören durften, einem Staate gerade *bei den Frauen* so sehr gefährlich« seien, und antwortet:

> Ja, darum: weil die Wahrheit, von den Frauen getragen, als Siegerin hervorgeht, welche Throne und Altare der Tyran-

nen und Despoten stürzt. Weil die Wahrheit einzig uns frei macht und erlöst aus den Banden der Selbstverleugnung, aus den Fesseln der Sklaverei. Weil die Wahrheit uns befreit von dem trüglichen Wahn, dass wir dort oben belohnt werden für unser Lieben und Leiden, für unser Dulden und Dienen; weil sie uns zu der Erkenntnis bringt, dass wir gleichberechtigt sind zum Lebensgenusse wie unsere Unterdrücker [...].[18]

Mathilde erkennt, dass die Macht der patriarchalen, politisch feudalen Ordnung mit der Unterdrückung der Frau einhergeht. Fortan wird in ihrem Denken und Handeln die Emanzipation der Frau zur unerlässlichen Komponente im allgemeinen Kampf um politischen Fortschritt, um Gerechtigkeit und Gleichheit aller Menschen.

Inzwischen agitiert auch Fritz Anneke – Gründer und Vorstandsmitglied des Kölner Arbeitervereins, der bis dahin größten deutschen ArbeiterInnenorganisation – für eine sozialdemokratische Republik. Im Juni 1848 wird er von der preußischen Verwaltung verhaftet und für sechs Monate eingekerkert. Mathilde, obwohl hochschwanger (Sohn Fritz wird am 21. Juli geboren), gibt ihre politische Tätigkeit nicht auf und übernimmt die Redaktion der gemeinsam geplanten, als Sprachrohr der Kölner ArbeiterInnen gedachten *Neuen Kölnischen Zeitung*. In Briefen an ihre HerzensfreundInnen Franziska Rollmann und Friedrich (»Friede«) Hammacher beklagt sie, dass sie die ganze Verantwortung tragen muss, vor allem nachdem ihr Mitherausgeber Friedrich Beust, selbst in Verhaftungsgefahr, geflohen ist:

Beust war fort; das Blatt, die Druckerei, das Proletariat, das in Haufen zu mir gelaufen kommt, wenn's sich um seine Rechte bedroht glaubt – Frauen sowohl wie Männer – alles oblag mir allein.[19]

Du weißt nicht, was es heißt, Fritz aufrecht zu erhalten. Dabei das Haus, die Kinder, das Streben unserer heiligen Sache, die unsere Religion geworden ist.[20]

Du glaubst wohl nicht, wie ich mich quälen muss. Kein Mensch hilft mir, nur meine drei Setzer rascheln fleissig mit den Typen.[21]

Als die *Neue Kölnische Zeitung* der Zensur zum Opfer fällt, gibt sie nicht etwa auf, sondern produziert am 27. September 1848 ihre eigene revolutionäre *Frauen-Zeitung*, die erste deutsche Frauenzeitung, die allerdings nach zwei Nummern ebenfalls verboten wird – die dritte Nummer wird schon in den Korrekturfahnen beschlagnahmt.[22] Wie in ihrer Schrift zur Verteidigung von Louise Aston ist Mathilde radikal in Ton und Stellungnahme: Sie fordert die Rechte der Frauen, Freiheit und Gerechtigkeit für alle – auch das Proletariat – und ruft die Frauen auf, aktiv am Aufstand gegen die politische Unterdrückung teilzunehmen.

Im Mai 1849 bricht die Revolution in Baden aus, Fritz Anneke nimmt als Artillerieoffizier teil. Mathilde eilt ihm nach und erlebt den Feldzug als sein Ordonnanzoffizier und berittener Kurier; später veröffentlicht sie ihre *Memoiren einer Frau aus dem badisch-pfälzischen Feldzug* (1853). Als die Festung Rastatt am 23. Juli von den Preußen eingenommen wird, fliehen die Annekes über Straßburg in die Schweiz, wohin ihnen ihre Kinder nachgebracht werden. Am 8. Oktober 1849 segeln sie im Zwischendeck eines Handelsschiffes von Le Havre in die USA ab. Friede Hammacher hat ihnen Geld für die Reise überwiesen.

## III. 1849-1858: Anfänge und Übergänge in der Neuen Welt

Nach sieben Wochen auf See erreicht die kleine Familie arm, aber hoffnungsvoll New York im »Land der Freiheit«. Sie genießen am Anfang ein gewisses Renommee als Achtundvierzigerinnen, stoßen aber – typisch für EinwandererInnen der Zeit – bald auf viele Schwierigkeiten. Die nächsten zehn Jahre bringen sowohl Erfolge wie auch verheerenden Schmerz und stellen die Ehe auf eine harte Probe.

Mathilde würde am liebsten in New York bleiben, wo sie als angesehene Achtundvierzigerin bessere Kontakte zu den wichtigsten Zeitungen und Verlagen hätte. Aber Fritz will unbedingt zu einem Verwandten nach Cedarburg (Wisconsin), er verspricht sich davon geschäftlichen Erfolg. Ungern folgt ihm Mathilde in den Westen. Die Situation in Cedarburg ist enttäuschend, und es folgen Umzüge nach Milwaukee, Elgin (Illinois) und Madison (Wisconsin) – überall versucht Fritz in verschiedenen Positionen Fuß zu fassen, aber es scheint auf Dauer nichts zu klappen. Schließlich lässt die Familie sich in Milwaukee (Wisconsin) nieder, einer Stadt mit einem großen deutschen Bevölkerungsanteil. Mathilde hält Vorträge über deutsche Literatur und Politik, arbeitet als Korrespondentin für deutsche Zeitungen. Im März 1852 gründet sie die *Deutsche Frauen-Zeitung*, »die erste feministische Zeitung, die von einer Frau in eigener Regie auf amerikanischem Boden publiziert worden ist«.[23] Unabhängig von der damals erst beginnenden amerikanischen Frauenrechtsbewegung will sie die deutschen Frauen Amerikas über die Notwendigkeit aufklären, für ihre Gleichberechtigung zu kämpfen. Die Zeitung wird in den Jahren 1852-54 zuerst monatlich, dann vierzehntägig und schließlich wöchentlich erscheinen und einen AbonnentInnenkreis von bis zu 2000 Personen erreichen.[24] Wieder ist es die Arbeit einer mutigen Einzelgängerin:

Ich schrieb die erste Nummer meiner *Deutschen Frauen-Zeitung* hier im fernen Westen allein und unbekümmert um irgendwelchen Erfolg. [...] Ich hatte keine Mittel und war ohne jegliche Unterstützung durch Mitarbeiter [...].[25]

Nachdem Mathilde Frauen als Setzerinnen für ihre Zeitung eingestellt hat, gründen die deutschen Buchdrucker Milwaukees, um ihre männlichen Interessen »von den Übergriffen Unberufener« sicherzustellen, einen Verein, die noch heute bestehende Gewerkschaft der Buchdrucker. Diese ruft, so Rudolf Koss in seiner *Geschichte der Stadt Milwaukee*, die Leiter aller Druckereien auf, »kein Frauenzimmer als Arbeiter anzustellen und die bereits angestellten zu entfernen. Hinter den beigefügten hochthönenden Phrasen von der Aufrechterhaltung der Weltordnung etc. barg sich der kläglichste Brodneid.«²⁶

Mathilde kann ihre Zeitung in Milwaukee nicht länger drucken, und die Familie beschließt, doch nach Osten zu ziehen, in der Hoffnung, dort bessere Umstände für ihre Arbeit zu finden. Fritz Anneke geht voraus, um in der Nähe von New York eine Bleibe zu suchen und einen Zeitungsverlag zu gründen. Die Kinder bleiben vorerst bei Verwandten. Mathilde nützt die Gelegenheit, um eine strapaziöse siebenmonatige Vortragsreise anzutreten. Die charismatische Rednerin agitiert vor deutschen ZuhörerInnen in vielen Städten, von Chicago und Louisville bis Boston und Philadelphia, für die Gleichberechtigung der Frau:

> [Ich] sprach in öffentlichen Versammlungen über die Erhebung des Weibes, verlangte die soziale Verbesserung ihrer Stellung, Recht auf Arbeit und vor allem das politische Stimmrecht.
> Ich versuchte eine Organisation unter den deutschen Frauen herzustellen, gründete Vereine, die miteinander in steter Verbindung stehen sollten, und bot meine Zeitung als deren Organ an.²⁷

Sie redet in meist vollbesetzten Hallen vor einem begeisterten Publikum, wie in Boston, von wo sie im November 1852 an die Familie schreibt: »Es geht mir hier sehr gut. Die Menschen wollen mich gar nicht fort lassen von hier. […] Meine beiden Vorträge haben außerordentliche Sensation erregt.«²⁸

1853 spricht sie in New York zum ersten Mal vor einer amerikanischen Frauentagung, die sie als Repräsentantin Deutschlands vorstellt. Ihre Rede wird von Ernestine Rose ins Englische übersetzt und nennt Amerika als »Vorbild der Freiheit« für unterdrückte deutsche Frauen. Annekes Teilnahme an dieser Woman's Rights Convention markiert den Beginn ihrer Zusammenarbeit mit der US-amerikanischen Frauenrechtsbewegung; bald zählt sie zu den wichtigsten

Mitarbeiterinnen von Susan B. Anthony und Elizabeth Cady Stanton. Anthony soll später gesagt haben: »Ich bin durch den Einfluss einer deutschen Frau, Madame Mathilde Franziska Anneke, eine Suffragette geworden.«[29]

Die Familie wohnt von 1852 bis 1858 in Newark, New Jersey, eine bis auf die letzten Monate ziemlich glückliche Zeit. Eine Zeitlang gibt Mathilde ihre wöchentliche *Deutsche Frauen-Zeitung* noch heraus, hört aber auf, als Fritz die erste deutsche Tageszeitung Newarks, die *Newarker Zeitung*, durch Mathildes Finanzierung und mit ihrer »tatkräftigen Unterstützung« herausbringt.[30] Später schreibt Mathilde über ihre Zeitung:

Nach ihrem kurzen Bestehen von circa 2 1/2 Jahren zwangen mich Familiensorgen und Kränklichkeit, dieselbe aufzugeben, jedoch nicht ohne Hoffnung, das so mühsam aufgebaute Werk nach kurzem Stillstand wieder aufnehmen zu können. Allein eine Kette von Ungemach behinderte mich hinfort daran.[31]

Zwischen 1850 und 1855 hat Mathilde Anneke noch fünf Kinder geboren, einen Jungen, Percy, in Milwaukee, dann zwei Töchter, die beide früh sterben – Rosa kurz nach der Geburt und Irla mit drei Jahren. 1855 kommen die Zwillinge Irla und Hertha zur Welt. Aber die Pocken-Epidemie von 1858 rafft den zehnjährigen Fritz und die zweite kleine Irla auch hinweg. Mit fast genau 41 Jahren schreibt Mathilde an ihre Mutter:

Ja, liebe Mutter, da stünde ich denn an meiner Lebenswende bar aller Hoffnungen, die ich so reich getragen. Die schönsten, die ich mir durch tausendfache Stürme hindurch geschützt, genährt mit meinem besten Herzblut, und die in der andern Hälfte des Lebens zu meinem innigsten Glück sich entfalten und gestalten sollten, dahin – dahin. […] An Irlachen verloren wir unsere Lebensfreude, unsere Lust. An Fritzchen verloren wir unser Glück, unsere ganze Hoffnung.[32]

Nach diesen furchtbaren Verlusten wollen die Annekes nicht länger in Newark bleiben, verkaufen die Zeitung und ziehen mit den ihnen verbliebenen Kindern Percy und Hertha wieder nach Milwaukee, wo inzwischen auch Mathildes Mutter und zwei Schwestern leben. Die älteste Tochter Fanny aus erster Ehe heiratet und bleibt in Newark.

IV. 1858-1865: »Anders lieben, [...], andere Lust«

Die Rückkehr nach Milwaukee bringt viele Änderungen im Leben der Annekes. Nicht nur ist die Familie durch den Tod der Kinder viel kleiner geworden, die Beziehung der Eheleute scheint einen grundlegenden Wandel durchzumachen. Mathilde denkt im Sommer 1859 an die Zeit kurz vor der Emigration zurück:

> Nichts ist geblieben, was ich in dieser Zeit zu besitzen geträumt habe. Alles Traum, Traum. Und wie ich nun in einer so ganz anderen Welt stehe, andere Kinder als damals, anders lieben, andere Blumen, [...], andere Lust, andere Erde, andere Heimat – ich glaube, ich habe hier auf dieser Erde schon viele Leben ausgelebt.[33]

Die Einzelheiten sind nicht überliefert, aber Mathilde ist wohl von ihrem Mann zunehmend enttäuscht – er hat offenbar Probleme, in Amerika beruflich und wirtschaftlich Fuß zu fassen. Und da ist auch seine komplizierte Persönlichkeit – er ist ruhelos, und sein übertriebenes Ehrgefühl steht ihm oft im Weg. Einige Äußerungen in Mathildes Briefen lassen auch vermuten, dass Fritz es mit der Treue nicht immer so genau nimmt – jedenfalls fühlt sich Mathilde von ihm nicht genügend geliebt und geschätzt. Als er im Mai 1859 Frau und Kinder zu Hause zurücklässt und nach Europa fährt, um als Journalist über den italienischen Freiheitskrieg zu berichten, glaubt sie sich übergangen und ist gekränkt. Sie verweigert ihm ihr Bett am Abend vor seiner Abreise[34] und schreibt ihm vorwurfsvoll kurz danach:

Nicht nur beim Abschiede, lieber Fritz, brauchte mir erst wieder klar zu werden, wie sehr ich dich geliebt. Meine Liebe, vom Augenblick ihres ersten Erwachens bis zu dem heutigen, ist mir in ihren verschiedenen Graden so klar und bewusst wie etwas. Ich wusste vorher, wie eine Trennung endlosen Gram über uns alle bringen würde. Aber ich wusste auch, wieviel endloser das Unglück sein würde, ungeliebt von dir, das Leben neben dir als dein Weib zu verbringen. Wir hätten uns nicht vermählen, wir hätten Freunde bleiben sollen, lieber Fritz. Wir wären beide vielleicht glücklicher geworden. Wir lieben uns jetzt zwar mehr als Freunde, wir lieben uns in der innigsten Verwandtschaft durch unsere Kinder, aber wir lieben uns nicht wie Liebende […].³⁵

Sie wird ihm in Zukunft oft solche Briefe schreiben, mahnend und tadelnd, und die beiden leben fortan meist getrennt, ohne aber ihre Bindung je aufzugeben. Die detailliert berichtenden Briefe, die sie einander während der vielen Jahre der Trennung bis zu Fritz' Tod 1872 schreiben, gehören zu den wichtigsten Quellen über ihr Leben in dieser Zeit und geben auch Einblick in ihren Charakter und ihre Gefühle. 1864 macht sich zum Beispiel die immer wieder Gekränkte Luft und proklamiert endgültig ihre innere Unabhängigkeit von dem Gatten:

Wüsste ich etwas über dein inneres Leben, das du seit langer Zeit vollständig vor mir zugeknöpft hältst, wüsste ich etwas über die Pläne der Zukunft, so wäre es ein Leichteres für mich einzutreten, dir mit Vorschlägen usw. an die Hand zu gehen. […] Es ist stets mein Unglück gewesen, dass du gemeine Naturen mir vorgesetzt hast, und während du mich immer unterschätzt, jene so weit, weit überschätztest. […] Das ist nun vorüber. Ich kann dir liebend und mahnend zur Seite stehen, aber meinen Stolz kann ich nicht mehr opfern und dir gestatten, andere mir vorzuziehen, die es nicht wert sind. […] du hast in mir immer noch das alte treue Herz, das dich kennt, dich liebt, deine

Eigenschaften, die guten, hoch verehrt. Aber dies Herz hat nach langer Probezeit endlich seine Unabhängigkeit wieder erlangt, und die will ich mir hinfort zu bewahren streben um deiner und um meiner Freiheit willen [...].[36]

Aus diesem Brief hören wir Mathildes Ambivalenz gegenüber ihrem Mann heraus. Für sie ist es längst keine Liebesbeziehung mehr. Außerdem: Mathilde hat selber emotionales Neuland entdeckt.

Als die Annekes 1858 wieder nach Milwaukee zurückkehrten, lernten sie das Ehepaar Booth kennen. Sherman Booth (1812-1904) war ein bedeutender Journalist und Schriftleiter des *Wisconsin Free Democrat* und schrieb und agitierte gegen die Sklaverei in den Südstaaten. Seine junge Frau Mary Corse Booth (1831-1865) war Schriftstellerin. Nicht nur wegen übereinstimmender politischer Ansichten nahmen die Annekes die Einladung der Booth an, in ihr Haus zu ziehen. Mary und Mathilde waren von Anfang an voneinander begeistert, und als Fritz nach einigen Monaten als Korrespondent nach Europa fuhr, wurde die Freundschaft noch inniger. In einem Brief an Fritz beschreibt Mathilde ihren Tagesablauf:

Ich sitze den ganzen Tag am Schreibtisch oder am Flicken. Abends gehen wir dann und wann zur Großmutter. Ich gehe nie ohne Maria. Wir verlassen uns keine Stunde. Sie sitzt neben mir, wenn wir arbeiten, und wir sind glücklich, dass wir uns gefunden, um uns nie wieder voneinander zu trennen. In ihr gutes, liebliches Gemüt blicke ich täglich tiefer, und ihre kleinen Schwachheiten im gewöhnlichen Leben sind mir so lieb als ihre Tugenden. Ich weiß, sie liebt mich auch, und ich fühle mich mal wieder glücklich, geliebt und verstanden zu werden.[37]

Wenn sie ausnahmsweise ohne die Freundin zur Großmutter geht, kehrt sie »zu meiner Maria zurück, die mich dann schon mit Sehnsucht an der Tür erwartet«.[38] Marys tiefe Zuneigung gibt Mathilde zum ersten Mal das Gefühl, in Amerika zu Hause zu sein: »Überhaupt fühle ich mich, seit ich ein Herz in diesem Lande gefunden, nicht mehr in der Verbannung. Ich fühle jetzt Heimatluft hier wehen.«[39]

Mary Booth muss überhaupt eine sehr liebenswürdige junge Frau gewesen sein, lebhaft, witzig und vor allem Mathilde in Liebe ergeben. Mathilde freut sich, dass Mary auch bei kulturellen Gesellschaften Erfolg hat:

> Gestern hatten wir in unserem hübschen Parlor eine angenehme musikalische Unterhaltung. Frau und Herr Mahler und einige andere waren bei uns. Maria wird von unseren deutschen Freunden sehr geliebt. [... Sie] nimmt an allem Teil, was ihr in dieser Weise geboten wird ...[40]

Als Mathildes Mutter sich nach einem schlimmen Unglücksfall bei ihnen erholt, versucht Mary, sie zu erheitern: »Maria spricht solch allerliebstes Deutsch mit ihr ...«[41] Andererseits lässt sie als Amerikanerin nach Mathildes Ansicht geistig etwas zu wünschen übrig, obwohl Mary es ist, die Deutsch lernt und nicht umgekehrt – Mathilde wird der englischen Sprache nie wirklich mächtig:

> Mary füllt mir eine große Lücke in meinem Gefühlsleben aus. Allein, du kennst doch die Schwierigkeiten im Verkehr mit den uns selbst lieb gewordenen Amerikanern. An eine tiefere Unterhaltung, aus der wir Resultate unseres Denkens und Wissens schöpfen können, ist nach gewissen Seiten hin gar nicht zu denken. Die Verschiedenheit des Standpunkts, die der Sprachen selbst noch treten in den Weg. [...] Maria, ihr Gemüt, ihre Liebe, der ihr angeborene Schönheitssinn, den sie überall in Anwendung bringt, ihre Sorgfalt für mich, entschädigen mich für Vieles. Ich liebe sie immer mehr und mehr ...[42]

Mathilde, die sich schon als junge Frau in Deutschland ihren jüngeren FreundInnen gegenüber »die Alte« oder »die Kommunistenmutter« nannte, spielt auch in der Beziehung zu der 14 Jahre jüngeren Mary die Rolle der Erziehenden, der Starken und Schützenden. Sie verteidigt Mary gegen Sherman Booth, der aggressiv und triebhaft ist und der schließlich wegen Verführung eines minderjährigen Kindermädchens auch vor Gericht muss.[43] Mary »verachtet ihn seiner Leidenschaften wegen« und »fühlt immer mehr die Notwendigkeit, von ihm los zu kommen«.[44] Wenn er es aber wagt, sie zu quälen, schreibt Mathilde, »so schütze ich sie. Ich fürchte mich nicht vor ihm.«[45] Als Fritz seine Frau bittet, mit den Kindern zu ihm in die Schweiz zu kommen, gibt sie seinem Wunsch nach, nicht zuletzt, weil auch Mary gern hinfahren möchte.

Trotz Schwierigkeiten, das Geld für die Reise zusammenzubringen, verlassen die Freundinnen am 21. Juli 1860 mit ihren Kindern Milwaukee und kommen am 27. August in Zürich an. Die ménage à trois (plus Kinder) scheint eine Zeitlang ganz harmonisch zu funktionieren. Mathilde schreibt im Januar 1861 an ihre Mutter:

> Seit ich wieder eine ernste Unterredung mit ihm gehabt habe, ist [Fritz] wieder, zum Glück der ganzen Familie umgewandelt. Er ist sehr liebevoll und höflich gegen mich, und wenn das anhält, wünsche ich nichts weiter. Unser geistiges Band und unser gemeinsames Streben muss uns unsere Freundschaft erhalten, da es die Liebe nicht sein konnte. Er sieht das ein und gibt sich in den letzten Wochen alle erdenkliche Mühe.[46]

Und im April: »Fritz, während wir am südlichen Flügel in unserm Arbeitszimmer sitzen, sitzt er in dem seinigen am nördlichen und arbeitet.«[47] Mathilde, Mary und Fritz schreiben alle für diverse Zeitungen und Zeitschriften in Europa und Amerika und haben in dieser ersten Zeit ein verhältnismäßig komfortables Einkommen. Aber kaum ein Jahr nach der Wiedervereinigung der Familie geht Fritz wieder fort – am 12. April 1861 beginnt der amerikanische Bürgerkrieg, und Fritz kehrt im September zum Kriegsdienst in der Unionsarmee zurück. Aber all seine Bemühungen um das Kommando eines Regiments als Offizier und damit um Ansehen und ein solides Einkommen schlagen letztlich fehl. Einfaches

Pech, mögliche Intrigen und Inkompetenz seitens der Unionsarmee, und schließlich seine eigene Selbstgerechtigkeit und Empfindlichkeit scheinen ihn zu verfolgen, und 1863 wird er sogar unehrenhaft entlassen, ohne jemals an einer Schlacht teilgenommen zu haben.

Inzwischen versuchen Mary und Mathilde, sich und ihre drei Kinder – zu Percy und Hertha Anneke kommt auch Marys jüngere Tochter Lily als Teil des Schweizer Haushalts hinzu – durch literarische Tätigkeit zu ernähren. Weder Sherman Booth noch Fritz Anneke schicken mehr als einen kleinen Bruchteil dessen, was die Familie zum Leben braucht. Mary schreibt und übersetzt Gedichte, Mathilde schreibt weiterhin Berichte für Zeitungen, versucht sich jetzt auch unter Marys Einfluss in der Belletristik.[48] Die beiden Frauen schreiben gemeinsam an Erzählungen und an einem Roman, die die amerikanische Gesellschaft zur Zeit der Sklaverei und die doppelte Ausbeutung der Sklavinnen als Schwarze und als Frauen schildern.[49] Mary liefert die Ideen zur Handlung, Mathilde führt sie aus.

> Mary und ich wollten gemeinschaftlich unter dem Titel *Gebrochene Ketten* ein Bändchen amerikanischer Erzählungen herausbringen. Sie ist glücklich im Erfinden, aber nicht im Benutzen des Stoffes. Den verarbeite ich besser, wie die *Sklavenauktion* seinerzeit, die in vielen Journalen erschienen, gezeigt hat.[50]

Mathilde und Mary genießen auch die kulturelle und intellektuelle Anregung, die ihnen der Kontakt zur liberalen literarischen und politischen Elite in Zürich bietet. Oft sind sie mit dem Schriftsteller Gottfried Keller und dem Ehepaar Georg und Emma Herwegh zusammen. Mathildes alte Freundin, die deutsche Erzieherin und Autorin Ottilie Kapp (1803-1872), ist mit ihrem Mann, dem Schulleiter Professor Alexander Kapp (1800-1864), und ihrer Tochter Cäcilie auch nach Zürich ausgewandert und erweist sich auch hier als hilfreiche Stütze. Der sozialistische Philosoph und Parteigründer Ferdinand Lassalle, »ein höchst geistreicher, interessanter, ja gutmütiger Mann«, und seine Gefährtin, die 20 Jahre ältere Gräfin von Hatzfeldt (1805-1881, laut Mathilde »weder interessant, noch schön, noch geistreich, noch liberal, [...] eine weibliche Ruine«), sind 1861 auch in Zürich.⁵¹ Trotz der negativen Meinung, die Mathilde von ihr hat, scheint die Gräfin die beiden Frauen zu mögen:

Sie [...] besucht uns bisweilen ganz ungeniert. Wir gefallen ihr sehr gut, und ich muss gestehen, dass wir unsere Meinung über sie sehr geändert haben. Es ist merkwürdig, eine Frau von 56 Jahren und noch in dieser blendenden Schönheit.⁵²

Im Sommer 1863 wird die herzkranke Mary von der Gräfin eingeladen, mit auf Kur ins Engadin zu reisen. Drei Wochen lang genießt Mary die anregende Gesellschaft Lassalles und der Gräfin und ihres Gefolges sowie den Luxus der feinen Hotels und Bäder, während Mathilde sich in Zürich mit Geldsorgen plagt und den Haushalt samt drei Kindern bewältigen muss. Marys Briefe an sie zeigen, dass Mathilde nicht frei von Eifersucht war und fürchtete, Mary könnte sich von Lassalle oder der Gräfin zu sehr angezogen fühlen. Sie versucht, Mathilde täglich zu schreiben: »I think of you every *night* – and of the *bell rope, and all* –.«⁵³ (Man fragt sich, was es mit dem »Glockenstrang« auf sich hat – ist es vielleicht ein Mittel, die Geliebte ins Schlafzimmer zu rufen, wenn die Kinder endlich schlafen?) Später am selben Tag schreibt sie an ihre »Sweet Franziska Maria« (wie sie Mathilde Franziska gerne nennt): »Be at rest about my *heart* in regard to Lassalle – much as I like him, & great as my *pure friendship* is for him it could be nothing more. [...] Good night – I kiss you.«⁵⁴

Ein undatiertes, mit Bleistift geschriebenes Briefchen Marys schwärmt auch überschwänglich und poetisch von ihrer Liebe zu Mathilde – es hört sich fast an, als ob sie die vielleicht gekränkte Freundin besänftigen wollte:

Pardon me, my dear for writing you such a miserable little note saying I was unhappy – I am indeed very happy when

I think of your sweet love – it glorifies every even, and il-
luminates the darkest midnight – You are the morning-star
of my soul, the beautiful, auroral glow of my heart; the
saintly lily of my dream, the deep dark rosebud unfolding
in my bosom day by day, sweetening my life with your
etherial [sic] fragrance – *dearest*, you are the *reality* of my
dreams, *my life,* my *Love* – I have no more sorrow – *I love
you* – my *dear* and *dearest friend – good night*

Your Mary[55]

Die Jahre in der Schweiz werden auch zunehmend eine Zeit
der Krankheit, Einsamkeit, finanziellen Not und persönlichen Verzweiflung. Mathilde leidet an schmerzhafter und
lähmender Gelbsucht, an Gicht und Gallenbeschwerden,
Mary Booth ist herzkrank. Es hat sich herumgesprochen,
dass Fritz Anneke in der Unionsarmee Obrist ist, und den
Freundinnen wird daher von allen Seiten und für alles ständig
übermäßig viel berechnet, dabei bekommen sie in Wirklichkeit fast nichts von ihren Männern. Zeitungen und Verlage
zahlen auch sehr schleppend, wenn überhaupt. Schließlich
sind Mathilde und Mary auf Darlehen und die Großzügigkeit
von FreundInnen (wie Friede und Franziska Hammacher)
angewiesen, um zu überleben.

Teils wegen der finanziellen Lage, teils wegen ihrer schwin-
denden Gesundheit entschließt sich Mary, in die USA zurückzukehren. Sie möchte ihre ältere Tochter Ella, die bei der
Großmutter in Connecticut wohnt, noch einmal sehen. Mathilde hat vor, ihrer Freundin, sobald sie das Geld hat, zu folgen. Wehmütig zieht sie ein Fazit der Zeit, die sie mit Mary
verlebt hat:

Unser kleines Familienleben während dieser Jahre ist das
Schönste gewesen, was du dir vorstellen kannst. Wir hatten namenlos viel Leid und Sorge, aber die Harmonie, die
Liebe, die unser Zusammenleben schmückten, kann nie
wieder erreicht werden. […]

In Mary habe ich eine unendlich schöne und liebliche Frauenseele kennengelernt, die soviel Großes und Gutes enthält, dass man sie anbetungswürdig nennen muss. Wenn kleine Mängel und Schwächen daran kleben, dann entstammen sie mehr ihrer Nationalität und ihrer Erziehung als ihr selbst.[56]

Die Jahre, die sie mit mir verbracht hat, zählt sie zu den schönsten ihres traurigen Lebens. Dasselbe kann ich auch von mir sagen.[57]

Im Juli 1864 machen sich Mary und Lily auf die Reise nach New York; Mathilde begleitet sie bis Basel. Die Freundinnen wissen nicht, ob sie einander je wiedersehen werden. Mathilde schreibt vom Scheiden der beiden:

»It may be for years, it may be for ever.«
Der Schmerz hat mich seit einigen Stunden so gepackt, dass ich die Feder habe hinlegen müssen … – ich weiß nicht, wo ichs suchen soll, was ich für alle Ewigkeit verloren habe. Ja, so ist es – denn wenn, wenn wir uns auch wiedersehen sollten – der Traum ist vorbei und, nicht so sanft, wie wir gehofft und geglaubt, hat das unerbittliche Schicksal uns daraus geweckt.[58]

In Amerika besucht Mary ihre ältere Tochter Ella in Hartford (Connecticut), reist aber nicht wie ursprünglich geplant nach Milwaukee weiter, sondern nach New York. Sherman Booth hat anscheinend in Milwaukee eine neue Liebe und wartet nur darauf, dass seine Frau stirbt, um die junge Geliebte heiraten zu können. Die todkranke, aber immer noch reizende Mary erweckt in New York Sympathien und bekommt bald Hilfe von Wohlwollenden. Sie hat auch einen deutschen (?) Maler auf dem Schiff kennengelernt, Louis Wuest, der sich in sie verliebt und sie während ihrer letzten Monate liebevoll pflegt. Mathilde macht sich Sorgen wegen Booth und auch Wuest; sie fürchtet, dass Mary sich auf etwas einlässt, das katastrophal enden wird.[59] Mathildes wie Marys

Briefe verraten aber auch, dass Mathildes Sorgen von Eifersucht geprägt sind. Mary schreibt:

> Think you that any thing on earth could, or can ever fill *your* place in my heart? If you do you are very much mistaken. That cannot be. [...] Be assured that I love you most truly and sincerely, and that I *do* not, for I *could* not, say it merely to *please* you, as you seem to think I might.[60]

Die Qual, so weit auseinander und auf langsam hin und her wandernde Briefe angewiesen zu sein, stellt die Beziehung auf eine harte Probe. Mathilde war sowieso in Sorge, dass Mary – allein und ohne sie – unter amerikanischem Einfluss Schaden erleiden würde. Sie hatte Fritz schon geschrieben:

> Das Allerschmerzlichste bei unserem Abschiede, lieber Fritz, ist das Bewusstsein für mich, dass Mary in der amerikanischen Atmosphäre vergiftet wird. Ihr harmloses Herz hatte von diesem Gift schon zu viel getrunken. Sie kann seinen hässlichen Einflüssen nicht widerstehen, sie wird daran zu Grunde gehen.[61]

Die Freidenkerin Mathilde hatte auch wenig Verständnis für Marys religiösen Glauben: »Fast glaube ich dir gestehen zu müssen, dass ihr ›Gott der Liebe‹ uns beide getrennt hat und uns für alle Zeiten getrennt hält.«[62] Mathilde scheint nicht ganz einverstanden gewesen zu sein mit Marys Entschluss, nach Amerika zu ziehen. Obwohl sie Marys Gründe zum Teil einsieht, wird sie doch jetzt zum zweiten Mal von einem geliebten Menschen verlassen. Schon im Juni 1864 hat sie ein Gedicht an Mary geschrieben, das einen solchen Schluss nahelegt:

### Vorbei

> So wär' es verklungen mit grellem Ton
> Das Lied unsrer Liebe im blühenden Mai?
> So wär' sie zersprungen die Saite schon
> Und wäre der Traum und die Liebe vorbei?

O *war* es nicht süßer wie Lied und Mai
Und klang sie nicht reiner wie reines Gold –
O sag ist der Traum und die Liebe vorbei,
Die Liebe, die ewig zu leben gesollt?

Und hat es gestürmt auch auf Meeresflut
Und hat uns die dunkelste Schlucht auch gedräut –
Einst hast du doch sorglos im Arm mir geruht,
Im Arm einst, – nur anders wie gestern und heut.

So musst du denn fort und musst du denn fort,
Und scheiden auf ewig? – So scheide noch heut.
So scheide! – *Mit dir* nur der Liebe Hort –
Doch *mit dir auch all meine Seligkeit*.[63]

Mathilde ist bitter enttäuscht, dass ihr Traum einer ewig
währenden Liebe und eines gemeinsamen Lebens mit Mary
vorbei ist. In einem anderen Gedicht, das sie zum ersten Mal
im November erwähnt, stellt sie in poetischer Form ihre
Vorstellung der Beziehung dar, wobei sie selbst die aktiv
Schaffende, Liebende ist, Mary die passive, von ihr zum Leben erweckte Blume:

Entblättert
(An Mary Booth)

»Du meine schöne dunkle Rose,
Die mir ans Herz das Schicksal warf!«

Als der Frühling noch in der Wiege lag
Und blütengeschmückt war der junge Tag
Und Knospen – nur Knospen die Rosen –
Als Veilchenduft, von der Heimat ein Gruß,
Herüber kam mit des Zephyrs Kuss,
Mit den spielenden Winden, den losen:

Da ward mir 'ne Rose, 'ne dunkle, gesandt,
Wie's der Dichter sagte, von Schicksals Hand.

Ich hab' sie am Herzen getragen;
Es war wohl zur Zeit nicht, zur rechten Zeit,
Dass sie sich erschlossen zur Freudigkeit,
Zu wonnigen Rosentagen.

Doch hab' ich gebracht sie zum Sonnenstrahl
Am kühlen Tage, im März zumal,
Im rauhen Westen da drüben.
Ich habe mit meinem Hauche lau
Erwärmt und genetzt sie mit Tränentau,
Geschützt sie mit meinem Lieben.

Dann hat sie entfaltet sich langsam und sacht,
Geleuchtet, die dunkle, in Wunderpracht,
Die wunderseltsame Rose.
Ich hab' sie gehalten am Herzen fest,
So wie man sein Lieben nicht von sich lässt,
Mit trautem und treuem Gekose.

Ich hab' nicht gezittert in dunkler Nacht,
Wenn einsam bei ihr ich hielt treu die Wacht
Und wenn es gestürmt und gewettert.
Ich habe getragen von Land zu Land
Die dunkle, die mir von Schicksals Hand
Geknickt nun – zerschmettert – entblättert! –[64]

Mary Booth starb im April 1865, als Mathilde noch in Europa war. Die zwei Frauen hatten einander sechs Jahre lang geliebt und in Wisconsin und der Schweiz zusammengelebt. Trotz aller kleinen Unstimmigkeiten und Eifersüchteleien von Seiten Mathildes haben sie offenbar in einer eheähnlichen »Union« gelebt, die in vielerlei Hinsicht die »Bostoner Marriage« späterer Jahrzehnte vorwegnahm. Beide Frauen bekannten sich zu dieser Beziehung, der wichtigsten und schönsten ihres Lebens; sie waren einander in Wort und Tat ergeben, sorgten füreinander und für ihre Kinder in Krankheit und finanzieller Not. Bei ihren literarischen Arbeiten inspirierten und unterstützten sie einander nicht nur, sie arbeiteten auch an gemeinsamen Projekten. Die Schweizer Jahre waren für beide ihre literarisch produktivste Zeit.[65] Wie die Frauenrechtlerin Olive Chancellor aus Henry James' *Bostonians* spielte Mathilde die Rolle der kulturellen Mentorin und Formerin der jüngeren amerikanischen Geliebten. Man mag den etwas überheblichen Ton vielleicht nicht, der manchmal aus Mathildes Briefen an Fritz spricht, wenn sie Marys geistiges Niveau kritisiert. (Trotz ihrer Begeisterung für die demokratische Regierungsform Amerikas blieben beide Annekes von der Überlegenheit der deutschen Kultur überzeugt.) Solche Bemerkungen werden aber immer von Ausdrücken tiefster Liebe und Fürsorge umrahmt, wie schon im Januar 1860: »Maria, ihr Gemüt, ihre Liebe, der ihr angeborene Schönheitssinn, den sie überall in Anwendung bringt, ihre Sorgfalt für mich, entschädigen mich für Vieles. Ich liebe sie immer mehr und mehr …«[66]

Die Tatsache, dass beide Frauen verheiratet waren und blieben, hat den Vorrang ihrer Beziehung zueinander nicht gemindert. Mary wollte nicht mehr mit ihrem Mann zusammenleben, erwartete aber, dass er zu ihrem und der Töchter Unterhalt beitragen sollte, was kaum geschah, obwohl es eigentlich erforderlich gewesen wäre. Für seinen Teil scheint Fritz Anneke Marys Stellung im Leben seiner Frau und in der Familie akzeptiert zu haben. Zwar klagt er ab und zu, dass Mary und ihre Tochter eine zusätzliche finanzielle Bürde seien, aber er korrespondiert durchaus freundlich mit ihr, und sie neckt ihn liebevoll wegen seiner »Dutch honor« (»deutschen Ehrgefühls«) in ihren Briefen.

Mathildes Offenheit gegenüber ihrem Mann, was ihre Gefühle für Mary betrifft, mag uns heute überraschen, ist aber zum Teil ein Zeichen dafür, dass solch innige Frauenfreundschaften von der Gesellschaft damals noch als besonders weiblich und edel angesehen wurden – die Sexualwissenschaftler hatten noch nicht das Konzept der »perversen Lesbierin« ins Leben gerufen und alle Formen von Liebe zwischen Frauen »suspekt« gemacht.[67] Mathilde wollte vielleicht auch ein bisschen prahlen und ihrem armen Gatten zeigen, wie viel mehr sie von Mary bekam als von ihm, vorwurfsvoll wie sie manchmal war. Es kann auch sein, dass sie ihm einfach darüber berichtete, was in ihrem Leben und Denken wichtig war – die beiden blieben einander fürsorglich und solidarisch verbunden und waren sich geistig und politisch noch immer weitgehend einig.[68] Allerdings wissen wir nicht, was Mathilde in ihren Briefen an Fritz weggelassen haben mag, zum Beispiel an möglichen Zärtlichkeiten zwischen den Freundinnen, worüber wir nur spekulieren können.

## V. 1865-1884:
## Ein weiterhin frauenbewegendes, frauenbewegtes Leben: Cäcilie Kapp und das Töchterinstitut

Marys Tod kam nicht unerwartet, doch er traf Mathilde hart, und sie behauptete, sie würde nie wieder jemand so lieb haben wie Mary.[69] Aber als sie die Nachricht vom Tod der Freundin bekam, war sie schon dabei, ihr künftiges Leben mit einer anderen Frau zu organisieren. Cäcilie Kapp (gest. 1895) war die vielseitig begabte Tochter der deutschen PädagogInnenfamilie Kapp, die auch nach Zürich emigriert war. Mutter Ottilie hatte auch frauenbewegte Schriften verfasst[70] und hatte Mathilde in der Not oft beigestanden, Vater Kapp leitete eine Schule in Zürich. Cäcilie war der etwa 10 Jahre älteren Mathilde schon längst verfallen, aber erst nach Marys Abreise konnte sie ihrem Schwarm wirklich näherkommen. Sie erklärte ihre Liebe in leidenschaftlichen, oft ungeduldigen, eifersüchtigen Briefen an die noch widerstehende Mathilde:

– Und nie und nimmer willst du mehr ungerecht sein gegen Eine – selbst in Gedanken nimmermehr – Gott behüte – nein, um Gotteswillen nicht ungerecht. Wenn die »Eine« Mary ist, so beruhige dich – du bist nie ungerecht gegen sie gewesen nur gegen mich – auch nie treulos – […] Sie ist die Glückliche. […] Tauche in Marys Herz – Ach hat es je dich so geliebt wie – aber nein – ich liebe dich nicht – auch komme ich nicht zu dir mehr, du riefest mich denn – – –[71]

Aber im September, als Mary im fernen New York dahinsiecht, schreibt Cäcilie erneut hingerissen von den Vorzügen der Geliebten und erklärt, warum sie trotzdem »todestraurig« ist:

Und warum? Weil du so wunderschön bist. Schön bist und geschmückt und reich wie je ein Weib es auf Erden ist und war. Dein Herz strahlt oft so betäubenden Duft aus auf das meinige, dass ich meine, vergehen zu müssen, weil all meine Liebe nicht ausreichen wird, dich zu erfassen und fest zu halten und glücklich zu machen.
[....]
Du bist himmlisch und einzig und so lind und bezaubernd, dass es nicht in eines Menschen Gewalt ist, reizender zu sein. Ich sage nur: Habe Geduld! – gute Nacht, liebe Mathilde, liebe, geliebte Mathilde.[72]

Es gelingt Cäcilie bald, Mathilde dazu zu bewegen, sie als Nachfolgerin Marys und neue Lebensgefährtin anzunehmen. »Cäcilie hat mich sehr lieb, und ich habe sie sehr sehr lieb«, schreibt sie Fritz am 5. Dezember 1864.[73] Und sie beginnt ihr Tagebuch für das Jahr 1865 mit der Niederschrift eines Gedichtes von Heine, das auf diesen Wendepunkt in ihrem Leben hindeutet:

> Herz, mein Herz, sei nicht beklommen,
> Und ertrage Dein Geschick
> Neuer Frühling giebt zurück,
> Was der Winter dir genommen.
> Und wie viel ist dir geblieben!
> Und wie schön ist noch die Welt!
> Und, mein Herz, was dir gefällt,
> Alles, alles darfst du lieben![74]

Im November hat Cäcilie oder Cilly, wie Mathilde sie nennt, eine Stelle als Lehrerin in Paris angenommen, wo sie ihre Sprachkenntnisse im Französischen und Italienischen vervollkommnen will. Ihre Eltern erwarten, dass sie nach drei

Monaten nach Zürich zurückkehrt, aber die beiden Freundinnen haben einen geheimen Plan geschmiedet: Sie wollen nach Amerika, wo Cilly eine Mädchenschule gründen möchte, und Mathilde hofft, ihre journalistische und literarische Tätigkeit fortsetzen zu können. So folgen Mitte Februar Mathilde und ihre zwei Kinder Cäcilie vorerst nach Paris. Dort finden sie im Knaben- und Mädcheninstitut, wo Cilly angestellt ist, auch eine Unterkunft. Mathilde schreibt ihrer Schwester Johanna in Milwaukee, dass sie auf einen Vorschlag von Fritz, zu ihm nach St. Louis zu ziehen, nicht eingehen will: »Ich wünsche mich selbständig in einer Stadt niederzulassen, in der ich vereint mit Cäcilie Kapp arbeiten und meine Existenz sichern kann. […] Jedenfalls […] würden wir zusammen unser ›home‹ haben.«[75] Ungefähr fünf Monate bleiben sie in Paris, bevor sie sich am 19. Juli 1865 in Southampton nach New York einschiffen.

## Zwischenspiele: Gräfin Sophie von Hatzfeldt, Karl Lachmund, Heinrich Ruben

Als sie noch in Zürich war, bekam Mathilde Briefe aus Berlin von Sophie von Hatzfeldt, der langjährigen Freundin und Mäzenin Lassalles, die schon 1860-61 vor allem Mary besonders zugetan war. Hatzfeldt war zutiefst betrübt, als Mary nach Amerika zurückkehrte, und wollte verhindern, dass auch Mathilde Europa verließe. Sie musste Mathilde aber zuerst wegen ihrer »Schwäche« für Mary beschwichtigen und ihr versichern, dass sie Mathilde nicht weniger als Mary geliebt hätte; Mathildes Eifersucht gegen sie wäre ungerecht gewesen.[76] Sie bittet um ein Wiedersehen in Zürich. Dann, als Lassalle am 31. August 1864 bei einem Duell stirbt, verzweifelt die Gräfin völlig und klammert sich aus der Ferne an Mathilde. »Die Gräfin appelliert an meine Freundschaft, ihr die nächsten Monate zu widmen. Gewiss soll ich in Bädern verweilen, so hätte sie es gern. Aber ich kann nicht. […] Ich muss fort von hier, von Zürich.«[77] Mathilde bleibt bei ihrem Plan, mit den Kindern vorerst zu Cilly nach Paris zu ziehen.

Dort bekommt sie weiterhin bittende, fast bettelnde Briefe, ihre Abreise nach Amerika hinauszuzögern, damit eine Zusammenkunft möglich wird. Die Gräfin will alles tun, selbst rechtzeitig in Paris einzutreffen:

> Wenn Sie länger bleiben, was ich gar nicht zu hoffen wage, so bleibe ich auch [...]. Ich wünsche möglich nahe von Ihnen. Wäre es nicht möglich, im selben Hause mich wie Sie in Pension zu geben? [...] Gehen Sie nicht fort, ohne mich zu sehen. Ich bitte Sie sehr, sehr darum, es ist das letzte Mal in diesem Leben, und Sie können etwas Gutes bewirken.[78]

In ihrem Tagebuch notiert Mathilde, dass sie am 2. Juli mit den Kindern bei der Gräfin zum Kaffee war.[79] Sophie von Hatzfeldt hat sie sicher weiter bedrängt, als ihre Freundin und Gesellschafterin in Europa zu bleiben. Aber Mathilde lässt sich nicht überreden, und es gibt keine weiteren Briefe von der Gräfin, die vielleicht durch die Ablehnung ihrer Bitte gekränkt wurde.[80] Diese kleine Episode unterstreicht die starke Anziehungskraft, die Mathilde auf Frauen ausübte, auch ihre Bestimmtheit, was ihre Zukunft betraf. Wir sehen außerdem darin ein weiteres Beispiel für die existenzielle Wichtigkeit von Frauenfreundschaften im 19. Jahrhundert.

Aber nicht nur Frauen pflegten damals innige Beziehungen zum eigenen Geschlecht, wie das Beispiel Fritz Anneke zeigt. Schon als junger Mann schrieb er seinem »Herzensfreund«, dem sechs Jahre jüngeren, damals achtzehnjährigen Friedrich Hammacher Briefe, die wir heute schlicht Liebesbriefe nennen würden: »Jeden Abend lese ich auf meinem Zimmer deine Briefe und sehe dein Bild an. Ja, Fritz, so lange ich noch Gefühle habe, so lange mein Herz noch warm schlägt, wirst du es erfüllen.« Zum Schluss seiner Briefe schickt er ihm »1000 Küsse«.[81]

Nun, als Anneke, getrennt von seiner Frau, sich allein in Amerika herumschlägt, hat er wieder einen jungen Freund, bei dem er Trost und Nähe findet. Der junge Leutnant Karl Lachmund aus Annekes Wisconsiner Regiment wird bald zum engen Vertrauten, der dem älteren Freund während seiner Verhaftung in Fort Halleck (Kentucky) treu beisteht. Karl hatte mit zwölf Jahren Deutschland verlassen und war seitdem nicht mehr zur Schule gegangen; Fritz gibt ihm täglich Mathematikunterricht und findet dadurch Freude trotz seiner Strafe.[82] Später wird Lachmund selbst verhaftet, weil er Annekes Freund ist,[83] und bleibt noch gefangen, nachdem Fritz aus der Armee entlassen ist und sich in Milwaukee aufhält. Karls Briefe zeigen seine standhafte Zuneigung zu dem älteren Freund: »Endlich wieder ein Tropfen Balsam für mein armes Herz, das sich schon so lange, so lange danach gesehnt hat; endlich bekomme ich heute morgen deinen lieben Brief vom 10. Du weißt nicht, dass ich beim Lesen helle Tränen vergoss.«[84] Im Dezember kommt auch Karl endlich frei und folgt seinem Freund nach Lansing (Michigan), wo Fritz Anneke bei seinem Bruder Arbeit im Büro gefunden hat; er kann auch Karl dort unterbringen. Im Spätsommer 1864 machen die beiden zusammen Urlaub. Als sie wiederkommen, erfahren sie, dass Karl entlassen werden soll. Aus Solidarität mit dem Freund kündigt auch Fritz seine Stelle. Zuerst gedenken sie, getrennte Wege zu gehen, um bessere Arbeitschancen zu haben. »Dass die Trennung von Karl für mich schwer wird, wirst du auch mitempfinden«, schreibt er an Mathilde.[85] Dann ziehen beide doch nach St. Louis, einem weiteren Zentrum deutsch-amerikanischen Lebens, wo auch Annekes Schwester wohnt. Karl verlobt sich mit ihrer Tochter, und Fritz zieht bei dem frischvermählten Paar ein.

Wir wissen nicht, warum die ungewöhnlich enge Freundschaft endet, aber Fritz bricht 1869 mit Lachmund und trauert sehr über dessen »Treulosigkeit«. Bald schließt er eine neue Freundschaft: Heinrich Ruben, ein junger Mitarbeiter aus Österreich, bewundert Fritz und wirbt um seine Zuneigung.[86] Wiederum zieht Fritz bei dem Jüngeren und seiner Familie – diesmal einer verheirateten Schwester – ein und ist eine Zeitlang glücklich. Nach etwa sechs Monaten bricht er aber auch mit Harry und ist wiederum zutiefst enttäuscht.

Interessant ist, dass Fritz anscheinend während seiner ganzen Zeit in Amerika keine engeren Freunde seines eigenen Alters hatte.[87] Ob das mit seiner beruflichen Erfolglosigkeit, seinen wiederholten Demütigungen zu tun hatte oder weil er sich in jüngere Männer (vielleicht unbewusst) verliebte und von ihnen bewundert wurde, wissen wir nicht. Allerdings war auch Friede Hammacher, sein geliebter Jugendfreund, jünger als er. Jedenfalls ist klar, dass beide Annekes emotional tiefe, liebende Bindungen an (jüngere) Menschen ihres eigenen Geschlechts pflegten, wie es auch im 19. Jahrhundert noch häufig der Fall war.

*   *   *

Zurück zu Mathilde und Cäcilie: Als die beiden Frauen mit Mathildes Kindern in New York ankommen, versuchen Cäcilies amerikanische Verwandte, die Abtrünnige zuerst dort zu behalten; aber Cilly will sich von Mathilde nicht trennen. Mathilde schreibt an Fritz: »Sie verlässt mich nicht, am wenigsten da, wo ich nahe verzweifle. Ich glaube, dass man sie deshalb auch nicht hier abhalten kann, mit mir nach dem Westen zu gehen.«[88] Vergleicht man ihre Worte mit den leidenschaftlichen Briefen Cäcilies an sie, scheint es, dass Mathilde die Stärke der Gefühle zwischen den Freundinnen (mindestens von Seiten Cäcilies) etwas herunterspielen will. Fritz ist sowieso gekränkt, dass sie nicht zu ihm nach St. Louis ziehen will: »Du willst ja nicht mehr bei mir sein. Du hast ja wieder eine Freundin, die Marys Stelle eingenommen hat, die dir näher steht als ich. Ich sage nichts dagegen, bist du glücklich, so bin ich zufrieden.«[89]

Aus Milwaukee weist Mathilde seine »kühnen Voraussetzungen« entrüstet zurück: »Von meinem inneren Leben weißt du nichts. Ich glaube auch nicht, dass du dich jemals dafür interessiert hast. [...] Du hast deinen Freund, deine Freundin – ich habe die meine verloren. Wie Mary habe ich kaum jemanden lieb gehabt, werde niemals wieder jemand lieb haben.« Sie weist ihm die Schuld zu, dass sie nicht an einem Ort zusammenleben können, und weigert sich, ihre Unabhängigkeit aufzugeben, um »am Steuer meines Lebens müßig zu stehen«.[90]

Mathilde würde die Kinder gern wieder mit ihrem Vater zusammenbringen, kann aber nicht damit rechnen, dass er zuverlässig für die Familie sorgen kann. Sie will außerdem ihr Leben selbst bestimmen, und zwar mit Cäcilie. Milwaukee, wo ihre alte Mutter und ihre Schwester noch leben, ist sowieso am günstigsten für Cäcilies geplante Unternehmung, eine deutschsprachige Mädchenschule zu gründen. Die beiden tatkräftigen Frauen machen sich schnell an die Arbeit und eröffnen bald die »Mädchenerziehungsanstalt von Cäcilie Kapp«. Cilly mit ihrer akademischen und pädagogischen Ausbildung ist Direktorin und für die akademische Seite zuständig. Mathilde, obwohl ohne formale Ausbildung, ist vielseitig belesen und eifrig dabei, ihr Wissen zu erweitern. Anfangs ist sie für Küche und Haus verantwortlich und lehrt die Abc-Schützinnen. Die auf dem deutschen System beruhende Schule gewinnt schnell einen guten Ruf und bekommt sogar aus Chicago Schülerinnen. Trotzdem wird Mathilde noch lange kämpfen müssen, um das Institut finanziell über Wasser zu halten.

Bald hat sie es auch satt, Cäcilie gegenüber eine untergeordnete Rolle zu spielen, und findet, ihre Partnerin sei »dominant« und habe Ehrgeiz nur für sich selbst.[91] Als Cilly ein Angebot bekommt, als erste Deutschprofessorin ans Vassar College nach Poughkeepsie (New York) zu gehen, findet sie das eine gute Lösung, und ab 1867 führt Mathilde selbst die weiterhin beliebte, nunmehr »Milwaukee Töchter-Institut« genannte Schule. Maria Wagner beschreibt Mathildes Tätigkeit als Lehrerin und Schuldirektorin: »Sie scheint ein pädagogisches Naturtalent gewesen zu sein, das unbelastet von der Theorie neue Ideen entwickelte und erfolgreich praktizierte.«[92] Ihr Erziehungskonzept war auch feministisch progressiv; ihre Schülerinnen zählten zu den ersten Mädchen, die nicht nur Literatur und Sprachen lernten, sondern auch Mathematik und Naturwissenschaften. Sie sollten befähigt werden, im Leben einen ebenbürtigen Platz neben Männern einzunehmen.

80

Cäcilie war inzwischen begeistert von ihren neuen Erfahrungen am Vassar College, wollte aber am liebsten bei Mathilde bleiben. Ihre Briefe aus Poughkeepsie zeugen von ihren zärtlichen Gefühlen für ihre Freundin und von dem Wunsch, irgendwo auf Dauer zusammenzuleben:

Liebste – Nur ein kleiner Kuss, ich bin todmüde – ich bin ganz ausgezogen und wollte mich grad' ins Bett legen, da konnte ich dem Wunsch nicht widerstehen, dir dies zuzurufen durch die Nacht der Träume.
[…]
Wann kommt die Zeit, da wir ein sicheres, bequemes Heim haben werden, […] wo mein Liebling ihr poetisches […] Haupt in Frieden ausruhen kann? Wann? – die Zeit kann und muss kommen – –
[…]
Leb wohl, du Liebling meiner heißen Seele – du Geliebte meines Herzens[93]

Cilly kehrt dann während der Sommerferien immer wieder nach Milwaukee zu ihrer Mathilde zurück; sie hilft in der Schule und im Haushalt und pflegt die Freundin während ihrer häufigen Krankheiten. Sie schießt Geld vor oder schenkt es und ernennt Mathilde 1872 in ihrem Testament zur Alleinerbin.[94] Im Winter 1867 besucht Mathilde ihre Freundin acht Tage lang in Vassar und ist sehr beeindruckt vom College und auch von Cillys Position dort. »Cillys Stellung im College ist eine sehr hochgeachtete, dennoch wünschte sie, lieber bei mir zu sein«, schreibt sie an Fritz. »Cilly hat sich sehr zu ihrem Vorteil verwandelt.«[95] Obwohl Mathildes Briefe an Cäcilie anscheinend nicht erhalten sind, weisen Stellen aus Cillys Briefen darauf hin, dass Mathilde sie auch noch liebhatte und sogar (wie schon bei Mary) eifersüchtig wurde. Cilly muss sie aus dem College ihrer Treue und Liebe versichern:

Liebes, süßes Herz! […] Hier gibt es freilich unter 500 Menschen einige hie und da, die vielleicht nicht schlecht sind – aber ich versichere dir – sie sind mir alle so gleichgültig wie nur möglich, – tatsächlich – seit ich dich liebe, bin ich unnahbar. Wenn ich die Tür abgeschlossen habe und mit dir allein bin – vor deinem Bild und deinen Briefen, bei dir im Geiste – nur dann bin ich glücklich – heute Nacht, nachdem ich dir fast völlig ausgezogen einen Gruss aufgeschrieben hatte, legte ich mich hin und träumte von dir.

[...]

Liebling – meine Briefe fühlen sich kalt, kärglich, leer, tot an? Ach, das ist nicht möglich, denn ich lebe *nur für dich*, einzig und allein.[96]

Trotz der leidenschaftlichen Liebesbeteuerungen in ihrer Jugend heiratet Cilly 1878 mit etwa 50 einen deutschamerikanischen Literaten, Dr. Viktor Precht. Mathilde, gekränkt, bricht allen Kontakt ab und erwidert lange keinen Brief mehr. Cäcilie gibt aber nicht auf und schreibt ihrer Freundin weiter, solange Mathilde lebt. Mathildes Launen und »Schattenseiten« sind ihr schon zur Genüge bekannt; sie hat ihr verziehen, wie sie 1867 an Fritz Anneke schreibt, als auch er eine besonders schwierige Phase mit seiner Frau durchmacht:

Hast du nicht einmal an Mathilde geschrieben, während ihrer Krankheit? Ich denke immer, wir Gesunden müssen immer recht geduldig und lieb gegen die sein, die körperliches Leiden gereizt und oft hart macht. Ich war nicht immer geduldig, es wurde mir oft zu arg [...].[97]

Während Mathilde und Cäcilie noch zusammenlebten und -wirkten, hatten sie mit führenden Persönlichkeiten der Frauenrechtsbewegung zu tun, wie Susan B. Anthony, Elizabeth Cady Stanton, Ernestine Rose oder der charismatischen Rednerin Anna Elizabeth Dickinson (die auch leidenschaftliche Beziehungen zu Frauen hatte, unter ihnen auch Susan B. Anthony).[98] Mathilde war selbst eine glänzende Rednerin; obwohl sie fast ausschließlich auf Deutsch sprach, wurde sie als Vizepräsidentin und Vertreterin des Staates Wisconsin in die Führung der National Woman Suffrage Association gewählt, einer 1869 gegründeten Organisation, die sich für das Frauenstimmrecht einsetzte. Obwohl sie befürchtete, ein zu öffentliches feministisches Auftreten könnte die eher konservativen Eltern ihrer Schülerinnen abschrecken, unterstützte Mathilde die Bewegung energisch und war bis zu ihrem Tod eine der aktivsten und wichtigsten Mitarbeiterinnen von Anthony und Stanton.

Acht Jahre vor ihrem Tod verlor Mathilde Anneke den Gebrauch ihrer rechten Hand; sie hatte sich an einer zerbrochenen Blumenvase verletzt und musste wegen der daraus sich entwickelnden Blutvergiftung mehrere Operationen durchstehen. Die Ärzte rieten zur Amputation. Durch die Bemühungen eines »Wunderdoktors« wurde die Blutvergiftung schließlich geheilt, aber die Hand blieb steif, angeblich als Folge der vielen Operationen. Mathildes Tochter Hertha musste fortan viel für sie übernehmen, einschließlich Schreibarbeiten. Die früher so tüchtige Mathilde litt sehr darunter, so abhängig zu sein. Einen zweiten schweren Schlag musste sie in ihren letzten Jahren verkraften: 1877 starb ihre inzwischen auch nach Milwaukee gezogene älteste Tochter Fanny Störger mit vierzig Jahren an Brustkrebs.

Als sie am 25. November 1884 nach langer Krankheit starb, wurde Mathilde Anneke in der englischen und deutschen Presse Amerikas in vielen Nachrufen für ihre journalistischen, pädagogischen und schriftstellerischen Leistungen als herausragende Persönlichkeit gewürdigt. Ihren lebenslangen Kampf für die Gleichberechtigung der Frau erwähnten die meisten eher mit Vorbehalt, wie im Nachdruck aus den *Cedarburger News* im *Milwaukee Herold* vom 4. Dezember 1884: »Sie war eine der gebildetsten, begabtesten und edelsten Frauen, obgleich die Welt, wir wollen hoffen, ihre unpraktischen Grundsätze bezüglich der Gleichstellung der Frauen niemals anerkennen wird.«[99]

## VI. Fazit: »Wenn's überhaupt angeht, die verschiedenen Stadien der liebenden Verhältnisse und die Kategorien von Freundschaft und Liebe einzuteilen«

Der Briefwechsel zwischen Mathilde und Fritz Anneke wurde bis zu seinem Unfalltod im Dezember 1872 weitergeführt, wobei nach Cillys Weggang die Briefe herzlicher waren als zuvor. Mathilde fasst ihre Sicht der komplizierten Ehebeziehung in einem Brief an ihren Mann vom 1. Dezember 1868 so zusammen:

> Deine »alte Liebe« bin ich also doch noch? Ja, meine alte, treue Liebe zu dir hatte das auch verdient. Doch da sie so oft deinen neuen weichen musste, da wurde notgedrungen eine innige treue Freundschaft aus der Liebe, wenn's überhaupt angeht, die verschiedenen Stadien der liebenden Verhältnisse und die Kategorien von Freundschaft und Liebe einzuteilen.[100]

Während ihrer 67 Jahre erlebte Mathilde Anneke viele »Stadien der Liebe und Freundschaft«, und ihre Biographie, obwohl in manchem außergewöhnlich, steht für typische Möglichkeiten von Frauenbeziehungen im 19. Jahrhundert. Die monarchisch-katholisch erzogene junge Frau hatte sich aus ihrer ersten, autoritären, patriarchalen Ehe mutig befreit und war danach nicht mehr bereit, sich einem Mann unterzuordnen. Die in ihrem Denken durch das traumatische Erlebnis politisch und religiös Emanzipierte forderte seither die Gleichberechtigung der Frau in der Gesellschaft wie in ihrem eigenen Leben. Allerdings zog Mathilde nicht die strengen Konsequenzen aus ihren eigenen frühfeministischen Einsichten und heiratete, anders als etwa ihre Vorläuferin Louise Dittmar. Ihr zweiter Mann enttäuschte sie nicht zuletzt dadurch, dass er sie als ebenbürtige Denkerin nicht immer genügend ernst nahm, aber auch, weil er, wie sie klagte, sie nicht genügend liebte.

Diese Liebe und Achtung fand sie umso mehr in ihren Frauenbeziehungen. Mit ihren frühen Freundinnen Klementine Amelunxen und Franziska Rollmann Hammacher verband Mathilde eine tiefe Zuneigung – eine »romantic friendship« – wie sie im 18. und 19. Jahrhundert zwischen bürgerlichen Frauen häufig vorkam und von der Gesellschaft nicht nur toleriert, sondern geschätzt wurde. Mit Mary Booth lebte Mathilde fast fünf Jahre lang in einer gegenseitigen Liebesbeziehung, die beide als die schönste ihres Lebens betrachteten. Als Cäcilie Kapp dann leidenschaftlich um sie warb, hatte Mathilde schon erkannt, wie wichtig auch in praktischen Dingen eine weibliche Partnerin sein kann, wenn frau ihr eigenes Leben bestimmen will. Auch mit ihr führte Mathilde eine Art »Boston marriage«, in der zwei Frauen ein gemeinsames Heim sowie Arbeit und Alltagsleben teilten.

In beiden Fällen war Mathilde Anneke die ältere, dominante Partnerin, die die Hingabe der Jüngeren weckte und die es nicht gerne sah, wenn ihre Geliebte sich allzu selbständig aufführte. Bei Mathilde waren es außerdem ihre verbliebenen Kinder, die wichtige Entscheidungen mehr als alles andere beeinflussten und ihr auf Dauer am nächsten zu stehen schienen.

Gemeinsam mit vielen anderen Frauen in der zweiten Hälfte des 19. Jahrhunderts, die sich auch für die politische und berufliche Gleichberechtigung der Frau einsetzten, waren Cilly und »Tildusch« vom hohen Wert ihrer Geschlechtsgenossinnen überzeugt – und vielleicht auch deshalb besonders offen für zärtliche Gefühle ihnen gegenüber. Solche Gefühle und Beziehungen galten noch nicht als Merkmale einer bestimmten »lesbischen Identität« – diese Begriffe traten erst im 20. Jahrhundert ins öffentliche Bewusstsein. Unsere Heldinnen und ihre Freundinnen (Anneke, Rollmann-Hammacher, Booth, Kapp) waren alle zu verschiedenen Zeitpunkten auch mit Männern verheiratet und sahen darin keinen Widerspruch zu ihren Frauenbeziehungen. Die Kultur ihrer Zeit erlaubte ihnen noch viele Möglichkeiten, ihre Gefühle füreinander auszudrücken und auszuleben, von Freundschaft zu Liebe und zurück. [101]

# Anmerkungen

1 Siehe vor allem Maria Wagner 1980. Zur Rezeptionsgeschichte siehe Roethke 1993, die auch Annekes Kampf für die Rechte der Frauen in Deutschland und Amerika ausführlich darstellt und würdigt. Die Gründe, warum die Schriftstellerin, Mitglied zweier marginalisierter Gruppen, in Vergessenheit geriet, werden auch von Stuecher 1990 in einer ausführlichen Studie untersucht.

2 Z. B. Schmidt 2000.

3 Wagner, Stuecher, Schmidt und Gebhardt thematisieren u. a. auch Mathilde Annekes Frauenbeziehungen. Der DDR-Autor Gebhart (1988) bemüht sich, Mathilde zu »verteidigen« und von heutigen »Lesbierinnen« und Feministinnen zu unterscheiden, z. B.: »Sie empfindet weder Aggressivität noch Rachegefühl gegen Männer« (S. 194).

4 Brief an Alexander Jonas, 26.4.1877; zit. nach Heinzen, Kap. XII, Anm. 21.

5 Brief, zit. nach Wagner, S. 29.

6 Brief vom 4.12.1864, zit. nach Wagner, S. 29.

7 Heinzen, Kap. I, Anm. 14.

8 Heinzen, Kap. I, Anm. 19.

9 Nach Aussage von M. F. Annekes Tochter Hertha Anneke Sanne, zit. in Heinzen, Kap. VII, Anm. 42.

10 Zum Beispiel der Brief vom 4.6.1847, am Tag nach der Hochzeit. Heinzen Kap. I., Anm. 20.

11 Siehe z. B. Faderman, Lützen, Donoghue.

12 Zit. nach Wagner, S. 31.

13 Brief an Mutter und Geschwister vom 2.9.1847, zit. nach Wagner, S. 39.

14 Zu Aston siehe Möhrmann 1978, S. 225-229.

15 Anneke, *Das Weib im Conflict mit den Verhältnissen*, zit. nach Möhrmann, S. 83 f.

16 Anneke, *Das Weib im Conflict mit den Verhältnissen*, zit. nach Möhrmann, S. 83.

17 Anneke, *Das Weib im Conflict mit den Verhältnissen*, zit. nach Möhrmann, S. 86.

18 Anneke, *Das Weib im Conflict mit den Verhältnissen*, zit. nach Möhrmann, S. 85.

19 Brief an Franziska Rollmann, spätere Hammacher, undatiert, vermutlich November 1848, zit. nach Wagner, S. 45.

20 Brief an Franziska Rollmann, spätere Hammacher, 10. November 1848, zit. nach Wagner, S. 46.

21 Brief an Friede Hammacher, undatiert, vermutlich 19. November 1848, zit. nach Wagner, S. 47.

22 Wagner, S. 312. Louise Ottos *Frauenzeitung*, lange als die erste deutsche Frauenzeitung betrachtet, erschien erst im April 1849.

23 Wagner, S. 315.

24 Roethke, S. 42.

25 Brief an Alexander Jonas, zit. nach Wagner, S. 315.

26 Rudolf H. Koss, *Milwaukee,* Milwaukee, S. 382 f. Zit. nach Wagner, S. 76.

27 Brief an Alexander Jonas, zit. nach Wagner, S. 323.

28 Zitiert nach Wagner, S. 84.

29 Zitiert nach Wagner, S. 410.

30 Wagner, S. 85.

31 Brief an Alexander Jonas, zit. nach Wagner, S. 322.

32 Brief an die Mutter, 19. März 1858, zit. nach Wagner, S. 94.

33 Brief an Fritz Anneke, August 1859, zit. nach Wagner, S. 107.

34 Siehe den Brief von Fritz Anneke an Mathilde vom 30. Mai 1859, zit. in Wagner, S. 96.

35 Zit. nach Wagner, S. 97.

36 Brief an Fritz Anneke vom 6. September 1864, zit. nach Wagner, S. 205 f.

37 Brief vom 23.9.1859, zit. nach Wagner, S. 108.

38 Brief an Fritz Anneke, 26.-30. September 1859, zit. nach Wagner, S. 110.

39 Brief an Fritz Anneke, 26.-30. September 1859, zit. nach Wagner, S. 112.

40 Brief an Fritz Anneke, 26.-30. September 1859, zit. nach Wagner, S. 112.

41 Brief an Fritz Anneke, 16.1.1860, zit. nach Wagner, S. 115.

42 Brief an Fritz Anneke, 16.1.1860, zit. nach Wagner, S. 114 f.

43 Siehe Diane S. Butler, »The Public Life and Private Affairs of Sherman M. Booth«. In: *Wisconsin Magazine Of History.* Volume: 82 /Issue: 3 (1998-1999). (Auch online. Google: public life and private affairs of Sherman M. Booth).

44 Brief an Fritz Anneke, 17.8.1859, zit. nach Wagner, S. 108.

45 Brief an Fritz Anneke, 26.-30. September 1859, zit. nach Wagner, S. 112.

46 Brief Mathildes an ihre Mutter im Januar 1861, zit. nach Wagner, S. 139.

47 Brief Mathildes an ihre Mutter, 21.4.1861, zit. nach Wagner, S. 141.

48 Mary H. C. Booth, *Wayside Blossoms Among Flowers from German Gardens,* Heidelberg und Milwaukee, 1864. Enthält originelle Gedichte von M. B. sowie Übersetzungen von Gedichten von Mathilde Anneke, Uhland, Grün, Hebbel, Heine, Fischer und Herwegh.

49 Der Roman, *Uhland in Texas,* wurde nach Marys Tod unter Mathildes Namen in der Sonntagsausgabe der *Illinois Staatszeitung* vom 15. April bis 3. Juni 1866 veröffentlicht.

50 Brief an Fritz Anneke, 2.8.1863, zit. nach Wagner, S. 180.

51 Brief Mathildes an Fritz Anneke 27.12.1861, zit. nach Wagner, S. 158.

52 Brief Mathildes an Fritz Anneke 30.1.1862, zit. nach Wagner, S. 162.

53 Brief Marys an Mathilde, 26.7.1863, zit. nach Heinzen, Kap. VII, Anm. 2, Briefe im Anhang zitiert. »Ich denke jede *Nacht* an dich – und an den *Glockenstrang und alles* –.« (Übs. J. H.).

54 Ibid. »Sei ruhig wegen meines *Herzens* in Bezug auf Lassalle – sosehr ich ihn mag, & so groß meine *reine Freundschaft* für ihn sein mag, es könnte nicht mehr sein als das. […] Gute Nacht – ich küsse dich.« (Übs. J. H.).

55 Zit. nach Heinzen, S. 148 f. »Verzeih mir, Liebling, dass ich dir ein so elendes Briefchen schrieb, dass ich unglücklich wäre – tatsächlich bin ich sehr glücklich, wenn ich an deine süße Liebe denke – sie verklärt jeden Abend und erleuchtet die dunkelste Mitternacht – Du bist der Morgenstern meiner Seele, das schöne, rosige Leuchten meines Herzens; die heilige Lilie meines Traums, die tiefdunkle Knospe, die sich Tag für Tag in meinem Busen entfaltet und mein Leben mit deinem ätherischen Duft versüßt – *Liebste*, du bist die *Wirklichkeit* meiner Träume, mein Leben, meine Liebe – ich habe keinen Kummer mehr – *ich liebe dich* – meine *liebe* und *liebste Freundin* – *gute Nacht*. Deine Mary.« (Übs. J. H.).

56 Brief an Fritz Anneke, 9.2.1864, zit. nach Heinzen, S. 148. (Übs. J. H.).

57 Brief an Fritz Anneke, 14.4.1864, zit. nach Heinzen, S. 148. (Übs. J. H.).

58 Brief an Fritz Anneke, 2.7.1864, zit. nach Wagner, S. 202.

59 Heinzen, S. 154-156.

60 Brief an Mathilde, 3.1.1865, zit. nach Heinzen, Appendix, Kap. VIII, Anm. 24. »Denkst du, irgendetwas auf Erde könnte oder kann jemals deinen Platz in meinem Herzen einnehmen? Wenn ja, irrst du dich gewaltig. Das kann nicht sein. […] Sei doch versichert, dass ich dich wirklich aufrichtig und wahrhaft liebe und dass ich es nicht bloß sage, um dir zu *gefallen*, wie du es zu glauben scheinst, denn ich *könnte* es nicht.« (Übs. J. H.).

61 Brief an Fritz Anneke, 2.7.1864, zit. nach Wagner, S. 203.

62 Ibid.

63 Zit. nach Heinzen, Appendix, Kap. VIII, Anm. 20.

64 Zit. nach ebd.

65 Vgl. Stuecher, S. 131, 139.

66 Brief an Fritz Anneke, 16.1.1860, zit. nach Wagner, S. 114 f.

67 Siehe z. B. Faderman und Lützen. Auch Joey Horsley, »Wie Rotwein und Honig, wie Brot am Morgen – Liebe zwischen Frauen. Vorwort«. In: Horsley/Pusch. Hg. *Berühmte Frauenpaare*, Frankfurt a. M. 2005, S. 8-10.

68 So schreibt sie, als Lincoln zur zweiten Amtszeit kandidiert:

»Ich glaube, so wie wir hier die Dinge beurteilen können, würde ich mich ... unbedingt für Lincoln erklären. Aber da du gegen ihn bist, und wir doch bis jetzt stets in Kardinalfragen vollständig übereins waren, so muss ich deinen Motiven – deren ich leider wenige oder gar keine kenne – blindlings folgen.« Brief an Fritz Anneke, Herbst 1864, zit. nach Wagner, S. 204.

69 Brief an Fritz Anneke, 7.10.1865, zit. nach Wagner, S. 243.

70 Hauptsächlich zur Erziehung der Mädchen, z. B. *Aufruf an die teutschen Frauen zu einer zeitgemäßen Erziehung ihrer Töchter*, o.O., o.J. (Kienbaum, S. 42, Anm. 103).

71 Undatierter Brief Cäcilies an Mathilde, zit. nach Wagner, S. 198.

72 Brief Cäcilies an Mathilde, 21.9.1864, zit. nach Wagner, S. 207.

73 Zit. nach Wagner, S. 211.

74 Zit. nach ebd., S. 239.

75 Brief Mathildes an Johanna Weißkirch, 30.3.1865, zit. nach Wagner, S. 217.

76 Brief Hatzfeldts an Mathilde 20.7.1864, Heinzen, S. 162.

77 Brief Mathildes an Fritz Anneke, 24.1.1864, zit. nach Wagner, S. 215.

78 Brief Sophie von Hatzfeldts an Mathilde, 22.5.1865, zit. nach Wagner, S. 221 f.

79 Wagner, S. 239.

80 So die Vermutung von Mathilde Annekes Tochter Hertha Anneke Sanne. Heinzen, S. 171, Anm. 40.

81 Briefe Fritz Annekes an Friedrich Hammacher vom Oktober, 1846, zit. nach Schmidt, S. 26 f.

82 Brief Annekes an Mathilde vom 7.-8.8.1863, Heinzen, S. 101.

83 Brief Annekes an Edwin A. Stanton, Secretary of War, 22.8. 1863, Heinzen, S. 104.

84 Enthalten in einem Brief Annekes an Mathilde vom 17.10. 1863, Heinzen, S. 126. (Übs. J. H.).

85 Brief an Mathilde vom 25.9.1864, zit. nach Heinzen, Kapitel 8, Anm. 28. (Übs. J. H.).

86 Brief an Mathilde vom 29.3.1869, zit. nach Heinzen, S. 229.

87 Heinzen, S. 232.

88 Brief an Fritz Anneke, 2.8.1865, zit. nach Wagner, S. 241.

89 Brief an Mathilde, 1.10.1865, zit. nach Wagner, S. 242.

90 Brief an Fritz, 7.10.1865, zit. nach Wagner, S. 243.

91 Heinzen, S. 177.

92 Wagner, S. 246.

93 Brief an Mathilde 21.3.1867 (?), zit. nach Heinzen, S. 180, Anm. 16 im Appendix. Dieses und das folgende Zitat aus Cillys Briefen an Mathilde wurden von J. H. aus dem Englischen rück-übersetzt, da die ursprünglichen deutschen Versionen nicht eingesehen werden konnten.

94 Wagner, S. 294.

95 Mathilde an Fritz Anneke, Dezember 1867, zit. nach Wagner, S. 264.

96 Cäcilie an Mathilde, 21.3.1867 (?), zit. nach Heinzen, S. 180, Anm. 16 im Appendix. Übersetzung J. H.

97 Brief Cäcilies an Fritz Anneke, 28.2.1867, zit. nach Wagner, S. 261.

98 Brief Mathildes an Fritz Anneke, 5.3.1866, zit. nach Wagner, S. 254. Siehe auch Gallman, S. 108-115. Dickinson stand auch Patin für Verena Tarrant aus Henry James' *The Bostonians.*

99 Zit. nach Wagner, S. 413.

100 Brief an Fritz Anneke 1.12.1868, zit. nach Wagner, S. 272.

101 Vgl. Faderman 1982, 2005; Vicinus 2004; Marcus 2007.

## Literatur

Anneke, Mathilde Franziska. 1983. *Die gebrochenen Ketten: Erzählungen, Reportagen und Reden (1861-1873).* Hg. und mit einem Nachwort versehen von Maria Wagner. Stuttgart.

—. 1982. *Mutterland. Memoiren einer Frau aus dem badisch-pfälzischen Feldzuge 1848-49.* Münster.

Booth, Mary H. C. 1864. *Wayside Blossoms Among Flowers from German Gardens.* Heidelberg; Milwaukee (Wisc.). S. C. West.

Butler, Diane S. 1991. »The Public and Private Affairs of Sherman M. Booth«. In: *Wisconsin Magazine of History*: Bd. 82, Nr. 3, Spring, 1999. 167-197. http://content.wisconsinhistory.org/u?/wmh,40967.

Faderman, Lillian. 1981. *Surpassing the Love of Men. Romantic Friendship and Love Between Women from the Renaissance to the Present.* New York.

—. 1999. *To Believe in Women: What Lesbians Have Done for America – A History.* Boston.

Gallman, James Matthew. 2006. *America's Joan of Arc: The Life of Anna Elizabeth Dickinson.* New York, S. 108-115.

Gebhardt, Manfred. 1988. *Mathilde Franziska Anneke: Madame, Soldat und Suffragette: Biografie.* Berlin.

Henkel, Martin, und Rolf Taubert. 1976. *Das Weib im Conflict mit den socialen Verhältnissen. Mathilde Franziska Anneke und die erste deutsche Frauenzeitung.* Bochum.

Hanschke, Annette. 1993. »Frauen und Scheidung im Vormärz: Mathilde Franziska Anneke. Ein Beitrag zum Scheidungsrecht und zur Scheidungswirklichkeit von Frauen im landrechtlichen Preußen«. In: *Geschichte in Köln.* Jg. 1993, H. 34, S. 67-98.

Heinzen, Henriette, in Zusammenarbeit mit Hertha Anneke-Sanne. 1940. »Biographical Notes in Commemoration of Fritz Anneke and Mathilde Franziska Anneke.« Typoskript in Anneke Archives, State Historical Society of Wisconsin, Madison (Wisc.). (Im Text als Heinzen zitiert.)

Hockamp, Karin. 1999. *Von vielem Geist und großer Herzensgüte. Mathilde Franziska Anneke (1817-1884).* Wetter (Ruhr).

Kiehnbaum, Erhard. 2004. *»Bleib gesund, mein liebster Sohn Fritz ...« Mathilde Franziska Annekes Briefe an Friedrich Hammacher 1846-1849.* (= Berliner Verein zur Förderung der MEGA-Edition e V. Wissenschaftliche Mitteilungen. Heft 4). Berlin.

Lützen, Karin. 1992 [1990]. *Frauen lieben Frauen. Freundschaft und Begehren.* Aus dem Dänischen von Gabriele Haefs. München.

Marcus, Sharon. 2007. *Between Women: Friendship, Desire, and Marriage in Victorian England.* Princeton, N. J.

Möhrmann, Renate. Hg. 1978. *Frauenemanzipation im deutschen Vormärz. Texte und Dokumente.* Stuttgart.

Piepke, Susan L. 2006. *Mathilde Franziska Anneke (1817-1884). The Works and Life of a German-American Activist. Including English Translations of »Woman in Conflict with Society« and »Broken Chains«.* New York u. a.

Roethke, Gisela. 1993. »M. F. Anneke: Eine Vormärzkämpferin für Frauenrechte in Deutschland und in den Vereinigten Staaten«. In: *Yearbook of German-American Studies.* 28 (1993), S. 33-51.

Schmidt, Klaus. 2000 [1999]. *Mathilde Franziska und Fritz Anneke: Eine Biographie; aus der Pionierzeit von Demokratie und Frauenbewegung.* Köln.

Stuecher, Dorothea Diver. 1990. *Twice Removed: The Experience of German-American Women Writers in the 19th Century.* New York/Bern/Frankfurt a. M.

Vicinus, Martha. 2004. *Intimate Friends: Women Who Loved Women, 1778-1928.* Chicago.

Wagner, Maria. Hg. 1980. *Mathilde Franziska Anneke in Selbstzeugnissen und Dokumenten.* Frankfurt a. M. (im Text als Wagner zitiert).

—. 1982. »A German Writer and Feminist in 19th-Century America.« *Beyond the Eternal Feminine: Critical Essays on Women and German Literature.* Susan L. Cocalis und Kay Goodman. Hgg. Stuttgart, S. 159-172.

Wittke, Carl. 1971. »Anneke, Mathilde Franziska Giesler«. In: *Notable American Women. 1607-1950. A Biographical Dictionary.* Bd. I. Hg. v. Edward T. James, Janet Wilson James, Paul S. Boyer. Cambridge (Mass.)/London. S. 50 f.

Wunderlich, Dieter. 2008 [2004]. »Mathilde Franziska Anneke (1817-1884), Pionierin der Frauenbewegung«. In: *WageMutige Frauen: 16 Porträts aus drei Jahrhunderten.* München.

# Lebenslange Leidenschaften

## Ethel Smyth (1858-1944)

*von*
*Birgit Kiupel*[1]

Ich habe mich lange mit der Entstehung dieser Freundschaft befasst, denn wenn es so etwas zwischen Menschen
gibt, wie ein Instrument mit zwei Saiten, wie ich es einst
in einem arabischen Musikensemble sah, dann war ich
15 Jahre lang so ein Instrument und Harry und Lady Ponsonby waren diese zwei Saiten.[2]

Dieses Bild entwirft die 77-jährige ledige Komponistin Ethel
Smyth 1936 in ihrer biographischen Schrift *As Time Went
On*, lange nachdem die beiden großen Lieben ihres Lebens
verstorben waren. Wie ein arabisches Musikinstrument sei
sie zum Klingen gebracht worden – durch einen Mann und
eine Frau. Die Saite neben ihrem langjährigen Gefährten
»Harry« – wie der Literat Henry B. Brewster (1850-1908)
mit Kosenamen genannt wurde – symbolisiert Lady Ponsonby (1832-1916). Sie war Hofdame der Queen Victoria
und mit dem königlichen Privatsekretär Sir Henry Ponsonby
(1825-1895) verheiratet.[3] Hier begegnete Ethel Smyth einer
vertrauten Konstellation: Sie schwärmte für eine ältere Frau,
die Ehefrau und Mutter war, deren Freundschaft sie mit Geduld und Ausdauer gewann und deren Klugheit und Rat sie
lange begleiteten. In Lady Ponsonbys Leben spielten die Familie, gepflegte Häuslichkeit und Kunst eine wichtige Rolle.[4]
War hier noch Platz für Ethel Smyth? Offensichtlich ja, auch
wenn es Reibereien und Eifersüchteleien gab. Ethel Smyth

Ethel Smyth

Virginia Woolf und Ethel Smyth

zitiert aus einem Brief Lady Ponsonbys aus den frühen Jahren ihrer Bekanntschaft:

> So wie du entschlossen bist, dass dein Werk immer der kräftige Quell deines Lebens sein soll, so sorge ich dafür, dass nichts das einzige Werk stören soll, was ich *vollbringen kann*. Und das ist, Familienleben so schön und glücklich zu gestalten, wie ich es vermag, und alle Störungen aus dem Weg zu räumen.[5]

Von ihrem Leben für die Musik und ihren Balance-Akten zwischen Freundschaft, Liebe und Partnerschaft berichtet Ethel Smyth in neun Memoirenbänden, publiziert zwischen 1919 und 1940, die sie auch als exzellente Schriftstellerin ausweisen. Viele Erfolge hatte sie trotz aller Widerstände in Konzertsälen und Opernhäusern feiern können, mit Aufführungen von eigenen Kammermusiken, Chor- und Orchesterwerken und Opern. Dreimal wurde ihr die Ehrendoktorwürde verliehen und sie wurde 1922 in den Adelsstand erhoben, zur Dame Commander of the Order of British Empire. Doch sie gesteht, dass ihr Streben nach Unabhängigkeit mit ihren Wünschen nach Zuneigung und Ermutigung kollidierte.[6] In einer Gesellschaft, in der Ehefrauen die Rolle der opferbereiten Unterstützerin zugewiesen wurde, musste eine Künstlerin wie sie nach anderen Wegen suchen. Als genaue Beobachterin patriarchaler Verhältnisse fürchtete Ethel Smyth Konventionen, die Frauen daran hinderten, künstlerisches Schaffen und intensive Beziehungen zu kombinieren. Außerdem bekannte sie sich immer zu ihren Freundschaften und Liebesverhältnissen mit Frauen.

Zeitlebens war Ethel Smyth interessiert am Liebes- und Beziehungsleben: »[...] die große Frage der Sexualität beschäftigte mich ständig.«[7] In Ägypten wollte sie einen Hermaphroditen gegen Bezahlung in einem Zelt photographieren. Doch da sie kaum Erfahrungen mit der Photographie hatte, belichtete sie den Film falsch. Nichts war zu erkennen. Uns bleiben nur Ethel Smyths Erzählungen über diese Expedition zu den Geschlechtergrenzen.

Wie hängen biologisches Geschlecht, Begehren und tiefe Gefühle zusammen? Welche Rolle spielen gesellschaftliche Bedingungen? Ethel Smyth beschreibt ihre unermüdliche Suche nach intensiven Freundschaften und Liebe mit einer außergewöhnlichen Offenheit. In ihren Büchern und Briefen ermöglicht sie uns aufschlussreiche Ein- und Rückblicke. Dazu gehört auch die Liebe im Alter, die sie z. B. heftig und schmerzhaft für Virginia Woolf empfand. Diese hatte gefordert, dass eine Frau Geld und ein eigenes Zimmer haben müsse, um künstlerisch produktiv sein zu können. Dieses Konzept hatte Woolf zunächst im Jahr 1928 Studentinnen in Cambridge vorgetragen und dann 1929 in ihrem Buch *A Room of One's Own* veröffentlicht. Die 71-jährige Ethel Smyth sah ihre tiefsten Überzeugungen bestätigt und war hingerissen von dem Buch samt Autorin. 1930 begegnete sie der 47-jährigen Virginia Woolf erstmals persönlich und verliebte sich in sie. In ihrem Tagebuch bekennt Ethel Smyth:

[…] – dass für viele Frauen, in jedem Fall für mich, Leidenschaft unabhängig vom sexuellen Begehren ist. (Natürlich kann es nicht geleugnet werden, wenn du jung bist, aber, wenn ich so offen sein darf, hörte es auch dann nicht auf für mich eine gewisse Rolle zu spielen, als ich eigentlich mit allen physischen Dingen hätte abgeschlossen haben sollen … Aber ich bin immer noch zu einer Liebe fähig, die so tief und verzehrend ist, wie es ein oder zwei große Lieben meiner Jugend waren.)[8]

Unverzichtbare Lebenselexiere waren für sie spontane Zuneigung und Netzwerke insbesondere zwischen Frauen. Frauen förderten ihre Musik-Karriere auch als Mäzeninnen, angefangen mit ihrer Schwester Mary.[9] Auffällig in Ethel Smyths Sehnsuchtssprache ist das so genannte »Mütterliche«, die mütterliche Zuwendung in Frauen-Beziehungen. Doch bleibt zu diskutieren, was sie und ihre ZeitgenossInnen darunter verstanden:

Lassen Sie mich hier festhalten […], dass die Zuneigung von Frauen eine besondere, verstehende, mütterliche Qualität hat, die eine Sache für sich ist.[10]

In ihren Büchern entfaltet sie faszinierende Panoramen des kulturellen und gesellschaftlichen Lebens, nimmt die LeserInnen mit hinter die Bühnen der Opernhäuser oder zum Bankett mit gekrönten Häuptern. Sie schildert die Kämpfe der Suffragetten, entwickelt ihre Überlegungen zur Stellung der Frau, deren Diskriminierung in Politik, Kultur und Musik. Doch sollen uns hier vor allem ihre Studien zu Frauen interessieren, denen sie detailliert gezeichnete und höchst lebendige Denkmäler gesetzt hat, die auch von dem Stolz künden, den Ethel empfunden hat, diese Frauen gekannt zu haben, ihnen nahe gewesen zu sein: »So geschah es, dass die Beziehungen zu gewissen Frauen, die alle außergewöhnliche Persönlichkeiten waren, mein Leben wie Silberfäden durchwirkten.«[11]

Zurückgegriffen hat sie dabei auf sorgfältig archivierte Tagebücher und Briefe. Sie wählt aus, zitiert unterschiedliche Stimmen wie eine Dirigentin, die eine Partitur ihres Lebens entwirft, nebst einer genauen Chronologie der Beziehungen. Unterschiedlich in Ton, Aufbau und Gestaltung sind die Szenen und Gespräche, mit denen sie, auf eine für die Zeitgenossen faszinierende Weise, Erinnerung rekonstruiert. Denn die Bücher, von Ethel Smyth auch als Boten für ihr kompositorisches Werk gedacht, machten sie populär, boten Diskussionsstoff, schärften Gehör und Urteilsvermögen.

Das Problem für die Biographin: Es handelt sich nur um Ethel Smyths Perspektiven auf Freundschaften und Liebesbeziehungen. Manche AutorInnen haben sich zu Interpretationen aufgeschwungen à la »Sie nahm sich alles«.[12] In ihren Memoiren ist sie jedoch viel diskreter. Die Forschung zu ihren Beziehungen, zum Schaffen und den historischen Hintergründen steht jedenfalls noch am Anfang. Zwar veröffentlichte die englische Musikschriftstellerin Christabel Marshall unter dem Pseudonym Christopher St. John 1959, also rund 15 Jahre nach Ethels Tod, eine Biographie, mit der Ethel

Smyth sie beauftragt hatte. Darin zitiert sie auch aus Briefen und Tagebüchern, doch bleiben viele Fragen offen. Neue Erkenntnisse sind z. B. aus rund 2.000 Briefen zu erwarten, die Ethel Smyth zwischen 1884 und 1908 mit ihrem Gefährten Henry B. Brewster wechselte. Die australische Musikwissenschaftlerin Amanda Harris hat sie in einer Privatsammlung entdeckt und gibt uns einen kurzen Einblick. Diese Briefe verraten mehr über die Beziehung zwischen Ethel und Henry, aber auch zu Freundinnen wie Winnaretta Singer, Prinzessin de Polignac, Erbin des Nähmaschinenkonzerns und Musikmäzenin (1865-1943). Außerdem öffnen sich Türen in ihre Komponierwerkstatt.[13]

Bevor nun Ethel Smyths Lieben und Wirken in Form von Gesprächen und kurzen Texten skizziert wird, ähnlich ihrem kommunikativen Schreibstil, noch ein Blick auf ihre Zeit. Wie war die rechtliche Situation von Frauen in Großbritannien? Sie durften nicht wählen, auch wenn sie Landbesitzerinnen waren. Eine Scheidung war für Ehemänner leichter durchzusetzen als für Ehefrauen. Zwar wurde die Liebe zwischen Frauen nicht durch explizite Strafen bedroht, aber es gab wirkmächtige Tabus. Es wäre also verfehlt, von einem Paradies für frauenliebende Frauen zu sprechen.[14] Eindeutig und rigide war die Rechtslage für Männer: Zwischen 1820 und 1885 galt die Todesstrafe für homosexuelle Liebesakte. Sie wurde 1885 abgeschafft und durch den Criminal Law Amendment Act ersetzt, alle Liebesakte zwischen Männern galten als illegal und strafbar und wurden mit maximal zwei Jahren Zuchthaus und schwerer Arbeit geahndet.[15] Ein prominentes Opfer dieser Gesetzgebung war Oscar Wilde, verheiratet mit der Kinderbuchautorin Constance Lloyd, mit der er zwei Söhne hatte.[16] Der gesellschaftliche Druck für Frauen und Männer, eine Ehe einzugehen und Kinder zu haben, war groß. In gewissen Kreisen waren jedoch Freiräume möglich, beispielsweise für männerliebende Männer und frauenliebende Frauen, die als Ehepaar lebten. Zu diesen Paaren gehören Vita Sackville-West und ihr Mann Harold Nicolson sowie Winnaretta Singer, in zweiter Ehe verheiratet mit dem Prinzen Edmond de Polignac. Politisch engagierte

Frauen wie Suffragetten, aber auch alleinstehende Lehrerinnen konnten mit dem Label *Lesbian* diffamiert werden. Persönliche Beziehungen werden von Smyth vor dem Hintergrund gesellschaftlicher Verhältnisse geschildert und analysiert. Ironisch klingt ihr Verdikt, dass englische Männer durch einen Geburtsfehler nicht in der Lage seien, die Werke von Frauen zu beurteilen: »Sie mögen es versuchen, aber der Popanz des Geschlechts steht zwischen ihnen und dem Werk.« Das Etikett *Frau* verhindere jede ehrliche und ernsthafte Auseinandersetzung.[17] Ethel Smyth betont, dass Männer Gesetze und Regeln machen, wozu auch »Fairness« gehöre. Doch würden sie diese gegenüber Frauen missachten und brutal ihre Interessen durchsetzen.

Trotz aller schmerzhaften Konflikte sah sich Ethel Smyth nicht als Außenseiterin. Sie stellte sich in einem gewissen Einklang mit außergewöhnlichen Mitgliedern und Zirkeln der Gesellschaft dar; und sie plädierte für eine legitime Vielfalt der Lebens- und Liebesweisen. Was verstand Ethel Smyth unter Freundschaft, Leidenschaft, Liebe – was unter Erotik und Sexualität? Lebte sie in einer Partnerschaft? In ihren Memoiren entzieht sie sich eindeutigen Zuordnungen. Zeitlebens hat sich Ethel Smyth herkömmlichen Vorstellungen von Lebens- und Liebesweisen, von Geschlecht und Rollen widersetzt, sie hinterfragt oder ignoriert.

## Frühe Passionen

Ethel Smyth bekannte am 6. Oktober 1892 in einem Brief an Henry B. Brewster:

> Ich frage mich, warum ich mein eigenes Geschlecht so viel mehr lieben kann als eures – und dies gilt wohl auch für zahlreiche andere Engländerinnen – selbst die Liebe zu meiner Mutter hat eine emotionale Qualität, die ich nur Leidenschaft nennen kann. Wie erklärst du dir das? Ich kann es mir nicht erklären, denn ich halte mich für eine gesund veranlagte Person. Es ist ein ewiges Rätsel.[18]

Abgeklärt und doch emotional erinnert sich Ethel Smyth als 61-Jährige in ihrem ersten Memoirenband *Impressions That Remained* an ihre Kindheit und Jugendzeit. Sie wuchs in einer Familie der oberen Mittelschicht auf, die aber kein großes Vermögen besaß. Ihrem Vater und ihrer Mutter widmet sie jeweils ein Kapitel. Zunächst stellt sie den Vater John H. vor, Generalmajor der Royal Artillery, der über 30 Jahre in Indien stationiert war, den sie als liebenswürdigen Gentleman mit Autorität schildert.[19] Aber er war auch ein Soldat, der meuternde indische Soldaten eigenhändig erhängte. Später im zivilen Leben plädierte er als konservativer Politiker[20] für das Frauenwahlrecht, denn drei Viertel der Ländereien der Gemeinde seien im Besitz von Frauen. Über die Mutter Nina schwärmt sie:

Es überstieg die Künste jedes bekannten Photographen, einen wahrhaftigen Eindruck vom Aussehen meiner Mutter zu geben. Ebenso bin ich halb am Verzweifeln, wenn ich sie zumindest beschreiben oder eher wieder lebendig machen will, ihre fremdartige, schwierige, aber höchst liebenswerte Persönlichkeit.[21]

Schwierig war es für sie, Genaues über die Kindheit und Ausbildung ihrer Mutter zu erfahren. In England geboren, in Frankreich erzogen, sprach sie zunächst besser Französisch als Englisch. Die Großmutter sei eine Mademoiselle de Lagarde gewesen, und Stolz ist herauszuhören, wenn sie die Mutter als »extraordinarily un-English« beschreibt, als heimlich gegen englische Konventionen rebellierend, aber nach außen hin die Form wahrend. 1848, kurz nach der Eheschließung, zog das Paar nach Indien, wo Nina Smyth wegen ihrer »südländischen Schönheit« und ihrer Musikalität eine »Königin« gewesen sein soll, der gegenüber sich der Vater allerdings zu nachgiebig verhalten habe. Ethel hätte ihre Mutter gern als junge Frau kennengelernt[22] und zeichnet das Bild einer attraktiven, sprachbegabten, gebildeten und kunstinteressierten Frau, die das Salonleben liebte. Außerdem war »[…] ihre stärkste Begabung zweifellos Musik […]«.[23] Alte Freunde berichteten von ihrer schönen Stimme, die von ihrer liebenswerten Persönlichkeit kündete. Doch als Ethel ihre Mutter bewusster wahrnimmt, hat ihre Stimme bereits viel von ihrer Schönheit eingebüßt. Vom bewegenden Timbre habe sie sich jedoch noch ein Klangbild machen können: »Später liebte sie es, mich singen zu hören, und es macht mich traurig, dass ich sie so selten damit erfreute, wenn wir unter uns waren; aber ich war immer ein bisschen faul mit dem Singen.«[24] Die Begabung für den Gesang scheint Ethel Smyth geerbt zu haben, zumindest führt sie diese mütterliche Tradition fort, wenn sie später beschreibt, wie sie selbst mit Gesang beeindruckte – und sicher auch verführte. Ethel Smyth sang und begleitete sich am Piano vor Fürstinnen und Dirigenten, lieferte überzeugende akustische Skizzen ihrer Werke. Die Mutter förderte Ethels Pläne, Musikerin zu werden, obwohl sie den Vater scheinbar bei seinem Widerstand dagegen unterstützte, »[...] ich glaube, sie war heimlich auf meiner Seite.«[25] Ethel Smyth analysiert ihren Berufsweg zur Komponistin als einen familiären Auftrag, ihr wurde das Ressort Musik überlassen.[26] Im Laufe der Jahre wurde die Mutter immer trauriger in der ländlichen Umgebung von Frimley. Am liebsten wäre sie in eine Großstadt gezogen, nach London, hätte Kunst und Kultur genossen: »Es war offensichtlich, dass sie tief im Inneren sehr unglücklich war.«[27] Mehr und mehr litt sie unter Taubheit, fühlte sich ausgeschlossen und ignoriert. Auch Ethel litt ab 1914 unter Problemen mit dem Gehör und ertaubte schließlich.

Sechs Mädchen und zwei Jungen gingen aus dieser Ehe hervor. Mit Witz und Wärme beschreibt Ethel Smyth das Familienleben. In Sidcup, Kent, und später in Frimley, Surrey, wuchsen die Kinder auf dem Lande auf. Doch auch Kummer und Gewalt waren ständige Begleiter:

Ich glaube, wir waren im Großen und Ganzen eine ungezogene und sehr streitlustige Gesellschaft. [...] ich glaube, ich war die einzige der Smyth-Fräuleins, die wirklich verprügelt wurde.[28]

Ethel war beim Stibitzen von Bonbons erwischt worden, hatte aber den Diebstahl hartnäckig geleugnet, worauf sie vom Vater mit den langen Stricknadeln der Großmutter geschlagen wurde. Noch 14 Tage später bemerkte ihre Schwester Alice beim Baden merkwürdige Male auf Ethels Haut. Ethel erklärte diese damit, dass sie auf ihrer Krinoline gesessen hätte.[29]

Unterrichtet wurden die Smyth-Kinder zunächst von deutschen Gouvernanten, doch dann wurden sie 1872 auf eine Privatschule in Putney geschickt.[30] Die Schwestern Ethel und Mary stehen die Schulzeit gemeinsam durch. Zwar gesteht Ethel große Erinnerungslücken,[31] aber »Leidenschaften« habe sie die ganze Zeit empfunden. Neben ihrer Liebe zu ihrer Mutter hatte sie »wilde Leidenschaften« für Mädchen und Frauen, die wesentlich älter waren als sie.[32] So sei sie zitternd am Haus der schwedischen Opernsängerin Jenny Lind vorbeigelaufen, die sie noch aus Erzählungen ihrer Mutter kannte – und die für sie einer ihrer »Heroinen« war. Dass sie selbst einmal diese »eindrucksvolle und furchteinflößende Persönlichkeit« wirklich kennenlernen würde, habe sie sich damals nicht vorstellen können. Mag Ethel auch wie ein frecher und selbstbewusster Wildfang aufgetreten sein, so fühlte sie oftmals schmerzhaft, nicht dazuzugehören, weder zu den Jungen noch zu den Mädchen. Dabei sehnte sie sich so danach, liebevoll angenommen und ermutigt zu werden.

Ich hoffe, dass ich die ganze Heiterkeit und Fülle unseres damaligen Lebens zeigen konnte. Aber wenn ich jetzt zurückschaue und mich frage, ob im Großen und Ganzen betrachtet für mich Freude oder Traurigkeit den Vorrang hatten, antworte ich, ohne zu zögern: Traurigkeit.[33]

In dieser kummervollen Zerrissenheit spielte die Religion eine wichtige Rolle, von der sie sich Trost und ein Ende der Nöte und Ruhelosigkeit erhoffte.[34] Doch sie berichtet auch von glücklichen Stunden mit ihrer Schwester Mary, mit der sie Tagebücher, Verse und Stücke schreibt, fasziniert von den

Geheimnissen der Liebe. Ethel erlebte auch sexuelle Übergriffe alter Männer auf junge Mädchen. Ein bekannter alter Politiker der Labour Party, »a well-known old Whig«, lockte Mädchen in seine Bibliothek unter dem Vorwand, ihnen Einbände neuer Bücher zu zeigen. Doch nutzte er solche Situationen aus, legte seinen Arm um ihre Taillen, zwickte sie und nötigte selbst die besonders Widerspenstigen, zu denen sich Ethel zählte, »einem alten Mann einen Kuss zu geben«.[35] Schwankt ihr Erzählton hier auch zwischen Ironie und Wertschätzung, so verschweigt sie doch nicht den Abscheu vor Übergriffen, die jungen Mädchen zugemutet wurden und werden – und die sie nur schwer deutlich benennen und abwehren können: »[...] und es ist sonderbar, dass er sich nicht vorstellen konnte, mit welchem Widerwillen eine diese alten, kalten Lippen berührte.«

Dramen und Aufregungen der Teenagerzeit werden von Ethel genau registriert. Dazu gehört auch die aufblühende Schönheit ihrer Schwester Mary, die Freude am Flirten hatte und umschwärmt wurde.[36] Nach einigen verunglückten Auftritten auf dem gesellschaftlichen Parkett konnte dann auch Ethel erste Verehrer vorweisen. Die älteren Schwestern Alice und Mary banden sich früh an Ehepartner, doch wurde die Doppelhochzeit der beiden überschattet durch den Tod des Bruders Johnny, der an einem Hirntumor starb.[37] Ethel Smyth schildert keine strikt nach Geschlechtern getrennte Jugend. Zwar besuchte sie einige Jahre ein Mädcheninternat, hatte aber immer selbstverständlichen Kontakt zu Jungen und Männern in der Familie und in der Nachbarschaft. Als 17-Jährige spielte sie Zukunftspläne durch wie Heiraten, Reisen, Katholikin werden – oder gar Nonne.[38]

Zu den ersten verehrten Frauen zählt die Schriftstellerin Juliana Horatia Ewing, geb. Gatty (1848-1885), eine bekannte Autorin von Märchen und Erzählungen, die von Kindern und Erwachsenen beiderlei Geschlechts gelesen wurden. Verheiratet war die junge und kränkelnde Frau mit Alexander Ewing, einem Offizier beim Army Service Corps, das in der Nachbarschaft stationiert war. Zu beiden Eheleuten entwickelt die 17-jährige Ethel emotionale Bindungen: Mr Ewing unterrichtet Ethel in Musik und Harmonielehre, bewundert ihr musikalisches Talent, ihre Kompositionen, und »er verkündete unserer kleinen Welt, dass ich eine geborene Musikerin sei und sofort ausgebildet werden müsse.«[39] Mrs Ewing fördert Ethels schriftstellerische Begabung und redigiert ihre kleinen Artikel für die lokale Presse. Sie wird eine Freundin ihrer Mutter, war umschwärmt und »dem anderen Geschlecht ergeben, insbesondere den Offizieren der Royal Engineers«.[40] Zweimal in der Woche besucht Ethel die Ewings, mit selbstgepflückten Lieblingsblumen. Doch Mrs Ewing hat den tieferen Grund dieser Mitbringsel schnell durchschaut und schreibt ihr einen verständnisvollen Brief. Ethel muss erkennen, dass ihre verliebte Bewunderung nicht erwidert wird.[41]

Ethel Smyths Neugier auf Jungen und Männer führt auch zu einer kurzen Verlobung mit dem Rechtsanwalt William Wilde (1853-1899), Oscar Wildes älterem Bruder. Sie lernte William Wilde Mitte der 70er Jahre auf einer Reise von Irland nach England kennen. Oscar Wilde wurde ihr dort auch vorgestellt und soll einen guten Eindruck von ihr gehabt haben.[42] Die Episoden rund um die Verlobung zeigen Ethel Smyths romantisch-gefühlvolle Seiten und ihren Sinn für Slapstick und ironische Theatralik. Die beiden jungen Leute verbrachten eine in mehrfacher Hinsicht stürmische Mondnacht auf einem Schiff.[43] Leider wurde Ethel seekrank und ließ sich von ihrem Kavalier zur Damentoilette geleiten. Aber schnell war es mit ihrem damenhaften Auftritt vorbei. Bevor sie dort hätte ankommen können, opferte sie den Fischen. Trotz dieses peinlichen Zwischenfalls ging die Romanze weiter, im Zug mit separaten Schlafwagen für Männer und Frauen. Bevor der Zug Euston erreichte, war Ethel verlobt, »mit einem Mann, den ich nicht mehr liebte als den Lokführer«.[44] Schließlich erreichte sie ihr Elternhaus in Frimhurst mit einem goldenen Ring. Aber nach selbstkritischer Innenschau löste sie diese Verlobung nach drei Wochen, behielt aber den Ring.[45] Den verlor sie allerdings kurz darauf, als sie zwei kämpfende Hunde auseinanderbringen wollte. Ausgerechnet.

## »Lisl« in Leipzig:
## Elisabeth von Herzogenberg (1847-1892)

Als Mädchen hatte Ethel bereits den Entschluss gefasst, Musikerin zu werden. Ihr Umfeld ermöglichte ihr Konzertbesuche und persönliche Begegnungen mit Stars wie Clara Schumann, die sie hinter der Bühne als nervöse Künstlerin kennenlernte.

Lange hatte Ethel darum kämpfen müssen, dass ihr Vater sie endlich aus Frimley fortließ. So kam die damals 19-Jährige mit diversen Empfehlungsschreiben im Jahr 1877 in Leipzig an, in einem kleinen, aber feinen Zentrum der Musikwelt. Neue Erkenntnisse über diese Zeit hat Antje Ruhbaum, Musikwissenschaftlerin und Chorleiterin in Berlin, zu Tage gefördert. Sie forscht über eine Frau, die prägend für Ethel Smyth werden sollte: Elisabeth von Herzogenberg (1847-1892), genannt »Lisl«.[46] Antje Ruhbaum erzählt:

Ethel Smyth hat bei Carl Reinicke Komposition studiert und bei Salomon Jadassohn Musiktheorie und Klavierunterricht gehabt. Doch dieser verschulte Konservatoriumsunterricht war nicht das Richtige für sie. Sie hat in Heinrich von Herzogenberg ihren Kompositionslehrer gefunden. Er schlug ihr vor, bei ihm Komposition zu studieren, da er in ihren Arbeiten viele unkorrigierte Fehler entdeckt hatte. Außerdem würde er so lernen, zu unterrichten. Damals war er freischaffender Komponist und Leiter des Leipziger Bachvereins und hat Ethel dafür als Chorsängerin geworben. An dem Kontrapunktunterricht hat auch seine Frau Elisabeth von Herzogenberg teilgenommen, die am Anfang noch sehr zurückhaltend war. Hier haben sich dann Ethel Smyth und Elisabeth von Herzogenberg kennen und lieben gelernt.[47]

Das kinderlose Musiker-Ehepaar Elisabeth und Heinrich von Herzogenberg war eine kommunikative Schaltstelle des Musiklebens in Leipzig. Sie förderten Johannes Brahms, der zunächst in Leipzig einen schweren Stand hatte, aber dann

Erfolge feiern konnte. (In ihren Memoiren erinnert sich Ethel Smyth an den zwar bekannten, aber Künstlerinnen gegenüber nicht immer charmanten Komponisten, der sie als »Schmeißfliege« bezeichnete.) Vorsichtig bahnte sich Elisabeth von Herzogenberg ihren Weg als Künstlerin. Antje Ruhbaum:

> Hedwig von Holstein beschreibt sie [Elisabeth von Herzogenberg] einer Freundin so: »Elisabeth ist durch die Hochzeit mit einem Künstler frei geworden.« Sie hat sich durch die Heirat mit einem zwar adligen, aber sich als Komponist verstehenden Mann »die Freiheit erheiratet«, selbst Musikerin zu sein, und musste deshalb nicht die Salondame geben. Beide haben dann in Graz und Leipzig bürgerliche Musikvereine gemeinsam aufgebaut. Den Leipziger Bach-Verein hat zwar im Wesentlichen ihr Mann Heinrich von Herzogenberg geleitet. Aber von Elisabeth hieß es, dass sie die gute Seele des Vereins gewesen sei. Bei den Proben sang sie im Sopran, kannte die Partituren auswendig und hat auch die Programmauswahl mitbestimmt. Sie war insofern gleichberechtigt, als dass sie bei den Konzerten als Pianistin mitwirkte und ihr Mann sie immer einbezogen hat. Allerdings hat sie wohl keine Proben geleitet, obwohl sie es gekonnt hätte.[48] Sie hat einmal ohne Wissen ihres Mannes eine seiner Kompositionen mit Freunden einstudiert, um ihm eine Freude zu bereiten. Aber sie hätte es ihrem Mann nicht antun wollen, sich als Frau in den Vordergrund zu schieben, und hat ihm immer zugearbeitet.

Rund viereinhalb Jahre lang lernte Ethel Smyth in Leipzig diverse Musikrichtungen und Weiblichkeitsbilder kennen. Zu ihren Freundinnen zählte Lili Wach, die jüngste Tochter von Felix und Cecilie Mendelssohn-Bartholdy. Ein Beispiel für ihre frühen, in Leipzig entstandenen Klavier- und Kammermusikwerke ist das Lied »Schön-Rohtraut« (Op. 3) aus dem Jahr 1877, nach einem Text von Eduard Mörike. Hier könnte sich Ethel, die sportliche Aktivitäten wie Radfahren und später Golfen liebte, mit der abenteuerlustigen Königstochter »Schön-Rohtraut« identifiziert haben:

Wie heißt König Ringangs Töchterlein?
Rohtraut, Schön-Rohtraut
Was tut sie den ganzen Tag,
da sie wohl nicht spinnen und nähen mag?
Tut fischen und jagen. [...]

Antje Ruhbaum versucht, den Innenraum der Beziehung zwischen Ethel und Lisl auszuleuchten, die von etlichen Frauen umschwärmt wurde:

Elisabeth genoss es sicherlich, so einen Wildfang wie Ethel im Haus zu haben. Ich stelle es mir so vor, dass sich während des Unterrichts zwischen Ethel und Elisabeth, die 11 Jahre älter als Ethel war, ein mütterliches Verhältnis entwickelt hat. Ethels unkonventionelle Art muss Elisabeth sehr gefallen haben.[49]

Die Studienzeit war für Ethel anstrengend. Auf einem Fest erlitt sie einen Nervenzusammenbruch, zog sich in ihre Dachkammer zurück und wurde dort von Elisabeth von Herzogenberg gepflegt. Ethel Smyth erlebte dort, wie sie schreibt,

die zärtlichste, wirklich die zärtlichste Beziehung, die jemals zwischen einer Frau und einer anderen, die trotz ihrer Jahre wenig mehr als ein Kind war, entstanden sein mochte. Ich hatte gehört, doch fast vergessen, dass die einzige Sorge ihres ansonsten seltsam glücklichen Lebens ihre Kinderlosigkeit war; nun kam mir zu Bewusstsein, dass dieser Kummer, obwohl sie sich ihm selten hingab, tief und leidenschaftlich war (dies war sogar die einzige Leidenschaft, die überhaupt an ihr zu bemerken war). [...] Auf diese Weise wurde ich für sie zu einem Anlass, all ihre aufgestauten mütterlichen Liebesgefühle auszuleben. In jenen glücklichen vierzehn Tagen hörte ich sie jeden Morgen Schlag acht Uhr, wie sie langsam die Treppe heraufstieg und dabei auf jeder vierten Stufe innehielt, um Atem zu schöpfen; dann wurde der Türvorhang beiseitegeschoben, und das liebe Gesicht, eingerahmt von goldenen Locken, lugte vorsichtig herein, falls ich noch schlafen sollte. Schlafen! … wenn ich doch wusste, das Lisl kam …! Außer zwei Stunden in der Mittagszeit, wenn ihr Dienstmädchen als Wache heraufgeschickt wurde, blieb sie den lieben langen Tag bei mir, wusch mich, übernahm alle Arbeiten, die in einem Krankenzimmer anfallen, kochte mir auf ihrem kleinen Kocher die köstlichsten Gerichte, die ihr kulinarischer Genius nur erfinden konnte, las mir vor, liebkoste und pflegte mich abwechselnd. Und als es mir besser ging, spielte sie Bach und Brahms für mich, einschließlich ihres eigenen wundervollen Arrangements der neuen Symphonie […].[50]

Beziehungen zwischen Frauen mit größerem Altersunterschied wurden oft mit Mutter-Tochter-Bindungen verglichen. Möglicherweise sollten damit erotische Anteile kaschiert und verharmlost werden.

Ethel muss jedenfalls über Charme verfügt haben, der Konventionen und Geschlechtergrenzen überwand. Doch die Idylle weiblicher Zuwendung wurde bald gestört, da Ethel in den Mittelpunkt eines opernhaften Dramas gerückt wurde, dessen Handlungsstränge Antje Ruhbaum entwirrt hat: Ethel wollte ihren musikalischen Horizont erweitern und entfernte sich dazu aus Lisl von Herzogenbergs recht eifersüchtig bewachtem Kreis. Sie reiste nach Italien, auch um sich von ihrem Lehrer Heinrich von Herzogenberg zu lösen. Nicht weil er ein schlechter Lehrer war, sie hielt ihn für einen »splendid teacher«, sondern weil sie unabhängig von ihm, Lisl und Brahms eigene Wege gehen wollte. In Italien kam sie bei Lisls Schwester Julia und deren Mann Henry B. Brewster unter. Diese drei Menschen erlebten jetzt ein Liebesdrama. Denn Ethel hat sich, so die Erkenntnisse von Amanda Harris, wohl in Julia verliebt, wie sie 1884 in Briefen an Henry B. Brewster bekennt.[51] Sie fühle eine Leidenschaft für Julia, die heranreiche an die von David zu Jonathan. Doch Henry B. Brewster verliebte sich seinerseits in Ethel. Diese Situation führte zu schweren Konflikten, obwohl sich das Ehepaar Freiräume zugestanden hatte (so zumindest die Perspektive von Henry B.

Brewster, die Ethel Smyth auch in ihren Erinnerungen wiedergibt). Doch Amanda Harris bezweifelt, dass Julia diese Einstellung teilte.

Nach langen Kämpfen trennte sich Henry B. Brewster von seiner Frau Julia, mit der er zwei Kinder hatte. Die Familie von Herzogenberg stand kopf, und etliche hetzten gegen die Komponistin. Als der Bildhauer Adolf Hildeband behauptete, auch er sei von ihr in Versuchung geführt worden, stand Ethel, die junge ledige Frau, als Sündenziege da – statt der brünstigen Ehemänner. Doch mit Henry B. Brewster blieb Ethel Smyth eng verbunden. Seine Rolle schillerte zwischen Freund, Geliebtem, männlicher Muse und Librettisten. Ethel Smyth war mit ihrer Neugier und Offenheit zwischen die Fronten des adelig-bürgerlichen Establishments geraten. Antje Ruhbaum über die Folgen:

Es war vor allen Dingen für die Freundschaft zwischen Elisabeth und Ethel tragisch. Aber im Endeffekt hat Ethel diese große Krise erfolgreich überstanden, weil sie den Kontakt zu anderen Menschen in Leipzig ganz neu aufbauen konnte. Sie ist einige Winter nicht mehr nach Leipzig gefahren, weil dort über sie getratscht wurde. Aber dann hat sie die alten Kontakte aufgenommen und neue initiiert, z. B. zur Famile Wach, zu Grieg, zu Tschaikowsky. Sie hat ihr ganzes Komponieren neu überdacht und sich den großen Orchesterwerken und der Oper zugewandt. Sie schrieb später, dass diese Bereiche viel zu kurz gekommen waren in der Ausbildung bei Heinrich von Herzogenberg. Die von Herzogenbergs hatten sich polarisierend auf die Seite von Brahms geschlagen und alles, wofür Wagner stand, die Oper usw., links liegen lassen. Im Grunde ist dieser Bruch für Ethels Entwicklung als Komponistin notwendig gewesen. Vielleicht hätte sie auch ihre Memoiren nie geschrieben, wenn sie nicht diese Katastrophe mit Elisabeth hätte aufarbeiten müssen. Vor allem in den Memoiren *Impressions That Remained*, aber auch in den folgenden Bänden dreht sich doch vieles um Elisabeth von Herzogenberg, die für sie das Urbild aller folgenden Beziehungen gewesen ist, wofür sie lange einen Ersatz gesucht hat. Leider ist Elisabeth früh gestorben, 1892 im Alter von nur 44 Jahren, bevor die beiden Frauen nach einer Zeit der Trennung und Besinnung den Kontakt wieder hätten aufnehmen können.

Trauer über das tragische Ende dieser Beziehung, den Verlust von Lisl, durchzieht Ethel Smyths Schreiben. Eine einflussreiche Gegnerin dieser Bindung war auch die Baronin Clotilde von Stockhausen, Mutter von Lisl und Julia. Ethel Smyth nennt sie »die böse Patin!«.[52] Elisabeth von Herzogenberg scheint zerrissen gewesen zu sein zwischen der Liebe zu Mutter und Schwester – und ihrer Liebe zu Ethel.

## Pauline Trevelyan, »The Munich Mood« und die Messe in D

Anlässlich des 150. Geburtstags von Ethel Smyth gab es 2008 etliche Aufführungen ihrer Werke, darunter auch ihre damals sehr erfolgreiche Messe in D, die sie Pauline Trevelyan gewidmet hatte.[53] Doch wer war diese Frau? Lange gab es hier keine fundierten Informationen. Einen Einblick in diese Beziehung gibt im Folgenden der Theologe und Musikwissenschaftler Erik Dremel:[54]

Ethel Smyth war in einer emotional schmerzlichen Lebenssituation, als sie Pauline Trevelyan zuerst traf. Zu dem als extrem schmerzhaft erlebten Rückzug Elisabeth von Herzogenbergs kamen fehlende berufliche Erfolge hinzu. Durch diese Enttäuschungen und eine grundsätzliche Orientierungslosigkeit beruflicher und privater Art wächst in ihr ein Gefühl von Heimatlosigkeit, das eine starke psychische Krise hervorruft. Rastlose Reisen zwischen England und Deutschland sind die Folge, die zudem das Gefühl der Entwurzelung noch verstärken. Sie erkennt selbst zwar ihre enge Bezogenheit auf England und ihre Familie, zugleich wird ihr klar, dass sowohl das Familienleben wie auch das englische Musikleben ihr nicht viel bieten können und nicht förderlich sind. Daher rührt ihr ständiges Bedürfnis, England und ihre Familie bald wieder zu verlassen, nie hält sie es lange an einem Ort aus. Im Herbst 1889 reist sie nach München, um mit dem Dirigenten Hermann Levi zu arbeiten. Trotz intensiver Arbeit und der Teilnahme am Münchner Musikleben fühlt sich Ethel einsam, krank und unverstanden. Sie beschreibt diese emotionale Situation immer wieder als »Munich Mood«.

Einen inneren Halt können ihr allein religiöse Gefühle vermitteln, die sie in anglikanischen und römisch-katholischen Gottesdiensten erfährt. Spirituelle und mystische Erlebnisse der Gottessuche beschreibt sie in ihren Schriften immer wieder. Dieses Religiöse, das Mysterium, gehört untrennbar zur »Munich Mood« dazu, es beschreibt eine innere Suchhaltung, in der sie nur weiß, dass sie sucht, und in der sie ahnt, dass Religion und Mystik ihr etwas eröffnen können, das ihr guttun würde. In dieser Stimmung trifft sie im November 1889 in München die Engländerin Pauline Trevelyan und deren Familie, zunächst bei Konzerten und Opernvorstellungen, dann bei einer Aufführung von Beethovens *Missa Solemnis*, die Ethel erlebt, als würde sie das Stück zum ersten Mal hören. Das liegt daran, dass sich Ethel in Pauline verliebt hat und die ganze Welt und auch ihr eigenes Leben mit anderen Augen sieht und mit anderen Ohren hört. Diese junge Frau Pauline Trevelyan lebt selbst wie Ethel zwischen den Polen »Musik« und »Religion«: eine »Dienerin zweier Passionen: Religion und Musik«,[55] wie Ethel es ausdrückt.

Pauline – musikalisch sehr talentiert und zugleich eine fromme Katholikin – wird zum Lichtblick in Ethels trüber Stimmung. Sie projiziert ihre Wünsche und Sehnsüchte auf Pauline, wenn sie schreibt: »Ein wenig träumte ich davon, dass, wenn mir alles andere missraten war, wenn mir mein Leben (wegen der gescheiterten Beziehung mit Lisl Herzogenberg) fast wertlos geworden war, doch ein Wunder den Wechsel bringen würde und dass das menschliche Mittel dazu Pauline wäre.«[56] Ethel kannte die Familie bereits flüchtig aus London. Sie beschreibt die Eltern Sir Alfred Trevelyan und

Lady Trevelyan und deren drei Töchter als unkonventionelle, höchst originelle und erfreuliche Persönlichkeiten, die sich dadurch auszeichnen, dass sie selbstständig urteilten und sich um die Meinungen anderer nicht scherten. Sie seien »Künstler im Herzen«[57] und hätten sich »einen frischen, lebendigen Geist bewahrt«.[58] Gerade in Hinsicht auf Musik und Kunst würden ihre Ansichten vollkommen mit ihren eigenen übereinstimmen. Darum könne man nicht nur mit ihnen debattieren, sondern jedes Zusammensein sei eine große Wonne. Die älteste der Töchter – Pauline – war nach Smyths Urteil »die musikalischste von allen, in jedem Fall so etwas wie der Generaldirektor der Familie«.[59]

Geradezu wie eine Heilige wird Pauline von Ethel beschrieben, wobei diese Beschreibungen fast mehr über Ethels Bedürfnisse als über den wahren Charakter von Pauline aussagen. Pauline strahle in ihrem ruhigen Wesen eine solche Stärke aus, dass sie unbewusst ihre gesamte Umgebung beeinflusse. Gerade diese Wesensruhe wirkt wohltuend auf die verstörte Ethel, die sich von Pauline angenommen und verstanden fühlt.

Die Qualität ihres Geistes ließ sie manchmal unerreichbar erscheinen. Ich konnte sie nicht immer verstehen, fühlte mich aber vollkommen verstanden. Es schien für ihre instinktive Auffassung des Lebens keine Grenzen zu geben. Wesentliche Strahlen, die bei anderen Menschen durch die raue Oberfläche des Wesens gebrochen werden, gingen bei ihr ungebrochen in die Seele. Man konnte mit ihr den ganzen Tag schweigen und hatte dennoch das Gefühl, ein Teil ihres Wesens zu sein. Nie waren Beteuerungen nötig … ihre stille Zurückhaltung zeitigte ein Vertrauen, das durch nichts getrübt werden konnte.[60]

Die Gefühle des Verstanden- und Angenommenseins sind sicherlich genau das, was Ethel in ihrer Krisensituation emotionaler Orientierungssuche guttut. Sie deutet Pauline als Heilige und Besucherin von einem anderen Planeten:

In Ermangelung eines besseren Wortes kann man sagen, dass Pauline ein überirdisches Element an sich hatte. Ihre außerordentliche Sanftheit und filigrane Schönheit standen damit im Zusammenhang, waren aber nur das äußere Gewand ihrer Seele. [...] Sie weckte beständig den Eindruck, sie sei eine Besucherin von einem anderen Planeten, die der Welt für eine Weile geliehen worden war ... wie sich herausstellte, nicht für lange.[61]

Das »überirdische Element« ist ein Indiz für eine sublimierende religiöse Überhöhung Paulines. Die Verklärung zu einer Art Heiligen geht noch weiter, als Ethel erfährt, dass Pauline von Kindheit an unter chronischen Schmerzen leidet: »das war einer der Schlüssel zu ihrer Heiligkeit«.[62]

Auch Paulines erotische Anziehungskraft wird beschrieben: »[...] es war so, dass jeder Mann, den sie traf, sich in sie verliebte – grundsätzlich zwei auf einmal.«[63] All solche Beschreibungen und Charakterzeichnungen von Pauline können gewiss nicht mehr als eine zarte Spur sein auf der Suche nach dem Verhältnis zwischen Pauline und Ethel. Vieles von dem Zitierten klingt vielleicht klischeehaft, es ist aber so liebevoll und offenherzig geschrieben, dass man Smyths Beschreibung einfach gerne liest und davon angerührt wird. Alles zusammen, so bruchstückhaft es auch ist, zeigt etwas von der »Munich Mood« in diesen Wochen.

Die Trevelyans reisen am 29. November 1889 gemeinsam mit Smyth aus München gen Wörishofen ab, wo sie wiederum zwei gemeinsame Wochen verbringen. Wie diese Zeit inhaltlich und terminlich gestaltet war, lässt sich nur bruchstückhaft rekonstruieren. Es fanden regelmäßige Konzert- und Opernbesuche – und eben auch Gottesdienstbesuche – statt, die in zahllosen Gesprächen ausgewertet werden.

Mitte Dezember reisen die Trevelyans nach Cannes. Zurück bleibt eine verwirrte und tieftraurige Ethel Smyth, die zu genau dieser Zeit aus ihrer Wohnung ausziehen muss, weil der Hauswirt nicht an alleinstehende Damen vermietet. Noch vor Weihnachten zieht sie zweimal um, wird krank und noch deprimierter. An die Freundin Nelly Benson schreibt sie am

21. Dezember 1889 von der Liebe zu Pauline und von einer Episode um ein verlorenes Buch. Pauline hatte bei der Abreise im Hotel ein Büchlein vergessen, ein Exemplar von Thomas à Kempis' *Imitation of Christ* (aus dem frühen 15. Jahrhundert), und bittet Smyth, es dort abzuholen, um es für sie aufzubewahren. Also quasi als Pfand für ein Wiedersehen, aber auch – so deutet es Ethel – als Anstoß, das Andachtsbuch selbst zu lesen. Jedenfalls verliert Smyth das Büchlein beim Heimweg aus dem Hotel auf der Straße und ist verzweifelter als vorher. Auf ein Suchinserat allerdings erhält sie das Buch zurück und liest es noch vor Weihnachten. Das Weihnachtsfest steht ihr als bedrohlich bevor, da sie es gänzlich allein in einer fremden Stadt ohne Familie und ohne Pauline verbringen wird. Krank, verzweifelt und einsam verlässt Ethel München am zweiten Weihnachtstag und reist nach England. Sie nennt es später »diese Albtraumreise nach England«.[64]

In den folgenden 18 Monaten komponiert Ethel ihre berühmte Messe, die *Mass in D*. »In dieses Werk«, schreibt sie, »habe ich versucht, alles hineinzulegen, was in meinem Herzen war.«[65] Oft hat sie Pauline wahrscheinlich nicht mehr getroffen. Sie besuchte die Trevelyans im Herbst 1890 in deren Haus in Nettlecombe und sah Pauline vielleicht gelegentlich bei Konzerten in London. Ethel verbringt den Sommer 1891 in Cap Martin an der französischen Riviera nahe Monaco, wo sie an ihrer *Mass in D* arbeitet. Dennoch ist deutlich, dass die Komposition der *Mass in D* aufs engste mit der »Munich Mood« zusammenhängt und insofern teils religiös, teils zwischenmenschlich-erotisch konnotiert ist.

In ihrer Autobiographie *In the Desert* schreibt Smyth über die »Munich Mood«, Pauline sei dazu bestimmt gewesen, »mit mir ein Stück des Lebensweges zu gehen, selbst wenn wir uns nicht von Angesicht zu Angesicht sahen«.[66] Es ist zu spüren, wie sehr Pauline in Ethels Gedanken- und Gefühlswelt eingebunden war. Was in Paulines Herzen vor sich ging, kann nur vermutet werden. Ob die beiden sich in einer von außen wahrnehmbaren Realität jemals »nahegekommen« sind, spielt keine Rolle. Die Bedeutung Paulines für Ethel ist nur in Smyths Selbstkonstruktion ihres Lebens – in ihrer

Autobiographie – zu suchen, wo ein deutliches Bild davon entsteht, dass das Denken-an und das Träumen-von eine Wirklichkeit generieren, die sich als wirksamer erweist als die unwirtliche »Realität«. Es finden sich nirgendwo Hinweise auf eine »tätliche« Erotik. Vielmehr zeigt sich etwas von einer Persona, die mit Sehnsucht auf der Suche nach etwas ist, das mehr ist – höher ist – als die als eng und eindimensional erlebte Welt einer limitierenden Gesellschaft. Dass die Liebesbeziehung zu Pauline in einer bestimmten Hinsicht unerfüllt geblieben sein wird, sagt über die Wirklichkeit dieser Liebe für Ethel Smyth nichts aus. Denn homoerotische Sexualität fand im England des 19. Jahrhunderts allzu oft ausschließlich im Kopf – und im Herzen – statt.

Am Ende des Jahres 1891 heiratet Pauline Trevelyan den entfernten Cousin Gilbert Heathcote, einen Offizier eines elitären Infanterieregiments. Sie stirbt 1897 als Folge eines ärztlichen Fehlers. Ethel hat sie kurz zuvor noch einmal besucht. Die *Mass in D* wird durch Vermittlung von Königin Victoria in London uraufgeführt, sie trägt die Widmung: »Written for Pauline Trevelyan«.

## Die exilierte Kaiserin Eugénie (1826-1920)

Tief beeindruckt war Ethel Smyth von Eugénie Marie de Montijo de Guzman, der Witwe von Napoleon III. und exilierten Kaiserin von Frankreich (1853-1870/71), die 32 Jahre älter war als sie. Ethel lernte sie als Nachbarin ihrer Eltern in Farnborough Hill kennen, wo sie von 1880 bis 1920 residierte. Ethels Mutter konnte hier ihre Liebe zur französischen Lebensart und Sprache pflegen.[67] Ethel feierte die Schönheit der Exkaiserin, ihre Umgangsformen und ihr Temperament: »[…] in manchen feurigen Momenten, mindestens einer entzündete sich immer, wenn ich sie traf, schüttelte sie vierzig Jahre von sich ab wie ein Kleidungsstück. Vierzig? Das ist untertrieben. Lassen Sie mich lieber sagen: Sechzig Jahre!«[68]

Die Exkaiserin, royalistisch-konservativ eingestellt, setzte sich für bessere Bildungs- und Berufschancen für Frauen ein.

Sie sei aufgebracht darüber gewesen, dass während der Kaiserzeit die Malerin Rosa Bonheur nicht in die »Légion d'Honneur« aufgenommen worden sei – sondern deren Bruder, da Frauen damals von dieser Ehrung ausgeschlossen waren.[69] Auch sei sie eine Unterstützerin der Suffragettenbewegung gewesen, obwohl sie die militanten Aktionen skeptisch beurteilte. Aber sie wollte ausgerechnet die Führerin der militanten Suffragetten kennenlernen – und soll über deren Erscheinung sprachlos gewesen sein.[70] Emmeline Pankhursts Liebenswürdigkeit, ihre stille Autorität, aber auch ihre modische Eleganz hätten die Exkaiserin vom ersten Moment an fasziniert. Da der Respekt und die Bewunderung gegenseitig waren, wurde Ethel Smyth gebeten, Mrs Pankhurst so oft wie möglich zum Lunch mitzubringen.

Ethel Smyths Karriere als Komponistin wurde von der Exkaiserin gefördert. Sie engagierte sich für die *Messe in D* und arrangierte ein Vorspiel bei der Königin. Diverse Male lud sie Ethel in die Villa in Cap Martin an der Côte d'Azur ein, wo auch ihre Yacht lag. Ethel, die in England 30 Jahre in ihrer Nachbarschaft wohnte, verbrachte Wochen an der Seite der Exkaiserin und ihrer Begleiterinnen.

## Emmeline Pankhurst (1858-1928): »Deeds not words!«

Ethel Smyth hatte Emmeline Pankhurst bereits als Rednerin bewundert, ehe ihre persönliche Begegnung sie förmlich »umwarf«. Zwei Jahre wollte Ethel Smyth dem Kampf für das Frauenstimmrecht widmen, nicht länger, um ihre musikalische Arbeit nicht zu gefährden. Sie geriet in das politische Familienunternehmen von Emmeline Pankhurst, das sie mit ihrem 1898 verstorbenen Ehemann, dem Rechtsanwalt Dr. Richard Pankhurst – auch bekannt als »The red doctor« –, begründet hatte. Emmeline Pankhurst und ihre Töchter hatten 1903 die Women's Social and Political Union (WSPU) gegründet, die der bereits 40 Jahre alten Frauen-Stimmrecht-Kampagne neue Schubkraft verlieh.[71] Als kulturelle Waffe steuerte Ethel

Smyth den *March of the Women* bei, eine Hymne – mit einem Text der Schauspielerin und Schriftstellerin Cicely Hamilton (1872-1952) –, die auf Demonstrationen und im Gefängnis angestimmt wurde. Sie erforderte allerdings sängerische Fähigkeiten, und die ließen gelegentlich zu wünschen übrig.[72] Ethel Smyth bedauert, dass sie während dieser engen Zusammenarbeit kein Tagebuch geführt habe und auch keine schriftlichen Zeugnisse überliefert seien.[73] Aber sie erinnert sich, wie sehr sie fasziniert war von Emmeline Pankhursts distanziert-majestätischer Persönlichkeit:

> Sie war eine Frau, die natürliche Instinkte besaß, die nur für königliche Hoheiten charakteristisch sind und die Royals, wenn sie sie nicht besitzen, zur Selbstverteidigung kultivieren müssen. Von intimen/innigen Freundschaften hat sie sich bisher ferngehalten. Die grenzenlose Liebe und Bewunderung für ihre älteste Tochter hat ihr alles gegeben, was ihr Herz braucht.[74]

Doch Ethel Smyth beschreibt Phasen von Freundschaft und Nähe. Zu den seltenen romantischen und zugleich ironiefreien Schilderungen zählt, wie sie und Mrs Pankhurst in Nachthemd und Morgenrock am Hotelfenster einen Sonnenaufgang erleben. Beide teilten sich ab und an ein Zimmer im Lincoln's Inn, wo Mrs Pankhurst in unmittelbarer Nähe zum Büro der WSPU wohnte:

> Ich erinnere mich an eine Nacht, es war die Nacht der Volkszählung, als sie und ich in unseren Morgenröcken am Fenster standen und den Sonnenaufgang über dem Fluss beobachteten, wie er sich seinen Weg durch den Nebel kämpfte. Ihr stand ein fürchterliches Wagnis bevor, das in rauer Behandlung und verlängerter Inhaftierung enden sollte, vielleicht dachte sie an den unvermeidlichen Hungerstreik, während ich für meinen Teil die bittere Qual der ohnmächtigen Zuschauerin schmeckte. Unsere Stirn gegen die Fensterscheiben gepresst, erkannten wir, dass ihre Liebe für unterdrückte Frauen ... ihre Hoffnung auf bes-

sere Zeiten … meine Musik … unsere Freundschaft … dass alles dies Teil des Mysteriums war, das unsere Auge bannte. Und plötzlich begriffen wir, dass alles richtig war: für einen Moment standen wir auf dem Punkt in einer sich verrückt drehenden Welt, wo sich nichts mehr regt, wo ewige Stille herrscht. Es war eine sonderbare Erfahrung. Wir sprachen kein Wort, aber wir sahen uns an und fragten uns, warum wir uns solche Sorgen gemacht hatten … Keine von uns vergaß je diese Morgendämmerung.[75]

Erinnerungen an diese Zeit vergleicht sie mit »magic lantern slides«, mit Bildern, wie sie für Projektionen einer Laterna magica gestaltet wurden: Ethel und Emmeline im Morgenrock, beim Steinewerfen, bei Rangeleien mit Polizisten, im Gefängnis, diskutierend in den Salons der High Society usw. Doch nach dem Ersten Weltkrieg zerbrach ihre Freundschaft. Ethel Smyth beschreibt diesen für sie schmerzhaften Prozess und versucht dabei Schuldzuweisungen zu vermeiden. Nachdem die »Flamme des Kampfes um das Frauenstimmrecht« erloschen war, wurden große Unterschiede deutlich.[76] Besonders getroffen hat Ethel Smyth eines: Mrs Pankhurst soll Ethels tragische Liebe zu Lisl von Herzogenberg nicht verstanden haben. Nachdem Ethel Smyths *Impressions That Remained* erschienen waren mit dem Bericht über die zerbrochene Freundschaft zu ihrer »deutschen Pflegemutter«, habe der einzige Kommentar von Mrs Pankhurst gelautet: »Won't people say ›what a storm in a teacup‹?« [»Würden die Leute dazu nicht sagen: ›Was für ein Sturm im Wasserglas‹?«] Ethel war zutiefst verletzt: »Und obwohl ich lachte, begriff ich, dass zwischen der Schreiberin und ihrer Leserin ein tiefer Graben entstanden war.«[77]

## Edith Somerville (1858-1949)

1919 schreibt Ethel Smyth in ihr Tagebuch, dass das größte Ereignis dieses Jahres der Beginn ihrer Freundschaft mit Edith Somerville sei.[78] Die irische Schriftstellerin, The[e]rautorin, Zeichnerin und leidenschaftliche Gärtnerin hatte mit ihrer Cousine zweiten Grades, Violet Florence Martin (1862-1915), eine Lebens- und Arbeitsgemeinschaft. Nach dem Tod von Violet, die unter dem Pseudonym »Martin Ross« publiziert hatte, wähnte sich Edith ihr noch durch okkulte Praktiken verbunden, etwa durch automatisches Schreiben. Auch Ethel Smyth soll dann versucht haben, auf diese Weise mit Henry B. Brewster Kontakt aufzunehmen. Edith Somerville und Ethel Smyth pflegten eine intensive, an Auseinandersetzungen reiche Beziehung. Neville Coghill, ein Neffe von Edith Somerville, erinnert sich, dass seine Tante es liebte, Ethel durch ausgeklügelte Aprilscherze zu necken. Außerdem musizierte sie vor der verehrten Komponistin.[79] Beide verreisten zusammen, unterstützten gegenseitig ihre künstlerischen Aktivitäten. Ihr Briefwechsel verspricht neue Erkenntnisse, doch ist bisher noch keine umfassende Studie über die Beziehung der beiden erschienen.[80]

## Henry B. Brewster,
### Ethel Smyths »Harry« oder »H. B.« (1850-1908)

Ein Aufatmen ist in manchen biographischen Schriften zu spüren: endlich ein Mann, der einzige, den sie geliebt habe, und der Mensch, der den größten Einfluss auf ihr Leben gehabt haben soll. Doch ist Skepsis angebracht.[81] Henry B. Brewster, in Frankreich geboren und US-amerikanisch-englischer Herkunft, war ein wirtschaftlich unabhängiger Literat, der auf Englisch und Französisch schrieb und in Europa lebte, vorzugsweise in Rom.[82] Ethel beschreibt ihn als einen gut aussehenden, unkorrumpierbaren und etwas weltfremden Denker, dessen fortschrittliche Ideen (z. B. gegen die monogame Ehe) nur von wenigen geschätzt wurden. An drei Opernlibretti[83] haben sie gemeinsam gearbeitet: *Fantasio* (UA 1898), *Der Wald* (UA 1902) und *The Wreckers* (1906). Ethel schreibt über ihre Beziehung zu Henry, dass »unsere Freundschaft [...] der Dreh- und Angelpunkt meines Lebens [wurde] – und er ist es bis heute, obwohl mein Freund vor 10 Jahren starb«.[84]

Wie gestalteten die beiden ihre Beziehung, und warum haben sie nicht geheiratet? Diese Fragen trieben bereits Ethels FreundInnen und Bekannte um. Wie ein Paar im traditionellen Sinne haben sie nicht gelebt. Doch sie verbrachten Monate zusammen und standen permanent brieflich in Kontakt. Auch wird bis heute gefragt, wann sie denn »full lovers« wurden – ohne dass allerdings reflektiert würde, was Ethel und ihre Lieben darunter verstanden? Gern zitiert werden Briefpassagen zwischen Henry und Ethel, in denen sie die seelischen und sexuellen Seiten ihrer Liebe diskutieren, letztere probierten sie wohl im April 1895 in Paris.[85] Gepriesen wird Henrys langjährige Geduld, der wie ein Jakob auf seine Rachel gewartet habe. Doch war er zu dieser Zeit noch mit Julia verheiratet, die bald darauf eine Herzattacke erlitt. Aus den bisher publizierten Quellen geht hervor, dass beide diese Erfahrung unterschiedlich bewerteten. Nach Julias Tod im September 1895 wurde um die Frage gerungen: Eheschließung ja oder nein? Ethel Smyth wollte nicht heiraten, nur um gesellschaftlichen Konventionen zu genügen. Und Henry? Möglicherweise lebte er noch andere Beziehungen.[86]

Als Henry B. Brewster mit 57 Jahren an Leberkrebs erkrankte, zog er zu seiner Tochter Clotilde nach The Rushes, 3 Meilen von Ethels Wohnsitz One Oak entfernt. Sie besuchte ihn täglich mit dem Rad, ihre Anwesenheit wurde von seinen Kindern Clotilde und Christopher als selbstverständlich akzeptiert. Als Henry starb, hielt Ethel seine Hand.[87] Seine Asche wurde in der Nähe Roms begraben, auf dem protestantischen Friedhof in der Campagna, zu dem beide oft geradelt waren.[88] Ethel schreibt: »Sein Leben, ohne große Ereignisse, wird niemals beschrieben werden, aber eines Tages werden seine Briefe, Briefe die so anders sind als all die anderen, ediert werden, doch ich weiß nicht, durch wessen Einsatz.«[89] Derzeit setzt sich die Musikwissenschaftlerin Amanda Harris für die Edition von rund 2.000 Briefen ein, die die beiden zwischen 1884 und 1908 wechselten, und gewährt uns einen Einblick.[90] Sie schreibt:

In den Briefen von Ethel Smyth an Henry »Harry« Brewster wird eine Welt enthüllt, die man in den Memoiren nicht erblickt. In den Jahren 1884 bis 1885 ist Ethel nicht nur in die Liebe versunken, sondern auch in das schlechte Gewissen, in die Verwirrung, in die Tragödie, die mit dem Beginn der Beziehung zu Brewster in ihr Leben traten. Das Liebesdreieck zwischen Ethel, Henry und Julia zerstörte Ethels Beziehung zu Lisl von Herzogenberg. Denn diese war davon überzeugt, dass Ethel die Ehe zwischen Henry und Julia zerstört hatte. Ethel fühlte sich nicht nur von Lisl, sondern von fast allen ihren deutschen FreundInnen und Bekannten verraten und verlassen. Sie fragte sich, ob sie in Deutschland jemals wieder am Musikleben würde teilnehmen und eigene Werke aufführen lassen können – und würde sie sich je von dem Verlust »Lisls« erholen? Eine Lücke in der Korrespondenz zwischen 1885 und 1889 zeigt, dass Ethel es zunächst geschafft hatte, die Beziehung zu beenden. Aber nach dem Tod von Lisl im Jahr 1892 sah sie keinen Grund mehr, sich diese Liebe und Freundschaft zu versagen. Ethel hatte immer wieder betont, dass sie die Beziehung zu Henry nur wegen Lisl abgebrochen habe, in der Hoffnung, dass sie ihr verzeihen würde. Auf Julia nahm sie jetzt keine Rücksicht; zwar hatte sie sie lange Zeit geliebt, sich aber mehr und mehr von ihr verletzt gesehen. Ab 1892 entwickelte sich wieder eine Beziehung zwischen Ethel und Henry, in der sie Vorstellungen von Liebe und Sexualität diskutierten. Zu Beginn war sie noch ziemlich zurückhaltend, fast »prüde«, aber im Laufe der Jahre sind ihre Ansichten freier geworden. Die Briefe geben nicht nur die leidenschaftliche und sexuelle Stimmung der Liebe zwischen Ethel und Harry zu erkennen, sondern auch Ethels Zuneigung und Liebe für Frauen, auf die sie keineswegs verzichtete und die sie auch nicht verschwieg. Henry akzeptierte, dass Ethel ihn noch liebte, auch wenn sie die Zurückweisung der Princesse de Polignac krank machte. Er tolerierte ihre Beziehung zu Lady Ponsonby, weil er erkannte, dass Ethel ohne enge Bindungen an Frauen nur eine halbe Person war. Mit Lady Ponsonby war sie fröhlicher als ohne sie, und voller Großmut.

Henry an Ethel, 17. April 1893: »Untergründig bin ich ihr dankbar für etwas in der Stimmung, oder eher noch im Ton deiner Briefe. Deine Liebe zu ihr tut mir gut.« Und am 1. Mai 1893: »Nicht mal einen Anflug von Eifersucht empfinde ich wegen deiner Zuneigung zu ihr (Lady P.). Es macht mich nur neugierig und stimmt mich freundlich und begierig, diese eigenartige Frau kennenzulernen, die so erfolgreich in meinem Revier jagen kann, ohne den Wildbestand zu verringern.«

Als Ethel 1891 den Verlust von Pauline Trevelyan hinnehmen musste, beschreibt sie Henry ihre widersprüchlichen Emotionen. Einerseits wollte Ethel frei bleiben, andererseits scheint sie sich auch nach einer Lebensgemeinschaft gesehnt zu haben.

Ethel an Henry, 8. April 1891: »Ich bekam einen weiteren Tiefschlag – meine einzige unverheiratete Freundin ... wird heiraten. Soll ich denn niemals irgend etwas mein eigen nennen? Das ist genauso schlimm wie der Tod & und ich bin ein selbstsüchtiges Biest.«

Henry an Ethel, 17. April 1891: »Deine Freundin Fräulein Trevelyan wird also heiraten, und dir gefällt das nicht? Aber du mußt bedenken, dass es ihr großen Spaß macht. Und wenn sie wirklich deine Freundin ist, so wird sie das auch bleiben, wenn sie verheiratet ist. Aber ach, es ist nicht dasselbe. Ich weiß. Kopf hoch!«

Ethel an Henry nach dem Tod von Paulines Vater am 25. April 1891: »Dieser Tod, zusätzlich zu der Verlobung, macht mich völlig benommen. Ich hatte in letzter Zeit zu viel Tod, ich bekomme davon ein taubes Gefühl, das sehr unheimlich & ziemlich alarmierend ist.«

## Lady Mary Elizabeth Ponsonby (1832-1916)

Lady Ponsonby wohnte exklusiv, rund 30 km von London entfernt in Windsor Castle, im Norman Tower in unmittelbarer Nähe der Queen. Hier stürmte Ethel zig Treppen hinauf, aus Angst, Lady Ponsonby sei plötzlich verschwunden aus ihrem sorgsam ausgestatteten Reich, mit Büchern, Atelier sowie einer Holzwerkstatt im Garten. Ethel Smyth behauptet, dass Lady Ponsonby nicht sonderlich musikalisch gewesen sei, aber die Familie habe aus Tradition Joseph Joachims Kammermusik-Konzerte besucht. Doch soll sie wohlklingenden Gesang geschätzt haben, wie ihn auch Ethel Smyth zu Gehör brachte: »Dennoch konnte sie ein Lied, das in einer bestimmten Weise gesungen wurde, zutiefst bewegen; und dies brachte mehr als alles andere Barrieren zum Einsturz.«[91]

Ihre Freundschaft begann 1890, Ethel war 32 Jahre alt, die Lady 58. Bereits in den 1880er Jahren war sie Ethel aufgefallen bei einem Besuch bei der Exkaiserin Eugénie auf Farnborough Hill – im Rahmen einer Preisverleihung. Ethel Smyth bemerkte dort eine »kleine aufregend aussehende Frau, die offensichtlich zur Begleitung Ihrer Königlichen Hoheit gehörte«.[92] Über ihre Identität wird Ethel Smyth durch eine inoffizielle Hofdame der Exkaiserin aufgeklärt. Eine Kennerin des Hofklatsches sekundierte: »Eine sehr kluge Frau – sie soll die einzige Person sein, die die Queen fürchtet.«[93] Doch Ethel ist sich über den genauen Wortlaut nicht mehr sicher, möglicherweise hatte diese Informantin gesagt: »Die einzige Person, vor der sie sich fürchtet, ist die Queen.«

Lady Ponsonby muss eine außergewöhnliche Persönlichkeit gewesen sein.[94] Politisch soll sie entschieden liberale Ansichten gehabt haben.[95] Sie engagierte sich für bessere Bildungs- und Berufschancen für Frauen. Nachdem 1874 die erste Gewerkschaft für Frauen gegründet worden war, reiste Lady Ponsonby regelmäßig nach London zu den Versammlungen. Auch war sie sehr interessiert an der Entwicklung der neu gegründeten Labour Party.

In ihrem Memoirenband *As Time Went On* nimmt Ethel Smyth einen eigenen rund 40 Jahre alten Text auf. 1892 hatte sie den Beginn dieser Freundschaft wie eine Bergtour beschrieben, deren

> Verlockung nicht allein vom Schwierigkeitsgrad der Besteigung abhing, obwohl er zweifellos ein Teil davon war, sondern von allen Arten von Unwägbarkeiten – Form, Lage, Färbung des Bergs *plus* etwas Geheimnisvollem, das dich wie ein Magnet anzieht und dir keinen Frieden lässt, bis du den Gipfel erreicht hast.[96]

An anderer Stelle fühlt sich Ethel Smyth an Baudelaires Verse über eine geheimnisvolle Sphinx erinnert.[97] Lady Ponsonby hingegen nannte Ethel »the contrapuntalist«, wohl in Anspielung an die Diskussionen, die von beiden heftig geführt wurden. »Ethel ist gerade vor einer halben Stunde gegangen, und das Haus bebt immer noch«, soll eine Tochter von Lady Ponsonby dazu bemerkt haben.[98]

Ein Grund für die Vorsicht, die Lady Ponsonby in der Frühphase ihrer Beziehung an den Tag legte, war nach Ethel Smyths Meinung der Tod ihrer Lieblingsschwester. Daraufhin habe sie sich hinter die dicken Mauern des »normannischen Turms« zurückgezogen, um ihr Gefühlsleben zu schützen.[99] Eine weitere Rolle spielten wohl Enttäuschungen über eine andere junge Frau, die diesen Verteidigungsgürtel zuvor überwunden hatte. Magdalen, »Maggi«, Lady Ponsonbys Tochter, soll daher sehr besorgt und wohl auch etwas eifersüchtig über das Wohl der Mutter gewacht haben. Doch Ethel betont, dass sie dieser Freundschaft eine Tiefe zumaß, die sie bisher nur in einer Beziehung erfahren hatte – zu Elisabeth von Herzogenberg.[100] Ansichten von Lady Ponsonby über Ethel Smyth sind nur spärlich überliefert.[101] In einem Brief an Violet Paget alias Vernon Lee[102] gibt Lady Ponsonby Einblicke in ihre Freundschaft. So schätzte sie an Ethel ihren Charme, ihre Freundlichkeit und Aufmerksamkeit – Beweise dafür, dass sie eben nicht herrisch und aus Stahl sei. Lady Ponsonby bewunderte Ethel Smyths Einsatz für ihre Musik, aber nicht ihre »rastlosen Aktivitäten«. Aus der Messe hört sie Genialität, aber auch Ruhelosigkeit heraus.[103] Die angeblich so flatterhafte Ethel, die Flirts und Sport ebenso liebte wie anspruchsvolle Gespräche, konzentrierte Lektüre und kompositorische Arbeit in Abgeschiedenheit, sie hatte Mühe, als Vertraute und Freundin anerkannt zu werden.[104] Unterschiede in Temperament und Einstellungen führten zwischen den Freundinnen zu Kontroversen. Dazu gehörte die, wie Ethel es formulierte, »H. B. affair«, ihre Beziehung zu Henry B. Brewster, die sie ausführlich mit ihrer Freundin diskutierte.

Wie aber schätzte Ethel ihre Beziehung zu Lady Ponsonby ein? War diese nun »inordinate« oder »ordinate«, also ungebührlich, unordentlich oder normal, akzeptabel? Ethel Smyth wird oft von Zweifeln geplagt, in Auseinandersetzung mit dem theologischen Ratgeber von Thomas à Kempis. Hier werden so genannte »unordentliche Begierden« verurteilt, die den Individuen, aber auch der Gesellschaft schaden. Doch solche negativen Auswirkungen kann Ethel nicht in ihren Lieben und Freundschaften entdecken. Im Gegenteil, weckten diese doch bislang verborgene, positive Kräfte. »Gesund« und »natürlich« ist mithin ihr Begehren für Henry B. Brewster und Lady Ponsonby. Ethel Smyth zitiert aus einem Brief an Lady Ponsonby vom 1. November 1893:

Ich habe über Thomas à Kempis und die »unordentlichen Begierden« nachgedacht, die ihn so sehr beschäftigten, und ich frage mich, ob die konstante Sehnsucht nach den Menschen, die ich liebe, »ungebührlich« sein kann? Ich denke nicht, denn es ist wirklich so, dass Menschen wie Du und H. B. (Oh, was für ein ungleiches Paar!) das Leben so anpacken, dass mein Leben so stimuliert oder ergänzt wird, wie es andere Menschen nicht vermögen. Deshalb glaube ich, dass mein Wunsch nach Deiner Gegenwart ebenso gesund und natürlich ist wie mein Wunsch, dass der beste Spieler auf dem Platz gegen *mich* antreten sollte, damit all meine verborgenen Kräfte mobilisiert werden.[105]

## Virginia Woolf (1882-1941)

Obwohl Ethel Smyth Vita Sackville-West lange kannte, lernte sie deren Freundin Virgina Woolf erst nach der Lektüre ihres Buches *A Room of One's Own* persönlich kennen – und lieben. Sie schickte ihr *Impressions That Remained*, die wiederum Virgina Woolf begeisterten. Zum ersten Mal trafen sich die beiden dann am 20. Februar 1930, Ethel war 71 Jahre und fast taub, Virginia 47 Jahre alt. Virgina Woolfs Beschreibung evoziert Ethel Smyths Schilderungen, Tochter eines Generals gewesen zu sein:

Ich lag hier gestern um vier, als ich die Klingel hörte, dann ein energisches Stampfen die Treppe herauf, und dann, siehe da, stürmte eine rauhe, aber herzliche, militärische alte Frau (älter als ich dachte) ins Zimmer [...] mit Dreispitz-Hut und Schneiderkostüm: »Lassen Sie sich ansehen.«

Für Damen aus bürgerlichen oder adligen Milieus, die sich in konventioneller Zurückhaltung übten, war Ethel Smyth eine Herausforderung. Virginia Woolf schaute genauer hin:

So ehrlich und schroff ist sie, und dabei urteilsfähig, – beurteilt Vita und ihre zweitklassigen Freundinnen scharfsinnig, – [...] Sie hat etwas Großartiges, Bewährtes und Erfahrenes an sich, neben dem Lärm und Aufruhr – und ich bin mir nicht sicher, dass sie wirklich die Egozentrikerin ist, für die die Leute sie halten.[106]

Ethel war nach der ersten Begegnung verzaubert. In ihrem Tagebuch notiert sie, dass sie 18 Monate an nichts anderes als an Virginia Woolf denken konnte. Diese hingegen äußert sich zunächst erschrocken, abwehrend, spöttisch: »Eine alte Frau von einundsiebzig Jahren hat sich in mich verliebt. Es ist zugleich abscheulich und schrecklich und melancholisch-traurig. Es ist, als würde man von einem riesigen Taschenkrebs gepackt.«[107] Doch Virgina Woolf überwindet ihre Vorbehalte, debattiert mit Ethel Smyth über Sexualität, über Liebe zu Frauen, fragt sie: »Und wie definierst Du ›Perversität‹? Wo ist die Grenze zwischen Freundschaft und Perversion?«[108] Virginia Woolf soll bei ihren Treffen Tränen gelacht haben. Obwohl Virginia sich wünschte, von Ethel, dieser genauen Beobachterin, beschrieben, gespiegelt zu werden, gibt es in Ethels Büchern kein Porträt. Aber in ihren unveröffentlichten Tagebüchern beschreibt sie ihre tiefe Liebe zu Virginia, die eine kritische Analyse nicht ausschließt.[109] So bewunderte sie Virgina Woolfs Genie, ihre Integrität, ihre wunderbaren Briefe und ihre Schönheit, aber sie hielt sie auch für selbstbezogen, eifersüchtig auf literarische Klasse und arrogant.

## »Inordinate (?) Affection«:
## Der Hund als geliebter Lebensgefährte

»Ethels neuer Hund ist tot. Die Wahrheit ist, kein Hund kann die Anstrengung aushalten, mit Ethel zu leben«,[110] schreibt Virginia Woolf an Vita Sackville-West. Viele Jahre hat Ethel Smyth allein gelebt – nur in Gemeinschaft mit einer Haushälterin und einem großen Hund.[111] Ihre tiefe Zuneigung zu ihren altenglischen Hütehunden analysiert sie in Form einer liebevoll-ironischen Hunde-Chronik. Ein Auslöser war ein Brief, den sie rund 40 Jahre zuvor geschrieben hatte. 1936, mit 78 Jahren, fiel er ihr wieder in die Hände. Er enthielt ein flammendes Plädoyer für die Liebe zu Henry B. Brewster und Lady Ponsonby, da diese die besten Kräfte in ihr weckten. Diesen bereits oben zitierten Brief von 1893 nimmt sie zum Anlass, augenzwinkernd ihre Liebe zu Hunden ebenso zu rechtfertigen:

> Wahrscheinlich haben alle jungen Menschen, die zugleich tiefreligiös und sich darüber bewusst waren, dass menschliche Zuneigung in ihrem Leben eine irgendwie übersteigerte Rolle spielte, ebenso wie ich die vielen Warnungen in ihrer *Imitatio Christi* vor »unordentlichen Zuneigungen« verinnerlicht. […] Und als ich das 40 Jahre alte Bekenntnis, das mich sehr amüsierte, erneut las, fragte ich mich plötzlich: »Das mag ja alles irgendwie auf Menschen zutreffen, aber was ist von der Rolle zu halten, die ein Hund in manchem Leben spielt?«[112]

Also schreibt sie ein Buch und betitelt es in Anspielung an den kleinen theologischen Ratgeber von Thomas à Kempis, der sie so viele Jahre begleitet hat, »*Inordinate (?) Affection«: A Story for Dog Lovers.* Neben einem Plädoyer für die Vielfalt von Bindungen soll dieses Buch den Blick auf die Lebensbedingungen zigtausender alleinlebender, hart arbeitender Frauen lenken, deren einziger echter Kamerad ein Hund ist.[113] Sie entwirft eine Chronik ihrer fünf vierbeinigen Lebensgefährten, »my life companions«. Mit photographischen Porträts, auf de-

126

nen sie mit diesen meist sanften Riesen posiert. (Ob sie hiermit auch die Tradition englischer adliger Männer ironisiert, die sich mit Hunden als Statussymbol haben porträtieren lassen? Diverse Hundezeichnungen hat Mabel Wigan beigesteuert.)

Ihr erster treuer und viel beschriebener Begleiter war »der unvergleichliche Marco«, eine Bernhardiner-Promenadenmischung, wie sie in Österreich verbreitet war. 1899 starb Marco tief betrauert und von dem Wunsch begleitet, dass er seinen Weg in einer »weniger vom Rheuma geplagten Welt fortsetzen kann«.[114] Kurz darauf bekam sie einen altenglischen Hütehund-Welpen, und bei dieser Hunderasse blieb sie. Der Kleine wurde Pan getauft und war der Begründer einer Dynastie, deren Mitglieder alle Pan genannt wurden. Von einer ledigen Dame etabliert, die konventionellen Familiengründungen abgeneigt war und nun mit dem Welpen existentielle Erfahrungen machte: »Zum ersten Mal hatte ich ein echtes Baby, und ich glaube nicht, dass ich wusste, wie Babys behandelt werden sollten.«[115] Ihre Namensgebung begründet sie mit seinem Wesen, das an ferne mythologische Welten erinnere, in denen Nymphen, Faune und Satyrn gleichberechtigt mit den Menschen lebten[116] – und in denen möglicherweise auch die Grenzen zwischen den Geschlechtern durchlässiger waren? Denn selbstverständlich untersucht Ethel die Hundefrage auch im Hinblick auf das Geschlechterverhältnis.[117] Im 4. Kapitel, überschrieben mit »A Dog-Lover's Philosophy« [Die Philosophie einer Hundefreundin], erläutert Ethel Smyth den tieferen Sinn ihrer kleinen Schrift. Sie zweifelt nicht daran, dass die LeserInnen den ironischen Gehalt des Fragezeichens inmitten des Titels »Inordinate (?) Affection« bereits entschlüsselt haben:

> [...] lass es mich geradeheraus sagen, wofür auch immer der Begriff »unordentliche Begierden« stehen mag, er bezieht sich nach meiner Meinung sicherlich nicht auf die Liebe, mit der du deinen Hund liebst.[118]

Die Trauer über den Tod eines Hundes sei nur natürlich, insbesondere für eine allein lebende Frau; wer keinen neuen

Hund in ihr Leben und es somit verarmen lasse, sei einfach feige und kurzsichtig. »Der größte Segen, den das Leben gewähren kann, ist – außer vielleicht der Liebe zur und Kraft durch Arbeit – das Geschenk, Zuneigung zu geben und zu gewinnen.«[119] Auch eine ältere Dame liebt, zeigt diese Liebe aber nur sehr vorsichtig. Denn niemand möchte ein »fool of love« sein, auch nicht im Privatbereich, aber in Gegenwart eines Hundes brauche frau sich nicht schamhaft zurückzuhalten. Anrührend beschreibt Ethel Smyth ihr Zärtlichkeitsbedürfnis als reife Frau, den Knuddelfaktor, mit dem sie ihre vierbeinigen Gefährten umfangen durfte, ohne Gefahr zu laufen, sich lächerlich zu machen:

So war zum Beispiel eine von Pans Eigenarten, vor einem die Treppen hinunterzumarschieren und plötzlich auf einer Stufe sitzen zu bleiben. Wenn ich gerade in Stimmung war, ließ ich mich auf die Stufe gerade unter ihm fallen, schlang einen Arm um seinen festen, wolligen Leib, verbarg mein Gesicht in seinem Fell und rief: »Pan, ich *liebe* dich so. … aber schleck mir nicht das Gesicht ab!«[120]

Diese Szene könnte Teil einer Oper sein, in der auch Hunde eine zu Herzen gehende Rolle spielen – jenseits aller Geschlechtergrenzen – vielleicht symbolisieren sie die dritte Saite auf dem arabischen Instrument …

## Anmerkungen

1 Mit Beiträgen von Erik Dremel, Antje Ruhbaum und Amanda Harris. Dank an Anne Friedrich, Susanne Gottlob, Wiebke P. Johannsen, Heinz A. Kiupel, Rita Kronauer, Katja Nicklaus und Ute Poetzsch.
2 Smyth 1936a, S. 139. Alle Übersetzungen sind, wenn nicht anders angegeben, von Birgit Kiupel.
3 Mary Elizabeth Bulteel war Tochter von John Crocker Bulteel und Lady Elizabeth Grey. 1853 wurde sie zur Maid of Honour to Queen Victoria ernannt. 1861 heiratete sie Sir Henry Frederick Ponsonby, persönlicher Diener von Prinz Albert und später Privat-

sekretär von Königin Victoria. Zwischen 1895 und 1901 bekleidete sie das Amt einer Extra Woman of the Bedchamber to HM Queen Victoria.

4 Vgl. Smyth 1936a, S. 132.

5 Ebd., S. 132 f.

6 Vgl. Smyth 1919a, S. 259.

7 Ebd., S. 154.

8 Zitiert nach St. John 1959, S. 222.

9 Smyth 1919a, S. 259.

10 Ebd., S. 259.

11 Ebd., S. 259.

12 Vgl. Michaela Brohm, Anna Nehemias: »Sie nahm sich alles«. In: *Emma*, 3/1987, S. 42-45. Susanne Amrain behauptet, Ethel sei »Liebhaberin vieler Frauen (unter anderem der Kaiserin Eugénie)« gewesen. Amrain 1994, S. 271.

13 Die unveröffentlichten Briefe sind unter Copyright des Estate of Ethel Smyth und des Estate of Henry B. Brewster. Auszüge aus dem Briefwechsel zu lesen bei Amanda Harris: »The Smyth-Brewster Correspondence: a Fresh Look at the Hidden Romantic World of Ethel Smyth«. In: *Women and Music: A Journal of Gender and Culture*. Bd. 14. (Im Erscheinen 2010). Eine weitere wichtige Quelle sind die Briefe an ihren Verleger Emil Hertzka und dessen Frau Jella, geb. Fuchs (1873-1948), Schuldirektorin, Funktionärin in Frauenvereinen, Unterstützerin der Suffragetten-Bewegung. Die Musikwissenschaftlerin Cornelia Bartsch erwartet hier Einblicke in bisher nur wenig erforschte Bereiche, wie die Aufführungsgeschichte ihrer Musik, ihr frauenrechtlerisches Engagement und die Entwicklung des englisch-deutschen Musiklebens zwischen 1912 bis Mitte der 30er Jahre. Bartsch gehörte zum Organisationsteam des Ethel-Smyth-Festivals vom 7. bis 9.11.2008 an der Hochschule für Musik in Detmold.

14 Vgl. Lesbian History Group und Donoghue.

15 »1859 stellt man mit Verwunderung fest, dass mehr Männer wegen einvernehmlicher sexueller Beziehungen zum Tod durch den Strang verurteilt wurden als Männer, die andere Männer umgebracht haben.« Norman Page, 1983. *A. E. Housman: A Critical Biography*, London, S. 218. Zitiert nach Dremel, S. 241.

16 Oscar Wilde spricht von »the love that dare not speak its name«, der Liebe eines älteren Mannes zu einem Jüngeren, wie sie für David und Jonathan beschrieben wird – oder in den Sonetten von Michelangelo und Shakespeare.

17 Smyth 1921, zitiert nach Chrichton, S. 342.

18 Smyth 1936a, S. 156.

19 Smyth 1919a, S. 30.

20 Ebd., S. 31.

21 Ebd., S. 37.

22 Ebd., S. 38-40.
23 Ebd., S. 41.
24 Ebd., S. 41.
25 Ebd., S. 97.
26 Vgl. Chrichton, S. 161.
27 Vgl. ebd., S. 165.
28 Smyth 1919a, S. 14 f.
29 Ebd., S. 15.
30 Ebd., S. 79.
31 Ebd., S. 80.
32 Ebd., S. 19.
33 Ebd., S. 82.
34 Vgl. ebd., S. 82 f.
35 Ebd., S. 92.
36 Ebd.
37 Ebd., S. 95.
38 Ebd., S. 96.
39 Ebd., S. 98.
40 Ebd.
41 Ebd., S. 99.
42 Ebd., S. 102.
43 Ebd.
44 Ebd.
45 Ebd., S. 103.
46 Ruhbaum 2009.
47 Aus einem Gespräch für das Musik-Feature »Sie hatte eine flammende Seele!« Zum 150. Geburtstag der Komponistin, Schriftstellerin, Suffragette und Golferin Ethel Smyth. Von Birgit Kiupel, gesendet am 16. April 2008, mdr-figaro, 20-21 Uhr. Alle Ausführungen von Antje Ruhbaum stammen aus diesem Gespräch.
48 Musikerinnen dirigierten damals so gut wie nie, griffen auch nicht ihren kranken Gatten unter die Arme, weder bei Proben noch in der Öffentlichkeit, auch wenn es neuere Musikfilme wie Geliebte Clara von Helma Sanders-Brahms suggerieren.
49 So hat auch die Sängerin Marie Fillunger, genannt »Fillu«, für »Lisl« geschwärmt, bevor sie Eugenie Schumann kennenlernte. Aber die »Miss« [gemeint ist Ethel] gewann offensichtlich »Lisls« Herz. Vgl. Rieger 2002, S. 313 und S. 350. Antje Ruhbaum schreibt von einem Brief Marie Fillungers an Eugenie Schumann vom 11.5.1877 (ÖNB Signatur: Autogr. 979/10-13). Aus diesem Brief geht hervor, dass Marie Fillunger mit Elisabeth von Herzogenberg ein vertrautes Gespräch über ihre Beziehung mit Eugenie Schumann geführt hat.
50 Zitiert nach Rieger 1988, S. 40 f. Aus dem Engl. von Michaela Huber.
51 Vgl. Anm. 13. Hier und auch unten: Mitteilungen Amanda Harris an die Autorin.

52 Zitiert nach Chrichton, S. 108. Vgl. auch ebd., S. 169 f.

53 Bremer Erstaufführung von Ethel Smyths Messe in D, 26. und 27. April 2008, in der Kirche Unser Lieben Frauen in Bremen, mit dem Allegro-Chor der KGS Stuhr, der Bremer St. Pauli Kantorei, der Kammersinfonie Bremen, Leitung: Karin Gastell. CD Mitschnitt bei *Ton in Ton Music* Bremen.

54 Erik Dremel ist wissenschaftlicher Mitarbeiter und Universitätsdozent für Geschichte der Kirchenmusik, Hymnologie und Liturgik an der Martin-Luther-Universität Halle sowie an der Hochschule für Kirchenmusik Halle. Diesen Abschnitt (S. 109-114) hat er für diesen Beitrag geschrieben.

55 Smyth 1936a, S. 60.

56 Smyth 1919a, S. 210.

57 Smyth 1919b, S. 222.

58 Ebd., S. 210.

59 Ebd.

60 Ebd., S. 217 f.

61 Ebd., S. 216.

62 Ebd.

63 Ebd., S. 216.

64 Ebd., S. 254.

65 Ebd., S. 238.

66 Ebd., S. 219.

67 Smyth 1919a, S. 466 f.

68 Zitiert nach Chrichton, S. 335.

69 Vgl. ebd., S. 322.

70 Vgl. ebd., S. 333.

71 Vgl. Atkinson, S. 7 f. Die drei aktiven Töchter waren: Christabel (1880-1958), die insgesamt fünf Jahre im Gefängnis saß, militante Strategin, Juristin und brillante Rednerin, Sylvia (1882-1960), ehemalige Kunststudentin und verantwortlich für das corporate design der WSPU, und Adela (1885-1961), ehemalige Grundschullehrerin und eine der ersten Hungerstreikerinnen.

72 Vgl. Chrichton, S. 297.

73 Vgl. ebd., S. 294.

74 Zitiert nach ebd.

75 Zitiert nach ebd., S. 295.

76 Vgl. ebd., S. 315 f.

77 Zitiert nach ebd., S. 315.

78 Vgl. St. John, S. 193-204. St. John bezieht sich auf Briefe und Tagebuchauszüge.

79 Vgl. ebd., S. 201 f.

80 Der Briefwechsel wird im *Special Collections Department* der *Queen's University Library*, Belfast, aufbewahrt. Der Bestand wird derzeit digitalisiert. Weitere Einblicke im *E. Oenone Somerville Archive*, Drishane House, County Cork, sowie: www.

qub.ie/directorates/InformationServices/TheLibrary/FileStore/
Filetoupload,51444,en.pdf.

81 Für Ronald Crichton ist er »the only man she loved and the greatest single influence of her life«. Vgl. Chrichton, S. 9. Hier behauptet er auch, dass, da Ethels tiefste und längste »passions« älteren Frauen galten, physische Liebe außer Frage stand, »physical gratification was out of the question.«

82 Vgl. Chrichton, S. 205.

83 *Fantasio*, Phantastische Komödie in 2 Akten, deutsches Libretto: Henry Brewster und Ethel Smyth nach Alfred de Musset, entstanden 1892-94, revidiert: 1898-99, UA: Hoftheater Weimar 24.5. 1898; *Der Wald*, Musikdrama in einem Akt mit einem Prolog und einem Epilog, nach einer Idee von Henry Brewster, deutsches und englisches Libretto: Henry Brewster und Ethel Smyth, entstanden 1899-1901, UA: Königliches Opernhaus Berlin 9.4.1902, engl. Erstaufführung als *The Forest*, Covent Garden London, 18.7.1902; *Les naufrageurs/The Wreckers/Das Strandrecht*, Lyrisches Drama nach einer Idee von Ethel Smyth, französisches Libretto: Henry Brewster und Ethel Smyth (dt. Übersetzung: H. Decker und J. Bernhoff, engl. Übersetzung: A. Strettell und Ethel Smyth), entstanden 1902-1904, revidiert 1909-16, UA (deutsch): Neues Theater Leipzig, 11.11.1906, engl. Erstaufführung: His Majesty's Theatre London, 22.6.1909, Erstaufführung der überarbeiteten Fassung: London, Covent Garden Opera 24.9.1931. Außerdem *The Prison*, Symphonie für Soli (Sopran und Bass), Chor und Orchester, entstanden 1929-1930, Libretto: zusammengestellt von Ethel Smyth nach dem gleichnamigen Buch von Henry Brewster, UA: Edinburgh, Usher Hall 19.2.1931.

84 Smyth 1919b, S. 473.

85 Vgl. Collis, S. 70 f. Sie gibt keine Quellen für diese Briefzitate an.

86 Vgl. ebd., S. 73. Collis behauptet, dass Ethel nicht eifersüchtig gewesen sei auf andere Beziehungen von »H. B.« in Rom. Vielsagend, aber leider unbelegt Collis' Andeutung: »firstly on the grounds that the young person was not a lady. And secondly because he promised never to go near her during Ethel's visits.« S. 73.

87 Vgl. Chrichton, S. 281 f.

88 Vgl. ebd., S. 283.

89 Smyth 1919a, S. 475.

90 Harris hat den folgenden Beitrag (S. 119-121) für diesen Band geschrieben. Die darin zitierten Briefe sind bis jetzt unveröffentlicht. Vgl. auch Anm. 13.

91 Smyth 1936a, S. 138.

92 Ebd., S. 83.

93 Ebd., S. 83.

94 Ihre Tochter Magdalen Ponsonby betont, dass ihre Mutter die Queen durch Intelligenz, Originalität, Unabhängigkeit, Furcht-

losigkeit und durch ihr Interesse für Theater und Musik beeindruckt habe. Die Queen habe sie aus diesen Gründen als neue Ehrendame, als Maid of Honour, eingestellt. Sie verkörperte einen ganz neuen Typus von Hofdame. Dies sei wichtiger gewesen als die Tatsache, dass sie die Nichte des königlichen Privatsekretärs war: »Zwischen diesen beiden gab es eine echte Freundschaft, und sie hielt bis ans Lebensende der Königin. Sie zogen einander an, nicht weil sie sich ähnlich waren, sondern weil sie sich so unähnlich waren.« Ponsonby, S. XI.

95 Vgl. Ponsonby, S. XIV.
96 Smyth 1936a, S. 131.
97 Vgl. ebd., S. 134.
98 Vgl. Collis, S. 67.
99 Vgl. Smyth 1936a, S. 132.
100 Vgl. ebd., S. 133.
101 Vgl. Ponsonby, S. VIII. Sie behauptet, dass kaum Korrespondenz zwischen den beiden überliefert sei, aber Ethel Smyth zitiert in ihren Memoiren aus Briefen. Möglicherweise tauchen diese wichtigen Quellen wieder auf.
102 Vgl. Ponsonby, S. 184 f.
103 Vgl. ebd., S. 185 f.
104 Vgl. Smyth 1936a, S. 133 f.
105 Ebd., S. 316 f.
106 Vgl. Amrain, S. 271.
107 Zitiert nach ebd., S. 271 f.
108 Zitiert nach ebd., S. 274.
109 Vgl. St. John, S. 222 f.
110 Virginia Woolf an Vita Sackville-West. Zitiert nach Eva Rieger, Ethel Smyth. Fembio. www.fembio.org/biographie.php/frau/feature/ethel-smyth/beruehmte-komponistinnen.
111 Smyth 1928, S. 173.
112 Smyth 1936b, S. 15 f.
113 Ebd., S. 17.
114 Ebd., S. 26.
115 Ebd., S. 27.
116 Ebd.
117 Vgl. ebd., S. 34.
118 Ebd., S. 81.
119 Ebd., S. 84 f.
120 Ebd., S. 85 f.

## Literatur

Amrain, Susanne. 1994. *So geheim und vertraut: Virgina Woolf und Vita Sackville-West.* Frankfurt a. M.

Atkinson, Diane. 1992. *Suffragettes in the Purple, White & Green, London 1906-1914*. Katalog Museum of London.

Chrichton, Ronald. 1987. *The Memoirs of Ethel Smyth*. Abridged and introduced by Ronald Chrichton. Harmondsworth, Middlesex.

Collis, Louise. 1984. *Impetuous Heart: The Story of Ethel Smyth*. London.

Donoghue, Emma. 1993. *Passions between Women: British Lesbian Culture 1668-1801*. New York.

Dremel, Erik. 2005. *Pastorale Träume: Die Idealisierung von Natur in englischer Musik 1900-1950*. Köln.

Lesbian History Group 1991: *... und sie liebten sich doch. Lesbische Frauen in der Geschichte 1840-1985*. Aus dem Engl. von Katharina Kappe und Susanne Amrain. Göttingen.

Ponsonby, Magdalen. 1927. *Mary Ponsonby: A Memoir, Some Letters and a Journal*. London.

Rieger, Eva. 1988. *Ein stürmischer Winter: Erinnerungen einer streitbaren englischen Komponistin*. Kassel.

—. Hg. 2002. *»Mit 1000 Küssen Deine Fillu«: Briefe der Sängerin Marie Fillunger an Eugenie Schumann 1875-93*. Köln.

Ruhbaum, Antje. 2009. *Elisabeth von Herzogenberg: Salon – Mäzenatentum – Musikförderung*. Freiburg.

Smyth, Ethel. 1919a. *Impressions That Remained*. New York. Wiederabdruck September 1946.

—. 1919b. *Impressions That Remained*. Memoirs. Bd. 3. »In the Desert«, London.

—. 1922 [1921]. *Streaks of Life*. London. 2., erweiterte Auflage. London.

—. 1927. *A Three-Legged Tour in Greece*. London.

—. 1928. *A Final Burning of Boats*. London.

—. 1934 [1933]. *Female Pipings in Eden*. Edinburgh, revidierte 2. Auflage. London.

—. 1935. *Beecham and Pharaoh*. London.

—. 1936a. *As Time Went On ...* London. Longmans, Green.

—. 1936b. *»Inordinate (?) Affection«. A Story for Dog-Lovers*. London.

—. 1940. *What Happened Next*. London.

St. John, Christopher Marie. Hg. 1959. *Ethel Smyth: A Biography*. London/New York/Toronto.

Unseld, Melanie. Ethel Smyth-Grundseite für MUGI, Musik und Gender, der Hochschule für Musik und Theater. http://mugi. hfmt-hamburg.de/Smyth/index.html.

Siehe auch auf www.fembio.org zu Ethel Smyth, Virginia Woolf, Kaiserin Eugénie von Frankreich und Emmeline Pankhurst.

# In Sapphos Namen –
# Die Geschichte einer Begegnung

## Renée Vivien ( 1877-1909) und
## Natalie Clifford Barney (1876-1972)

*von*
*Andrea Schweers*

> Ich bin der Meinung, dass meine Eltern mich zur Welt
> gebracht haben, damit ich *mein* Leben lebe und nicht
> das ihre.
>
> Natalie Clifford Barney

Noch heute ist die Rue Jacob eine elegante, relativ ruhige Pariser Straße mit behutsam restaurierten Wohnhäusern aus dem 18. und 19. Jahrhundert, in deren Erdgeschossräumen sich kleine Restaurants und Boutiquen, Buchläden, Verlage, Galerien und Antiquariate aneinanderreihen. Sie liegt im Herzen des 6. Arrondissements am linken Seine-Ufer, in Saint-Germain-des-Prés, jenem Stadtteil, der als Inbegriff des Pariser Kultur- und Geisteslebens seit der Wende zum 20. Jahrhundert eine magische Anziehung auf Intellektuelle aus aller Welt ausübt.

Das Haus Nummer 20, dessen dunkel gestrichene Holztür den Innenhof vor neugierigen Blicken verschließt, unterscheidet sich durch nichts von seinen Nachbarhäusern. Keine Gedenktafel weist darauf hin, dass sich hinter dem großen Torbogen ein Ort verbirgt, der im kollektiven Gedächtnis der Frauen- und Lesbenbewegung einen herausragenden Platz einnimmt – das Wohnhaus der Amerikanerin Natalie Clifford Barney. 1909 mietete Natalie Barney auf Anregung einer ihrer Freundinnen, der Dichterin Lucie Delarue-Mardrus, das Hinterhofgebäude der Nr. 20. Was in den deutschsprachigen Texten etwas irritierend als »Gartenhaus« bezeichnet wird, ist eine zweistöckige Villa aus dem 18. Jahrhundert mit Speisezimmer, Salon und großer verglaster Veranda im Erdgeschoss und mehreren Schlafräumen in der ersten Etage – ein geräumiger, für eine Multimillionärin wie Barney aber eher bescheidener Rahmen. Die Magie des Ortes bestand in seiner Lage – zum Wohnhaus gehörte und gehört noch heute ein riesiges, verwinkeltes, damals völlig verwildertes Gartengrundstück mit großen alten Bäumen und efeuüberwachsenen Begrenzungsmauern, das von keinem der umliegenden Gebäude aus einsehbar ist. Im nordwestlichen Winkel dieser grünen Oase befindet sich ein ca. 35 qm großer »Tempel«, dessen Fassade mit vier dorischen Säulen und der Inschrift »A l'Amitié« geschmückt ist. Über die ursprüngliche Funktion dieses Freundschaftstempels gibt es bis heute widersprüchliche Theorien,[1] klar ist nur, dass er vom Anfang des 19. Jahrhunderts stammt und das Ganze wie für Natalie Barney geschaffen war, was sie auch sofort erkannte: »Ich habe dieses Haus gewollt, und ich habe es bekommen. Man muss sich die Dinge, die man liebt, erkämpfen«, meinte sie mit der ihr eigenen Willensstärke.[2]

Sie ließ die Wände der Wohnräume mit rosafarbenem Damast tapezieren, füllte das Haus mit antikem Mobiliar und dekorierte es mit zahlreichen Erinnerungsstücken, u. a. ihrem Kinderporträt »Der kleine Page«, auf dem der bekannte französische Maler Carolus-Duran die 10-Jährige mit ihren langen, leuchtend blonden Haaren in grünem Samtwams vor dunkelrotem Hintergrund gemalt hatte. Den runden Innenraum des Tempels, durch eine Glasöffnung in der Kuppel nur schwach beleuchtet, verwandelte sie mit einer bequemen Chaiselongue, Sesseln und goldgerahmtem Spiegel über dem Kaminsims in ein intimes Séparée – die Besucher, und besonders die Besucherinnen, konnten kommen.

Fast 60 Jahre lang, von 1910 bis 1968, hielt Barney, »eine reizende Dame immer ganz in Weiß«,[3] in der Rue Jacob ihren legendären Freitagssalon ab, zu dem in den aktivsten Zeiten der 1920er Jahre regelmäßig bis zu 120 geladene Gäste kamen – französische und ausländische Intellektuelle, SchriftstellerInnen, KünstlerInnen.

Renée Vivien und Natalie Barney, ca. 1900

Mit ihren weit verzweigten Kontakten, intensiv gepflegten Freundschaften und »wunderbar altmodischen Manieren«[4] gelang es Barney, einen der »einflussreichsten literarischen Salons Europas«[5] zu schaffen, wobei bei ihr, in Umkehrung der Salontradition, die Frauen nicht dazu da waren, »den Diskurs der Männer zur Geltung zu bringen«,[6] sondern im Gegenteil im Mittelpunkt standen. Den Schriftstellerinnen und Künstlerinnen, die sie einlud, die meisten von ihnen Lesben oder zumindest der Frauenliebe nicht abgeneigt, gab sie bei Lesungen, Vorträgen, Tanz- und Theateraufführungen Gelegenheit, ihre Werke einem gemischten, an bestimmten Terminen auch ausschließlich weiblichen Publikum vorzustellen. So fand sie eine moderne, zeitgemäße Form der »sapphischen Gemeinschaft«,[7] die wiederzubeleben sie zu ihrer Lebensaufgabe gemacht hatte.

Der tragische Aspekt der Geschichte ist, dass Natalie Barney auf *eine* Besucherin vergeblich wartete – Pauline M. Tarn, besser bekannt unter ihrem Pseudonym Renée Vivien. Neun Jahre zuvor waren die beiden Frauen sich das erste Mal im Théâtre Français begegnet, hatten sich stürmisch verliebt, einander mit Gedichten und Briefen, Blumen- und Schmuckgeschenken überschüttet, hatten von einer Dichterinnenkolonie nach dem Vorbild von Mytilene geträumt, hatten sich gestritten, sich überworfen, sich viele Male »endgültig« getrennt und waren andere Beziehungen eingegangen. Doch immer noch hoffte Natalie Barney, dass ihr auch bei Renée Vivien gelingen würde, was sie schon so oft geschafft hatte – eine ehemalige Leidenschaft in dauerhafte Freundschaft zu verwandeln. Auch dazu sollte der neue Wohnsitz dienen, sie wünschte, dass die zutiefst depressive Vivien, die sich wieder einmal auf einer ihrer fluchtartigen Fernreisen befand, dort Trost und Geborgenheit finden würde:

Da ich fühlte, dass ihre Mutlosigkeit jede menschliche Hilfsmöglichkeit überstieg, wollte ich mein Haus in Neuilly verlassen, um ihre Rückkehr an einem neuen Ort zu erwarten, wo sie auf keinerlei schlechte Erinnerungen treffen würde. […] Kaum hatte ich mich in meinem neuen

Haus eingerichtet, erfuhr ich, dass Renée erkrankt war, an einer »von Angstkrisen durchzogenen Krankheit, und dass sie niemanden mehr sehen wollte«.[8]

Am 18. November 1909 starb Renée Vivien, gerade 32 Jahre alt, ohne dass sich die beiden ehemaligen Geliebten noch einmal gesehen hätten, und Natalie Barney blieb nichts, als mit Lesungen in ihrem Salon der Dichterin zu gedenken, die wie keine andere die lesbische Liebe und ihre gemeinsame Begeisterung für Sappho in wunderbare, klassische Verse gegossen hatte.

## Zwei parallele Kindheiten: London – Ohio – Paris

Pauline Mary Tarn wurde am 11. Juni 1877 in London geboren. Ihre Mutter, Mary Gillett Bennett, gebürtige Amerikanerin, hatte im Jahr zuvor auf Hawaii, wo sie bei ihrer Tante lebte, den wohlhabenden Engländer John Tarn geheiratet, einen »Privatier«, der vom beträchtlichen Vermögen seiner Familie lebte. Im Jahr nach Paulines Geburt zog die Familie nach Paris, drei Jahre später brachte Mary Tarn eine zweite Tochter, Antoinette, zur Welt. Im selben Haus in der Avenue du Bois-de-Boulogne lebten die Shillitos, eine amerikanische Industriellenfamilie mit zwei Töchtern, Violette und Mary, eine Familie, die mit den Barneys aus Ohio befreundet war.

Ihren Vater sah die kleine Pauline wenig, er hielt sich vor allem in England auf, wo er seinem bevorzugten Zeitvertreib, dem Pferderennen, nachging, und von ihrer Mutter fühlte sie sich nicht geliebt: »Sie ist immer grausam, kalt und hart gewesen«, klagte Vivien als Erwachsene gegenüber ihrer Schwester Antoinette. »Was sie gemacht hat und wessen sie sich nicht genug rühmen kann, ist, dass sie sich um meine Gesundheit gekümmert hat – den unwichtigen körperlichen Teil meines Wesens – aber sie hat sich nie für meinen Geist interessiert (die einzige Sache, die wirklich Bedeutung hat).«[9]

Als Pauline neun Jahre alt war, starb ihr Vater überraschend. Der größte Teil des Erbes fiel an die beiden Töchter, zur Verwaltung wurden in England zwei gesetzliche Vertreter bestimmt. Madame Tarn, mit 30 Jahren Witwe (und fortan vorwiegend auf Reisen, in Begleitung wechselnder Verehrer), musste nun Finanz- und Erziehungsfragen mit Außenstehenden verhandeln – eine Situation, die nicht dazu angetan war, das Verhältnis zu ihren Töchtern zu verbessern.

Paulines Jugendjahre waren denn auch von einem Wechselbad der Gefühle geprägt – glücklich war sie in Frankreich. In dem vornehmen Mädchenpensionat in Fontainebleau, in dem ihre Mutter sie untergebracht hatte, fand sie alles, was sie liebte: die französische Sprache und Literatur, romantische Natureindrücke (»das Fest der Morgenröte [...] wenn Violette und ich bei Tagesanbruch aufstanden, um die Sonne aufgehen zu sehen«[10]) und intensiv erlebte Freundschaften, »schwesterliche Verbindungen«, die, wie sie als Erwachsene betonte, leidenschaftlich, aber »ahnungslos«[11] waren.

Besonders prägend war die Freundschaft mit Violette Shillito, die ein hochbegabtes, offensichtlich sehr ungewöhnliches Mädchen war. Violette brachte sich selbst Altgriechisch bei (im Bildungskanon höherer Töchter nicht vorgesehen), hatte enorme Kenntnisse in Literatur und Musik und studierte als junge Frau Mathematik an der Sorbonne – wegen der »Schönheit« des Faches. Außerdem war sie nachdenklich und auf spiritueller Suche, alles Eigenschaften, die sie für die introvertierte Pauline zur Schwesterseele machten. Auf Violettes Anregung hin lernte Pauline Italienisch, um Dante und Petrarca im Original lesen zu können. Die mit der Familie Shillito verbrachten Sommerferien in den Pyrenäen (die beiden Mädchen lasen gemeinsam die Gedichte Victor Hugos) gehörten zu ihren schönsten Erinnerungen.

Zutiefst unglücklich dagegen, geradezu traumatisiert, war Pauline, wenn sie auf Veranlassung ihrer Tutoren oder auch der Mutter nach London zurückkehren musste. Dort hasste sie alles, die langweilige Schule, »die schreckliche schwarze Stadt«, ihre Verwandtschaft (»was für ein Jammer, dass man sich nicht von seiner Familie scheiden lassen kann«[12]) und besonders die englischen Sonntage – »Gebete und Roastbeef, zwei für meinen empfindlichen Pariser Magen gleichermaßen unverdauliche Dinge«.[13]

Unzufrieden war sie auch mit sich selbst, jedenfalls phasenweise, besonders mit 13, als sie etwas pummelig wurde:

Als ich hässlich und linkisch geworden war [...] beachtete mich niemand mehr! Ich fand das sehr ungerecht, mich zu lieben, solange ich hübsch war, und mich völlig zu vernachlässigen, sobald ich es nicht mehr war![14]

Ob diese Klage mehr war als pubertätsbedingte Selbstzweifel, nämlich eine Vorankündigung ihrer späteren Magersucht, ist schwer zu beurteilen. (Als Erwachsene hielt Renée Vivien 47 Kilo bei einer Körpergröße von über 1,70 m für ihr Idealgewicht, das sie auf keinen Fall überschreiten wollte![15]) Jedenfalls hatte sie zu allem Körperlichen, wie schon der oben zitierte Angriff gegen ihre Mutter zeigt, ein gebrochenes Verhältnis.

Umso entschiedener arbeitete sie an ihrer geistigen Entwicklung, wie sie ihrer französischen Freundin Marie Charneau – mal wieder aus dem ungeliebten London – berichtete, sie las Dante »mit religiösem Eifer«, übte Italienisch, schrieb Briefe an imaginäre Freundinnen, um ihren »Stil zu verbessern«, und spielte täglich mehrere Stunden Klavier.[16] Kurzum, sie absolvierte das typische Bildungsprogramm einer Tochter aus gutem Hause, allerdings mit einer Ernsthaftigkeit, die ihre weiterreichenden Absichten deutlich machte – sie war entschlossen, Dichterin zu werden (spätestens mit 17, wie Victor Hugo) und mit 21 berühmt zu sein.

1894, Pauline war nun 17, kam sie ihrem Traum – vermeintlich – ein Stückchen näher. Bei Marie Charneau lernte sie deren Cousin, Amédée Moullé, kennen, einen eleganten, natürlich verheirateten 50-jährigen Wollfabrikanten, der in seiner Freizeit Gedichte schrieb und bereit war, mit ihr ernsthaft über Literatur zu diskutieren. In einer Flut von Briefen aus dem Londoner »Exil« schickte Pauline ihre poetischen Versuche zur Begutachtung, berichtete von ihrer intensiven Lektüre und ihren unglücklichen Kindheitserinnerungen, kommentierte sachkundig die im Austausch gesandten Gedichte Moullés und verliebte sich zusehends in ihren »Poeten«, träumte von seiner sanften Stimme, Küssen wie »Rosenregen« – und einer heimlichen Flucht nach Frankreich. Diese Jugendliebe trug schon viele Züge, die für das Gefühlsleben von Renée Vivien charakteristisch sein sollten (mal abgesehen davon, dass sie später die Männer verabscheute), sie war schwärmerisch, wurde auf Distanz und vor allem in Form von Briefen geführt und hatte keine Aussicht auf Erfüllung.

Als Madame Tarn von der Sache Wind bekam, entwickelte sich der Traum zum Albtraum. Pauline wurde zu Hause eingeschlossen, entkam durch ein Fenster, schlug sich fünf Tage in London durch, kehrte dann reumütig nach Hause zurück, woraufhin die Mutter drohte, sie in eine psychiatrische Anstalt einweisen zu lassen. Dagegen allerdings setzte sich das junge Mädchen erfolgreich zur Wehr und erreichte den juristischen Beschluss, dass ihrer Mutter das Sorgerecht entzogen und sie selbst unter öffentliche Vormundschaft gestellt wurde.

Drei Jahre, bis zu ihrer Volljährigkeit mit 21, musste sie dann noch in England ausharren, drei Jahre, über die wenig bekannt ist, nur so viel, dass sie offensichtlich jeden Skandal zu vermeiden suchte, am Londoner Gesellschaftsleben teilnahm (wahrscheinlich widerwillig) und sich sogar bei Hof einführen ließ. Ende 1898 konnte sie endlich – in Begleitung einer Gouvernante – nach Paris zurückkehren, wo sie voller Freude Violette Shillito wiedertraf und bald auch ihrer großen Liebe begegnete – Natalie Barney.

✻　　✻　　✻

Natalie Clifford Barney wurde am 31. Oktober 1876 in Dayton (Ohio) geboren, war also nur wenige Monate älter als Pauline Tarn, und hatte ebenfalls eine jüngere Schwester, Laura. Auch sie hatte einen »Privatier«[17] zum Vater, wobei das Vermögen der Barneys das der Tarns noch um ein Vielfaches überstieg, und auch ihre Eltern gingen oft getrennte

Wege. Albert Clifford Barney liebte das Milieu der Londoner Herrenclubs (offenbar trank er auch gern), während seine Frau europäische Museen, Wagner-Aufführungen in Bayreuth und vor allem Paris bevorzugte. Alice Pike Barney entstammte einer kultivierten Familie deutsch-jüdischer Einwanderer, spielte eine bedeutende Rolle als Mäzenin des Washingtoner Kulturlebens und war selbst eine begabte Porträtmalerin.

Natalie und ihre Schwester Laura verbrachten eine glückliche Kindheit an den Ufern des Ohio Rivers, mit ihren Hunden, Papageien, zwei aus Florida eingeführten Babyalligatoren und einem eigenen Pony. Später lebte die Familie in Washington und in ihrem Sommerhaus in Bar Harbor an der neuenglischen Küste, wo die Reichen und Vornehmen ihre Ferien verbrachten und sie Nachbarn der Kennedys und Vanderbilts waren.

Alice Pike Barney, selbst im Rahmen ihrer Gesellschaftsschicht eher unkonventionell, gab ihren Töchtern vielfältige intellektuelle Anregungen. Zwischen 1886 und 1889 hielt sie sich längere Zeit in Paris auf, um u. a. bei Whistler Malunterricht zu nehmen, währenddessen besuchten Natalie und Laura ein teures Mädchenpensionat in Fontainebleau (ein anderes als dasjenige, wo Pauline Tarn und die Shillitos in derselben Zeit lebten). Dort lernte Natalie akzentfrei Französisch – sie galt später unter den Pariser »Expatriées« als eine der wenigen, die perfekt zweisprachig waren, und es hieß, ihr Französisch habe die Eleganz des 18. Jahrhunderts. Mit 17 schloss Barney ihre schulische Ausbildung in Miss Ely's School for Girls in New York ab, danach wäre es an der Zeit gewesen, »sich von potentiellen Ehemännern begutachten zu lassen«, so Alexandra Busch in ihrer spannenden Studie über die »Ladies of Fashion«.[18] Ob Natalie sich diesem Ansinnen als »geborene Rebellin«, wie ihr Biograph Jean Chalon behauptet, mühelos und trickreich entzog oder doch sehr unter den Disziplinierungsversuchen ihres Vaters zu leiden hatte, wie Alexandra Busch vermutet, lässt sich schwer sagen. Sicher ist, dass sie die Washingtoner Debütantinnenbälle, zahlreichen Einladungen und Anträge unverheiratet überstand und sich 1898, also mit 21, in Paris niederließ, nach ihrer Meinung »die einzige Stadt auf der Welt, in der man nach eigenem Gutdünken frei sein und leben konnte«.[19]

Ohne sich grundsätzlich mit ihrer Familie zu überwerfen, gelang es ihr, sich dort im Laufe der Zeit ein Lebensumfeld zu schaffen, das ihren emanzipatorischen und literarischen Interessen entsprach. Mit wirklich außergewöhnlicher Selbstverständlichkeit vertrat sie ihr Recht, ausschließlich Frauen zu lieben:

> Warum sollte man mir einen Vorwurf machen, weil ich lesbisch bin? Es ist doch eine Sache der Natur, meine Andersartigkeit ist kein Laster, sie ist nicht ›gewollt‹, und sie schadet niemandem.[20]

## Die Begegnung: Zwei Musen küssen sich

Natalie Barney hatte sich, wie sie in ihren recht diskreten *Souvenirs indiscrets*[21] andeutet, schon im Mädchenpensionat Les Ruches in Mitschülerinnen, später in ältere Cousinen und schöne Damen der Gesellschaft verliebt. Ihre erste »richtige« Affäre hatte sie wahrscheinlich mit Eva Palmer, einer gleichaltrigen Amerikanerin, die mit ihrem blassen Teint und angeblich knöchellangen roten Haaren eine außergewöhnliche Schönheit war. Sie blieb ihr als Freundin verbunden, gehörte später zum engeren Kreis ihrer Besucherinnen in der Rue Jacob und teilte manch aufregenden Augenblick ihres Lebens.

Im Laufe des Jahres 1899 dann erregte Natalie Barney in Paris Aufsehen durch ihre Liaison mit Liane de Pougy, einer stadtbekannten, eleganten Kurtisane, von der sie, wie sie sagte, »alles lernte«. Zwei Jahre später veröffentlichte Liane de Pougy ihre zu einem nur wenig verschlüsselten Roman verarbeiteten Erinnerungen an diese Beziehung unter dem Titel *Idylle saphique*. Barney taucht darin als »Flossie« und »Moonbeam« (Mondstrahl) auf – eine von vielen literarischen Verarbeitungen, zu denen sie und ihr legendäres Blondhaar im Laufe ihres Lebens die Inspiration lieferten.

Im Winter 1899 – Liane hatte sich wieder den »Pflichten« gegenüber ihren wohlhabenden Verehrern zugewandt – wurde Natalie Barney durch die Shillitos bei einem gemeinsamen Theaterbesuch mit Pauline Tarn bekannt gemacht. Äußerlich war sie zunächst nicht sehr beeindruckt von der schlaksigen jungen Engländerin:

ein junges Mädchen, größer als ich, aber höflich vornüber gebeugt, um es nicht zu erscheinen, ein schlanker Körper mit einem charmanten Kopf, glattes, mausfarbenes Haar, braune Augen, die häufig vor Fröhlichkeit blitzten.[22]

Aber sie war sofort fasziniert von der inneren Widersprüchlichkeit ihres Wesens: Hinter der Fassade aus jugendlichem Schalk und den netten Grübchen verbarg sich »das melancholische Geheimnis der Dichterin«.[23] Noch 50 Jahre später erinnerte sich Barney, welches Gedicht Vivien ihr bei ihrem ersten Spaziergang im Bois de Boulogne aufgesagt hatte, so viel Traurigkeit erschütterte sie:

*Lassitude*
Je dormirai ce soir d'un large et doux sommeil.
Fermez les lourds rideaux, tenez les portes closes,
Surtout ne laissez pas pénétrer le soleil.
Mettez autour de moi le soir trempé de roses.
[...]

*Überdruss*
Ich schlafe heute Nacht einen tiefen und sanften Schlaf.
Schließt die schweren Vorhänge, haltet die Türen
                                        geschlossen,
Vor allem lasst nicht die Sonne eindringen.
Umhüllt mich mit dem Abend, in Rosen getränkt.
[...][24]

Für einige Monate gelang es Barney, die Traurigkeit zu verscheuchen. Die beiden jungen Frauen amüsierten sich auf der Eisbahn, besuchten das Atelier von Alice Pike (die ein Pastellporträt von der Geliebten ihrer Tochter anfertigte), verbrachten romantische Nächte in Viviens über und über mit Lilien geschmücktem Zimmer. Sie schickten einander Gedichte (Vivien fand Barneys, verliebt wie sie war, viel besser als ihre eigenen) und ließen sich zusammen in historischen Kostümen fotografieren. Einige dieser Aufnahmen sind erhalten, die bekannteste zeigt Barney in einem tief dekolletierten, lose fließenden Kleid auf einer Empire-Bank sitzend, dahinter stehend, mit geneigtem Kopf und gesenktem Blick, Vivien, gekleidet wie ein Dandy des 18. Jahrhunderts in Samtjackett, Kniebundhose und Spitzenhemd – die Dame und ihr Bewunderer.

Bei Pauline Tarn (bzw. Renée Vivien, wie sie sich als Autorin nennen sollte) setzte die Liebeserfahrung mit Natalie Barney eine ungeheure Kreativität frei. Tatsächlich war Barney sehr inspirierend: Leuchtend blaue Augen, eine ungebändigte Mähne aus goldblondem Haar (»wie Mais und Honig«[25]), gertenschlank (jedenfalls damals), makellose Haut (»Lilie unter den Lilien, erschien mir dein weißer Körper«[26]), gepaart mit einer ungewöhnlichen Anziehungskraft. Und die junge Dichterin fand immer wieder neue Bilder, um die Schönheit ihrer Begegnungen zu feiern (»Meine Seele trägt das Parfüm der weißen Rosen deiner Haut«[27]).

Schnell aber mischten sich in ihre Kühnheit (»mein Triumph beim Verlassen deines Bettes!«[28]) Anzeichen von tiefer Beunruhigung, Schuldgefühlen und Ängsten. Das Lächeln der Geliebten wird »grausam«, ihre »kalten« Küsse »lieben den Schmerz, den sie zufügen«,[29] das Blau ihrer Augen wandelt sich zu »tödlichem Stahl«,[30] unter ihrer Sanftheit spürt man das »Kriechen eines aufmerksamen Reptils«.[31] Vivien empfindet die Liebe als gefährlichen Abgrund. »Der Zauber der Gefahr ging von ihr aus und zog mich unerbittlich an. Ich versuchte nicht, vor ihr zu fliehen, denn leichter wäre ich dem Tode entronnen«,[32] heißt es über Vally, die »grausame« Geliebte in ihrem stark autobiographisch gefärbten Roman *Mir erschien eine Frau.*

Dieser Dualismus aus Anbetung und Widerwillen, Begehren und Furcht, Ekstase und Schuldgefühlen war mehr als ein poetisches Motiv, das im Bild der »Femme fatale« von Dichtern des 19. Jahrhunderts, z. B. Baudelaire, häufig gewählt wurde. Es war der Grundtenor des Lebensgefühls Renée Viviens und stand in krassem Widerspruch zu Natalie Barneys Einstellung, die in der lesbischen Liebe eine Quelle von Freude und Schönheit sah.[33]

Schon im März 1900 zeigten sich die ersten Schwierigkeiten in der Beziehung der beiden Frauen. Vivien fuhr einige Wochen auf Familienbesuch nach London. Zerfressen vor Eifersucht auf Liane de Pougy, litt sie unter der Trennung, wusste aber auch, dass sie ihre Geliebte damit belastete, und gelobte Besserung: »Vergib mir! Ich werde versuchen, meinen Willen in allem dem deinigen unterzuordnen, ich werde mich bessern, um unsere große Liebe, so schön, so stark, so heilig und rein, zu verdienen.«[34]

Im Juli desselben Jahres bestiegen sie zusammen das Schiff nach Amerika. Barney wollte ihrer Familie den obligatorischen Sommerbesuch in Bar Harbor abstatten, war möglicherweise von ihrem Vater nach Hause zitiert worden, weil ihre skandalöse Liaison mit Liane de Pougy sich bis nach Washington herumgesprochen hatte. Aus dem Besuch wurden sechs Monate, in denen die beiden jungen Frauen auf langen Spaziergängen die Natur genossen (Vivien war bezaubert von den prächtigen Farben des neuenglischen Herbstes) und gemeinsam Eva Palmer in Bryn Mawr besuchten, dem berühmten Frauencollege, in dem diese eine Zeitlang studierte. Oft aber saß Vivien auch allein in ihrem Hotelzimmer, lesend, schreibend, grübelnd und zutiefst enttäuscht, weil Barney sich nächtelang auf Dinnereinladungen und Bällen amüsierte. »Pauline irrte zwischen den Grabsteinen herum, ich zwischen den hübschen jungen Mädchen«,[35] schrieb Barney etwas bissig über diese Unstimmigkeiten.

Trotzdem mieteten sie, als sie im Januar 1901 nach Paris zurückkamen, eine gemeinsame kleine Wohnung in der Rue Alphonse-de-Neuville – ein ungewöhnlicher Schritt für Barney, die in ihrem späteren Leben fast nie mit ihren Partnerinnen zusammenwohnte. Das neue Jahr sollte noch andere, einschneidende Veränderungen bringen.

Angeregt durch Eva Palmer hatte Vivien begonnen, sich für die griechische Antike zu interessieren. In London, wo sie auf der Rückreise Zwischenstopp machten, entdeckten Vivien und Barney dann eine Übersetzung der Gedichte Sapphos von Henry T. Wharton – ein Buch, das für Vivien geradezu zur Bibel werden sollte, die literarische Produktion der beiden Frauen auf Jahre beeinflusste und ihrem Leben eine ganz neue Wendung gab. Sie begannen, sich ernsthaft mit der Lebenswelt und dem Gedankengut der antiken Dichterin zu beschäftigen. Die Arbeit mit Jean Charles-Brun, einem Gymnasiallehrer mit klassischer Bildung, der Barney bereits Prosodieunterricht[36] gegeben hatte, wurde intensiviert. Vivien lernte bei ihm Griechisch, um Sappho im Original lesen zu können,[37] und beide Frauen ließen sich von ihm beraten in Bezug auf ihre eigenen Texte. Für Vivien wurde Charles-Brun im Laufe der Jahre ein wichtiger Förderer und ein enger Vertrauter (auch in Herzensangelegenheiten). Über 500 erhaltene Briefe der Dichterin belegen die enge Zusammenarbeit der beiden, angefangen bei der Unterstützung für ihren ersten Gedichtband *Etudes et Préludes*, der am 17. April 1901 unter dem abgekürzten Pseudonym R. Vivien erschien, Natalie gewidmet und ganz erfüllt von ihr.

## Brüche, Trauer und neue Lieben

Außer der sicherlich großen Freude über ihren ersten Auftritt auf der Pariser Literaturbühne erlebte Vivien in diesem »Entscheidungsjahr« 1901 viele Erschütterungen.

Ihre Geliebte war in eine neue Liaison verwickelt mit Olive Custance, einer begabten englischen Dichterin, deren Erstlingsband *Opals* (1897) Vivien und Barney bei ihrem Londonbesuch entdeckt hatten und in dem sie seelenverwandte Anklänge fanden. Barney hatte im Austausch ihren eigenen Gedichtband *Quelques Portraits-Sonnets de femmes* (1900) geschickt und die Kollegin nach Paris eingeladen, damit sie sich ihrer »Dichterinnenkolonie« anschließe. Die war denn auch fast umgehend angereist, begleitet von ihrer Mutter

und einem englischen Freund, Henry Manners-Sutton. Im
April brachen Barney und »Opale«, wie sie fortan nur noch
genannt wurde, zu einer romantischen Reise nach Venedig
auf. »Sie strahlten«, wie Vivien beunruhigt an Charles-Brun
schrieb, noch schlimmer aber fand sie, dass Manners-Sutton
sich in Paris angeblich als Verlobter von Natalie Barney aus-
gab – auf männliche Konkurrenz, auch wenn sie nicht ernst
zu nehmen war, reagierte Vivien immer besonders negativ.[38]

Am 16. März, Olive Custance war gerade in Paris einge-
troffen, erhielt Vivien die alarmierende Nachricht, dass ihre
Jugendfreundin Violette Shillito schwer an Typhus erkrankt
war. Vivien nahm sofort den Zug nach Cannes, wo sie die
folgenden Wochen zusammen mit Violettes Schwester Mary
im Hôtel des Pins in der Nähe der Kranken verbrachte, in
großer Sorge um die Freundin und gequält von schweren
Selbstvorwürfen, weil sie sie so lange vernachlässigt hatte.
Tatsächlich hatte sie seit Beginn ihrer Beziehung mit Natalie
Barney den Kontakt zu Violette fast vollständig abgebrochen, wohl auch, weil sie sich nicht traute, offen mit ihr über
ihre Liebe zu sprechen. Am 8. April starb Violette Shillito im
Alter von 24 Jahren. Vivien hatte »das einzige Wesen auf der
Welt, das mich jemals wirklich geliebt hat«,[39] verloren und
damit – so sah sie es – eine ideale, geistige Gemeinschaft, eine
»weiße«, also körperlose Passion, eine Zärtlichkeit »bis zum
Grab«. Vivien war zutiefst verzweifelt, weinte – zur Beunruhigung von Barney – nächtelang in ihrem Pariser Zimmer und
komponierte in Erinnerung an die Freundin zahlreiche Gedichte voller Todessehnsucht, z. B. »Let the dead bury their
dead«:[40]

> Voici la nuit: je vais ensevelir mes morts,
> Mes songes, mes désirs, mes douleurs, mes remords,
> Tout le passé ... Je vais ensevelir mes morts.
> [...]

Jetzt kommt die Nacht: ich werde meine Toten begraben,
Meine Gedanken, meine Sehnsucht, meine Schmerzen,
                                                    meine Reue,

Die ganze Vergangenheit ... Ich werde meine Toten
begraben.
[...]

Die Rosen und Lilien in ihren Gedichten, assoziiert mit ihrer
Liebe zu Natalie Barney, wurden nun abgelöst von einer Flut
weißer Veilchen, Symbol der Unschuld der früh verstorbenen Freundin, zugleich eine Erinnerung an ihren Namen
(»Violette« ist das französische Wort für Veilchen). Wegen
der häufigen Erwähnung von Veilchen in ihren Gedichten
– sie gehören auch zu den Blumen, die mit Sappho assoziiert
werden – gab die Presse Vivien später den Namen »Veilchen-
muse«.[41]
Anfang Juli desselben Jahres reiste Natalie Barney wieder
in die USA, Vivien begleitete sie dieses Mal nicht. Die Erinnerungen an den vorangegangenen Sommer waren zu bitter,
und sie fürchtete wohl auch unangenehme Reaktionen von
Vater Barney, der den Gedanken, seine Tochter zu verheira-
ten, noch nicht aufgegeben hatte. In den folgenden Monaten
verwickelte Vivien sich in komplizierte Schwärmereien für
verschiedene Frauen, sie hatte das Gefühl, Natalie Barney
verloren zu haben. Dann wieder schrieb sie ihr: »Du bist die
Einzige in meinem Leben. [...] Ich bin dein, ich bin dein un-
widerruflich [...].«[42]
Die Einzige sollte Barney nicht bleiben. Ende des Jahres
lernte Vivien im Salon der Lady Anglesey eine Frau kennen,
die ihr Leben ebenso stark, wenn auch auf andere Art beeinflusste: Baronin Hélène de Zuylen de Nyevelt (1863-1947),
14 Jahre älter als Vivien, eine geborene Rothschildt und verheiratet mit einem belgischen Baron, Mutter von zwei Kindern, eine offensichtlich sehr tatkräftige Frau, die in Paris
einiges Aufsehen erregte, weil sie an Autorennen teilnahm. In
Barneys Erinnerungen heißt sie wegen ihres Einflusses auf
Renée Vivien und wegen ihrer Figur nur »die Walküre« und
»La Brioche«, nach diesem runden, süßlichen Sonntags-
gebäck – aber Barney war natürlich sehr voreingenommen.
Über die Beziehung der Baronin mit Renée Vivien ist wenig bekannt, ihre persönlichen Papiere (darunter wahrschein-

lich auch viele Erinnerungsstücke an die Dichterin) gingen auf der Flucht vor den Nazis verloren. Hélène de Zuylen musste Frankreich 1940 überstürzt verlassen, ihre Wohnung in Paris wurde von der Gestapo durchsucht und ihr Schloss in Holland von deutschen Truppen besetzt.

Vivien selbst äußerte sich sehr widersprüchlich, gegen Ende ihres Lebens schrieb sie Charles-Brun von »diesem Erzengel, Mme de Zuylen«, die sich ihrer angenommen habe.

Einige sehr schöne Gedichtpassagen sprechen dafür, dass sie bei der Baronin Frieden und Sicherheit fand, die sie dringend benötigte:

*À l'heure des mains jointes*
Tes cheveux et ta voix et tes bras m'ont guérie
J'ai dépouillé la crainte et le furtif soupçon
Et l'artificiel et la bizarrerie.
J'abrite ainsi mon cœur de malade guérie
Sous le toit amical de la bonne maison.
[…]

*Zur Stunde der vereinten Hände*
Deine Haare und deine Stimme und deine Arme haben
mich geheilt.
Ich habe die Furcht abgestreift und das verstohlene
Misstrauen
Und das Künstliche und das Seltsame.
So berge ich mein Herz einer geheilten Kranken
Unter dem freundlichen Dach des guten Hauses.
[…]43

Aber, so scheint es, sie fühlte sich von ihr auch tyrannisiert, überwacht, in ihrer Bewegungsfreiheit eingeschränkt, wobei schwer zu unterscheiden ist, was davon Vivien als Entschuldigung für ihre eigene Unentschlossenheit diente. Sicher ist, dass Natalie Barney, als sie aus den USA zurückkam, keinen Zugang mehr zu ihrer Geliebten fand. Vivien war ausgezogen aus der gemeinsamen Wohnung, lebte jetzt in einer großen Souterrainwohnung in der Avenue du Bois, im selben Haus, in dem sie bereits als Kind mit ihrer Mutter und Schwester gewohnt hatte. Schräg gegenüber, nur durch wenige Schritte getrennt, wohnte die Baronin – eine Überwachung, wenn es denn eine gab, war also nicht schwierig.

Barney versuchte im Laufe der folgenden Jahre immer wieder, mit Vivien Kontakt aufzunehmen. Mehrfach schickte sie gemeinsame Bekannte, um für sie zu intervenieren, u. a. Eva Palmer, Louÿs, einen gemeinsamen Dichterfreund (einen Mann! Der Gipfel der Beleidigung! fand Vivien) und Lucie Delarue-Mardrus, auch eine begabte junge Dichterin, mit der Barney liiert war. Zweimal kam ein kurzes Wiedersehen zustande, 1902 und 1904, bei Theater- bzw. Konzertbesuchen, heimliche, hinter dem Rücken der Baronin organisierte »Zufälle«. Renée Vivien konnte ihre »Blonde«, ihre »Loreley« nicht vergessen:

Dich vergessen! aber meine Bücher, die die Seele meiner Seele sind, tragen dein Spiegelbild und deinen Abdruck. Ich habe dich schlecht geliebt, mag sein, aber, oh Natalie! mit welcher blinden Kraft, mit welcher absoluten Leidenschaft habe ich dich geliebt![44]

Aber es erscheint sehr einleuchtend, dass die Dichterin, wie Jean-Paul Goujon in seiner feinfühligen Vivienbiographie schreibt, jene emotionale Stabilität, die sie benötigte, um ihr Werk zu schaffen, bei Natalie Barney nicht finden konnte. In den Jahren 1902 bis 1907, während ihrer Beziehung zu der Baronin und ihres engsten Kontaktes mit Charles-Brun, ihrem literarischen Mentor, entstand jedenfalls der größte und beste Teil ihrer Arbeiten.

## Auf Sapphos Spuren

Bereits in Viviens zweitem Gedichtband, den sie 1902 veröffentlichte und, wie alle späteren auch, »ihrer Freundin H. C. L. B.« (Abkürzung der Vornamen von Hélène de Zuylen) widmete, erschien die »bleiche« Sappho, »la pâle Psapphâ[45]«, die zum Hauptthema ihrer Dichtung in den nächsten Jahren werden sollte. Die antike Dichterin und ihre Welt, die »Jungfrauen von Lesbos«, ihre Tänze und Gesänge, die Blumen und Düfte der Insel, die Anrufungen Aphrodites – aus alldem schuf Vivien ein poetisches Universum, in dem sie ihre eigenen Sehnsüchte, Klagen und Aspirationen ausdrücken konnte. Die Beschäftigung mit der Dichterin von Lesbos war an sich nichts Neues, das 19. Jahrhundert hatte einen wahren »Boom« an Theaterstücken (z. B. von Grillparzer), Nachdichtungen (z. B. von Swinburne) und Skulpturen und Gemälden (z. B. von Gustave Moreau) zu Sappho und den sie umgebenden Legenden gebracht. Für Renée Vivien war das Thema aber von existenzieller Bedeutung, fand sie doch in Sappho das einzig mögliche Vorbild einer Dichterin, die die Frauenliebe besungen hatte und (sollten wir sagen: dennoch?) zu höchstem Ruhm gelangt war.

Sappho, geboren etwa 617 v. Chr. in einer vornehmen Familie auf Lesbos, aufgrund politischer Wirren auf ihrer Insel zeitweilig nach Sizilien verbannt, gilt als »Erfinderin der persönlichen Poesie«,[46] als erste Dichterin, die ihre individuellen Gefühle, Leidenschaften, Schmerzen in Gedichten ausgedrückt hat. Ihre große öffentliche Anerkennung zeigt sich in der Vielzahl von Münzen, Porträtbüsten, Vasengemälden, die ein idealisierendes Bild von ihr wiedergeben. Teilweise wurde sie in der Antike als Inkarnation der Dichtkunst überhaupt gesehen, als 10. Muse, wie Platon sie nannte. Der einmaligen Qualität ihrer Gedichte ist es zu verdanken, dass überhaupt Texte von ihr überliefert sind, denn nachfolgende Dichtergenerationen zitierten sie als Beispiel für vorbildliche Dichtkunst. Trotzdem bestand Ende des 19. Jahrhunderts – also zu Viviens Zeit – das gesamte Sappho zugeschriebene Corpus aus nur zwei (mehr oder weniger) kompletten Gedichten und einigen sehr kurzen Fragmenten.[47] Das homoerotische Element ihrer Dichtung war, wie die französische Sappho-Kennerin Edith Mora schreibt, in den ersten Jahrhunderten nach Sapphos Lebenszeit niemals Gegenstand von Verurteilung, erst später setzten die bis heute anhaltenden Auseinandersetzungen[48] ein – von der Leugnung ihrer Frau-

enbeziehungen über Verharmlosungen und Verspottungen
bis hin zur moralischen Verdammung.

1903 brachte Renée Vivien *ihre* Sappho-Version heraus: In
einem kurzen biographischen Abriss über die antike Dichterin räumt sie auf mit einigen im 19. Jahrhundert noch sehr
beliebten (obwohl längst widerlegten) Legenden, vor allem
über Sapphos Selbstmord aus unerwiderter Liebe zu dem
schönen Phaon. Die beiden langen Texte »Ode an Aphrodite« und »Ode an die Geliebte« überträgt sie mit einigen eigenen Akzentsetzungen eng am Original, während alle anderen Gedichte eigene Schöpfungen sind, die sich speisen aus
den kurzen überlieferten Sappho-Fragmenten. So macht sie
z. B. aus dem Textstück »Ja, ich sprach im Traum mit der
Göttin von Zypern«[49] das Gedicht:

> Je t'ai possédée, ô fille de Kuprôs!
> Pâle, je servis ta volupté cruelle …
> Je pris, aux lueurs du flambeau d'Hespéros,
> Ton corps d'immortelle.
>
> Et ma chair connut le soleil de ta chair …
> J'étreignis la flamme et l'ombre et la rosée,
> Ton gémissement mourait comme la mer
> Lascive et brisée.
>
> Mortelle, je bus dans la coupe des Dieux,
> J'écartai l'azur ondoyant de tes voiles …
> Ma caresse fit agoniser tes yeux
> Sur ton lit d'étoiles …
>
> … Depuis, c'est en vain que la nuit de Lesbôs
> M'appelle, et que l'or du paktis se prolonge …
> Je t'ai possédée, ô fille de Kuprôs,
> Dans l'ardeur d'un songe.[50]

Ich habe dich besessen, O Tochter Zyperns![51]
Bleich, diente ich deinem grausamen Begehren ...
Ich nahm, im Glanze der Fackeln des Hesperos,[52]
Deinen göttlichen Körper.

Und mein Fleisch kannte die Sonne deines Fleisches ...
Ich umarmte die Flamme, den Schatten und den Tau,
Dein Stöhnen erstarb wie die Wellen des Meeres
Wollüstig und gebrochen.

Als Sterbliche trank ich aus dem Kelch der Götter,
Ich entfernte das wogende Blau deiner Schleier ...
Deine Augen brachen unter meiner Berührung
Auf deinem Bett aus Sternen ...

Seitdem ruft mich die Nacht von Lesbos vergeblich,
und der Klang des Paktis[53] erreicht mich nicht ...
Ich habe dich besessen, O Tochter Zyperns,
In der Hitze eines Traumes.

Aus der von Sappho überlieferten gedanklichen Begegnung
mit Aphrodite macht Vivien eine unvergleichliche Liebes-
nacht, in der Geben und Nehmen, Besitzen und Begehren mit
typischen, aus dem heterosexuellen poetischen Vokabular bekannten Begriffen belegt werden, aber wie Wellen zwischen
den Liebenden hin- und herschwingen, bis sich am Ende die
Kühnheit des »Ich habe dich besessen« auflöst in dem Geständnis, dass es sich bei der gesamten Szene um einen Traum
gehandelt hat, also letztendlich eine unerfüllte Sehnsucht. So
verwendet Renée Vivien Elemente der Lebens- und Gefühlswelt der antiken Dichterin, um ihre eigenen Erfahrungen und
Wünsche auszudrücken. Da verwundert es nicht, dass die antike Dichterin auch in ihr Privatleben einzieht. Der sapphische Vers »Ich liebte dich dereinst, Atthis« wird geradezu
zum Leitmotiv ihrer Briefe an Natalie Barney.
    Nachdem Vivien 1903 ihr Sapphobuch und im Folgejahr
einen ähnlich aufgebauten Band über andere, weniger bekannte griechische Dichterinnen (*Les Kitharèdes*) herausge-

bracht hatte, konnten sie und Barney dann 1905 endlich den lang gehegten Traum verwirklichen – eine Reise nach Lesbos! Vorangegangen waren aber weitere emotionale Verwicklungen. Im Frühjahr 1904 hatte Vivien eine Korrespondenz mit einer türkischen Diplomatengattin begonnen, Kérimé Turkhan-Pascha, die eines ihrer Bücher in der französischen Buchhandlung in Istanbul entdeckt und ihr begeistert geschrieben hatte. Aus dem Briefwechsel über Literatur wurde schnell mehr, Vivien entflammte für ihre »orientalische« Schönheit, ihre »ferne Prinzessin«, schrieb ihr in den folgenden Jahren Hunderte von Briefen und Postkarten und wollte sie, in diesem Sommer 1905, zum ersten Mal in Istanbul besuchen. So musste sie denn das Dreieck aus der Baronin (die annahm, dass sie allein nach Lesbos reisen würde), Barney (die natürlich hoffte, sie auf dieser lang ersehnten Pilgerfahrt zurückzugewinnen) und Kérimé (die auf den ersten Besuch ihrer französischen Dichterin wartete) in einem komplizierten emotionalen Gleichgewicht halten.

Trotz anfänglicher Enttäuschung (die Schönheit der lesbischen Frauen war weniger überwältigend, der Hafen von Mytilene weniger romantisch als erhofft) wurde der Aufenthalt dann doch paradiesisch – Spaziergänge im Sonnen- und Mondenschein, Strandlager aus Meeresalgen, Nächte, von denen Barney noch 50 Jahre später (diskret) schwärmte. Sie mieteten zwei Häuser in einem Olivenhain, und Vivien (so Barney) versprach ernsthaft, sich von der Baronin zu trennen und den Plan einer Dichterinnenkolonie endlich zu verwirklichen. Doch kaum waren die beiden Reisenden in den Norden zurückgekehrt, zerbarst der Traum. Vivien fuhr zu Hélène de Zuylen nach Holland und schrieb an Barney, dass alles vorbei sei und sie nicht ohne die Baronin leben könne. Sie allein »ist Herrin meines Schicksals«.[54] Nach einigem Drängen gab Barney sogar ihr Einverständnis, ihr Haus auf der Insel an die Baronin abzutreten.

Der Kontakt zwischen Vivien und Barney riss damit nicht völlig ab, sie trafen sich gelegentlich bei Abendgesellschaften, hörten übereinander durch gemeinsame Bekannte (die Schriftstellerin Colette z. B.), schickten sich ihre jeweiligen

Neuerscheinungen und tauschten noch manchmal Briefe aus – voller Melancholie und verblassender Erinnerungen (jedenfalls, was Vivien betraf; die Briefe Barneys sind nicht erhalten bzw. nicht veröffentlicht).[55]

## Ein lang ersehnter Tod

Die Geschichte der letzten Lebensjahre Renée Viviens, der qualvolle Weg dieser begabten und auf ihre Weise mutigen jungen Frau in den schon so oft beschworenen Tod, liest sich entsetzlich.

Es begann, vermutlich, 1907. Im Vorjahr hatte sie noch einen umfangreichen, vielleicht ihren besten Gedichtband *A l'Heure des Mains jointes* veröffentlicht. Nun aber, müde der zunehmend abfälligen Kritiken zu ihren Werken und ihrer Person, beschloss sie, ihre bereits gedruckten Bücher vom Markt zurückzuziehen und alle weiteren Veröffentlichungen nur noch einem kleinen, ausgewählten Kreis von FreundInnen zugänglich zu machen.

»Ich verkaufe meine Seele nicht mehr für 3 Francs 50 das Exemplar«,[56] schrieb sie entmutigt an Natalie Barney.

Hinzu kamen einschneidende Veränderungen in ihrem Privatleben – Hélène de Zuylen begann eine Beziehung mit Sacha Antokolsky Ricoÿ, spätere Herzogin Sforza, einer schönen, jungen, literarisch interessierten Russin, die in den Pariser Salons für Aufsehen sorgte. Und Charles-Brun, Viviens literarischer Berater, wurde von Paris in die Provinz versetzt, wodurch sich der Austausch mit ihm deutlich reduzierte. Ihrer beiden wichtigsten emotionalen Stützen beraubt, entwickelte Vivien Anzeichen ernsthafter psychischer Störungen.

Ihre auch schon vorher zu beobachtende geradezu manische Reisewut, »boulimie de voyages«, wie Goujon es nennt, verstärkte sich noch. Mehrere Male noch fuhr sie nach Istanbul, auch mit der Baronin nach Mytilene, sie reiste in Italien, Spanien, Palästina, Ägypten, in Deutschland, der Schweiz und Holland, viele Male nach London, dann sogar bis nach

Japan und China. 1907 begleitete sie ihre Mutter nach Hawaii, wo diese Erinnerungen an ihre dort verbrachte Jugend auffrischen wollte und »Mme und Mlle Tarn« Freunde der Familie zu einem großen Empfang baten – eine für Vivien viel zu anstrengende Unternehmung, die sie nur stark geschwächt überstand. Einziger Ruhepol war eine Villa in Nizza, die sie 1904 angemietet hatte und wohin sie sich gelegentlich zurückzog.

Ihre Pariser Wohnung füllte sich zunehmend mit Erinnerungsstücken, bis sie mit ihren orientalischen Seidentapisserien, japanischem Porzellan, unzähligen Buddhafiguren, Weihrauchdüften und schwachem Kerzenlicht den Charakter einer etwas unheimlichen Höhle angenommen hatte, die, so empfanden es Besucherinnen, wie z. B. die Schriftstellerin Marcelle Tinayre oder später auch die Malerin Romaine Brooks, gut zu der geheimnisvollen, auf manche auch exzentrisch wirkenden Bewohnerin passten.

Gelegentlich noch veranstaltete sie Gesellschaften: einen Lyrikabend mit der bekannten Schauspielerin Marguerite Moreno, einen Tanzabend, an dem Colette und ihre Geliebte Missy, Baronin von Belbeuf, ihre berühmte »Danse du Sphinx« aufführten. Zumeist aber lud sie nur einige FreundInnen zu zwanglosen Dîners, bei denen merkwürdige orientalische Speisen serviert wurden, die ihre Gäste nicht satt machten und von denen sie selber kaum etwas aß. Dafür nahm ihr Alkoholkonsum beunruhigende Ausmaße an.

Schon in früheren Jahren immer von der Angst besessen, zu dick zu werden, verweigerte Renée Vivien in den letzten Monaten fast jegliche Nahrungsaufnahme. Hélène de Zuylen kümmerte sich trotz der vorangegangenen Trennung intensiv um sie und stand in engem brieflichen Austausch mit Antoinette Aston, Viviens Schwester in London. Verzweifelt versuchte sie, die Kranke zum Essen zu bewegen. Auch ärztlichen Beistand lehnte Vivien ab. »Sie hatte beschlossen, ihrem Leben ein Ende zu setzen – durch Hungern [...]«,[57] berichtete Charlotte (Yorska) Stern, was ihr dann am 18. November 1909 auch gelang.

Für ihren Grabstein hatte sie die Inschrift vorgesehen:

[…]
Voici donc mon âme ravie,
Car elle s'apaise et s'endort
Ayant, pour l'amour de la Mort,
Pardonné ce crime: la Vie.

[…]
Jetzt ist meine Seele entzückt,
Kann sie doch ausruhen und schlafen
Denn sie hat, aus Liebe zum Tod,
Dieses Verbrechen verziehen: das Leben.[58]

Natalie Barney hatte sie am Tag ihres Todes noch besuchen
wollen, wurde aber an der Tür abgewiesen, jedenfalls behauptet sie das in ihren Memoiren. Schwer zu sagen, ob es ein
Element der Legendenbildung ist, zu der Barney im Alter
neigte. Auf jeden Fall war sie sehr betroffen vom schrecklichen Ende ihrer ehemaligen Geliebten und bemühte sich,
die Erinnerung an sie wachzuhalten durch Gedichtrezitatio-
nen in ihrem Salon. Der erste dieser Versuche allerdings
scheiterte, Antoinette Aston verbat Barney unter Androhung
juristischer Schritte, den Namen ihrer Schwester für eine
Veranstaltung in ihrem Salon zu verwenden. Selbst nach Viviens Tod war die Familie Tarn offensichtlich nicht bereit, in
irgendeiner Weise mit dem lesbischen Milieu der Rue Jacob
in Verbindung gebracht zu werden.
    Vivien wurde auf dem Friedhof Passy beigesetzt, im Grab
der Familie Tarn. Hélène de Zuylen ließ dort später eine
kleine Grabkapelle errichten, und sie gab auch den Anstoß
für die Wiederauflage von Viviens Werken in den 20er Jahren. In Erinnerung an die Dichterin stiftete sie den Literatur-
preis Rénée Vivien, der 1935 zum ersten Mal verliehen wurde
– an Lucie Delarue-Mardrus, die vieles mit Vivien gemeinsam hatte. Auch sie gehörte zum Kreis um Natalie Barney,
mit der sie zeitweise eine Liebesbeziehung verband, auch
sie brachte 1901 ihren Erstlingsband heraus und wurde zur
Strömung neuer weiblicher Lyrik der Jahrhundertwende ge-
zählt. Anders als Vivien aber schützte sie sich durch ihre

Heirat mit dem bekannten Orientalisten Mardrus vor öffentlicher Diffamierung, unter der Vivien so stark zu leiden hatte.

## Am Pranger – Renée Viviens Werk und die Reaktion der Öffentlichkeit

Ihrem kurzen, von emotionalen Verwicklungen und psychischen Erkrankungen erschütterten Leben hat Renée Vivien ein Werk abgerungen, das schon allein wegen seines Umfangs beeindruckt. Zwischen 1901 und 1909 publizierte sie auf eigene Rechnung und fast ausschließlich im Verlagshaus Lemerre 25 Titel (darunter einige Überarbeitungen), neben einer Novellensammlung, *La Dame à la Louve* (*Die Dame mit der Wölfin*, dt. 1981), und ihrem Roman *Une femme m'apparut* (*Mir erschien eine Frau*, dt. 1995), ausschließlich Lyrik.

Posthum wurden weitere Gedichtbände und erst 1982 ihr biographisches Fragment über »Anne Boleyn« veröffentlicht. Außerdem erschienen seit 1903 Gedichte und andere Texte unter dem zweiten Pseudonym Paule Riversdale. Es wird allgemein angenommen, dass es sich hierbei um Arbeiten handelt, die in Kooperation mit Hélène de Zuylen entstanden, wobei Renée Vivien wohl den größeren Anteil hatte.[59]

Aus der Menge der Texte zu schließen, dass sie eine Schnellschreiberin war, ist aber ganz falsch. Sie schrieb aber immerzu, notierte ständig einzelne Versfetzen, die sie dann immer wieder umarbeitete und weiterentwickelte. Selbst nannte sie sich eine Perfektionistin. Aus ihren letzten Lebensjahren sind Briefe und Telegramme an ihren Verleger erhalten, in denen sie beständig um Korrekturen einzelner Verse oder auch nur einzelner Wörter bat – da sie die Herstellung ihrer Bücher selbst finanzierte, wurden die Korrekturen auch ohne Probleme ausgeführt. Dieser Perfektionismus hat allerdings auch Anzeichen von Besessenheit, es scheint, als ob sie geradezu umgetrieben wurde von ihren eigenen Worten, was ihr selbst unheimlich wurde: »Diese literarische Flut erweckt in mir einen tiefen Widerwillen! Aber ich kann nichts dafür.

Hoffen wir, dass bald eine segensreiche Dürreperiode einsetzen wird«, schrieb sie einige Monate vor ihrem Tod an ihren Verleger.[60]

Renée Viviens erste Veröffentlichungen fanden durchaus ein positives Echo, besonders in der regionalen Presse, zu der Charles-Brun als Vorsitzender der Föderalismus-Union guten Zugang hatte. Ihr geschlechtsneutrales Pseudonym führte zunächst zu Verwirrungen, ein Kritiker lobte ihre Gedichte als »vor Liebe zitternde Verse eines jungen Mannes an seine erste Geliebte«[61] – Barney und Vivien amüsierten sich köstlich über diese Fehlinterpretation. Ein anderer feierte sie anlässlich ihres ersten Lyrikbandes als »Dichterin des Jahres«. Besonders die vollendete klassische Form ihrer Verse wurde bewundert.

Seitdem sie ihre Bücher mit vollem Namen, »Renée Vivien«, zeichnete und damit der lesbische Kontext ihrer Texte erst eindeutig wurde, waren die Reaktionen zunehmend gespalten – entweder wurden die von ihr dargestellten Frauenbeziehungen verharmlost als »Spiele junger Mädchen« (mit allen männlichen Phantasmen, die solche Vorstellungen auslösen) oder ganz umgedeutet, die Bewunderung weiblicher Schönheit sei in Wirklichkeit Ausdruck des Vivien'schen Narzissmus, als hätte sie ihre Gedichte sozusagen vor dem Spiegel geschrieben.[62]

Spätestens seitdem sie in ihren Prosatexten, besonders in dem Roman *Mir erschien eine Frau* (1904), ihren Feminismus unmissverständlich zum Ausdruck gebracht hatte, wurde sie zur Zielscheibe öffentlicher Kritik, bis hin zu hasserfüllten Angriffen. Ihre negative Einstellung zur Heterosexualität (»eine widernatürliche Verirrung«), Ehe (eine »auf Interesse begründete Beiwohnung«) und Mutterschaft (die die schönen Frauenkörper auf »bestialische« Weise entstelle), wie sie sie in zugespitzter Weise ihren Romanfiguren in den Mund legte, war unverzeihlich. So wurden ihre Arbeiten als eine Literatur diffamiert, »an der sich nur Hysterikerinnen und Neurotiker erfreuen können«.[63]

In vielen Gedichten gab Vivien ihrer Verbitterung, die aus der öffentlichen Ablehnung resultierte, Ausdruck – Rückzug, Einsamkeit, Misserfolg, Verfolgungsängste wurden zu häufigen Motiven ihrer späten Texte, so z. B. im folgenden Gedicht:

### Le Pilori
Pendant longtemps, je fus clouée au pilori,
Et des femmes, voyant que je souffrais, ont ri.

Puis, des hommes ont pris dans leurs mains une boue
Qui vint éclabousser mes tempes et ma joue.

Les pleurs montaient en moi, houleux comme les flots,
Mais mon orgueil me fit refouler mes sanglots.

Je les voyais ainsi, comme à travers un songe
Affreux et dont l'horreur se prolonge.

La place était publique et tous étaient venus,
Et les femmes jetaient des rires ingénus.

Ils se lançaient des fruits avec des chansons folles,
Et le vent m'apportait le bruit de leurs paroles.

J'ai senti la colère et l'horreur m'envahir.
Silencieusement, j'ai appris à les haïr.

Les insultes cinglaient, comme des fouets d'ortie.
Lorsqu'ils m'ont détachée enfin, je suis partie.

Je suis partie au gré des vents. Et depuis lors
Mon visage est pareil à la face des morts.[64]


### Am Pranger
Lange Zeit stand ich am Pranger,
Und Frauen, die mich leiden sahen, lachten.
Dann nahmen Männer einen Haufen Dreck
Der meine Schläfen und Wangen bespritzte.
Tränen stiegen in mir auf wie aufgewühlte Fluten,

Aber aus Stolz unterdrückte ich mein Schluchzen.
So sah ich sie wie in einem schrecklichen Traum
Dessen Grauen nicht enden wollte.
Der Platz war öffentlich und alle waren gekommen,
Und die Frauen lachten einfältig.
Sie warfen sich Früchte zu mit verrückten Liedern,
Und der Wind trug den Lärm ihrer Worte bis zu mir.
Ich habe gefühlt, wie Wut und Grauen mich ergriffen,
Schweigend habe ich begonnen, sie zu hassen.
Die Beleidigungen pfiffen wie Peitschenhiebe.
Als sie mich losbanden, ging ich fort.
Der Wind hat mich davongetrieben.
Und seitdem gleicht mein Gesicht dem der Toten.

Renée Vivien war zu ihrer Zeit durchaus nicht die Einzige, die Frauenbeziehungen literarisch darstellte, im Gegenteil, lesbische Liebe war sogar ein beliebtes Thema der an jeder Form von »Perversion« interessierten Literatur der Belle Epoque. Allerdings kamen Lesben bis dahin ausschließlich in den Werken von Männern vor, sei es als »Femmes damnées« in den *Fleurs du Mal* von Baudelaire oder als vor allem den männlichen Voyeurismus bedienende zarte Mädchen in Pierre Louÿs' *Les chants de Bilitis*.

Renée Vivien war dagegen die erste Frau, »die erste westliche Dichterin der Moderne, die offen über Frauenliebe schreibt«,[65] so Virginie Sanders in ihrer umfassenden Studie über die Dichterin und ihre öffentliche Wirksamkeit. Sie tat dies keineswegs idealisierend. In Viviens Gedichten kommen alle Aspekte vor – Begehren, Ekstase, Macht und Gewalt innerhalb der sexuellen Beziehung, Schuld, Ängste, Eifersucht, Enttäuschung, nostalgische Rückblicke auf glückliche Momente, Sehnsucht nach Lesbos als fernem Paradies. Zum Ausdruck dieser Gefühle und Erfahrungen wählte Vivien den »vers régulier« mit einem sorgfältig beachteten Versmaß (zumeist Alexandriner – 12 Hebungen mit einer Zäsur in der Mitte). Vom »freien Vers« (vers libre), der seit Baudelaire in der Dichtung ihrer Zeit sehr beliebt war, hielt sie nichts. In ihren Nachdichtungen der antiken Texte gelang es ihr sogar, wie Edith Mora lobend bemerkt, in einer einmaligen Weise den Rhythmus und die Struktur der sapphischen Strophe[66] zu imitieren.

Viviens Radikalität lag also nicht in der Form, sondern im Inhalt ihrer Texte. In ihren Gedichten schafft sie ein »frauenzentriertes Universum« (univers gynocentrique), wie Sanders schreibt, in dem es kaum männliche Personen gibt; ihre Welt ist bevölkert von Göttinnen, Liebhaberinnen, Heldinnen. Die großen Themen ihrer Lyrik sind, neben den Liebesgedichten, ihre Selbstwahrnehmung als Dichterin in einer von Unverständnis geprägten Umwelt und ihre spirituelle Suche. Während sie sich in der ersten Phase ihres Werkes positiv identifiziert mit der Welt Sapphos und ihrem Aphroditekult, sind die späteren Texte geprägt von der Revolte gegen den Gott des Alten Testaments und patriarchale Konzepte in anderen Religionen, schließlich von einer verzweifelten Suche nach Schutz im Angesicht des Todes.

Immer aber wendet sie sich mit ihren Texten, und das geschieht wohl tatsächlich seit Sappho zum ersten Mal, ausdrücklich an ein weibliches Publikum:

> Et, d'une voix parfois troublée et parfois claire,
> O femmes! j'ai chanté dans l'espoir de vous plaire.

> Und mit einer Stimme, die manchmal verwirrt, manchmal
> klar war,
> Oh Frauen! Habe ich gesungen, in der Hoffnung, euch zu
> gefallen.

## Natalie Barney 1909-1972:
## Das Leben einer Amazone

Als Renée Vivien 1909 starb, hatte Natalie Barney noch 63 Jahre eines erfüllten und wohl weitgehend glücklichen Lebens vor sich. Sie hatte noch zahlreiche kurze und längere Liebesbeziehungen, u. a. mit Elisabeth de Gramont, die wegen ihrer Sympathien für den Kommunismus die »rote

Herzogin« genannt wurde, und Dolly Wilde, der strahlend schönen, drogensüchtigen Nichte Oscar Wildes. Die längste Beziehung verband sie mit Romaine Brooks, einer amerikanischen Malerin, die zahlreiche, in gedämpften Farbtönen gehaltene Porträts ihrer Freundinnen anfertigte und uns damit eine einmalige Ahninnengalerie lesbischer Frauen der 20er und 30er Jahre hinterließ.

Seit dem Tod ihres Vaters (1902) konnten Natalie Barney und ihre Schwester frei über ihr riesiges Erbteil verfügen. Barney bezog ein großes Haus mit Garten in Neuilly, am vornehmen, rechten Seineufer, dort begann sie mit Gartenpartys und Dinereinladungen ihre Aktivitäten als Salonière. Zu den spektakulärsten Auftritten gehörten eine Tanzdarbietung von Mata Hari und eine erotische Pantomime mit Colette.

1910 machte sie die Bekanntschaft von René de Gourmont, einem der bekanntesten Pariser Intellektuellen seiner Zeit. Gourmont, 52 Jahre alt und durch eine Hautkrankheit stark entstellt, verliebte sich in die junge Amerikanerin, war hingerissen, wenn sie ihm gestattete, ihre Hand zu halten, und widmete ihr seine wöchentliche Kolumne im *Mercure de France* unter dem Titel »Briefe an die Amazone«. Mit dem Umzug in die Rue Jacob und ihrer durch Gourmont gewonnenen Berühmtheit konnte Barney den Kreis ihrer BesucherInnen erheblich erweitern, so dass im Laufe der Jahre die Gästeliste wahrlich beeindruckend wurde: Proust, Valéry, Rilke, Max Jacob, Paul Claudel, Isadora Duncan, James Joyce, Ezra Pound, Gertrude Stein, Adrienne Monnier, Margarete Radclyffe Hall, Janet Flanner, Hemingway, Marguerite Yourcenar … um nur einige zu nennen.

Während sich einige ihrer Freundinnen im 1. Weltkrieg als Ambulanzfahrerinnen engagierten, lehnte Barney jegliche Unterstützung der Kampfhandlungen ab. 1917 veranstaltete sie in ihrem Haus einen internationalen Frauenfriedenskongress; für sie war der Krieg die extremste Form männlicher Aggression. In den 20er Jahren gründete sie die »Académie des femmes« als Gegenstück zur damals noch ausschließlich Männern vorbehaltenen Académie française. Zu den Treffen kamen Frauen aus dem engeren Kreis der Salonbesucherinnen, u. a. Colette und Djuna Barnes.

In ihrem Feminismus war Barney entschieden, in ihrer allgemeinen politischen Einstellung dagegen weniger. Während des 2. Weltkriegs sympathisierte sie mit dem italienischen Faschismus und verbrachte zusammen mit Romaine Brooks sechs Jahre in einem vergleichsweise bequemen Exil in Florenz.[67] 1945 kehrte sie nach Paris zurück und versuchte mit ihrem wiedereröffneten Salon an das kulturelle Netzwerk der Vorkriegszeit anzuknüpfen. 1970 starb die 96-jährige Romaine Brooks in Nizza, zwei Jahre später Barney mit 95 Jahren – eine letzte Affäre der »Amazone« mit einer 30 Jahre jüngeren Frau hatte die beiden alten Damen in ihren letzten Lebensjahren noch entzweit.

Von ihrer eigenen umfangreichen literarischen Produktion wurden besonders Barneys Lebenserinnerungen, Porträts ihrer FreundInnen und ihre manchmal sehr witzigen, zugespitzten Epigramme beachtet. Wie ihr großes Vorbild Oscar Wilde behauptete sie: »Mein Leben ist mein eigentliches Werk, meine Texte sind nur das Ergebnis.«[68]

Dieser häufig zitierte Ausspruch wird stets als Beleg dafür genommen, dass sie ihre schriftstellerische Tätigkeit nicht sehr ernst nahm. Vielleicht war diese Haltung aber auch ihre persönliche Methode, sich frauenfeindlichen öffentlichen Reaktionen von vornherein zu entziehen, die, wie Virginie Sanders am Beispiel Renée Viviens so eindrucksvoll aufgezeigt hat, gegenüber ihren feministischen und lesbischen Positionen zu erwarten waren.

Wie anregend ihre Gedanken und Ideale aber für die Frauen ihrer Zeit waren, zeigt sich schon in den jahrelangen Freundschaften und dem brieflichen Austausch, den sie mit so bedeutenden lesbischen Schriftstellerinnen wie Djuna Barnes, Gertrude Stein (die sie lange brieflich umwerben musste, ehe sie bereit war, in ihrem Salon zu lesen) und später Marguerite Yourcenar unterhielt. Literarischen Niederschlag fand dieser Austausch u. a. in Djuna Barnes' höchst amüsanter Satire *Ladies Almanach* (1928) und in dem viel weniger bekannten Text »Mein weiblicher Bruder – Brief an die Amazone« (1932), in dem die russische Dichterin Marina Zwetajewa Natalie Barney mit »dem einzigen Schwachpunkt« konfrontiert, den die Frauenliebe ihrer Meinung nach hat: »[...] selbst wenn wir eines Tages ein Kind *ohne ihn* haben könnten, werden wir nie ein Kind von ihr haben, ein weibliches kleines Du, das wir lieben dürften.«[69] Ein interessantes Problem, das immer noch nicht gelöst ist.[70]

## Jemand wird sich, das glaube ich sicher, in Zukunft an uns erinnern[71]

»Ihr Leben ist ihr nicht gelungen, aber zum Ausgleich ist ihr, dank ihrer Kunst, ihr Nachleben geglückt«,[72] schrieb Natalie Barney in ihrer trockenen, oft aber sehr treffenden Art über Renée Vivien. Für die selbstzerstörerischen Elemente im Wesen ihrer Geliebten hatte Barney nie Verständnis, und ihre quälende Eifersucht war ihr sicherlich oft lästig – beides stand in diametralem Gegensatz zu ihrer eigenen Lebenseinstellung. Die Beziehung zwischen den beiden so unterschiedlichen Frauen konnte eigentlich nur scheitern. Durch das von ihren Biographen Jean Chalon und George Wickes (und durch ihre eigene Selbstdarstellung im Alter) geförderte Bild Natalie Barneys als große »Verführerin« scheint klar: auf der einen Seite die selbstbewusste, freiheitsliebende Herzensbrecherin, auf der anderen Seite die sensible und sich nach Treue sehnende Dichterin, das konnte ja nicht gutgehen. Natalie Barney war echter Liebe nicht fähig, davon war Renée Vivien schmerzlich überzeugt und hat es ihr auch immer wieder vorgeworfen.

Aber wie sah es mit ihrer eigenen Liebesfähigkeit aus? Und was verband die beiden Frauen wirklich? Die gründlich recherchierte Vivien-Biographie von Jean-Paul Goujon und die inzwischen umfangreichen Untersuchungen über die literarische Frauenszene des Paris der Wende ins 20. Jahrhundert und der 20er Jahre liefern Elemente zu einem anderen Bild.

Barney und Vivien hatten, über die anfängliche Attraktion hinausgehend, durchaus eine Menge Gemeinsamkeiten. Beide liebten sie die weibliche Schönheit in ihrer »weiblichsten« Form (lange Haare, schlanke Figuren, biegsame Körper, fließende Kleider, Blumen und Schmuck), und sie bestanden auf dem Recht der Frauen, diese Schönheit, wie es in den nachsapphischen Zeiten nur noch den Männern gestattet war, bewundern, genießen und besingen zu dürfen.

Beide lehnten sie die traditionelle Rolle der Ehefrau und Mutter vehement ab, sie sahen darin nicht nur eine massive Einschränkung weiblicher Freiheit, sondern geradezu eine Beleidigung fürs Auge, wie z. B. Barney in ihrem Gedicht *April* deutlich macht:

> Oh! Traurige Jahreszeit, wenn alles Früchte trägt
> Wenn die Liebe sich verformt nach den Gesetzen der
> Schwerkraft
> Wenn, nach dem Parfüm flüchtiger Nächte,
> Das Leben zu Prosa wird und die Frau zur Mutter![73]

Und sie teilten den Traum von einer Frauengemeinschaft, in der ebendie Liebe zur Schönheit die gemeinsame Basis und Verbindung sein sollte, eine Gemeinsamkeit, die stärker wäre als Besitzdenken und Eifersucht. Dass dies nicht nur Barneys Ziel war, sondern von Vivien ebenso angestrebt wurde, zeigt sich nicht nur in ihren Gedichten über Sappho und ihre Welt, sondern auch in glücklichen, gemeinsamen Erlebnissen. Die Einladung an Olive Custance, sich ihrer »Dichterinnenkolonie« anzuschließen, war durchaus in Viviens Sinne, und sie teilte Barneys Begeisterung für die begabte junge Kollegin. Und auch von der rothaarigen Schönheit Eva Palmers war sie bezaubert und genoss den Sommer in Maine, in dem die drei jungen Frauen zusammen durch die Wälder streiften, in Seen badeten, sich gegenseitig fotografierten (einige Schnappschüsse der nackten Grazien sind erhalten)[74] und begannen, sich für die Antike zu interessieren.

Und auch was die Ausschließlichkeit bzw. Offenheit von Beziehungen betraf, scheinen die beiden gar nicht so weit auseinanderzuliegen. Wie wir am Beispiel des aufregenden Mytilene-Sommers 1905 gesehen haben, gab es auch in Viviens Leben Phasen, in denen sie mehrere Beziehungen gleichzeitig führte (Goujon deutet noch einige andere solcher Verstrickungen an, über die aber nichts Genaues bekannt ist). Treu, im Sinne der einen, ausschließlichen Beziehung, war Vivien also auch nicht.

Warum erscheint es trotzdem so, als hätte die Liebe zwischen den beiden Frauen nicht gelingen können? Oder, wie Benstock schreibt, warum konnte Renée Vivien, unter allen Beziehungen Natalie Barneys »diejenige, die als Dichterin, Feministin und Geliebte dem sapphischen Ideal am engsten verbunden war«, dieses am wenigsten im Leben umsetzen?[75]

Soweit es heute bekannt ist – und vieles bleibt noch offen in Viviens Biographie –, lag das eigentliche Problem darin, dass Vivien es war, die in gewisser Weise nicht lieben konnte, was zunächst mal erstaunt bei einer Dichterin, die unzählige Liebesgedichte und -briefe verfasste. Ihre starke Neigung dazu, Beziehungen v. a. aus der Distanz zu führen, Gefühle da zu entwickeln, wo keine wirkliche Nähe und Erfüllung möglich waren, Begehren, wo sie es empfand, mit Schuldgefühlen in Verbindung zu bringen – dies alles deutet daraufhin, dass ihr Verhältnis zur Körperlichkeit, letztendlich zur Sexualität schwer gestört war, was sich dann ja in entsetzlicher, todbringender Weise in ihrer Anorexie manifestierte. Offensichtlich war es Natalie Barney vorübergehend gelungen, dieses Muster zu durchbrechen, aber der Sieg über die Selbstzerstörung war nicht von Dauer. »Ihr Leben«, so Barney, »war ein einziger langer Selbstmord, vor dem ich vergeblich versucht habe sie zu bewahren.«[76]

Wodurch Viviens Erkrankung ausgelöst wurde bzw. welcher der möglichen Auslöser letztlich ausschlaggebend war, darüber kann nur spekuliert werden (solche posthumen Psychologisierungen sind ja immer problematisch). Auffallend ist ihr angeschlagenes Selbstwertgefühl, ausgelöst durch das schlechte Verhältnis zur Mutter. Zeitlebens fürchtete sie, wegen ihrer Frauenbeziehungen von der Familie abgelehnt zu werden, so dass sie ihr Pariser Leben offensichtlich so weit wie möglich geheim hielt.[77] Auffallend ist auch ihr extremer Abscheu vor Männern und Heterosexualität, die sie z. B. im

Gedicht *Litanei des Hasses*[78] als »Brunft« bezeichnet (was möglicherweise auf sexuelle Übergriffe in ihrer Kindheit oder Jugend hindeutet). Eindeutig ist, dass sie die Kritik an ihrem Werk als brutalen Angriff auf ihre Person empfand – und dem nichts entgegenzusetzen hatte.

Manches in ihrer Geschichte erinnert an das Drama der Bildhauerin Camille Claudel, die ja auch als junge Künstlerin hoch gelobt und gefördert wurde, dann aber, als weitere Anerkennung und Erfolg ausblieben, ebenso verzweifelte und ihre Skulpturen eigenhändig zerstörte.[79] Sie stellte zum letzten Mal 1907 aus, im selben Jahr, in dem Renée Vivien ihre Bücher vom Markt nahm und sich damit aus der Öffentlichkeit zurückzog.

Überraschend bei Renée Vivien ist allerdings – denn darin unterscheidet sich ihr Leben ja grundlegend von dem Camille Claudels, die ganz auf Rodin gesetzt hatte –, dass sie aus der Begegnung mit Natalie Barney und dem gemeinsamen Projekt einer Frauengemeinschaft nicht mehr Kraft ziehen konnte. Wenn wir heute sehen, wie lebendig und vielfältig die »weibliche Subkultur«[80] war, die in und um Natalie Barneys Salon im Laufe der Jahre entstand, dann ist die Vorstellung bitter, dass Renée Vivien daran keinen Anteil mehr haben konnte. Für so viele literarisch und künstlerisch interessierte Frauen bot Paris damals, wie Benstock schreibt, »eine einzigartige und außergewöhnliche Welt«.[81] Und zu dieser Einzigartigkeit gehörte für viele auch, dass sie hier – fernab von der Kontrolle und Bevormundung durch ihre Elternhäuser – ihre Beziehungen zu Frauen ausleben konnten, in einer bis dahin ungeahnten Freiheit und Vielzahl an Formen, sei es als lebenslange »Ehe« wie Gertrude Stein und Alice B. Toklas, als dramatische »amour fou« wie Djuna Barnes und Thelma Wood, als innige, auf gemeinsamen geistigen Interessen gegründete Gemeinschaft wie die der beiden Buchhändlerinnen und Verlegerinnen Adrienne Monnier und Sylvia Beach oder als lesbische Phase in einem ansonsten eher heterosexuellen Leben wie die Beziehung zwischen der Schriftstellerin Colette und ihrer Partnerin Missy, Marquise de Belbeuf. »Paris war eine Frau« nannte die amerikanische Filmemacherin Andrea Weiss ihr Porträt dieser Zeit. Sie hätte es ebenso gut »Paris war eine Lesbe« nennen können.[82]

Sicherlich hätte Vivien in diesem Umfeld, das ja, als sie starb, gerade erst begann sich zu entwickeln, Resonanz und Anerkennung für ihr Werk gefunden und – wer weiß? (die Auswahl war ja groß genug) – vielleicht auch die Frau fürs Leben. Die Frage aber ist, ob es »nur« das war, was sie suchte.

In der intensiven Identifikation Renée Viviens mit Sappho und ihrer Welt ging es ihr nicht nur, so wichtig das auch war, um die Möglichkeit, die Liebe zwischen Frauen zu leben und auszudrücken. Was Vivien bei Sappho besonders faszinierte, war, dass sie als Dichterin, als frauenliebende Dichterin von einer Gesamtgesellschaft anerkannt und geachtet wurde. Mit den Hochzeitsgesängen auf der einen Seite, den kultischen Tänzen und Liedern auf der anderen Seite erfüllten Sappho und ihre Sängerinnen soziale und spirituelle Funktionen, sie hatten, um es modern auszudrücken, Anteil am gesellschaftlichen Diskurs. Wie stark Renée Vivien dies auch für sich anstrebte, zeigt ihre im späteren Werk deutlich werdende Suche nach einem kulturellen und religiösen Umfeld, in dem sie einen Platz finden könnte. Sie beschäftigte sich mit dem Buddhismus, mit nordischen Mythen, mit starken Frauenfiguren aus der christlichen und islamischen Mythologie (Lilith und Eblis). Wenige Tage vor ihrem Tod konvertierte sie, wie zuvor ihre Jugendfreundin Violette Shillito, zum Katholizismus, hoffentlich ein Trost für sie. Doch es steht zu befürchten, dass sie auch in dieser Religion nicht heimisch werden konnte, hatte sie doch Jesus in ihrem Gedicht *Ainsi je parlerai* erklärt:

Herr, dein strenges Gesetz war nie das meine,
Und so habe ich als eine einfache Heidin gelebt.
Die Sonne umgab mich mit ihren heftigsten Flammen,
Und die Liebe zog mich zur Schönheit der Frauen.
[...]
Vergib mir, die ich nur eine einfache Heidin war!
Lass mich nun, da der ersehnte Tod gekommen ist,
Zur einstigen Pracht zurückkehren und
Zu den Frauen, die dich nie gekannt haben![83]

So bleibt nur zu hoffen, dass Natalie Barney recht behalten wird und die Erinnerung an Renée Vivien, dank ihrer Gedichte, überlebt. 2009 jährte sich ihr Todestag zum 100. Mal, aus diesem Anlass wurden neue Publikationen zu Vivien angekündigt.[84] Im Internet findet sich inzwischen ihr gesamtes lyrisches Werk.[85]

## Anmerkungen

1 Unter www.ruevisconti.com findet sich im Internet eine ausführliche Darstellung der Geschichte des Freundschaftstempels, erstellt von einem Nachbarschaftskomitee, das sich seit langem für die Erhaltung der Gartenanlage und der Gebäude einsetzt. Ende der 60er Jahre musste Natalie Barney noch, kurz vor ihrem Tod, aus ihrem Haus ausziehen, da es von Michel Debré, dem damaligen Außenminister, gekauft worden war. Der begann dann, trotz zahlreicher Proteste, mit einschneidenden Umbaumaßnahmen, die dem Tempel viel von seinem ursprünglichen Charme nahmen. Eine Nutzung als Wohnraum, wie Debré es angestrebt hatte, konnte allerdings verhindert werden.

2 Chalon, S. 97 f.

3 Sylvia Beach 1982, zit. nach Busch, S. 73.

4 Busch, S. 84

5 Ebd., S. 89.

6 Ebd., S. 56.

7 Ebd., S. 286.

8 Barney 1960, S. 96. Alle Übersetzungen aus dem Französischen von Andrea Schweers.

9 Goujon 1986, S. 40.

10 Ebd. 1986, S. 55.

11 Ebd. 1986, S. 55.

12 Brief an Marie Charneau vom 21.5.1894, zit. in Goujon 1986, S. 73

13 Brief an Moullé vom 5.5.1894, zit. in Goujon 1986, S. 41.

14 Brief an A. Moullé, zit. bei Goujon 1986, S. 58.

15 Diese Information findet sich bei Thurman, S. 373. Judith Thurman übernimmt in ihrer umfangreichen Colette-Biographie das eher negative Bild, das Colette von Vivien vermittelt hat. Colette hatte weder Verständnis für Viviens Poesie noch für ihre Krankheit, wird aber im Zusammenhang mit Viviens letzten Lebensjahren häufig zitiert, da sie in direkter Nachbarschaft wohnte und Vivien auch häufig zusammen mit ihrem Mann Willy und später mit ihrer Geliebten Missy in Nizza besuchte.

16 Brief an Marie Charneau vom 21.5.1894, zit. bei Goujon 1986, S. 72.

17 »Privatier« bedeutet in beiden Fällen, dass sich diese Männer in jungen Jahren ganz bewusst gegen eine Berufstätigkeit oder irgendeine geschäftliche Verantwortung entschieden, indem sie die Betriebe, die ihre Väter bzw. Großväter aufgebaut hatten, verkauften und fortan nur noch von der Rendite ihres Vermögens lebten (bei John Tarn und seinem Bruder William war es ein großes Londoner Möbelhaus mit mehreren Filialen, bei Albert Clifford Barney ein Eisenbahnimperium, das an die Pullman-Schlafwagengesellschaft überging). Eine solche müßiggängerische Lebensweise war – in den entsprechenden Kreisen natürlich – im 19. Jahrhundert weit verbreitet und keineswegs auf die weiblichen Mitglieder der Familien beschränkt.

18 Busch, S. 71.

19 Wickes, S. 44.

20 Benstock, S. 286.

21 Barney 1960.

22 Ebd., S. 43.

23 Ebd., S. 45.

24 Aus dem Gedicht *Lassitude* (*Überdruss*), Vivien 2007, S. 91.

25 Zit. bei Goujon 1986, S. 117.

26 Aus dem Gedicht *Nudité* (*Nacktheit*), Vivien 2007, S. 26.

27 Aus dem Gedicht *Chanson*, Vivien 2007, S. 41.

28 Aus dem Gedicht *Victoire* (*Sieg*), Vivien 2007, S. 20.

29 Aus dem Gedicht *Ondine* (*Undine*), Vivien 2007, S. 19.

30 Aus dem Roman *Une femme m'apparut*, Vivien 1995, S. 53.

31 Aus dem Gedicht *Lucidité* (*Klarsicht*), Vivien 2007, S. 29.

32 Vivien 1995, S. 54.

33 Siehe Benstocks ausführliche Analyse der »Ästhetik der lesbischen Liebe« bei Natalie Barney. Benstock, S. 287 ff.

34 Brief an Natalie Barney, 11.3.1900, zit. bei Goujon 1986, S. 128.

35 Zit. bei Goujon 1986, S. 148.

36 Kenntnisse in Prosodie, also dem Wissen über die unterschiedlichen Längen von Sprechsilben, sind eine wichtige Voraussetzung zur Erstellung von Gedichten, bei denen klassische Versmaße berücksichtigt werden.

37 Ob Renée Vivien tatsächlich genügend Altgriechisch lernte, um Details der sehr bruchstückhaften Sapphofragmente zu erfassen, oder ob sie sich bei ihren Sapphoübertragungen auf Whartons Übersetzung (und evtl. andere) stützte, bleibt unklar. Wichtiger als philologische Genauigkeit waren für sie sicherlich die Gedanken und Assoziationen, die die Texte der antiken Dichterin bei ihr auslösten.

38 Vivien gab Manners-Sutton in ihrem Roman *Mir erschien eine Frau* (1904) die wenig schmeichelhafte Rolle des »Prostituierten«.

39 Brief an Charles-Brun vom 19.3.1901, zit. bei Goujon 1986, S. 164.

40 Titel im Original in Englisch, zuerst veröffentlicht in: Vivien, *Cendres et Poussières*, 1902, wiederveröffentlicht in Vivien 2007, S. 61 f.

41 Ich konnte nicht feststellen, ob der Veilchenstrauß am Revers, der in den 20er Jahren als Erkennungszeichen unter Lesben galt, auf Vivien zurückzuführen ist oder auf die Verbindung mit Sappho zurückgeht.

42 Brief an Barney vom 22.10.1901, zit. bei Goujon 1986, S. 182.

43 Aus dem Gedicht *Á l'heure des mains jointes*, zuerst erschienen 1906 in dem gleichnamigen Gedichtband, s. www.reneevivien.com.

44 Undatierter Brief an Barney, zit. bei Goujon 1986, S. 293.

45 Vivien verwendet gerne die antike Originalform des Namens. Auch dies zeigt, wie intensiv sie sich mit der Dichterin und ihrer Zeit beschäftigt hat.

46 Mora, S. 9.

47 Bei systematischen Ausgrabungen Ende des 19. Jahrhunderts, besonders in Oxyrrhinchus (Ägypten) wurden zum ersten Mal Papyrusreste gefunden, die Sapphotexte aus ihrer Zeit enthielten. Bis heute gibt es immer wieder solche für Archäologen spektakuläre Funde, s. die Kölner Veröffentlichungen von Michael Gronewald und Robert Daniel. Bericht von Hans Bernsdorff, »»Das beseufze ich oft …«. Antiker Papyrus neu gefunden: Sapphos Klage über das Alter«, *Forschung Frankfurt* 2/2007, S. 102-104.

48 »Immerhin hat seit Jahrtausenden wohl eine Tausendschaft sie zur lesbischen Liebe *verdammt*«, (Hervorhebung von mir, A. S.) schreibt noch 1978 Joachim Schickel im Vorwort zu seinem Band mit Sapphoübersetzungen (S. 82).

49 Mora, S. 402.

50 Zuerst erschienen in Vivien, *Sappho*, 1903. Nachgedruckt in Vivien, 2007, S. 128.

51 Mit »Tochter Zyperns« ist Aphrodite gemeint, für die damaligen LeserInnen eindeutig.

52 Die Fackeln des Hesperos sind hier ein Synonym für Sterne.

53 Paktis ist ein die Tänzerinnen begleitendes, harfenähnliches Instrument, dessen Erfindung auf Sappho zurückgeführt wird. Sein Klang galt als »erotisierend«.

54 Brief Vivien an Barney, zit. bei Goujon 1986, S. 320.

55 Salomon Reinach, ein Gelehrter und großer Bewunderer Renée Viviens, begann kurz nach ihrem Tod alle persönlichen Gegenstände und Unterlagen zu sammeln, derer er habhaft werden konnte. Er vermachte seine Sammlung der Bibliothèque nationale mit der Auflage, sie bis 2000 unter Verschluss zu halten, was die Vivienforschung der letzten Jahrzehnte enorm behinderte. Ich konnte bei

meinen Recherchen nicht feststellen, ob inzwischen an der Sichtung dieses Materials gearbeitet wird.

56  Goujon 1986, S. 379, zitiert bei Kalscheuer, S. 23.

57  Zit. bei Goujon 1986, S. 425.

58  *Épithaphe sur une Pierre tombale*, zit. bei Goujon 1986, S. 424.

59  Jean-Paul Goujon weist anhand verschiedener Textbeispiele nach, inwieweit die einzelnen Texte ganz oder überwiegend aus Viviens Feder stammen. Dasselbe gilt auch für Arbeiten, die Hélène de Zuylen unter ihrem eigenen Namen veröffentlichte. Auch hier sieht Goujon einen starken Einfluss bis hin zur versteckten Autorinnenschaft von Vivien. Die Annahme von Karla Jay, dass es sich bei Paule Riversdale möglicherweise um eine tatsächliche, dritte Person handelt, erscheint demgegenüber wenig wahrscheinlich. Vgl. Jay, S. 17 f.

60  Brief an Sansot, zit. bei Sanders, S. 414.

61  Barney 1960, S. 49.

62  Vgl. Sanders, 1991.

63  Sanders, S. 138.

64  Zuerst erschienen in *À l'heure des mains jointes*, 1906. s. www.renéevivien.com.

65  Sanders, S. 246.

66  Das sapphische Versmaß – drei Verse mit 11 Silben, ein Vers mit 5 Silben – wird allgemein als »Erfindung« der Dichterin von Lesbos angesehen. Es gibt jeder Strophe, durch die kurze letzte Zeile, eine ungewöhnliche Spannung, so wie ein in der Luft hängender Gedanke.

67  Diese Entwicklung ihrer politischen Einstellung macht Natalie Barney zu einer sehr umstrittenen Identifikationsfigur, s. hierzu den Aufsatz von Ulrike Janz.

68  Wickes, S. 48.

69  Zwetajewa, S. 28.

70  Siehe dazu den Text über Zwetajewa und Parnok von Diana Burgin in diesem Band.

71  Sappho, Übersetzung in Vivien 2007, S. 157.

72  Barney 1960, S. 94.

73  Natalie Barney: *Avril*, zit. nach Goujon 1986, S. 139.

74  Aus dieser Serie stammt wahrscheinlich eine häufig reproduzierte Aktaufnahme von Natalie Barney, sie liegt, ihr langes blondes Haar ausgebreitet, nackt auf dem Waldboden, umspielt vom Sonnenlicht, das durch die Bäume fällt, siehe Wickes.

75  Busch, S. 276.

76  Barney 1960, S. 94.

77  Goujon vermutet, dass Viviens englische Verwandtschaft ihre Gedichte bis zu ihrem Tod überhaupt nicht kannte!

78  Sanders, S. 40.

79  Vgl. Schweers 1992.

80  Busch, S. 76.
81  Busch, S. 17.
82  Weiss.
83  Auszug aus »Ainsi je parlerai«, zit. bei Goujon 1986, S. 408.
84  Zum Beispiel plant Nicole G. Albert, Dozentin am Centre Parisien d'Études Critiques, die Publikation eines Sammelbandes, angekündigt in: *Inverses* 8, 2008.
85  www.reneevivien.com (französische Originalversion); http://www.valkyria.ca/renee_vivien_page.html (englische Übersetzungen einiger Texte).

## Literatur

Leider sind die Gedichte von Renée Vivien bis jetzt nicht auf Deutsch erschienen und auch in der Originalversion schwer zugänglich. Lediglich die frühen Texte wurden in der letzten Zeit neu aufgelegt (s. Vivien 2007). Bei Virginie Sanders (1991) finden sich ausführliche und sehr interessante Analysen einiger Gedichte. Ansonsten ist das Gesamtwerk übers Internet zugänglich (s. www.reneevivien.com). Da die Webseite in Zusammenarbeit mit Jean-Paul Goujon, Viviens Biograph, erstellt wurde, ist sie wohl auch einigermaßen zuverlässig.

Meine in diesem Aufsatz wiedergegebenen Übersetzungen der Gedichte sind lediglich als Annäherungen zu verstehen, um den Leserinnen einen Eindruck vom Inhalt der Vivien'schen Lyrik zu vermitteln. A. S.

Barnes, Djuna. 1985 [1928]. *Ladies Almanach*. Aus dem am. Engl. von Karin Kersten. Nachwort von Brigitte Siebrasse. Berlin.

Barney, Natalie Clifford. 1960. *Souvenirs indiscrets*. Paris.

—. 1988 [1904]. *Meine Geliebte / My mistress* [= The Woman I Live With]. Dt. von Brigitte Siebrasse. Bremen.

—. 1996 [1939]. *Nouvelles Pensées de l'Amazone*. Paris.

Beach, Sylvia. 1982. *Shakespeare and Company: Ein Buchladen in Paris*. Aus dem am. Engl. von Lilly v. Sauter. Frankfurt/M.

Baudelaire, Charles. 1994 [1861]. *Les Fleurs du Mal*. Paris.

Benstock, Shari. 1987 [1976]. *Femmes de la Rive Gauche: Paris, 1900-1940*. (*Women of the Left Bank*). Aus dem Englischen von Jacqueline Carnaud u. a. Paris.

Bonnet, Marie-Jo. 1981. *Un choix sans équivoque: Recherches historiques sur les relations amoureuses entre les femmes XVIᵉ-XXᵉ siècle*. Paris.

Busch, Alexandra. 1989. *Ladies of Fashion: Djuna Barnes, Natalie Barney und das Paris der 20er Jahre*. Bielefeld.

Chalon, Jean. 1980 [1976]. *Porträt einer Verführerin: Die Biographie der Natalie Barney. (Portrait d'une séductrice)*. Aus dem Französischen von Helmut Kossodo. Reinbek.

*Dossier Lucie Delarue-Mardrus*. in: *Inverses: Littératures, Arts & Homosexualités*. (8/2008). Châtillon.

Eigenbrodt, Karl-Wilhelm. 1954. *Sappho*. Übertr. v. Karl-Wilhelm Eigenbrodt. Mainz.

Giebel, Marion. 1980. *Sappho*. Reinbek.

Goujon, Jean-Paul. 1983. *Correspondances croisées: Pierre Louÿs, Natalie Clifford-Barney, Renée Vivien*. Muizon.

—. 1986. *Tes blessures sont plus douces que leurs caresses: Vie de Renée Vivien*. Paris.

Hall, Radclyffe. 1991 [1928]. *Quell der Einsamkeit (The Well of Loneliness)*. Aus dem Englischen v. Rudolf Harms. Mit einem Nachwort von Susanne Amrain. Göttingen.

Janz, Ulrike. 1991. »(K)eine von uns? Vom schwierigen Umgang mit ›zwiespältigen Ahninnen‹«. In: *Das verlorene Wir? Ihrsinn: eine radikalfeministische Lesbenzeitschrift*. 3/91, S. 24-39.

Jay, Karla. 1988. *The Amazon and the Page: Natalie Clifford Barney and Renée Vivien*. Bloomington/Indianapolis.

Kalscheuer, Claudia. 1995. Vorwort zu Vivien, Renée. 1995 [1904]. *Mir erschien eine Frau. (Une femme m'apparut)*. Göttingen.

Lorenz, Paul. 1977. *Sapho 1900: Renée Vivien*. Paris.

Millan, Gordon. 1979. *Pierre Louÿs ou le culte de l'amitié*. Aix-en-Provence.

Mora, Édith. 1966. *Sappho: Histoire d'un poète et traduction intégrale de l'œuvre*. Paris.

Sanders, Virginie. 1991. »*Vertigineusement, j'allais vers les Etoiles*«: *La poésie de Renée Vivien*. Amsterdam.

Sappho 1978. *Sappho Strophen und Verse*. Übersetzt und herausgegeben von Joachim Schickel. Frankfurt a. M.

Schweers, Andrea. 1992. »Camille Claudel (1864-1943): Begegnung mit einer Vergessenen«. In Sibylle Duda u. Luise F. Pusch. Hg. 1992. *WahnsinnsFrauen*. Bd. 1. Frankfurt a. M., S. 146-173.

Stromberg, Kyra. 1989. *Djuna Barnes: Leben und Werk einer Extravaganten*. Berlin.

Thurman, Judith. 2001 [1999]. *Colette: Roman ihres Lebens*. Berlin.

Treu, Max. (o.J.). *Sappho: Griechisch und deutsch*. München.

Vivien, Renée. 1981 [1904]. *Die Dame mit der Wölfin. (La Dame à la louve)*. Aus dem Französischen und mit einem Nachwort von Micheline Poli und Bettina Schäfer. Berlin.

—. 1995 [1904]. *Mir erschien eine Frau. (Une femme m'apparut)*. Aus d. Frz. und mit einem Vorwort von Claudia Kalscheuer. Göttingen.

—. 2007. *Œuvre poétique 1901-1903*. Paris.

Weiss, Andrea. 1996 [1995]. *Paris war eine Frau: Die Frauen von der Left Bank.* Aus dem Englischen v. Susanne Goerdt. Reinbek.

Williamson, Margaret. 1995. *Sappho's Immortal Daughters.* Cambridge (Mass.).

Wickes, George. 1977 [1976]. *The Amazon of Letters: The Life and Loves of Natalie Barney.* London.

Zwetajewa, Marina. 1985 [1979]. *Mein weiblicher Bruder: Brief an die Amazone. (Mon frère féminin).* Aus den Französischen und mit einem Nachwort von Ralph Dutli. München.

www.reneevivien.com/vie.html
http://www.ruevisconti.com/index.html (Temple à l'Amitié)
http://www.valkyria.ca/renee_vivien_page.html

# Duell zweier Willen

## Sophia Parnok (1885-1933) und Marina Zwetajewa (1892-1941)

*von*

*Diana Lewis Burgin*

Als die beiden russischen Dichterinnen Sophia Parnok und Marina Zwetajewa sich im Herbst 1914 kennenlernten und ineinander verliebten, war Parnok, damals als Dichterin kaum ein Begriff, eine 29-jährige Journalistin, geschieden, eine Müßiggängerin, der »sapphische Vorlieben« nachgesagt wurden, und Marina Zwetajewa, die kurz zuvor ihren ersten Gedichtband veröffentlicht hatte, eine verheiratete Frau von 22 Jahren mit einer kleinen Tochter, der rebellische Liebling der Moskauer Intelligenzija.

In mancher Hinsicht war Parnoks und Zwetajewas kurze, aber berühmt-berüchtigte Liebesaffäre – die beiden lebten ihre Liebe öffentlich, ja sie trugen sie stolz zur Schau – typisch für das Silberne Zeitalter der russischen Kultur (1893-1917), eine Zeit des Experimentierens, des Modernismus und der Dekadenz in den Künsten und KünstlerInnenkreisen, als Lesben (zumindest im Baudelaire'schen Sinne der »femmes damnées«) der letzte Schrei waren. Eine Zeitgenossin erinnert sich, Parnok und Zwetajewa auf »zwei sehr seltsamen Partys« in der Moskauer Wohnung Julia Weisbergs (Parnoks Freundin) und ihres Mannes Andrej Rimskij-Korsakow (Sohn des Komponisten) gesehen zu haben. Ihre ikonische Beschreibung der beiden Liebenden ist kulturell aufschlussreich: »Die beiden saßen eng umschlungen und zogen abwechselnd an derselben Zigarette. Für mich war Zwetajewa damals *une lesbienne classique.* Welche von ihnen dominierte? Was hatte Sophia Parnok geschrieben? Ich weiß es nicht.«[1]

Die Wahrnehmung der Zuschauerin ist durch das Stereotyp der Dekadenz geprägt, dem zufolge lesbische Beziehungen dem Modell dominant/unterwürfig (männlich/weiblich) folgen. Ironischerweise beschäftigt sich Zwetajewa selbst in einem Gedicht, das ihre erste Liebeserfahrung mit einer Frau beschreibt, mit derselben Frage: Wer spielt welchen Part (s. u.)? Die Memoirenschreiberin macht klar, dass Parnok in der Gesellschaft eher als sapphisch (lesbisch) denn als Sappho bekannt war; sie setzt sie als Dichterin herab und deutet an, dass sie möglicherweise gar nichts geschrieben hat. Die bekanntere Dichterin, Zwetajewa, wird als »klassische Lesbierin« im Sinne der französischen Literatur wahrgenommen, sophisticated, fremdartig, mondän. Zwetajewas »klassischer Lesbianismus« ist allerdings beschränkt auf »damals« und gilt nur in den Augen der Betrachterin, womit zugleich gesagt wird, dass die große russische Dichterin, Marina Zwetajewa, keine richtige Lesbe war, weder damals noch überhaupt – sie machte nur eine Phase durch. Tatsächlich jedoch hielt Zwetajewa sich für bisexuell und hatte ihr Leben lang intensive Beziehungen mit Frauen. Ihre einzige nachweisbare sexuelle Beziehung mit einer Frau aber war anscheinend ihre Leidenschaft für und vielleicht Hassliebe zu Sophia Parnok.

Obwohl sehr unterschiedlicher Herkunft, hatten die beiden viel gemeinsam, sie hätten als füreinander bestimmt gelten können, für romantische Gemüter wie es die Liebenden sicherlich selbst waren, sogar in tragischer Weise.

Parnok entstammte der jüdischen Intelligenz der Provinz. Sie wuchs auf in ihrer Geburtsstadt Taganrog (Tschechows Heimatstadt), in der große Teile der Bevölkerung jüdischer oder nichtrussischer Abstammung waren.

Parnoks Mutter war Ärztin (eine der ersten in Russland), ihr Vater Apotheker und Besitzer einer Apotheke. Die Dichterin war die älteste von drei Kindern (aus der zweiten Ehe ihres Vaters hatte sie später noch eine Halbschwester). Parnok wuchs in einem gebildeten Haushalt auf, seit ihrer Kindheit sprach sie fließend Deutsch und Französisch; sie bekam

Marina Zwetajewa,
ca. 1914

Sophia Parnok,
ca. 1907/1908

Musikunterricht und erwog sogar eine musikalische Lauf-
bahn. Sie besuchte das Mariinsky-Gymnasium in Taganrog
und bekam 1903 zum Abschluss eine Goldmedaille. Ihr Lesbischsein machte sich in ihrer Pubertät bemerkbar und wurde
eines der Hauptthemen ihrer frühen (noch unveröffentlichten) Gedichte. Etwa um dieselbe Zeit starb Parnoks Mutter,
und ihr Vater heiratete bald wieder. Parnok vertrug sich weder mit ihrer Stiefmutter noch mit ihrem Vater.

1905, kurz nach dem Schulabschluss, verließ sie Taganrog
mit ihrer Geliebten, einer Schauspielerin. Aus Geldmangel
musste sie aber im folgenden Jahr dorthin zurückkehren.
Das Leben im Haus ihres Vaters wurde ihr jedoch bald unerträglich, und 1907 willigte Parnok in eine Ehe mit ihrem
Freund und literarischen Berater Vladimir Wolkenshtein
(1883-1974) ein, der sie offenbar liebte, obwohl er wusste,
dass seine Frau lesbisch war, und dies, wie es heißt, »akzeptierte«. Als Parnok feststellte, dass sie keine Kinder bekommen konnte und dass darüber hinaus ihr Ehemann ihre lesbischen Beziehungen nicht so tolerierte, wie er behauptete, traf
sie die kühne Entscheidung, ihn zu verlassen. Nach Monaten
erbitterten Feilschens, während deren Wolkenshtein drohte,
Parnoks jüngeren Geschwistern die lesbischen Verirrungen
seiner Frau kundzutun, willigte er schließlich in die Scheidung ein.

Die nächsten sieben Jahre lebte und arbeitete Parnok in
Moskau und verdiente ihren Lebensunterhalt als Journalistin,
Librettistin und Dichterin. Sie litt an verschiedenen chroni-
schen Krankheiten: Herzrasen, Migräne, Darmbeschwerden,
Stimmungsschwankungen – alles Symptome einer schweren
Erkrankung der Schilddrüse. Trotzdem führte sie ein freneti-
sches und ungezügeltes Lesbenleben und hatte mehrere Be-
ziehungen mit Frauen aller Schichten, von der Halbwelt bis
zur High Society. Ihre wichtigste Beziehung vor Zwetajewa
war die zu Iraida Albrecht, einer reichen Dame der Moskauer
Gesellschaft, bei der sie sich 1913 niederließ. Die beiden
Frauen kamen kurz nach Beginn des 1. Weltkriegs gerade
von einer Europareise zurück, wenige Monate bevor Parnok
Zwetajewa kennenlernte.

Marina Zwetajewa, die zu den vier größten russischen DichterInnen des 20. Jahrhunderts zählt, wurde in eine angesehene Familie der Moskauer Intelligenzija hineingeboren. Ihr Vater war Kunstprofessor und Gelehrter, der Begründer des Puschkin-Museums in Moskau, und ihre Mutter, Maria Mein, war eine begabte Pianistin polnischer Herkunft, die aus Rücksicht auf ihren Vater eine Karriere als Konzertpianistin aufgegeben hatte. Iwan Zwetajew war ein Witwer mit sieben Kindern, und Maria war nicht in ihn verliebt, aber sie nahm seinen Heiratsantrag an, weil ihr Vater den Mann, den sie eigentlich liebte, nicht akzeptierte. Vielleicht weil ihre eigenen Hoffnungen auf eine Konzertkarriere vereitelt worden waren, beschloss sie, aus ihrer Erstgeborenen eine Pianistin zu machen, und das frühreife kleine Mädchen bekam Klavierunterricht, als sie vier Jahre alt war. Marina hatte aber weder Liebe noch Eignung für das Klavier, stattdessen zeigte sie schon früh eine Naturbegabung für den Umgang mit Wörtern und begann, Gedichte zu schreiben. Das meiste verbarg sie vor ihrer Mutter und übte jeden Tag brav zwei Stunden Klavier.

Als Kind war Marina fasziniert von ihrer strengen, begabten und »tragisch-romantisch« umwehten Mutter, aber sie wuchs in dem Glauben auf, ihre Mutter hätte die jüngere Schwester Anastasia lieber als sie und einen Sohn hätte sie bestimmt beiden Mädchen vorgezogen. Maria Zwetajewa litt an Tuberkulose, der sie schließlich erlag, als Marina zwölf war. Sowie ihre Mutter gestorben war, gab Marina das Klavier auf und rührte es nie wieder an.

Zwetajewa erhielt eine exzellente Erziehung durch Gouvernanten und durch ihre Mutter. Wie die meisten Kinder aus Familien der Intelligenzija sprach sie fließend Französisch und Deutsch. Sie ging in Europa auf Internate, wenn ihre Mutter sich in wärmeren Gegenden aufhalten musste, sie besuchte auch verschiedene Gymnasien in Moskau, aber sie war eine wenig engagierte Schülerin, und so blieb ihre Bildung bruchstückhaft. Die Dichtung bedeutete ihr alles, und in gewisser Weise opferte sie alles im Leben ihrer Berufung, nicht ohne sich jedoch immerfort zu beklagen, wie viel Zeit und Energie ihr durch den Alltag vom Schreiben abgingen.

Zwetajewa zeigte von Kindheit an eine Neigung für ihr eigenes Geschlecht und hatte lebenslang viele intensive Verliebtheiten in Frauen (und Männer). Besonders mochte sie Liebesgeschichten in Briefen, und es ist nicht unwahrscheinlich, dass sie in die Liebe mehr verliebt war als in eine/n ihrer Geliebten. Die wichtigsten Ausnahmen waren ihr Ehemann, Sergej Efron, den sie mit 18 Jahren heiratete und dem sie lebenslang treu blieb (wenn auch nicht sexuell), und Sophia Parnok, in die sie sich als junge Mutter von 22 Jahren verliebte und der sie nach ihrer kurzen Affäre im Ressentiment verbunden blieb, ebenfalls lebenslang.

Von Anfang an gingen Parnok und Zwetajewa miteinander um, als ob zwei Willen ein Duell miteinander ausföchten. Den Streit schienen sie genauso zu genießen wie die Versöhnung. Obwohl über die Affäre der beiden Frauen in der Moskauer Literaturszene viel und gern geklatscht wurde, ist doch die wichtigste Quelle dazu – besonders über die intensiven Gefühle, die ihre Liebe in beiden hervorrief – das, was die Liebenden selbst in ihren Gedichten über einander sagten und imaginierten. Zwetajewas Gedichte über Parnok sind überwiegend in dem Gedichtzyklus *Freundin [Podruga]* versammelt, der gleichzeitig mit den darin thematisierten Ereignissen entstand, aber erst in den 1980er Jahren veröffentlicht wurde. Parnoks Gedichte über Zwetajewa finden sich in ihrer ersten Gedichtsammlung *Gedichte* von 1916, die erschien, als die Liebesgeschichte soeben zu Ende war. Als Zwetajewa 1934 ihre äußerst eigenwillige und bahnbrechende, wenn auch ärgerliche Abhandlung über lesbische Liebe, *Lettre à l'Amazone*, schrieb, stützte sie ihr Modell der »typischen« lesbischen Liebesbeziehung auf eine verallgemeinerte, aber leicht erkennbare Interpretation ihrer Liebesaffäre mit Parnok.

Diese Liebesgeschichte begann Mitte Oktober 1914 bei einer Abendgesellschaft in Moskau, zu der Adelaida Gertsyk-Schukowsky geladen hatte, eine Dichterin und Übersetzerin, die sowohl mit Zwetajewa als auch mit Parnok eng befreundet war. Im zehnten Gedicht ihres Zyklus *Freundin*, der ursprünglich Parnok gewidmet war, erinnert sich Zwetajewa, wie Parnok Gertsyks Salon betritt, sie trug eine »einfache schwarze Strickjacke mit einem breiten Kragen«. »Im Kamin knisterte ein Feuer, es duftete nach Tee und dem Parfüm *White Rose*«. Adelaida ging zu Parnok hinüber, die sich erhob, »den Kopf leicht geneigt, einen Finger an den Mund gelegt« – eine für sie typische Geste. Während sie sich erhob, fiel ihr Blick auf eine junge Frau mit kurzen blonden Locken in einem Kleid aus goldfarbener Seide, die aufstand, um sie »mit einer ungezwungenen Bewegung« zu begrüßen. Dies war die junge Dichterin und Mutter Marina Zwetajewa.

Andere Gäste umringten sie, und jemand scherzte: »Machen Sie sich miteinander bekannt, meine Herren!« Parnok streckte die Hand aus, »ein Stück Eis, das liebevoll auf Marinas Handfläche verweilte«. Als Zwetajewa einen ironischen Blick von einem der Gäste auffing, der sie aus den Augenwinkeln beobachtete, setzte sie sich vornübergebeugt in einen Lehnstuhl und begann nervös an ihrem Ehering zu drehen. Dann nahm Parnok eine Zigarette aus dem Etui, und Zwetajewa schlüpfte instinktiv in die höfische Rolle und gab ihrer Dame Feuer. Später am Abend, erinnert sich Zwetajewa, stieß sie mit Parnok über einer blauen Vase an. Während sie einander zuprosteten und ihre Blicke sich ineinander verhakten, dachte sie bei sich: »Oh, sei mein Orest!« Spontan nahm sie eine Blume aus der Vase und überreichte sie Parnok.

Zwetajewa blieb sich der Anwesenheit Parnoks den ganzen Abend äußerst bewusst. Einmal, als sie Parnoks sanftes, tiefes, kehliges Lachen in der Nähe hörte, fragte sie sich, ob Sophia Jakowlewna vielleicht über eine ihrer witzigen Bemerkungen lachte. Sie sah zu ihr hin und beobachtete, wie »Parnok langsam ein Taschentuch aus ihrer schwarzen Wildledertasche zog und es zu Boden fallen ließ«. Zwetajewa schrieb später, »Parnoks machtliebende Stirn unter dem Gewicht eines rötlichen Helms« von Haaren habe sie fasziniert. Sie nannte sie »weder Frau noch Junge, sondern ein Wesen, das stärker war als ich!«. In *Freundin* zeichnet Zwetajewa sich selbst als Jungen, als Pagen und höfischen Liebhaber eines mächtigen Wesens von unklarer Geschlechtszugehörigkeit; sie sieht sich als Ritter, der heroische, romantische und tollkühne Taten vollbringen möchte, um die Gunst seiner »dark Lady« zu gewinnen. Gleichzeitig schätzte Zwetajewa das reine »spartanische Kind« in sich, und ihre intensive Leidenschaft für Parnok schien dies strenge und disziplinierte Selbstbild zu bedrohen.

Parnoks Gefühle für Zwetajewa kristallisierten sich nicht so schnell heraus und kamen erst später zum Ausdruck. Sie erkannte und liebte sofort die Begabung der Jüngeren, hegte und pflegte sie und hörte nie auf sie zu lieben. Die weniger großzügigen Anteile ihres Charakters werden die Jüngere um ihre poetische Gabe beneidet haben, aber es gelang Parnok, den Neid unter Kontrolle zu halten, und sie unterließ es, mit Zwetajewa in der poetischen Arena direkt zu konkurrieren. Marina war die zweite (und letzte) DichterIn, mit der Parnok eine intime Beziehung hatte, und die einzige Dichterin, in die sie je verliebt war. In der Ehe mit Wolkenshtein hatte es sie schließlich gelangweilt, »die Rolle der Muse zu spielen«, und sie gab zu, dass sie »den Part sehr schlecht gespielt hatte, ohne Inspiration oder Nutzen, kurz, [sie] hatte in der Rolle versagt«.[2] Für Zwetajewa jedoch spielte Parnok die Muse, und zwar hervorragend: Sie inspirierte ihre »Bettina Arnim« – wie sie Zwetajewa in einem Gedicht nennt – zu neuen kreativen Leistungen und entlockte ihr so einige ihrer besten frühen Gedichte. Gleichzeitig begann sie, allmählich, selbst mehr zu schreiben, besonders im Jahr 1915. Zwar vermied oder neutralisierte sie ein »Duell zweier Willen« (Zwetajewas Ausdruck) auf dem Gebiet der Lyrik, auf dem Gebiet der Sexualität jedoch nahm Parnok die Herausforderung an und gewann das Duell mit Bravour und unverhohlenem Stolz.

So brachten die Frauen einander dazu, aus ihren selbstauferlegten Schablonen auszubrechen: Sie zwangen einander, Risiken einzugehen. Eine derartige Risikofreudigkeit konnte unmöglich zu einer reibungslosen Beziehung führen. Tatsächlich war ihre Liebesgeschichte ein Erdbeben, dessen Nachbeben weit länger anhielten als die erste Eruption. Zwetajewa fühlte und leugnete die Nachbeben bis an ihr Lebensende (1941) mit viel stärkerem Einsatz, als sie ihn für ihre Liebe je aufgebracht hatte. Und Parnok realisierte die kreative Saat der Liebe Zwetajewas erst während der letzten anderthalb Jahre ihres Lebens (1932-33).

Weniger als zwei Wochen nach ihrer Begegnung bei den Gertsyk-Schukowskys wurden die beiden Frauen ein Paar. Offenbar war dies für Zwetajewa das erste Mal mit einer Frau; es passierte in ihrem Haus am Boris-und-Gleb-Weg und – so das lyrische Zeugnis – im Beisein ihrer sibirischen Katze. Die so gänzlich neue Erfahrung beunruhigte sie, sie wußte nicht, wie sie sie nennen sollte, und fragte sich, ob überhaupt Liebe im Spiel war. Die heterosexuellen Rollen, die sie gewohnt war, galten nicht mehr, alles, schrieb sie, war auf dämonische Art umgedreht. Es war ihr vorgekommen wie ein »Duell zweier Willen«, aber sie hatte keine Ahnung, wer gewonnen hatte. Sie empfand Reue und wollte doch zugleich mehr:

> Und doch, was geschah eigentlich?
> Was bereue – und wünsche – ich so sehr?
> Und ich weiß nicht: Habe ich erobert?
> Wurde ich überwältigt? (*Freundin* Nr. 2)

Am nächsten Tag hatten sich ihre Gefühle geklärt. Sie war »wieder nüchtern«, »hatte sich beruhigt« und konnte wieder atmen. Daraus schloss sie, dass ihr Herz »bereits die zärtliche Kunst des Vergessens gemeistert hatte« (*Freundin* Nr. 3). Am nächsten Abend, »zwischen sieben und acht«, sah Zwetajewa Parnok und »eine andere Frau« (Iraida Albrecht) »Auge in Auge und Pelz an Pelz« in einem Schlitten vorbeisausen. Es schien ihr, dass diese andere Frau »jemand war, die begehrt und teuer war, stärker begehrt« als sie selbst, aber sie akzeptierte dies als Teil der natürlichen Ordnung des Märchentraums, den sie erlebte, als wäre sie der »kleine Kai, fast zu Tode gefroren« im Banne ihrer »Schneekönigin« (*Freundin* Nr. 5).

Mitte Dezember war die Affäre eskaliert. Parnok zerstritt sich mit Albrecht, zog aus der gemeinsamen Wohnung aus und mietete sich ein Zimmer in der Nähe des Arbat. Kurz darauf verreiste Zwetajewa für ein paar Tage mit Parnok, ohne ihren FreundInnen oder ihrer Familie zu sagen, wohin. Dies verursachte einige Beunruhigung, besonders für Jelena Woloschina, genannt »Pra«, die Mutter des Dichters Maximilian Woloschin. Pra, die »mit Baßstimme sprach und Männerkleidung trug«, wie sich eine Memoirenschreiberin ausdrückte,[3] kannte Zwetajewa seit Jahren und hütete sie wie eine eifersüchtige Mutter. Woloschina wohnte damals in Moskau, nicht weit von den Gertsyks, und war das Haupt einer Wohngemeinschaft von Freigeistern, jungen KünstlerInnen und SchriftstellerInnen.

Wie die meisten FreundInnen Zwetajewas stand Pra Parnok feindselig gegenüber. Sie hielt Zwetajewa für das hilflose Opfer eines bösen Zaubers, den die notorische lesbische Verführerin über sie ausübte. Ende Dezember schrieb sie an eine Freundin: »Was Marina betrifft, so steht es beängstigend: ihre Affäre ist jetzt tödlicher Ernst. Sie ist mit Sonja[4] für ein paar Tage verreist und hat daraus ein riesiges Geheimnis gemacht. All das beunruhigt mich und Lisa [Zwetajewas Schwägerin] sehr, aber wir haben nicht die Macht, diesen Zauber zu brechen.«[5]

Zwetajewa und Parnok waren in die mittelalterliche Stadt Rostow am Nerosee gefahren und hatten dort einen wunderbaren Tag auf dem Weihnachtsmarkt verbracht, Andenken gekauft und sich den Bauch mit ungesüßten Waffeln vollgeschlagen, »Moskauer Mädchen«, die von den Bauersfrauen mit offenen Mündern angestaunt wurden. Als die Menge sich zerstreute, erkundeten die Freundinnen eine nahe gelegene alte Kirche. Parnok, die unter dem Einfluss von Adelaida Gertsyk 1909 zum russisch-orthodoxen Glauben übergetreten war, konnte ihre Augen nicht von einer kunstvoll gerahmten Muttergottes-Ikone losreißen und stieß hervor: »Oh, ich muss sie haben!« In einem typischen Anfall von Tollkühnheit versprach Zwetajewa ihrer Geliebten, sie »würde die Ikone stehlen« für sie, »noch diese Nacht«.

Gegen Sonnenuntergang stapften die Freundinnen in seliger Hochstimmung »wie Geburtstagskinder« durch den

Eingang ihrer Klosterherberge. Sie beendeten den Tag mit Kartenlegen auf ihrem Zimmer. Als Zwetajewa dreimal nacheinander den Herzkönig gezogen hatte, wurde Parnok »zornig«. Erregt durch das Spiel, stellte Parnok sich vor ihr »kleines Mädchen« (ein gebräuchlicher russischer Kosename) hin, nahm ihren lockigen Bubikopf zwischen beide Hände, drückte ihn zärtlich und liebkoste und küsste jede einzelne Locke. Später zog Marina schläfrig ihre Wange über die Finger ihrer Geliebten, die dazu Liebesworte flüsterte und sie sanft neckte, sie sei ein Junge – und genau so gefiele sie ihr.[6]

Die Liebesgeschichte scheint den Höhepunkt in der ersten Hälfte des neuen Jahres (1915) erreicht zu haben. Das Zusammensein mit Zwetajewa brachte Parnok, deren Muse über ein Jahr lang geschwiegen hatte, endlich wieder dazu, Gedichte zu schreiben, und zum ersten Mal seit ihrer Kindheit datierte sie ihre Gedichte wieder genau. Es war eine für ihre Kreativität förderliche Rückbesinnung auf eigene Erlebnisse, die für Parnok schon immer der Ursprung ihrer besten Gedichte waren und bleiben sollten.

Parnok war stolz auf ihre dichtende Geliebte und stellte sie ihren anderen FreundInnen und KollegInnen vor, z. B. Sophia Tschatskina und Jakow Saker, den HerausgeberInnen der Petersburger Zeitschrift *Annalen des Nordens*, für die Parnok als Rezensentin arbeitete. Ab Januar 1915 wurde diese Zeitschrift der Hauptabnehmer für Zwetajewas vorrevolutionäre Lyrik. Da sie ungern Geld für ihre Arbeiten nahm (sie konnte es sich leisten, anders als Parnok, die für ihren Lebensunterhalt schreiben musste), bezahlten Tschatskina und Saker Zwetajewa mit Geschenken und Einladungen.

Im Winter kam Parnoks Schwester Lisa, ebenfalls Schriftstellerin, nach Moskau. Sie mieteten sich zwei Zimmer am Chlebny-Weg, gleich um die Ecke von Zwetajewas schönem Haus am Boris-und-Gleb-Weg. Zwetajewas Mann hatte sich freiwillig als Sanitäter gemeldet und war an der Front.

Marina besuchte Sonja fast täglich; manchmal gesellten sich andere Lyrikerinnen zu ihnen in ihrem Cercle für zwanglose Dichterinnenlesungen. Lisa zufolge dachte Zwetajewa wenig an ihren Mann oder ihre Tochter (aus Lisas *Er-*

*innerungen*, die sie als ältere Frau verfasste). Manchmal nahm Zwetajewa ihre frühreife kleine Tochter Alja mit zu Parnok, wie sich Ariadne Efron selbst Jahre später erinnert, wobei sie allerdings die wahre Natur der lesbischen Beziehung eher ausblendet oder verschleiert: »Mama hatte eine Freundin, Sonja Parnok – sie schrieb auch Gedichte, und Mama und ich gingen sie manchmal besuchen. Mama las Sonja ihre Gedichte vor, Sonja las Mama ihre Gedichte vor, und ich saß auf einem Stuhl und wartete darauf, dass sie mir den Affen zeigte. Denn Sonja Parnok hatte einen richtigen lebendigen Affen, der im anderen Zimmer wohnte und an einer Kette gehalten wurde.«[7]

Zwetajewa verbrachte den Winter 1915 in lyrischer Versenkung in Parnok – im Januar allein schrieb sie für *Freundin* drei ekstatische Gedichte über ihre neue Liebe. Vielleicht entstammt diesem Winterrausch Zwetajewas unerfüllbarer, wenngleich emotional verständlicher Wunsch, mit Parnok ein Kind zu haben. Sie erklärte sich ihre unmögliche Sehnsucht als Ausdruck ihres normalen mütterlichen Empfindens, aber es ist leicht zu sehen, dass sie einfach Schuldgefühle empfand wegen der Lust, die ihre »abnorme« Liebe ihr brachte.

Fast zwanzig Jahre später, als sie in der Emigration in einer Pariser Vorstadt lebte, schrieb Zwetajewa ihre theoretische Epistel über lesbische Beziehungen, *Lettre à l'Amazone* (1934).[8] Dies einzigartige Werk hatte zwei Adressatinnen und war eine zweizackige Liebesrache an zwei Frauen, von denen Zwetajewa sich in sehr unterschiedlicher Weise verschmäht fühlte. Die erste, äußerliche Adressatin der Epistel war Natalie Clifford Barney, die *Amazone* des Titels, die, nach einer nicht allzu erfolgreichen Lesung Zwetajewas in Barneys Salon, versprochen hatte, der verarmten russischen Dichterin bei der Veröffentlichung eines ihrer Gedichte zu helfen, aber nicht Wort gehalten und sogar vergessen hatte, Zwetajewa ihr Manuskript zurückzugeben. Die zweite, innere und ungenannte Adressatin war Parnok, Zwetajewas Amazone vergangener Tage, die in dem nur wenig verfremdeten autobiographischen Text über eine lesbische Liebesgeschichte als *L'Ainée* (die ältere Frau) identifizierbar ist. Die Nachricht von Parnoks Tod (1933) hatte offenbar bittere Erinnerungen in Zwetajewa an das geweckt, was sie, nach dem Ende ihrer Beziehung, immer als Parnoks unfaire und unverdiente Zurückweisung empfunden hatte.

Wieder in Anspielung auf die Baudelaire'sche Tradition der »femmes damnées« argumentiert Zwetajewa in *Lettre à l'Amazone*, dass lesbische Beziehungen einen großen Nachteil haben, ja unter einem Fluch stehen – Lesben können, biologisch, kein Kind hervorbringen und können deshalb nicht den »normalen« Kinderwunsch der jüngeren (weniger erfahrenen, femnineren) Partnerin in der Beziehung erfüllen. Das »normale junge Mädchen« des exemplarischen Lesbenpaars in *Lettre à l'Amazone* ist eigentlich Zwetajewas Vorstellung von sich selbst während ihrer Affäre mit Parnok. Wegen ihrer »natürlichen« Unfruchtbarkeit (und Zwetajewa ließ weder geistigen Ersatz für ein Kind gelten noch Adoptivkinder) seien lesbische Beziehungen typischerweise kurzlebig: Die Jüngere verlässt ihre Geliebte, die sie in einer vollkommenen Verbindung liebt, für den erstbesten (und gefürchteten) Mann, von dem sie ein Kind bekommen kann, möglichst einen Sohn. Dieses Thema des Kindes, nach dem Zwetajewa sich sehnte, das sie aber von Parnok nicht bekommen konnte, erwies sich als ein wichtiger Faktor in der langen und verwickelten Auflösung ihrer Liebe.

Zwetajewas BiographInnen betonen, was auch Menschen, die sie kannten und in ihren Memoiren über sie schrieben, wussten: Die große Dichterin war eine eingefleischte Phantastin, die häufig die Menschen, die sie liebte – ihren Mann, ihre Kinder, Geliebten, FreundInnen und BriefpartnerInnen – durch *ihr* Bild oder *ihre* Phantasie von ihnen ersetzte. Und genauso verfuhr sie auch mit ihrer lesbischen Geliebten, der älteren Frau, deren Liebe zwar vollkommen war, die ihr aber kein »Kleinmädchen-Selbst zum Liebhaben« geben konnte.

Zuerst klang es wie ein Scherz. »Was für ein hübsches Kind!« »Hättest du nicht gern so eins?« »Ja. Nein. Von dir – ja.« – Aber – es ist alles nicht ernst gemeint, nur Spaß.

Beim nächsten Mal ist es schon ein Seufzer. »Wie gerne hätte ich ...« »Ja, was?« »Ach, nichts.« »Nein nein, ich weiß ...« »Ja wenn du es schon weißt. Aber nur – von dir.« Schweigen. »Denkst du noch immer daran?« »Wenn du es sagst.« »Aber *du* redest doch immer davon ...«[9]

Ende Januar hatten Zwetajewas besorgte FreundInnen und Familie die Hoffnung aufgegeben, sie von ihrer Leidenschaft heilen zu können. »Marinas Liebesgeschichte«, schrieb Woloschina an eine Freundin, »entwickelt sich rasant und mit so unbezähmbarer Gewalt, dass nichts sie aufhalten kann. Sie wird eben in diesem Feuer verglühen müssen, und Gott weiß, wie alles enden wird.«[10] Der lange Prozess des Verlöschens mag damit begonnen haben, dass Parnok Zwetajewa vorwarf, sie wolle – und werde, unweigerlich – sie verlassen. Daraufhin sah ihr »kleines Mädchen« ihre feurige Leidenschaft als »dreifach verflucht«. Es tat ihr weh, sich von den Verbrennungen zu erholen.

Bald wurden die Streitigkeiten – heimlich beobachtet von Zwetajewas Familie, ihrer Schwägerin, Lisa Efron und Pra – häufiger als die Versöhnungen. Pra beschloss endlich, den Stier bei den Hörnern zu packen, und tauchte eines Tages unangemeldet in Parnoks Wohnung auf, um mitzuteilen, dass sie sich Sorgen mache. »Sonja und ich hatten ein langes Gespräch«, schrieb sie am nächsten Tag in einem Brief, »und was sie sagte, enthielt viele Lücken, die mich fuchsten, aber es gab Momente, da schämte ich mich der Dinge, die ich zu anderen über sie gesagt habe: kalt habe ich sie abgeurteilt und Sätze über sie gesagt, eines Scharfrichters würdig, die ich nicht mehr ungesagt machen kann.«[11]

Gegen Ende Februar begann Zwetajewa, sich über die Beziehung ambivalent zu äußern, zumindest in ihren Gedichten. Litt Parnok wegen Zwetajewas Liebe zu ihrem Mann, den sie zwar betrügen, aber niemals verlassen könne, und wegen ihrer destruktiven Phantasie über ein Mädchen, das sie von ihrer Freundin nicht bekommen konnte – so war Zwetajewa ebenso gepeinigt durch Parnoks andere Liebschaften mit Frauen und mehr noch durch ihren Ruf als Herzensbrecherin – ihre »phantasievollen Verführungen«, wie sie es im ersten Gedicht von *Freundin* nannte. Sie hatte Parnok im Verdacht, andere Frauen neben ihr zu haben. Die stürmische Beziehung zog sich hin durch den Frühling, zugleich belebte sich auch ihr lyrisches Duell, wobei Zwetajewa, wie zuvor, die Mehrzahl der Stiche ausführte, die Parnok mit Schweigen parierte und einmal in Sonettform. In diesem Sonett, das sie am 9. Mai 1915 schrieb, stellt Parnok fest, dass Zwetajewa seit ihrer Kindheit von einem »Überfluss an Energie« angetrieben wird, was sie zu dem Ausbruch bringt: »Wie wenig ich [deinem Herzen] doch bedeute, Bettina Arnim und Marina Mniszek!«

Ich schaue auf Asche und Feuer deiner Locken
Auf deine Hände, großzügiger als die eines Königs
Den Mangel an Tönen auf meiner Palette ertrag ich nicht!
Du, gehst vorbei deinem eigenen Schicksal entgegen
Wo geht die Sonne auf, die zu dir passt?
Wo ist dein Goethe, wo dein Falscher Dmitri?[12]

Parnok liebte die Bettina von Arnim in Zwetajewa, ihrem kindlichen Genie, und wünschte ihr Glück auf der kreativen Reise zu ihrem Goethe, dem ihr ebenbürtigen Dichter. Bitterkeit empfand sie über die Marina Mniszek in ihrer Geliebten, jene polnische Adlige aus dem 17. Jahrhundert, Zwetajewas selbsternanntes historisches Alter Ego, die eine heimtückische Rolle in der Geschichte Russlands spielte, nachdem ihr Gatte, der sogenannte Falsche Dmitri, 1605 mit Hilfe der Polen und der Jesuiten den russischen Thron erobert hatte. Indem sie ihre Marina mit Marina Mniszek verglich, gab Parnok die Adressatin ihres Sonetts bekannt und implizierte zugleich, dass Marinas Verrat an ihr, wie Marinas Verrat an Russland, mit der Treue zu ihrem Mann zu tun hatte, den Zwetajewa in ihren Gedichten als »Sonne« und »Zar« anzusprechen pflegte. Für Parnok war es ihre verheiratete Geliebte, nicht sie selbst, die sich während der ganzen Zeit ihrer Beziehung untreu verhielt, weil sie es ablehnte, sich für eine ihrer Lieben zu entscheiden.

Trotz allem, was ihrer häuslichen Harmonie entgegenstand, beschlossen die Liebenden einen Teil des Sommers im Seebad Koktebel an der Südostküste der Krim als Gäste von Pra zu verleben. Pra und ihr Sohn betrieben dort eine beliebte Sommerkolonie für KünstlerInnen, DichterInnen und Intellektuelle. Zwetajewa hatte dort seit ihrer Teenagerzeit des öfteren den Sommer verbracht. Sie hatte dort Sergej Efron am Strand getroffen und praktisch auf den ersten Blick beschlossen, ihn zu heiraten. Parnok war noch nie in Koktebel gewesen und hätte sich angesichts der Reserviertheit von Pra vielleicht fragen sollen, ob dies die beste Zeit für einen ersten Besuch war. Für alle Fälle nahm sie ihre Schwester Lisa mit. Zwetajewas Gefolge war entschieden eindrucksvoller: Alja, Aljas Kindermädchen, Asja (Zwetajewas Schwester), Asjas kleiner Sohn und sein Kindermädchen.

Wegen des Krieges gab es 1915 in Koktebel weniger Sommergäste als sonst. In einem Brief an Zwetajewas andere Schwägerin, Vera Efron, berichtete Woloschina, dass sie »vier Zimmer für Marina, Asja, Sonja und Lisa reserviert hatte«.[13] Die vier Frauen kamen nach sechstägiger Reise am 26. Mai in Koktebel an. Oberflächlich betrachtet, war der zweimonatige Aufenthalt der Freundinnen ein Muster an friedlicher Häuslichkeit. Parnok und Zwetajewa teilten sich anscheinend eins der vier Zimmer, die für Zwetajewas Gruppe reserviert waren. Einige auf wundersame Weise erhalten gebliebene Überreste dieses Aufenthalts (inklusive einer Wäscheliste, auf der Zwetajewa ihre und Parnoks Blusen vermerkte, bevor sie sie zum Reinigen schickte) liefern konkrete Beweise für Zwetajewas Haushaltsführung. Die kleine Alja erinnerte sich später, dass sie in dem Sommer ihre Mutter nicht oft sah: Sie sagte zu Marina (die alles, was ihre Tochter sagte, aufschrieb), »ich war bei Kindermädchen und du bei Sophia Jakowlewna«. Am anderen Ende der Altersskala hatte Woloschina Zweifel, ob die Sommerfrische gelungen sei. Sie mochte Parnok noch immer nicht und fand sie (in einem Brief an Lisa Efron vom Juni) »vollkommen fremd« und wiederholte Mitte Juli, »ich habe kein Interesse an Sonja, sie ist mir vollkommen gleichgültig«.[14]

Am 22. Juli verließen Parnok und Zwetajewa Koktebel und fuhren zu FreundInnen von Parnok nach Swjatje Gory in der Provinz Charkow (Ukraine), um dort die letzten drei Wochen ihres gemeinsamen Sommers zu verbringen. Von dort schrieb Zwetajewa ihrer Schwägerin einen offenen und bewegenden Brief über ihre unmögliche Gefühlslage. Besonders deprimierend war es, wenn sie abends allein waren und beim Schein der Kerosinlampe die schlimmen Nachrichten vom Krieg besprachen. Marina hatte seit über einer Woche nichts mehr von Sergej gehört, der als Sanitäter an der Front war, und sie wartete verzweifelt, dass er ihre Briefe beantwortete. Sie fasst ihr Dilemma am Ende des Schreibens so zusammen:

Ich liebe Serjoscha wie mein Leben, er ist mein, ich werde ihn nie verlassen. Ich schreibe ihm jeden Tag, oder jeden zweiten, er kennt mein ganzes Leben, nur versuche ich ihm so wenig wie möglich über die traurigsten Sachen zu schreiben. Auf meinem Herzen lastet beständig ein Gewicht. Ich schlafe ein und wache wieder auf damit. Sonja liebt mich sehr, und ich liebe sie – und das ist für ewig, und ich werde nicht imstande sein, sie zu verlassen. Ich fühle mich zerrissen, weil ich mich aufteilen muss, mein Herz macht weiter zwei Berufe in zwei Büros. Wahrscheinlich werde ich nie ein einfaches Glück erleben, und irgendwie liegt das auch nicht in meiner Natur. Und die vollkommene Freude ist auch an mir vorbeigegangen. Ich kann andere nicht verletzen und muss sie doch verletzen.[15]

Parnok drückte den Schmerz, den die Beziehung ihr verursachte, in den Gedichten aus, die sie in Swjatje Gory schrieb. Sie spricht offen aus, dass sie nicht stehenbleiben darf, ja eine andere Freundin finden muss, »aber weder eine Manon noch eine Cleopatra, Carmen oder Isolde«,[16] d. h. keine Operndiva, ein Typ, der Parnok seit ihrer Jugend angezogen hatte. Unter ihren Gedichten aus Swjatje Gory war Parnoks zweites speziell an Zwetajewa gerichtetes »Du, deren Arme gebräunt sind und frisch«, »die vorbeiging und mich erregte!«. »Ist nicht in deinem verzweifelten Namen«, fragt sie am Ende des Gedichts, »ein Wind von allen sturmumtosten Küsten, Marina, genannt nach dem Meer!«[17] Ein paar Tage bevor Parnok dieses Gedicht schrieb, in dem sie eingesteht, dass Zwetajewa schon aus ihrem Leben verschwunden ist, kam Sergej Efron sicher in Koktebel an, wo er bis Ende August blieb. Danach reiste er ab, um den Winter außerhalb Moskaus zu verbringen und sein Universitätsstudium fortzusetzen. Nachdem ihre Ängste um ihren Mann sich aufgelöst hatten, konnte Zwetajewa beruhigt nach Moskau zurückkehren. Sie und Parnok waren am 18. August wieder in der Stadt und blieben danach unzertrennlich. Sofort nach ihrer Rückkehr begannen sie eine Reihe privater Lesungen der Gedichte des Sommers für ihre Freundinnen.

Mochten die Liebenden auch unzertrennlich sein – die lyrischen Zeugnisse des Herbstes und beginnenden Winters 1915 zeigen, dass ihre Liebe im Todeskampf lag. Die endgültige Trennung war besonders schmerzhaft, weil beide sich dagegen aufbäumten: Keine wollte als Erste loslassen, und – was am meisten wehtat – sie begehrten und hassten einander immer noch. Während ihrer »Zigeunerpassion der Trennung« (wie Zwetajewa es treffend nannte) litt Parnok mehr unter Eifersucht als Zwetajewa. Nachdem sie endlich Zwetajewas Mann kennengelernt hatte, schrieb sie ein bitter-ironisches Gedicht über ihn, in dem sie zugab, ihr Rivale sei »ein echter Adonis«. Sie räumte ein, dass Efron sie an Jugend und Schönheit übertraf, tröstete sich aber damit, dass sie ihn als Liebhaberin übertroffen hatte. Sie stellte fest, dass sie es gewesen war, die Marina erlöst hatte, indem sie ihre Sexualität befreit und ihr den ersten Orgasmus beschert hatte. Parnok war überzeugt, dass, sollte Zwetajewas nächster Liebhaber »sich wundern über das Feuer ihrer Lippen«, würde er nicht auf ihren Mann, Sergej, sondern auf ihre Geliebte, Sonja, eifersüchtig sein. Marina zu lieben und zu verlassen schien der wenig ehrgeizigen Parnok kreativen Antrieb verliehen zu haben bis hin zu dem Entschluss, ihre erste Gedichtsammlung, *Gedichte*, zu veröffentlichen, die Anfang 1916 erschien. Obwohl Zwetajewa in dem Buch namentlich nur zweimal erwähnt wird, sind die meisten Liebesgedichte darin klar von Parnoks Beziehung mit Zwetajewa inspiriert.

Ende des Jahres fuhren Parnok und Zwetajewa für zwei Wochen nach St. Petersburg und wohnten bei Tschatskina und Saker. Es war Zwetajewas erste Reise in die Hauptstadt und ihre Einführung in deren literarische Gesellschaft. Unter den vielen Menschen, die sie dort traf, waren die Kannegisers, die Familie eines großen Schiffsbauers. Sie nahmen sie mit auf einen Wirbelwind durch die Stadt, der ihr bleibende Eindrücke von »eisiger Kälte, Unmengen von Denkmälern und schnellen Schlitten« und »von Puschkins und Achmatowas Gedichten« vermittelte.[18] Im Januar – die Russen feierten ihr Neujahrsfest noch immer am 13. Januar, nach dem julianischen Kalender – luden die Kannegisers Zwetajewa und Parnok zu einem Neujahrsfest ein, zusammen mit den führenden Größen des literarischen und künstlerischen Petersburg. Als Attraktion war der schwule Dichter Michail Kusmin eingeladen, der seine Lieder vortragen sollte. Unglücklicherweise wollte Parnok – wie Zwetajewa später in einem Brief an Kusmin dramatisch und bis ins Kleinste ausmalte –

wirklich nicht, dass ich zu der Party ging, und bestand deshalb darauf, dass ich ginge. Sie selbst konnte nicht gehen – sie hatte Kopfschmerzen – und wenn sie Kopfschmerzen hatte – sie hatte immer Kopfschmerzen –, war sie unerträglich (unser abgedunkelter Raum, die dunkelblaue Lampe, meine Tränen …). Aber mein Kopf tat nicht weh – er tut nie weh – und ich wollte auf keinen Fall zu Hause bleiben (1) wegen Sonja, (2) weil Kusmin dort sein und singen würde.

»Sonja, ich werde nicht gehen.«

»Warum nicht? Doch nicht meinetwegen.«

»Aber du tust mir leid.«

»Es werden viele Leute da sein, die werden dich aufheitern.«

»Nein, es tut mir leid wegen dir.«

»Ich kann Mitleid nicht ausstehen. Geh, geh! Denk nur daran, Kusmin wird singen.«

»Ja, und wenn ich nach Hause komme, wirst du mir vorhalten, dass ich gegangen bin, und ich werde weinen. Nein, um keinen Preis werde ich gehen.«[19]

Natürlich ging sie doch. Und unerwarteterweise war einer der Gäste dort der begabte junge Dichter Ossip Mandelstam, den sie im Sommer zuvor in Koktebel kennengelernt und mit dem sie geflirtet hatte (Parnok konnte ihn nicht leiden). Zwetajewas und Mandelstams Wiedersehen bei den Kannegisers war der Beginn einer neuen Phase ihrer Beziehung, die mal als poetische Freundschaft, mal als romantischer Flirt oder gegenseitige Bewunderung ihrer Talente, mal als ausgewachsene, wenn auch kurze Liebesaffäre beschrieben wurde. Die freudige Erregung, Mandelstam wiederzusehen, weckte in Zwetajewa Schuldgefühle, und sie beschloss, das Fest vorzeitig zu verlassen, und entschuldigte sich bei allen »in geschäftsmäßigem Ton, ›meine Freundin ist zu Hause‹«. Sogar als Kusmin darauf bestand, sie solle noch bleiben, lehnte sie ab mit einem vieldeutigen »›Ich weiß, ich werde mir nie verzeihen, wenn ich gehe – oder wenn ich bleibe …‹«. Sie ging nach ein oder zwei Liedern. Als sie nach Hause kam, war Parnok schon zu Bett gegangen.

Die Freundinnen fuhren am 19. Januar zurück nach Moskau. Vier Tage später sollten beide bei einem *Abend der Dichterinnen* lesen, aber keine von beiden erschien. Ironischerweise wurden Zwetajewas Gedichte dann von einer Schauspielerin, Ljudmila Erarskaja, vorgetragen, die bald eine verhängnisvolle Rolle beim Ende der Liebesbeziehung zwischen Marina und Sonja spielen sollte. Ljudmila, eine große, dunkelhaarige Frau in den Zwanzigern, wohnte in Moskau und hatte zwei Schwestern. Sie arbeitete in einer privaten Theatertruppe. Es ist nicht bekannt, wie, wann und wo Erarskaja Parnok kennenlernte, aber Anfang 1916 waren sie eng befreundet, ohne dass Zwetajewa etwas davon wusste.

Mandelstam kam Anfang Februar unerwartet nach Moskau, um Zwetajewa zu sehen. Er wollte, behauptete Zweta-

jewa, »das Gespräch zu Ende bringen«, das sie bei den Kannegisers begonnen hatten. Diese Unterhaltung beanspruchte
zwei volle Tage ihres Lebens, und sie vergaß dabei völlig ihre
kranke Freundin, die zu Hause war, unter ständigen Kopfschmerzen litt und ihre eigenen Krankenbettgespräche mit
Erarskaja führte. Zwetajewa glaubte später, dass die zwei
Tage, die sie mit Mandelstam verbrachte – ihr erstes unent-
schuldigtes Fehlen bei Parnok seit Ewigkeiten –, schuld waren an »der ersten Katastophe ihres jungen Lebens«, die darauf folgte.[20] Als Mandelstam abgereist war, am 6. Februar,
ging Marina stracks zu Parnoks Wohnung, öffnete, ging in
Sonjas Zimmer – und erstarrte: Auf Sonjas Bett saß eine »andere Frau, sehr groß, stark und schwarz«.[21]

Zwetajewa spürte sofort, dass eine ernsthafte Rivalin ihren
Platz in Sonjas Gefühlsleben eingenommen hatte – und die
Erkenntnis verletzte sie zutiefst. Ein paar Tage später schlug
sie zurück: Sie forderte die Rückgabe ihrer Briefe und ihres
Notizbuchs zu den *Freundin*-Gedichten. Parnok erwiderte
diese »Blasphemie« mit einem stolzen, zornigen Gedicht, in
dem sie Marina vorwarf, ihrer Begabung nicht würdig zu
sein, als sie ihr ihr »vollgeschriebenes Notizbuch« verächtlich
zurückgab. Stolz bemerkte sie, dass »das Feuer, die Feuchtig-
keit und der flüsternde Wind der Liebe [Marinas] jedoch
nicht zurückerstattet werden könnten«. Das alles würde für
immer in ihr bleiben und die Saat fruchtbar machen, die Marina gesät hatte, so dass diese Saat schließlich Früchte tragen
würde.[22]

Als Parnok dies Gedicht schrieb, das ihr Abschiedsgedicht
an Zwetajewa werden sollte, war die Saat ihrer jungen Dichterin soeben in ihr abgestorben, und sie wusste nicht, »was
für eine Ähre« daraus erwachsen würde. Aber sie fühlte mit
Sicherheit, dass die Beziehung zu Zwetajewa sie für immer
bereichert hatte. Das Gefühl, etwas Bleibendes von ihrer ge-
nialen, sprunghaften Geliebten bekommen zu haben, öffnete
die Möglichkeit, ihr zu verzeihen und sich ihrer mit Liebe zu
erinnern. Tatsächlich hatte sie zeit ihres Lebens ein Foto von
Marina unter den Bildern ihrer Lieben aufgestellt, und sie
hielt sich so gut sie konnte über ihr Ergehen und besonders

ihre Arbeit auf dem Laufenden, nachdem Zwetajewa Russland verlassen hatte.

Zwetajewa jedoch scheint ihre missglückte Beziehung zu Parnok als einen Verlust wahrgenommen zu haben. Etwas war ihr genommen worden, das sie nicht wiedererlangen konnte. Unbewusst wenigstens versuchte sie mehrfach, den Verlust zu kompensieren. Als Erstes kehrte sie zurück zu ihrem »Zaren«gatten. Zweitens wurde sie im Sommer 1916 prompt schwanger. Und schließlich erlebte sie drei Jahre später eine romantische (wahrscheinlich platonische) Verliebtheit in eine andere Sonja (die Schauspielerin Sophia Gollidey), bei der sie die ältere Frau spielte. Aber sie kam nie über den Verlust ihrer richtigen Sonja hinweg und behielt einen lebenslangen Groll gegen Parnok. Die verstreuten Bemerkungen über Parnok in ihren Schriften sind alle gewollt negativ, kritisieren Parnoks »naive, dumme Gedichte« und ihr tyrannisches Wesen. Zwetajewa sah ihre vergangene Liebe als die Zeit, in der sie »gelitten hatte unter Sonja Parnok«.

Während der unmittelbaren Nachwehen ihres Zerwürfnisses im Februar glaubte Zwetajewa noch nicht, dass ihre Beziehung zu Ende war. Im März notierte sie ein kurzes Gespräch mit Alja, in dem sie gesagt hatte, sie sei traurig, weil sie nur zwei FreundInnen hätte – »dich und Sonja«. Zwetajewa und Parnok sahen einander mindestens bis Ende April weiter als Freundinnen, doch dann gab es noch einen Streit, auf den Zwetajewa mit Resignation und einem Anfall von Sehnsucht nach der vergangenen Liebe reagierte. Von einer Welle positiver Gefühle getragen schrieb Zwetajewa eins ihrer schönsten Gedichte an Parnok – Abschied von ihren »Tagen von einst, ohne Sonnenuntergang«.

Das Leben meinte es mit keiner der beiden Freundinnen gut. Wie alle RussInnen ihrer Generation wurden sie »von einem grausamen Jahrhundert eingeholt, das die Maische von Jahrhunderten durchknetete«, um eine Metapher aus einem der späten Gedichte Parnoks (Nr. 225) zu verwenden. Die Revolution von 1917 und der anschließende Bürgerkrieg (1918-1921) brachte Parnoks gerade aufblühende literarische Karriere zum Stillstand. Sie und Erarskaja (ihre große Liebe und zugleich die beständigste ihres Lebens) verbrachten den Bürgerkrieg in Sudak auf der Krim, wo beide fast der Tuberkulose und Unterernährung zum Opfer fielen. Anfang 1922 kehrten sie nach Moskau zurück, wo Parnok die restlichen 11 Jahre ihres Lebens verbrachte. Unter den Sowjets wurde es immer schwieriger für sie, ihre Gedichte zu veröffentlichen, die wegen ihrer religiösen Thematik und ihres pessimistischen Tons zensiert wurden. Nach 1928 hatte man Parnok effektiv zum Schweigen gebracht. Ihre letzten und besten Gedichte, etwa ein Drittel ihres Gesamtwerks, wurden erst 1979 im Westen publiziert. In Russland wurden Parnoks *Gesammelte Werke* 1998 endlich von INAPRESS veröffentlicht, 64 Jahre nach ihrem Tod. Während der letzten fünf Jahre ihres kurzen Lebens ertrug Parnok Armut, chronische Krankheit, Abschottung von ihren LeserInnen und die Gleichgültigkeit ihrer DichterkollegInnen, die sie mieden – so Parnok –, weil sie es wagte, laut das auszusprechen, was die Leute sogar vor sich selbst verbargen. Stärke und geistigen Halt gaben ihr ihre treuen Freundinnen und Geliebten, allen voran Erarskaja, dann die Memoirenschreiberin Eugenia Gertsyk (1878-1944), die Mathematikerin Olga Tsuberbiller (1885-1975), mit der sie von 1926 bis zu ihrem Tod zusammenlebte, und die Physikerin Nina Wedenejewa (1882-1955), Parnoks letzte Liebe und Inspirationsquelle für ihre bedeutendsten Liebesgedichte, die die einzigartige und tragische Geschichte eines Moskauer Lesbenpaars mittleren Alters während der frühen Jahre stalinistischer Herrschaft erzählen. Am 26. August 1933, kurz nachdem sie kaum hörbar vier Abschiedszeilen für Wedenejewa geflüstert hatte, starb Parnok an Herzversagen.

Zwetajewa verbrachte die Revolution von 1917 und den anschließenden Bürgerkrieg in Moskau, während ihr Mann als Offizier in der Weißen (antibolschewistischen) Armee diente. Im Hunger- und Kältewinter von 1919/20 verhungerte ihre kleine Tochter Irina, aber Alja und ihr gelang es zu überleben. Durch alle Wechselfälle des Bürgerkriegs hindurch schrieb Zwetajewa Gedichte, tagaus, tagein, es war ihre Methode, geistig zu überleben. Kurz nach der Publikation ihrer berühmtesten Gedichtsammlung, *Meilensteine*, emigrierte sie aus der Sowjetunion (Mai 1922) und wurde nach kurzem Aufenthalt in Berlin in Prag mit ihrem Mann wieder vereint. Anfang 1925 gebar sie ihren Sohn Georgij (»Mur«) und später im selben Jahr zog die Familie nach Paris, wo Zwetajewa die nächsten 14 Jahre verbrachte. Sie schrieb die Mehrzahl ihrer meisterhaften langen Gedichte und die Gedichtsammlung *After Russia* in den Zwanzigern und wandte sich dann der Prosa zu (Fiktion und autobiographische Skizzen). Sie war auch eine brillante und produktive Briefschreiberin; ihre Korrespondenz mit Pasternak und Rilke fand kürzlich internationale Anerkennung. Während der dreißiger Jahre wurde Zwetajewa von der Gemeinschaft der russischen EmigrantInnen mehr und mehr isoliert und kritisiert, hauptsächlich wegen der prosowjetischen politischen Aktivitäten ihres Mannes. Efron bemühte sich um Repatriierung und arbeitete für die sowjetische Geheimpolizei in Paris, um sich die Rückkehr nach Russland zu verdienen. Er war in den Mord an einem sowjetischen Doppelagenten verwickelt und entkam 1938 über Spanien nach Moskau. Alja, die die prosowjetischen Ansichten ihres Vaters teilte und beim Aufbau der neuen kommunistischen Gesellschaft mithelfen wollte, war schon auf eigene Faust in die Sowjetunion zurückgekehrt. Ende der dreißiger Jahre entschied sich Zwetajewa, wider besseres Wissen, mit Mur nach Russland zurückzugehen, weil er es sich so sehr wünschte. Dort erwartete sie und ihre ganze Familie eine Tragödie. Zuerst wurde 1939 Alja festgenommen und in ein Lager verbracht (sie überlebte 16 Jahre in Arbeitslagern und sibirischer Verbannung, bevor sie offiziell rehabilitiert wurde). Dann wurde Sergej Efron festgenommen und als Volksfeind hingerichtet. Zu Beginn des Zweiten Weltkriegs wurden Zwetajewa und Mur nach Jelabuga in der autonomen Republik Tatarstan evakuiert. Dort wurde das Leben für Zwetajewa unlebbar, und mit dem stillschweigenden Einverständnis ihres geliebten Sohns erhängte sie sich am 31. August 1941 an einem Balken in ihrem gemieteten Zimmer. Mur entdeckte die Leiche seiner Mutter, als er von einem Arbeitskommando zurückkam. Marina Zwetajewa

wurde in einem anonymen Grab auf dem Friedhof von Jelabuga begraben.

Übersetzt aus dem amerikanischen Englisch
von Luise F. Pusch

## Anmerkungen

1 Zitiert in Losskaia, S. 150. Das Geschlecht der/des Schreiben-
den ist aus der Quelle leider nicht zu entnehmen; wir entscheiden
uns daher für das wahrscheinlichere Femininum. Alle englischen
Übersetzungen russischer Quellen (Verse wie auch Prosa) in diesem
Essay sind von Diana L. Burgin. Die Übersetzungen aus dem Engl.
ins Deutsche sind von Luise F. Pusch.
2 Brief von Parnok an Ljubow Gurewitsch vom 2. Februar 1909.
Vgl. Burgin, 1994, S. 106. Der vorliegende Aufsatz ist großenteils
eine komprimierte und aktualisierte Fassung des 3. und 4. Kapitels
meiner englischsprachigen Biographie von Sophia Parnok; Materialien aus dieser Biographie werden im Folgenden als Burgin zitiert.
3 Gertsyk, S. 143 f.
4 *Sonja* ist ein häufiger Kosename für *Sophia*.
5 Zitiert nach Burgin, S. 110.
6 Die Geschichte von dem Ausflug der Freundinnen auf den
Weihnachtsmarkt stützt sich auf Zwetajewas lyrische Darstellung
im siebten Gedicht von *Freundin*.
7 Zit. nach Burgin, S. 113.
8 Vgl. auch Schweers über Barney und Vivien in diesem Band,
S. 135-178.
9 Zit. nach Burgin, S. 115.
10 Zit. nach ebd., S. 116 f.
11 Zit. nach ebd., S. 121.
12 Parnok, Nr. 28, S. 176.
13 Zit. nach Burgin, S. 125.
14 Zit. nach ebd., S. 127.
15 Zit. nach ebd., S. 129.
16 Parnok, Nr. 43.
17 Ebd., Nr. 9.
18 Zit. nach Burgin, S. 139.
19 Zit. nach ebd., S. 140 f.
20 Ebd., S. 141.
21 Zit. nach ebd., S. 142.
22 Parnok, Nr. 82.

# Literatur

Burgin, Diana Lewis. 1994. *Sophia Parnok: The Life and Work of Russia's Sappho.* New York.

Gertsyk, Eugenia. 1973. *Vospominaniia.* Paris.

Losskaia, Veronika. 1989. *Marina Tsvetaeva v zhizni: Neizdannye vospominaniia sovremennikov.* Tenafly (N. J.)

Parnok, Sophia. 1998. *Sobranie stikhotvorenii [Gesammelte Gedichte].* St. Petersburg.


www.dianaburgin.com. Englischsprachige Website mit Aufsätzen über und Übersetzungen von Parnok und Zwetajewa, auch Aufsätzen über lesbische Sexualität in der russischen Geschichte und Kultur.

# » Wie soll man solche Gefühle nennen, wenn nicht Liebe?«

## Christa Winsloe (1888-1944) und Dorothy Thompson (1893-1961)

*von*

*Doris Hermanns*

### Engagiert im Beruf, in der Ehe weniger: Zwei moderne Frauen

Der Titel ihres Hauptwerkes ist heutzutage bekannter als seine Autorin. Bei *Mädchen in Uniform* denken die meisten an die dritte Verfilmung von 1958, mit Romy Schneider, Lilli Palmer und Therese Giehse. Letztendlich ist es aber genau diesem Film zu verdanken, dass Christa Winsloe, die Autorin, nicht ganz in Vergessenheit geraten ist. Dabei war sie nach der ersten Verfilmung ihres Theaterstücks weltbekannt – der Film galt als der beste des Jahres 1931.

Christa Winsloe war Tierbildhauerin und Schriftstellerin. 1888 in Darmstadt geboren, heiratete sie 1913 den ungarischen Baron Lajos Hatvany, mit dem sie einige Jahre in Budapest lebte. Von den ungarischen Kommunisten unter Bela Khun bedroht, flüchteten sie zusammen nach Berlin, später nach Wien. 1924 ließen sie sich scheiden.

Winsloe lebte wieder kurz in Berlin, zog aber dann zurück nach München, wo sie vor ihrer Ehe an der Kunstgewerbeschule Bildhauerei studiert hatte. Dort arbeitete sie weiter als Bildhauerin und begann, für verschiedene Zeitungen zu schreiben. Ihr Bühnenerstling *Ritter Nérestan* wurde 1930 ein großer Erfolg.[1] Danach schrieb sie das Stück um für den Film *Mädchen in Uniform*, der ein Welterfolg wurde. Den Stoff lieferten eigene Erlebnisse aus ihrer Zeit im Potsdamer Kaiserin-Augusta-Stift; die Autorin zeigt die tödlichen Folgen einer repressiven Erziehung. Es geht um die tragische

Geschichte einer Schülerin, die sich hoffnungslos in eine ihrer Lehrerinnen verliebt und Selbstmord begeht, als sie von ihr zurückgewiesen wird.

Christa Winsloe schrieb hierzu: »Was ich zu schildern versuche, sind die erotischen Verwirrungen der Pubertätszeit, die kindlich reine Leidenschaft eines starken Gefühls, das im Zusammenprall mit [...] einer feindlichen Umgebung zu Vernichtung und Untergang führt.«[2]

Das Werk basiert auf einer wahren Begebenheit; die betroffene Schülerin, die aus Liebeskummer versucht hatte, sich das Leben zu nehmen, blieb lebenslang hüftlahm. Vermutlich blieb Christa Winsloe mit ihr in Kontakt: Bei der Premiere des Films war diese ehemalige Mitschülerin anwesend.[3]

Auf der Höhe ihres Erfolges traf Winsloe eine alte Bekannte wieder: Dorothy Thompson, eine der ersten US-amerikanischen Auslandskorrespondentinnen. Die beiden hatten sich Anfang der 1920er Jahre über ihre damaligen ungarischen Ehemänner kennengelernt, die miteinander befreundet waren. Dorothy Thompson war von 1923 bis 1927 mit dem Journalisten Joseph Bard verheiratet; sie stand damals noch ganz am Anfang ihrer Karriere und lebte mehrere Jahre in Europa. Zu dieser Zeit sah sie sich eher als Freundin von Winsloes Ehemann Hatvany, mit dem sie eine Leidenschaft für Politik teilte. Aber ihre Sympathien galten Winsloe, die sich an den politischen Diskussionen vermutlich nur wenig beteiligte.

Thompson war freiberuflich tätig für die Zeitungen *Philadelphia Ledger* und *The New York Evening Post*. In zweiter Ehe war sie seit 1928 mit dem amerikanischen Schriftsteller Sinclair Lewis verheiratet, der 1930 den Nobelpreis für Literatur erhielt. Die Interessen des Ehepaares gingen immer weiter auseinander, je mehr Thompson sich dem politischen Journalismus zuwandte. Bereits früh empfand sie ihn als Vampir, der ihr all ihre Energie und Vitalität aussaugte,[4] und sehnte sich nach einer Gesellschaft, in der sie sich zu Hause fühlen konnte.[5] Wie Vincent Sheean schreibt, war ihre Liebe, »wenn man es Liebe nennen kann, hauptsächlich zur Liebe in Abwesenheit verurteilt«.[6] Beide waren viel unterwegs und

Dorothy Thompsons
Ankunft in Paris
nach ihrer
Ausweisung aus
Deutschland,
August 1934

Christa Winsloe am Schreibtisch in Cagnes-sur-mer, ca. 1941

schienen es fast darauf anzulegen, auf keinen Fall gleichzeitig am selben Ort zu sein. Sowenig ihre Ehe funktionierte, wenn sie zusammen waren, so nah waren sie sich in ihrer Korrespondenz. Thompson konnte hier ihre phantasievolle und kreative Seite ausleben – dies suchte sie in ihren Beziehungen zu Männern.[7] Sie litt darunter, dass diese Komponente in ihrem sonstigen Leben zu kurz kam.

Im August 1932 fuhren Thompson und Lewis ein letztes Mal gemeinsam nach Europa. Als zweite Hochzeitsreise geplant, endete diese Zeit für die beiden in einem Fiasko. Lewis fühlte sich unter Thompsons FreundInnen sichtlich unwohl, nicht nur konnte er sie nicht ausstehen – er bewegte sich unter ihnen auch meist stumm und wie taub, da er nur Englisch sprach. Dazu kam noch, dass er regelmäßig betrunken war. Dieser Malaise wollte Thompson mit einer großen Weihnachtsfeier in Österreich abhelfen. Sie hatte einige ihrer engsten FreundInnen, hauptsächlich EngländerInnen und AmerikanerInnen, eingeladen. Es ging darum, Spaß zu haben. Sie wollten Ski fahren und rodeln – aber leider gab es zu wenig Schnee. Musik, Tanz, Wein und Unterhaltung gab es jedoch reichlich.

## Weihnachten und Silvester 1932: Ein zündendes Wiedersehen

Sechs Jahre war es her, dass Dorothy Thompson und Christa Winsloe sich zuletzt begegnet waren, als sie sich 1932 auf dieser Weihnachtsfeier am Semmering in der Nähe von Wien wiedersahen.

Wie es zu diesem Wiedersehen kam, ist unklar. Da es nur geladene Gäste gab, muss Winsloe von Thompson eingeladen worden sein. Aus Thompsons Tagebuch geht hervor, dass sie Winsloes Buch zu ihrem weltberühmten Film *Mädchen in Uniform* bereits kannte, das erst im Herbst 1933 unter dem Titel *Das Mädchen Manuela: Der Roman von Mädchen in Uniform* erscheinen sollte. Vielleicht hat Winsloe es ihr selbst geschickt, oder Hatvany ließ es ihr zukommen. Ob Thompson den Film gesehen hat, ist nicht bekannt. Wahrscheinlich hat Winsloes großer Erfolg Thompsons Interesse an ihr aufgefrischt.

Winsloe kam bereits vor den anderen Gästen in Wien an – und diese Begegnung traf Thompson ins Herz:

> So ist es mir denn wieder passiert nach all diesen Jahren. Es war nur einmal vorher vorgekommen. […] Nun also, wie soll man sich dann erklären, dass es zum zweitenmal geschah? […]
> Plötzlich gewann ihr Name magische Kraft. C. Ich wollte ihn aussprechen, von ihm Gebrauch machen. Ich sprach mit anderen über sie, um ihn nennen zu hören. Als hielte ich ein Amulett in der Hand, so war mir beim Aussprechen ihres Namens. Ich liebe diese Frau. Da steht es geschrieben, und verhöhnt das Wort Liebe im Zusammenhang mit jeder anderen Frau in der Welt!
> […] Wie um Himmels Willen soll man solche Gefühle nennen, wenn nicht Liebe? Diese außerordentlich vertiefte Eindrucksfähigkeit, diese erhöhte Sensibilität, diese völlige Übereinstimmung der Gefühle?[8]

In einem Tagebuch,[9] das sie vom 28. Dezember bis zum 9. Januar führte, versuchte Thompson ihre Gefühle zu ergründen, dieses andere Ich zu verstehen, das ihr selbst und der Welt bis dahin verborgen geblieben war. Ihr passte diese Verliebtheit in eine Frau nicht, sie verstand sich als heterosexuell.[10] Ihre Gefühle konnte sie sich nicht erklären, war sie doch glücklich verheiratet, liebte nebenher noch einen anderen – »und doch entbehre ich diese wunderliche Zärtlichkeit, diese durchdringende Wärme … dafür gibt es keine Worte, nur ihr immer wieder ausgesprochener Name kann dies Gefühl ausdrücken. Komm zurück! Komm zurück!«[11] Erinnerungen an eine frühere Verliebtheit in eine Frau kamen hoch, an eine erotische Begegnung mit einer anderen, die sie im Nachhinein bedauerte. Diese Erfahrung erschien ihr wie eine Perversion der Liebe zu einem Mann. Sie verallgemeinerte von dieser einen Erfahrung auf »diese Formen lesbischer Liebe«, die ihr vorkamen, als schliefe frau mit einem Impotenten. Etwas Kraftloses und Lächerliches lag für sie darin; es machte sie krank: »All diese Liebkosungen haben nichts zu bedeuten, ohne den tiefen Vorstoß in unser Herz.«[12]

In ihrem Tagebuch schreibt sie, dass sie sich in einen Mann verliebte, bevor ihre erste Liebe zu einer Frau sich abnutzte oder erlosch. Die Möglichkeit, diese Liebe auszuleben, scheint sie gar nicht erst in Erwägung gezogen zu haben. Trotzdem meint sie auch zur Zeit ihres Tagebuches noch rückblickend: »Manchmal glaube ich, dass ich sie mehr liebe als sonst jemand, und noch immer besteht zwischen uns eine seltsame Zärtlichkeit.«[13]

Thompsons Verwirrung ist verständlich, bis dahin hatte sie ausschließlich Liebesbeziehungen mit Männern gelebt. Dass sie dabei durchaus etwas vermisste, war ihr zwar aufgefallen, aber offensichtlich wollte sie nicht wahrhaben, dass sie das Vermisste bei Frauen fand. Sie scheint dadurch allerdings ihre Identität nicht in Frage gestellt zu haben, sondern bezeichnete sich weiterhin als heterosexuell. Die einzige erotische Begegnung mit einer Frau, die sie bis dahin erlebt hatte, war nicht von Liebe bestimmt, sondern u. a. von Neugierde, ohne dass sie sich gefühlsmäßig auf diese Frau eingelassen hätte. Möglicherweise bezog sie sich auf diese Begegnung, als sie ihrem ersten Mann während der Trennung von ihm über ihre »jugendliche Homosexualität« schrieb, die sie vollständig überwunden glaubte.[14]

Erst einmal schob sie jede Möglichkeit einer Veränderung von sich. Sie überlegte sich auch nicht weiter, was es bedeuten würde, wenn sie lesbisch wäre, was sich dadurch für sie ändern würde (zumindest nicht schriftlich in ihrem Tagebuch), sondern kehrte in die Vertrautheit ihrer Beziehung zu Lewis zurück, obwohl sie wusste, dass sie nicht ewig so weitergehen konnte. »Männer liebt man einfach anders«,[15] meinte sie lakonisch.

Zudem wusste sie in dieser Situation noch nicht, was Winsloe für sie empfand, ob sich zwischen ihnen überhaupt eine engere Beziehung entwickeln würde. Noch war sie in der Lage, ihre Gefühle einfach gelten zu lassen, ohne sie auszuleben. Die Situation auf der Feier hätte auch ein kleines Intermezzo sein können, ein Glücklichsein, das keine Folgen haben würde, ähnlich wie ihre erste Verliebtheit in eine Frau, die auch ohne Konsequenzen für sie geblieben war.

Faderman zeigt in ihrer Studie über Lesben im Amerika des 20. Jahrhunderts, dass dieses Verhalten durchaus typisch für Thompsons Generation ist. Da durch die Sexualwissenschaft eine Trennung zwischen Lesben und »normalen« Frauen eingeführt wurde, d. h. Lesben nicht mehr als »normale« Frauen gesehen wurden, suchten und fanden manche Frauen Argumente dafür, dass sie doch anders wären als Lesben, und grenzten sich so von ihnen ab.[16] Dies ist sowohl bei Thompson als auch bei Winsloe deutlich zu sehen.

Erinnerungen an frühere Begegnungen mit Winsloe tauchten wieder auf, durchweg positive. Thompson versuchte nun, sich an alles von früher zu erinnern, so wie man sich zu erinnern versucht, wenn man sich in einen Menschen verliebt, den man schon lange kennt. Sie wunderte sich, wie gegenwärtig ihr viele Einzelheiten nach all den Jahren noch immer waren. So schrieb sie über ein Kleid, das sie einmal an Winsloe gesehen hatte – sie fand sie darin wunderschön. Jahre später kaufte sie sich so ein Kleid, »nur weil sie eins getragen hatte«.[17]

Die Beziehung zwischen Winsloe und Hatvany hatte ihr schon bei früheren Begegnungen nicht eingeleuchtet; sie meinte, dass Hatvany Winsloe nie verstanden habe, sondern einfach nur fasziniert von ihr war.

Schon damals hatte Thompson sich Gedanken über Winsloes Lebensweise gemacht. Sie sah sie als eine, die Tiere liebte und modellierte, sie erschien ihr einsam, zurückhaltend und doch vulkanisch. Obwohl sie ihr sympathisch war, war sie nie davon ausgegangen, dass sie Freundinnen würden, da sie in verschiedenen Welten lebten.

Gleich bei Winsloes Ankunft in der Wiener Wohnung in der Wohllebengasse spürte Thompson die Anziehungskraft, die Winsloe auf sie ausübte. »Woher der jähe, unbeschreibliche Zauber in dem zu weichen Gesicht, unter den zu schweren Lidern.«[18] »Irgendwie überkam mich sofort das eigentümlich süße Gefühl ... sonderbar ... daß ich daheim sei, geborgen: eine Hülle von Süße und Wärme wie ein einschläferndes Bad. Nur ihr nahe zu sein, sie im Vorbeigehen berühren zu können. Sie hat eine einfache, natürliche Art, eine in die Armbeuge zu küssen – ich sage ›sie hat eine Art‹, dabei tat sie es nur einmal. ›Geh nicht fort‹, wollte ich sagen, ›geh nicht‹.«[19]

Winsloe fuhr am Neujahrstag nach Budapest, wo ihr Exmann lebte. Thompson folgte ihr mit einigen anderen. »[...] und dort stand sie auf dem Bahnsteig [...] Sie sah großartig aus, schön und mondän.«[20]

Nach der Klärung einer finanziellen Frage, die zu Unstimmigkeiten zwischen Hatvany und Winsloe geführt hatte,[21] fand Thompson es dort zauberhaft. Sie meinte, das Gut passe zu Winsloe; am liebsten hätte sie es Hatvany weggenommen, um es Winsloe zu geben. »Zu Christa aber gehört Grund und Boden, gehören Tiere, ein geräumiges Haus und anspruchslose Gastlichkeit. Ich wünschte, sie wäre schrecklich reich. Das wäre ihr zwar etwas peinlich, täte ihr aber gut, und allen übrigen auch.«[22]

Thompson nahm sich dort als liebeskranker Backfisch wahr und fand ihr Benehmen albern. Aber, schrieb sie, Selbstironie und geistige Wachheit konnten sie nicht im Geringsten vor dieser »seltsam süßen Lockung« schützen. Als sie einen Ausflug machten, nahm sie nur Winsloe wahr. Deren Schwägerin, die auch mitfuhr, vergaß sie immer wieder. »Ich war glücklich.«[23]

Sie sprachen bei diesem Besuch über Winsloes Buch, das Thompson meinte übersetzen zu müssen, denn dem Kern nach hätte *sie* es geschrieben haben können, so sehr identifizierte sie sich mit Manuela, der Hauptperson. »[...] alles, was ihr geschah, geschah im wesentlichen unter veränderten Bedingungen auch mir. Dies unglaubliche Gefühl schwesterlicher Verbundenheit.«[24] Vor allem war es ihr ein starkes Bedürfnis, etwas für Winsloe zu tun, und Winsloe schien sich darüber zu freuen.

Winsloe feierte zu dieser Zeit ihre größten Erfolge, während Thompson noch dabei war, ihren Stil und ihre Stimme zu entwickeln, die sie später berühmt machen sollten. Dass die beiden Frauen sich gegenseitig inspirierten, ist kein Wunder.

Nach dem Abendessen nahmen sie Abschied voneinander. Thompson schreibt: »Wir küßten uns, und sie nannte mich ›Liebling‹ und sagte: ›Ich will dir schreiben und dich anrufen, und du wirst mich nicht mehr los.‹ Ich war voller Seligkeit.«[25]

Thompson fuhr mit dem Nachtzug zurück nach Wien. Sie hielt ihre Erlebnisse und Gefühlsverwirrungen der letzten Tage in ihrem Tagebuch fest, um sich selber zu verdeutlichen, dass es nicht das geringste Anzeichen gäbe, dass ihre »ungewöhnlich heftige erotische Neigung« zu Winsloe von dieser erwidert würde, auch wenn sie gleichzeitig davon überzeugt war. Sie vertraute ihren Gefühlen nicht wirklich, hielt den Wunsch für den Vater des Gedankens. Sie versuchte sich davon zu überzeugen, dass sie letztendlich nichts anderes von ihr wolle als eine innige Freundschaft und das Glück »sie so zu lieben wie zuvor«.[26]

Ihr Bedürfnis, weiterhin eine innige Freundschaft zu Winsloe zu pflegen, macht deutlich, dass sie nicht bereit war, ihre Heterosexualität in Frage zu stellen. Freundschaften zwischen Frauen waren normal, sie ließen sich problemlos mit Männerbeziehungen kombinieren, sie stellten nicht das ganze Dasein in Frage. Thompson versuchte weiterhin, ihre Gefühle auf das zu reduzieren, was sie kannte und was sie schon immer gelebt hatte: Freundschaft.

Zurück in Wien, war sie glücklich. »Und die ganze Zeit über, in jedem Augenblick, dachte ich an Christa.«[27] So auch ein paar Tage später, als sie versuchte, Schlittschuhlaufen zu lernen. »Aber hängt mein plötzlicher Wunsch, Schlittschuhlaufen zu lernen, nicht vielleicht mit C.s Buch zusammen? Denn irgendwann muss sie Schlittschuh gelaufen haben.«[28]

Frühling 1933: Das Glück in Portofino

Thompsons Beziehung zu Lewis kühlte in dieser Zeit deutlich ab. Sie erlitt eine Fehlgeburt, und er betrank sich wieder regelmäßig. Er schlug das gesamte Appartement kurz und klein und schlug auch sie zum ersten Mal.[29] Sie beschloss daraufhin – nicht zum ersten Mal – sich selbst zu retten und ihn zu verlassen, aber bevor dieser Entschluss in die Tat umgesetzt wurde, sollten noch einige Jahre vergehen.[30]

Erst einmal gab es Thompson Auftrieb, dass sie mit Winsloe im Frühjahr nach Italien fahren würde, auch wenn sie meinte, sich selbst beweisen zu müssen, dass sie heterosexuell war, trotz aller Liebe zu Winsloe.

Fast schon auf dem Weg dorthin, entschied sich Thompson erst noch nach Berlin zu fahren, um sich über die Ereignisse rund um Hitlers Machtergreifung zu informieren. Sie schrieb an Winsloe: »Ich weiß, dass du mir verzeihen wirst, da ich weiß, dass du verstehen wirst, wie ich über die Situation in Deutschland denke.«[31] In der Nacht des Reichstagsbrands war sie noch in Berlin und blieb für zehn weitere Tage dort, um den Ausbruch des »sadistischen und pathologischen Hasses«, der mit dem Sieg der Nazis einherging, aufzuzeichnen. Für sie war das Merkwürdigste an der ganzen Situation, dass niemand dagegen zu protestieren schien, jedenfalls keine Behörden.

Thompson zögerte nicht, den Begriff »Perversion« zu benutzen, wenn sie über Nazis schrieb, sprach auch von Homoerotik im Bezug auf Hitlers Entourage.[32] Daher ist es mehr als verständlich, dass sie sich nicht selbst mit diesen Begriffen in Verbindung bringen wollte, waren sie doch für sie alle negativ besetzt.

Fast scheint es, als ob Thompson sich immer wieder dafür entschied, dass die Berichterstattung über den Faschismus Vorrang vor ihrem privaten Glück habe. Die Situation in Deutschland beunruhigte sie immer mehr, und sie tat ihr Möglichstes, um darauf aufmerksam zu machen.

Erst Mitte März fuhr sie nach Portofino an der italienischen Riviera, wo Winsloe ein Haus besaß. Dort warteten bereits ihr Sohn Michael,[33] sein Kindermädchen Fräulein Haemmerli und Christa Winsloe auf sie.

Die politische Situation in Deutschland nach der Machtergreifung Hitlers war für die beiden täglich präsent: Im nahe gelegenen Santa Margherita kamen die ersten Flüchtlinge aus

Deutschland an, unter ihnen Franz Werfel und Gerhart Hauptmann.

Dorothy Thompson bereitete dies schlaflose Nächte; sie schrieb dort eine Anklage gegen den Faschismus mit dem Titel »Back to Blood and Iron«. Außerdem plante sie eine Artikelserie für die *Saturday Evening Post* über die Behandlung der Juden in Deutschland, die ihr besonders naheging.

Jeden Morgen arbeiteten die beiden Frauen in getrennten Räumen, Thompson an ihrem Artikel, Winsloe an einem Theaterstück.

Für beide waren die sechs Wochen in Portofino ihre glücklichste Zeit zusammen. Hatte Thompson nach der Begegnung auf der Silvesterfeier noch Zweifel daran gehabt, ob ihre Gefühle für Winsloe erwidert würden, waren diese Zweifel jetzt verflogen. Winsloe stand zu ihrer Liebe und scheint keine Probleme damit gehabt zu haben, von ihr sind jedenfalls keine Äußerungen bekannt, in denen sie ihre Gefühle in Frage stellt. Sie hatte bereits vorher Frauenbeziehungen gelebt.[34] Als lesbisch sah sie sich jedoch nicht. Nach der Premiere ihres ersten Theaterstückes erklärte sie, »dass alles ein Missverständnis sei. Die guten Kritiken, die schlechten Kritiken und auch viele der roten Rosen, soweit sie von unbekannten Damen geschickt waren. [...] Und da kommen nun auch noch all die Frauen, die keine Männer mögen, und wollen mir einreden, ich habe dieses Stück für sie geschrieben.«[35]

Für Christa Winsloe war es wichtig, sich mit jemand zusammenzutun und nicht alleine zu leben. Anscheinend war das Geschlecht dabei nicht ausschlaggebend. Lesben waren für sie Frauen, die keine Männer mögen, dazu zählte sie sich eindeutig nicht. Sie war zeitlebens auch mit Männern befreundet, hatte Beziehungen mit einigen von ihnen und war häufig in Männer verliebt. Dass sie Frauen bevorzugte, ist dabei durchaus möglich, auf sie beschränkt hat sie sich jedenfalls nicht.

Wie Hertha Thiele berichtet, machte Winsloe zur Zeit der Filmaufnahmen von *Mädchen in Uniform* kein Geheimnis aus ihren Frauenbeziehungen: »Christa Winsloe hat die gesellschaftliche Ächtung weit weniger getroffen, weil sie sehr vermögend war. Und in dem Moment, wo Sie um diese Zeit, in der Weimarer Republik, Geld hatten, konnten Sie sich alles erlauben; oder wenn Sie in einer hohen Stellung waren. Die Giese [sic], die jemand war an den Münchener Kammerspielen, und die Erika Mann, was die machten, da krähte kein Hahn nach. Wenn das ein armer Teufel gewesen wäre, ja dann ... Ich glaube, das ist noch immer so. Haste, dann kannste, haste nicht, dann biste en Schwein.«[36]

Zudem war es für Christa Winsloe immer wichtig, dazuzugehören, hierzu passt das Konzept des Lesbisch- und damit Andersseins nicht. Wie sie später an Thompson schrieb: »Ich bin nicht anders als andere Frauen. Ich liebe es, zu lieben, und ich will geliebt werden.«[37]

Thompson versicherte Lewis brieflich, er brauche sich keine Sorgen zu machen, als er nach der Art ihrer Beziehung zu Winsloe fragte. Aber würde sie ihm gesagt haben, wie tief ihre Liebe zu Winsloe war, wo sie sich diese kaum selbst eingestehen konnte?

Sie schrieb ihm, es sei sehr amüsant, das Haus mit einer Frau zu teilen; es erinnere sie an ihre Collegezeit. Christa sei extrem gute Gesellschaft, sie sei die sympathischste Frau, die sie seit langen Jahren kennengelernt habe. Wenn sie nicht mit ihm in Vermont leben könne, würde sie lieber als alles andere mit Christa in Portofino leben.[38]

Thompson überredete Winsloe, mit ihr nach New York zu gehen – sie konnte sich angesichts der politischen Lage vorerst nicht vorstellen, nach München oder Hatvan zu fahren. Winsloe wollte in Amerika weiterarbeiten; Thompson meinte, dass das Theaterstück, an dem sie gerade schrieb, für den Broadway geeignet sei.

Sommer 1933:
Amerika – die Liebe hält dem Druck nicht stand

Im Sommer 1933 fuhren die beiden Frauen zusammen nach Amerika. Wie Kurth schreibt, brachte Thompson ihre beiden derzeitigen großen Leidenschaften mit: den Kampf gegen Hitler und Christa Winsloe.[39]

Als die beiden in den USA ankamen, standen sie der Presse gemeinsam Rede und Antwort. Thompson stellte Winsloe als eine der Führerinnen des Kampfes gegen die Nazis vor. Beide gingen sie als Expertinnen über Nazi-Deutschland auf Lesereisen. Thompsons Agentur organisierte auch Lesungen für Winsloe: »Ich habe einen Club hier in der Nähe, der an der Baronin Hatvany interessiert ist. Ich wünschte, sie könnte mir ein Thema geben – etwas zu den Entwicklungen in Europa, die Situation von Frauen dabei oder etwas Ähnliches.«[40] Zu dieser Zeit war ihr Theaterstück *Mädchen in Uniform* bereits am Broadway gelaufen,[41] und ihr Roman sollte im Herbst in Amerika erscheinen.

Von Anfang an bemühte sie sich um Veröffentlichungen in den USA. Ab August wurden die Rechte für ihre Texte über die Agentur Brandt an diverse Zeitungen und Zeitschriften verkauft.[42] Sie veröffentlichte u. a. in der *Saturday Evening Post*, für die auch Thompson schrieb, in *Harper's Bazaar* und im *Ladies' Home Journal*. Auch wollte sie der *Authors' League* beitreten.

Um sich schneller an die Sprache zu gewöhnen, wollte sich Winsloe mit Thompson auf Englisch verständigen. Ihre Briefe zeigen jedoch, dass dies nur sehr bedingt gelang. Teilweise schrieb sie Deutsch, und wenn sie Englisch schrieb, fiel sie immer wieder ins Deutsche zurück. Ähnlich sehen allerdings auch die Briefe und Tagebücher von Thompson aus. Es ist davon auszugehen, dass beide einfach in beiden Sprachen lebten. Winsloe brauchte allerdings immer eine Übersetzerin für ihre Arbeiten, teilweise übernahm Thompson diese Aufgabe.

In diesem Sommer gab es ein ständiges Kommen und Gehen in Twin Farms in Vermont, wo Thompson mit Lewis zusammenlebte und auch Winsloe immer wieder zu Besuch war.

Eigentlich kamen Sinclair Lewis und Christa Winsloe gut miteinander aus. Unter anderen Umständen hätten sie Freunde werden können, meinte er, denn Christa möge Männer, auch wenn sie sie nicht ernst nehmen könne. Dass Lewis, von Winsloe »der Rote« genannt, eifersüchtig auf sie wie auch auf andere Frauen in Thompsons Leben war, war offensichtlich.[43]

Winsloe hatte eine kurze Affäre mit dem Dramatiker Sidney Howard, der in diesem Sommer mit Sinclair Lewis an einer Theaterfassung seines Romans *Dodsworth* arbeitete und sich daher viel auf Twin Farms aufhielt. Wie Dorothy Thompson hatte auch sie eine Schwäche für »kreative« Männer. Über ihre Gefühle für ihn war sie sich nicht sicher: »Ich weiß, ich bin ein Idiot … Vielleicht liebe ich die Affäre, aber nicht *ihn*. […] Und wenn jemand eine Geste macht – so jemand – stehe ich in Flammen.«[44] Ihre Beziehung mit Thompson stellte sie dadurch jedoch nicht in Frage: »Zwischen uns kann eigentlich nichts auf der Erde kommen … kein Mann … nicht von meiner Seite her jedenfalls. Was wir haben, liegt auf einer anderen Ebene. Männer sind für ›uns‹ nur für eine Weile gut, aber nicht à la longue.«[45]

Letztendlich wurde es Lewis zu viel, und er warf Winsloe aus dem Haus. Daraufhin logierte sie für eine Weile in Virginia Beach, wo sie sich häufiger mit Lewis' Exfrau Grace Casanova traf. Während dieser Zeit ging Thompson wieder auf Lesereise. Wenn die beiden Frauen sich nicht sahen, schrieben sie sich zahlreiche Briefe, die eine deutliche Sprache sprechen. Da ist von Liebe die Rede, und es gibt Bezüge zur damaligen Lesbenkultur. So fragt Winsloe in einem ihrer Briefe, ob Thompson wisse, dass ein Kolibri im Ungarischen *Sappho madár* heißt, »Sappho-Vogel«. Sie erzählte ihrer Geliebten, welche Frauen als lesbisch angesehen wurden, oder von einem Besuch in einer Schwulenkneipe. Oft unterzeichnete Winsloe ihre Briefe mit Christian oder manchmal auch nur mit Chris. Häufig benutzte sie männliche Pronomen für sie beide.

Sie schickte ihr Küsse und nannte sie »lieber halber Mensch von mir selber«. Aus ihren Briefen spricht Glück, aber auch Einsamkeit und das Bedauern darüber, dass Thompson, der Mensch, der ihr am nächsten stand, nie anwesend war, um ihre Freude mit ihr zu teilen. Als sie an ihrem Buch schrieb, das in Italien spielt, sehnte sie sich unsäglich danach, mit Thompson dorthin zu fahren. Immer wieder schreibt sie von sehnsüchtigen Erinnerungen an die gemeinsame Zeit in Portofino und dem Wunsch, mit ihr zu reisen, allein und ohne Vortragsverpflichtungen.

## Hin und her zwischen Europa und Amerika, erlaubter und verpönter Liebe – und der Faschismus breitet sich aus

In Europa überschlugen sich 1933 die Ereignisse, und Thompson wollte Zeugin sein. Zusammen mit Winsloe unternahm sie im August eine kurze Reise nach Österreich.

Winsloe wollte ein Stück gegen den Krieg schreiben, »Wer braucht ihn und warum?«. Sie war davon regelrecht besessen, meinte aber, als Frau fehle es ihr an der nötigen Stärke: »Ich möchte so gerne etwas schreiben das alle Menschen mit Schreck erwachen, eine furchtbare Warnung vor dem Kommenden. Vor Krieg, Dummheit und Wahnsinn. Aber ich bin so talentlos, Dotto. Ich habe nur die Wut in mir, nicht die Kraft. Man soll das Maul weit aufreissen und schreien das das grosse Elend und die Unkultur siegt, aber man muss auch eine Stimme haben, warum Dotto, bin ich kein MANN? Ich leide an meinem Leid und der Impotenz kein Lautsprecher zu sein.«[46]

Bereits früher, als ihr Theaterstück *Gestern und heute* sowohl von der rechten als auch der linken Presse als politisch eingestuft wurde, wollte sie nicht als Heldin angesehen werden, das hätte sie nicht gelernt.[47]

Dass sie die Tatsache, eine Frau zu sein, als so große Einschränkung für ihr Schreiben empfand, mutet seltsam an. Als sie Bildhauerin werden wollte, hatte sie sich nicht durch frauenfeindliche Vorurteile abschrecken lassen. Und sie war mit der Frau zusammen, die als »amerikanische Kassandra« in die Geschichte eingehen sollte und die bereits zu dieser Zeit alles daransetzte, auf die Zustände in Nazi-Deutschland und in Europa aufmerksam zu machen. Thompson war sich ihrer Stimme sehr wohl bewusst und nutzte sie bei jeder Gelegenheit, in ihren journalistischen Texten, auf Lesereisen und auch in Büchern. Sie brachte es ganz einfach auf den Punkt: »Ich werde schreiben, was ich kann.«[48]

Als Lewis im Herbst nach Chicago fuhr, rief Thompson Winsloe wieder zu sich. Sie verbrachten den Rest des Herbstes zusammen in Bronxville, nördlich von New York City. Für FreundInnen, die sie in dieser Zeit zusammen erlebten, stand zweifelsfrei fest, dass die beiden ein Paar waren.[49] Es war kaum möglich, die eine ohne die andere zu sehen. Einladungen nahmen sie gemeinsam an. Winsloe schrieb an Thompson: »Ich mag es, wenn sie an uns zusammen denken Ich mag es, dass Menschen an Dotto denken, wenn sie Christa sehen.«[50]

Auch wenn die beiden ihre Gefühle füreinander möglicherweise im privaten Rahmen vor anderen auslebten, so war dies für andere nicht unbedingt selbstverständlich. So war Lilian Mowrer sehr erstaunt, als sie eines Abends miterlebte, wie Thompson und Winsloe engumschlungen lachend zusammen ins Bett fielen, wobei sie die Anwesenheit von Mowrer ganz vergessen hatten. Diese merkte an, dass sie Thompson bis dahin nicht als »aktive Lesbe« gesehen hatte.[51]

Die Selbstwahrnehmung der beiden Frauen, keine Lesben zu sein, kann sich also durchaus von der Wahrnehmung anderer unterschieden haben, die sie sehr wohl als lesbisch ansahen.

Es ist relativ unwahrscheinlich, dass die beiden mit anderen über ihre Beziehung sprachen. So war Thompsons Schwester, die diese besser als die meisten anderen Menschen kannte, sehr erstaunt, als sie von deren Liebe zu Winsloe erfuhr.[52]

Beide Frauen scheinen aus ihren Gefühlen für andere Frauen keine lesbische Identität entwickelt zu haben. Die öffentlichen Diskussionen zu dieser Zeit, d. h. in den 1930er Jahren, stigmatisierten Lesben, was zu einer gewissen Sprachlosigkeit unter ihnen führte.[53] Dadurch wurde ihr Selbstbild von anderen bestimmt, nicht von ihnen selbst, wie sich auch bei Winsloe und Thompson zeigt.

Ob die Beziehung der beiden Frauen auch sexuell war, lässt sich anhand der schriftlichen Äußerungen, die heute noch vorliegen, nicht mehr feststellen. Thompsons Tagebuchaufzeichnungen der ersten Tage ihres Wiedersehens sprechen dagegen, aber wie sich die Situation später zwischen ihnen weiterentwickelt hat, lässt sich nicht mit Sicherheit sagen. In den Briefen ist immer wieder von Küssen und von Umarmungen die Rede. Es war ihnen jedenfalls selbstverständlich, Zärtlichkeiten miteinander auszutauschen. Da Thompson sich fragte, ob nicht die Geburt eines Kindes das einzige befriedigende sexuelle Erlebnis einer Frau sei,[54] stellt sich die Frage, wie sie Sexualität mit Männern erlebt hat. Ihre sexuelle Beziehung zu Lewis jedenfalls war nie besonders intensiv.[55]

Trotz allem sah Winsloe es nicht als das große Glück an, in Amerika zu sein, und sie wollte wieder zurück nach Europa. In einem Brief an Ernst Penzoldt vom Dezember 1933 schreibt sie über ihr Heimweh nach München und dass sie immer wegwolle, aber immerzu neue Arbeit bekäme.[56] Aber bereits auf der Überfahrt merkte sie, dass sie lieber unterwegs sein als ankommen wollte. Am liebsten wäre sie weiter gereist, weit weg von Hitler. Ihre Erfahrungen des Reisens verarbeitete sie in dem Roman *Passeggiera*, in dem die Hauptperson froh ist, auf einer Schiffsreise ihre Identität verlieren zu dürfen, und das Reisen als erstrebenswerten Zustand empfindet.[57]

Erst einmal logierte sie bei dem Verleger Kurt Wolff und seiner zweiten Frau Helene in der Nähe von Nizza, wo sie sich anfangs wohl fühlte. Sie schmiedete Pläne, dort mit Thompson zusammenzuleben. Aber schon bald ging ihr Wolff auf die Nerven. Es hielt sie nicht länger, und sie fuhr weiter nach München.

Trotz aller Veränderungen empfand sie München doch als ihre Heimat und war froh, dass sie zurück war. Die Situation dort erlebte sie als widersprüchlich. Einerseits schrieb sie an Thompson, die Menschen seien gut, andererseits: »Es wendet sich hier alles als sei ein Wind in am Boden liegende Blätter gefahren und habe sie gewendet, gewirbelt, sie auf den Kopf gestellt, aber manche sind liegengeblieben. [...] Alle Beziehungen sind anders. Man geht umher wie ein Entdecker. Auf Schritt und Tritt wird man überrascht. Nichts ist da wo es früher war und niemand ist so wie er früher war. Man hat das Gefühl das eine Verinnerlichung vor sich gegangen ist, die für die Zukunft von ungeheurer Wichtigkeit ist.«[58]

Nicht nur an die veränderte Situation in Deutschland, auch an das Alleinsein musste sie sich erst wieder gewöhnen, musste es erst wieder lernen. Sie war unsicher, erst jetzt merkte sie, wie sehr sie sich auf Thompson gestützt hatte. Nach ihrer Abreise hatte sie diese in einem Brief aufgefordert, sich von Lewis zu trennen, wenn sie nicht vor die Hunde gehen wolle. Sie ging davon aus, dass Thompson ihr bald folgen würde, und schmiedete bereits Zukunftspläne für ein gemeinsames Leben in Italien. Erst einmal zog sie allein nach Florenz.

Von einem Besuch in Hatvan schrieb Winsloe ihrer Geliebten, dass sie ein Bild von ihr mit ihrem Mann Sinclair Lewis sowie eins von ihrem Sohn aufgestellt hatte mit dem Gefühl, dies sei ihre Familie. Sie scheint sich also damit arrangiert zu haben, dass ihre Partnerin verheiratet war, und sah deren Ehemann auch als Teil ihres eigenen Lebens.

Als Thompson ihr in einem Brief mitteilte, bei ihr sei Zuckerkrankheit diagnostiziert worden, schrieb Winsloe ihr aufmunternde Briefe, wollte sich mit ihr um eine Diät kümmern und war davon überzeugt, dass sie zusammen alt werden würden – ganz fröhlich. In solchen Situationen war Winsloe in ihrem Element, sie fühlte sich immer wohl, wenn sie das Gefühl hatte, von anderen gebraucht zu werden.

Thompson kümmerte sich in den USA auch weiterhin um die Veröffentlichung von Winsloes Texten und konnte ihr auch von Erfolgen telegrafieren. Winsloe berichtete von zwölf Kurzgeschichten für amerikanische Radioanstalten und fing an, einen Roman zu schreiben.[59]

Entgegen den Wünschen und Plänen Christa Winsloes ging Dorothy Thompson weiterhin in Amerika auf Lesereisen. Thompsons Beziehung zu Lewis war zu dieser Zeit eisig bis feindlich. Solange sie sich nicht sahen, schrieben sie einander liebevolle Briefe, aber ihr Zusammenleben war eine Katastrophe. Ihre Beziehung funktionierte nur in ihrer Phantasie.

Erst im Juli 1934 fuhr Thompson wieder nach Europa, von London aus nach Österreich, wo sie sich auch mit Winsloe traf, später über München nach Berlin. Sechs Wochen nach ihrer Ankunft wurde sie auf persönliche Anweisung Hitlers aufgefordert, Deutschland innerhalb von 24 Stunden zu verlassen. Sie war damit die erste US-amerikanische JournalistIn, die aus Nazi-Deutschland ausgewiesen wurde. Uns mögen Ausweisungen von JournalistInnen heute geläufig sein, aber zu jener Zeit war es eine Weltnachricht.

Thompson hatte 1931 als eine der Ersten ein Interview mit Hitler geführt, auf das sie bereits seit Jahren gewartet hatte. Es erschien unter dem Titel »But fifteen million Germans CAN be wrong«.[60] Die Nazis übersetzten ihre »antideutschen« Artikel immer in Windeseile und planten schon längere Zeit Maßnahmen gegen Thompson, die zu dieser Zeit bekannter als andere JournalistInnen war.[61] Von Hitlers Aufstieg zur Macht bis zu seinem Tod war sie diejenige JournalistIn, die sich am lautesten und mit der weltgrößten Resonanz gegen den Faschismus aussprach.[62]

Am Morgen des 26. August 1934 verließ Thompson Berlin mit dem Zug nach Paris, die Arme voller Rosen, die sie von Kollegen als Zeichen ihrer Wertschätzung und Solidarität bekommen hatte. Sie selbst reagierte gelassen: »Wenn man Deutscher ist, wird man ins Gefängnis geschickt. Glücklicherweise bin ich Amerikanerin, so wurde ich nur nach Paris geschickt. Es kann einem Schlimmeres passieren.«[63]

Als sie im September nach New York zurückkehrte, wurde sie als Heldin gefeiert und ging als »amerikanisches Orakel« wieder auf Lesereisen. Es war ein großer Schritt nach oben auf ihrer Karriereleiter; von nun an war sie in ganz Amerika bekannt. Sie bekam bei der *New York Herald Tribune* ihre eigene Kolumne »On the Record«, die dreimal wöchentlich in mehr als 150 Zeitungen veröffentlicht wurde. Außerdem arbeitete sie bei NBC Radio als Kommentatorin, was ihre Lesereisen weitgehend ersetzte, denn so konnte sie noch viel mehr ZuhörerInnen erreichen. Zu ihrer Zeit war sie eine der berühmtesten und – neben Eleanor Roosevelt – einflussreichsten Frauen in Amerika. Auch deren Beziehung mit einer Frau wurde erst später bekannt.[64] Beiden ist gemeinsam, dass ihre Ehe ihnen eine gesellschaftliche Position sicherte, die sie kaum errungen hätten, wenn sie sich öffentlich dazu bekannt hätten, lesbisch zu sein.[65]

Mit ihren Gefühlen für eine andere Frau haderte Dorothy Thompson auch weiterhin. Nachdem sie das Theaterstück *The Children's Hour*[66] von Lillian Hellman gesehen hatte, wurde sie depressiv, ohne zu wissen, warum. Ihr Freund Dale Warren verstand den Zusammenhang jedoch sofort: Eine der Hauptpersonen in diesem Stück erhängt sich am Ende, weil sie eine Frau liebt.[67]

Es ist wichtig, sich darüber im Klaren zu sein, wie sehr Thompson zum einen wegen ihrer Ehe mit Lewis im Mittelpunkt des öffentlichen Interesses stand, zum anderen aber auch durch ihre eigene Arbeit. Sie schrieb nicht nur über Politik, sondern auch über Ehe- und Familienfragen. Bereits vor der Geburt ihres Sohnes hatte sie der Gedanke an Reaktionen aus der Öffentlichkeit davon abgehalten, sich von Lewis zu trennen.[68] Wie Klaus Mann schreibt: »Die Dorothy Thompson, die wir in New York wiedersahen, stand im Begriffe, eine nationale Figur – ›a national figure‹ zu werden. Ihre regelmäßigen Kommentare zu politischen, kulturellen und allgemein menschlichen Fragen wurden in Hunderten von amerikanischen Blättern abgedruckt; ihr Wort hatte Gewicht, man hörte auf ihren Rat.«[69]

Ein offenes lesbisches Leben, wie wir es heute von einigen Journalistinnen kennen, war zu ihrer Zeit undenkbar und hätte für sie das Ende ihrer Karriere bedeutet.

Im August hatte Winsloe bei den Salzburger Festspielen den Bariton Ezio Pinza gehört und sich in ihn verliebt. Obwohl er mit ihrer Zuneigung wenig anzufangen wusste, folgte sie ihm auf eine Gastspielreise in die USA. Die Affäre mit Pinza war nicht von Dauer, aber durch ihn fand sie sich eher zufällig im Herbst in Hollywood wieder. Sie fand es zwar scheußlich dort, glaubte aber den Versicherungen, sie könnte dort Arbeit finden. Ihre Manuskripte wurden jedoch abgelehnt, woraufhin sie sich wieder dem Roman zuwandte. Sie schrieb *Girl Alone*,[70] die Geschichte einer Bildhauerin, die lernt, zu ihren lesbischen Gefühlen zu stehen, und *Halbe Geige*[71] über die Liebe zwischen zwei Männern. Auch ihre Zeitungsartikel waren nicht mehr so gefragt wie noch zwei Jahre zuvor. Gab es 1934 zu Anfang des Jahres noch mehrere Veröffentlichungen, so kann für 1935 nur noch eine nachgewiesen werden.

In dieser Zeit lernte sie Autofahren, wovon sie Thompson in einem Brief begeistert berichtet: »Ich komme gerade von meiner ersten Fahrstunde zurück. […] ich hatte so ein gutes Gefühl darüber, dass ich wenigstens einmal in meinem Leben selber lenken konnte und fahren konnte, wohin ich wollte, dass ich wenigstens einmal nicht ausgeliefert war und dorthin musste, wo andere hin wollten.«[72]

## Gründe für das Scheitern ihrer Liebe

Winsloe erging sich zwar in sehnsüchtigen Erinnerungen, wusste aber gleichzeitig auch, dass ihre Beziehung vorbei war und dass es nicht möglich sein würde, sie wiederzubeleben. Sie wollte »was andres tun«. Was genau sie sich darunter vorstellte, geht aus ihrem Brief nicht hervor.

Für Thompson war die Beziehung ebenfalls spürbar vorbei, sie empfand Winsloes Briefe mehr als allgemeine »Schreie ins Universum«, fühlte sich aber nicht mehr von ihnen angesprochen: »Ich merke, dass zwischen uns etwas zerbrochen ist, und frage mich, ob all diese Liebe je existiert hat. Oh ja, sie hat existiert, aber gingen nicht alle Fäden von mir zu dir und keine wirklich von dir zu mir? Du wirst mir nicht antworten oder helfen, vielleicht einfach nur weil du mich nicht verletzen willst. Ich schreibe dies mit Tränen in den Augen und mit Tränen im Herzen und ich würde mir wünschen, sie würden wegen jemand anders fließen, da du mich dann vielleicht trösten würdest. Würdest du es wirklich? Warum kann eine die *eigene* Liebe so lange aufrecht erhalten ohne jede Gegenseitigkeit und dann plötzlich geht es einfach nicht mehr.«[73] Im gleichen Brief vom Dezember 1934 bedankt sie sich bei ihr »für alles, für *alles*.« Sie sollten sich nie wiedersehen.

Die Ausschließlichkeit einer Frauenbeziehung scheint für Thompson ein Albtraum geblieben zu sein. So schrieb sie in einem Brief an Winsloe, dass sie davon geträumt habe, auf einem zerbrechlichen Schiff auf rauer See zu fahren, und die ganze Crew bestand ausschließlich aus Frauen. Sie hatte Angst und wachte schweißgebadet auf.[74] Auch wenn es in erster Linie so scheint, als ob die Beziehung an Winsloes ständigen Verliebtheiten und Thompsons ständiger Arbeit gescheitert ist, so bleibt es doch fraglich, ob sie sich wirklich je auf ihre Beziehung zueinander beschränkt hätten, sie beide dies überhaupt gewollt hätten. Zumindest von Thompson ist bekannt, dass sie exklusive Liebesbeziehungen nicht verstehen konnte.[75]

Winsloe mag sich nicht als lesbisch bezeichnet haben, Homosexualität bezeichnete sie aber durchaus als »ihr Thema«, als sie an dem Roman *Halbe Geige* arbeitete: »Ich bin so glücklich wieder bei meinem Thema zu sein. Und fühle das ich nur dann gut bin. Die Sache ist in einer Linie mit Manuela und meinem Buch.«[76] Sie schrieb außerdem das deutlich lesbische Theaterstück *Sylvia und Sybille*.[77]

Für Winsloe waren die Trennungen ein Problem; sie suchte einfach Nähe bei den nächstbesten Personen und hatte in den USA mehrere Affären, von denen sie Thompson auch ausführlichst berichtete. Sie wollte ihre Geliebte ganz für sich, wollte mit ihr reisen, mit ihr zusammen sein. Für Thompson, die ständig arbeitete, war das einfach nicht lebbar. Zudem brauchte Winsloe das Gefühl, gebraucht zu werden, aber es war eher so, dass *sie* Thompson brauchte, z. B. ihre Kontakte und ihre Hilfe als Übersetzerin.

Während Thompson bis zur Erschöpfung arbeitete, sich immer wieder um ihren betrunkenen Ehemann kümmern musste und für ihr Schreiben auch eine gewisse Einsamkeit benötigte, scheint Winsloe sich auf ihre privaten Gefühle beschränkt zu haben. Sie geht immer weniger auf Thompsons Arbeit oder die Situation in Europa ein. Es ist die Frage, inwieweit Winsloe das Leben ihrer Partnerin überhaupt noch wahrnahm. Die meisten ihrer Briefe sind merkwürdig zeitlos und behandeln nur ihre eigenen Empfindlichkeiten. Von all ihren Verliebtheiten in Männer berichtete sie ihrer Geliebten und erwartete sogar noch von ihr, dass diese ihren Essay über Pinza übersetzte.

Winsloe schrieb, sie habe ihre Gefühle für Thompson im vorigen Winter auf eine andere Ebene geschoben; sie hätte immer gedacht, die Pinza-Geschichte habe nichts mit ihr, Thompson, zu tun. Aber war sie wirklich davon ausgegangen, dass es möglich war, zwei Personen gleichzeitig zu lieben und mit ihnen zusammen zu sein? Auch Pinza brauchte sie offensichtlich nicht.

Die beiden Frauen hatten zu dieser Zeit Lebensentwürfe, die einfach nicht zusammenpassten. Jahre später sollte Thompson einer Freundin gegenüber zugeben, dass sie aufgrund ihrer Arbeit manche Menschen und manches, das ihr wichtig war, vernachlässigt hatte.[78]

Winsloe hingegen versuchte, ihren Platz zu finden, und merkte, dass dieser nicht in Amerika war, was ihre Rückkehr nach Europa verständlich macht, schien sie doch nicht unmittelbar gefährdet.

Möglich ist auch, dass es bei einem Treffen der beiden Frauen in San Francisco zu weitreichenden Differenzen kam. Genaues ist darüber nicht bekannt, aber später spricht Winsloe davon, dass das Treffen unter einem schlechten Stern gestanden und sie ihr Leben sinnlos gefunden und sich selber als stumm und taub erlebt hätte. Dies bezieht sich vermutlich auch auf ihre Arbeitsschwierigkeiten, aber in dem Zusammenhang liegt es nahe, dass sie sich auch von ihrer Geliebten nicht gebraucht fühlte.

Von der Kreativität, die Thompson an Winsloe angezogen hatte, war kaum noch etwas zu spüren. Thompson hatte sie unterstützt, wo sie nur konnte, sei es durch die Vermittlung von Lesungen über ihre eigene Agentur, sei es über Kontakte oder mit Übersetzungen. Für Winsloe hatte dies alles nicht gereicht, sie brauchte Thompson an ihrer Seite. Bitter schrieb sie ihr zum Abschied: »Du hast Mike, Arbeit und Erfolg. Drei gute Sachen – sei zufrieden.«[79] Offensichtlich hatte sie den Eindruck, selbst nichts mehr zu haben.

Trotz einzelner Glücksmomente machte sich Gleichgültigkeit bei Winsloe breit. Sie fühlte sich abgetrennt, weit weg von allen Menschen und von der Welt. Sie fragte sich nur, mit wem sie auf Dauer zusammenleben würde, und äußerte den Wunsch nach neuer Intimität. Ihrer früheren Geliebten warf sie vor, sie unselbständig gemacht zu haben, weil sie sie so verwöhnt habe.

Auf Dauer war das Leben in Hollywood für Winsloe unerträglich: »Das ist nur zu schaffen, [...] wenn man von einer Erfolgswelle getragen dort ankommt; sehr jung und gesund muss man sein, um das alles auszuhalten, denn es ist unvorstellbar hart. Ich bin zu alt und zu verwöhnt, ich kann das nicht mehr leisten.«[80]

Als ihre Lobeshymne auf das Leben in Amerika »Thy Country, 'Tis of Thee« im November 1935 im *Ladies' Home Journal* erschien, hatte sie das Land bereits verlassen.

## 1935-1944
## Vorbei: Die Politik übernimmt die Regie

Während Dorothy Thompson sich in Amerika unermüdlich für Flüchtlinge aus Deutschland und anderen europäischen Ländern einsetzte, tat Christa Winsloe ihr Möglichstes in Europa. Sobald sie das Gefühl hatte, gebraucht zu werden, war sie in der Lage, sich über ihr persönliches Leid hinwegzusetzen.

Durch ihren ungarischen Pass, den sie seit ihrer Heirat mit Hatvany hatte, konnte sie relativ frei reisen, was sie ausnutzte, um Gefährdeten zu helfen. Ihre Freundin, die Journalistin Hilde Walter, erinnert sich: »Von 1933 an wurde ihre Hilfsbereitschaft an allen Ecken und Enden gebraucht. Sie kümmerte sich um Freunde im Konzentrationslager, half ungeschickten und gefährdeten Menschen über die Grenze, schickte Geld an Emigranten im Ausland und benutzte ihre eigenen Auslandsreisen zur Vermittlung politisch gefährdeter Briefe und Nachrichten. Ich habe sie wiederholt für solche Aufgaben in Anspruch genommen und niemals eine schlechte Erfahrung gemacht.«[81]

Publizieren konnte sie zu dieser Zeit in Deutschland bereits nicht mehr. Da ihr erster Roman im niederländischen

Allert de Lange Verlag veröffentlicht wurde, der zu dieser Zeit eine Abteilung für deutsche Exilliteratur hatte, bekam sie in Deutschland Publikationsverbot.[82] Ihre letzte nachgewiesene Veröffentlichung in Deutschland ist ein Bericht über einen Wirbelsturm über Virginia Beach in der *Vossischen Zeitung* im September 1933. Danach standen ihr nur noch ausländische Zeitungen und Zeitschriften offen, bis 1938 sind sehr vereinzelte Beiträge in den USA, Frankreich, Großbritannien und den Niederlanden nachzuweisen.

Lange Zeit hatten die beiden Frauen keinen Kontakt mehr miteinander. Wie Winsloe bitter meinte: »Sie mag nur Erfolgreiche.« Was sie dazu beigetragen hatte, dass Thompson sich von ihr abwandte, schien sie nicht wahrzunehmen.

1938 wurde Winsloe von dem Filmregisseur G. W. Pabst für die Filmproduktion von *Jeunes filles en détresse* nach Paris geholt. Als kurz nach der Premiere der Zweite Weltkrieg ausbrach, entschloss sie sich, in Frankreich zu bleiben, zog allerdings in den Süden nach Cagnes-sur-mer, einen kleinen Ort in der Nähe von Nizza. Sie schrieb dort weiter an zahlreichen Texten: »Die Manuskripte häufen sich zu Bergen.«[83] Immer wieder zerschlugen sich Hoffnungen auf Veröffentlichungen, sosehr sie ihre Agentin auch um Vermittlungen anflehte. Sie baute dort ihr eigenes Gemüse an; Geldmittel standen ihr kaum noch zur Verfügung.

In dieser Zeit hatte sie wieder Kontakt mit Dorothy Thompson, die ihr monatlich 50 Dollar schickte und auch Pakete, die nicht nur für Winsloe persönlich überlebenswichtig waren, sondern auch für diverse andere Flüchtlinge, die sie mitversorgte. Winsloe bat ihre amerikanische Freundin: »Falls irgendeine Möglichkeit besteht uns ... ich meine damit eine ganze Gruppe von Emigranten um mich herum, für die ich koche und sorge ... ein Paket zu senden via red cross ... Reis, Barleypowder in jeder Form, Fleischkonserven, Zucker, Fett in Büchsen, Fischkonserven etc. Fleischextrakt und Schokolade und Cakes, das wäre eine unsagbare Freude für einen Haufen blasser Menschen und ein paar Kinder von Gefangenen in Deutschland, um die ich mich zu kümmern übernommen habe.«[84]

Selbst als sie in Cagnes war, fragte Winsloe ihre frühere Geliebte, ob sie niemals müde werde, ob sie sich nicht bei ihr ausruhen wolle. Sie wollte den Gedanken daran nicht aufgeben. Erinnerungen an Portofino wurden wieder lebendig, und sie, die selber im Exil war, bot Thompson Asyl an, ein Zimmer und zwei Arme, die sie gerne wieder einmal umarmen würden.

Es ist zu vermuten, dass Thompson Winsloes größte Liebe war. Die Erinnerungen an ihre gemeinsame Zeit in Portofino behielt sie ihr Leben lang und ging auch davon aus, dass sie sich nach dem Krieg wiedersehen würden.

Die Kommunikation brach völlig ab, als die deutsche Armee 1942 in den bis dahin unbesetzten Süden von Frankreich vordrang.

Winsloe wollte bereits seit längerem zurück nach Deutschland. Nach langem Warten hatte sie zu ihrer großen Freude 1944 endlich die nötigen Papiere dafür bekommen. In ihrem letzten Brief an ihre Berliner Freundin Hertha von Gebhardt schreibt sie am 1. Juni: »Ich komm … wie findsten das? Nicht gleich, es dauert noch paar Wochen wahrscheinlich wegen allerhand Formalitäten etc. Hauptsache: Sichtvermerk für München ist genehmigt.«[85]

Aufgrund eines Evakuierungsbefehls war sie Ende Februar 1944 mit ihrer Partnerin Simone Gentet, mit der sie die letzten Jahre zusammengelebt hatte, nach Cluny in Burgund gezogen. Dort wurden sie beide am 10. Juni 1944 von Kriminellen, die sie für Spioninnen hielten, in einem Akt der Selbstjustiz erschossen.

Ihre Freundin Hertha von Gebhardt und deren Tochter Renate, denen sie ihre Ankunft in freudigen Briefen angekündigt hatte, warteten vergeblich auf ein Lebenszeichen von ihr.

Schließlich wandte sich Hertha von Gebhardt an Dorothy Thompson, ob sie nicht versuchen könne, herauszufinden, was mit Christa Winsloe geschehen sei. Es sollte noch zweieinhalb Jahre dauern, bis die amerikanische Botschaft in Frankreich ihr im Dezember 1946 mitteilte, dass Christa Winsloe tot war.[86]

Es gibt keinen Hinweis darauf, dass Dorothy Thompson nach Winsloe je wieder eine Frau so sehr geliebt hat, auch keinen Mann.[87] Sie stürzte sich in ihre Arbeit. Der Kampf gegen den Faschismus und die Unterstützung von ExilantInnen stand für sie lange im Mittelpunkt ihres Lebens.

Von Lewis wurde sie erst 1942 geschieden, 1943 heiratete sie den tschechischen Maler und Bildhauer Maxim Kopf.

In einer Rede vor dem Sicherheitsrat der Vereinten Nationen 1946 warf Thompson den damals regierenden Staatsmännern vor, es sei eine Lüge, den Frauen zu sagen, ihre Männer und Söhne wären für den Weltfrieden gestorben. Diese Rede gilt als Geburtsstunde der World Organization of Mothers of all Nations (W.O.M.A.N.), die im gleichen Jahr in New York auf Anregung von Thompson gegründet wurde. Durch persönliche Begegnungen versuchen Mitglieder dieser Organisation über politische und ideologische Grenzen hinweg zur Völkerverständigung beizutragen.

Dorothy Thompson starb 1961 in Lissabon während eines Besuches bei ihrem Sohn Michael.

## Anmerkungen

1 Die Uraufführung, unter dem Titel *Ritter Nérestan*, fand 1930 in Leipzig statt, für die Berliner Aufführung wurde das Stück in *Gestern und heute* umbenannt, die Verfilmung 1931 erschien unter *Mädchen in Uniform*, das Buch zum Film 1933 als *Das Mädchen Manuela*.

2 Christa Winsloe: »Zu meinem Stück«, im Programmheft der Uraufführung des Leipziger Schauspielhauses vom 30.11.1930, zitiert nach Stützer, S. 107.

3 Schlüpmann u. Grammann, S. 34.

4 Kurth, S. 142. Hier und im Folgenden alle Übersetzungen englischer Zitate, wenn nicht anders angegeben, von der Verfasserin.

5 Ebd., S. 141.

6 Sheean, S. 232.

7 Kurth, S. 170.

8 Tagebuch Dorothy Thompson, zitiert nach Sheean, S. 240.

9 Das vollständige Tagebuch ist in *Dorothy und Red* von Vincent Sheean abgedruckt. Thompson hat es bis zu ihrem Tod aufbewahrt,

obwohl sie vermutlich sehr viele andere vernichtet hat. Es befindet sich heute – wie auch der Rest ihres schriftlichen Nachlasses – in der Universitätsbibliothek von Syracuse (New York). Sheean ging davon aus, dass sie dieses Tagebuch zur Veröffentlichung bestimmt hatte. Auch ihre Briefe von und an Winsloe hat sie zeitlebens aufgehoben.

10 Diese Zerrissenheit zwischen Gefühl und Verstand beschreibt sie später in einem Brief an Winsloe. Sie begründet ihre Leidenschaft sowohl für Lewis als auch für Winsloe damit, dass sie das Gefühl habe, selber nichts Neues, Einzigartiges zu schaffen, daher will sie kreativen Menschen dienen. Vgl. Sanders, S. 189 f.

11 Sheean, S. 242 f.

12 Kurth, S. 178. Übersetzung: Luise F. Pusch.

13 Sheean, S. 240.

14 Sanders, S. 100.

15 Sheean, S. 240.

16 Faderman, S. 35.

17 Sheean, S. 243.

18 Sanders, S. 178.

19 Sheean, S. 241.

20 Ebd., S. 243.

21 Aus dem Tagebuch geht hervor, dass Winsloe zu dieser Zeit noch immer Geld von Hatvany bekam.

22 Sheean, S. 247.

23 Ebd., S. 247.

24 Ebd., S. 246.

25 Ebd., S. 248.

26 Ebd., S. 249.

27 Ebd., S. 250.

28 Ebd., S. 253.

29 Kurth, S. 183.

30 Sanders, S. 182.

31 Kurth, S. 186.

32 Ebd., S. 161.

33 Michael Lewis, geboren 1930, war der gemeinsame Sohn von Dorothy Thompson und Sinclair Lewis.

34 Siehe Schlüpmann u. Grammann, S. 37. Genaue Angaben darüber, mit welchen Frauen Winsloe Beziehungen hatte, außer Dorothy Thompson und Simone Gentet, konnten bisher nicht gefunden werden. Deutlich ist nur, dass sie sowohl Beziehungen mit Frauen als auch mit Männern hatte.

35 Walter.

36 Schlüpmann u. Grammann, S. 37.

37 Kurth, S. 191.

38 Sanders, S. 187.

39 Kurth, S. 185.

40 Sanders, S. 188.

41 *Girls in Uniform* lief vom 30.12.1932 bis Januar 1933 am Broadway, es gab 12 Aufführungen.

42 Brief der Agentur Brandt u. Hochman an die Verfasserin vom 21.11.2006.

43 Kurth, S. 191.

44 Ebd., S. 194.

45 Ebd.

46 Zitiert nach Stützer, S. 165. »Dotto« war der Kosename von Christa Winsloe für Dorothy Thompson.

47 Walter.

48 Kurth, S. 188.

49 Ebd., S. 192.

50 Ebd.

51 Ebd.

52 Ebd., S. 191.

53 Faderman, S. 99.

54 Kurth, S. 182.

55 Ebd., S. 167.

56 Brief an Ernst Penzoldt vom 21.12.1933. Das Schreiben befindet sich im Deutschen Literaturarchiv in Marbach.

57 Stützer, S. 167.

58 Undatierter Brief von Christa Winsloe an Dorothy Thompson, zitiert nach: ebd., S. 168.

59 Ebd., S. 167.

60 Auf Deutsch veröffentlicht in ihrem Buch *Ich sah Hitler* (1932). Sie hatte zum damaligen Zeitpunkt Hitler jedoch maßlos unterschätzt: Sie dachte, er würde nie in Deutschland an die Macht kommen.

61 Ausschlaggebend für die Ausweisung zu diesem Zeitpunkt war vermutlich jedoch nicht das Interview – sie war seit Hitlers Machtergreifung bereits mehrfach in Deutschland gewesen –, sondern ihre Rezension eines Buchs von Ernst Hanfstaengel, der persönlich für diese Ausweisung sorgte. Siehe Metcalfe.

62 Kurth, S. 163.

63 Sanders, S. 199.

64 Zur Beziehung von Eleanor Roosevelt mit der Reporterin Lorena Hickok s. Streitmatter. Roosevelt und Thompson kannten sich persönlich.

65 Faderman, S. 99.

66 Das Theaterstück *The Children's Hour* (dt. Kinderstunde) von Lillian Hellman hatte 1934 am Maxine Elliotts Theater am Broadway Premiere, wo es zwei Jahre lang lief. Es spielt in einem Mädcheninternat, das von zwei Frauen geleitet wird. Eine verärgerte Schülerin läuft von der Schule weg und erzählt ihrer Großmutter, dass die beiden Leiterinnen eine lesbische Affäre haben. Der Vorwurf zerstört die Karriere, die Beziehung und das Leben der beiden Frauen.

Der Stoff wurde 1961 von William Wyler mit Shirley MacLaine und Audrey Hepburn verfilmt; in Deutschland lief der Film unter dem Titel *Infam*.

67 Kurth, S. 195.

68 Sanders, S. 154.

69 Mann, S. 480.

70 Der Roman wurde 1935 in Großbritannien unter dem Titel *Life Begins* herausgebracht, 1936 erschien er als *Girl Alone* in den USA.

71 Dieser Roman ist bis heute unveröffentlicht.

72 Zitiert nach Jürgs, S. 45.

73 Kurth, S. 216.

74 Sanders, S. 193.

75 Kurth, S. 176.

76 Zitiert nach Stützer, S. 172.

77 *Sylvia und Sybille. Schauspiel in sechs Bildern*. Es wurde nicht mehr zu ihren Lebzeiten veröffentlicht, sondern erst 1999 beim LITAG Theater- und Musikverlag in Bremen.

78 Kurth, S. 306.

79 Ebd., S. 217.

80 Christa Winsloe, zitiert nach Stützer, S. 173.

81 Walter.

82 Siehe Brief an Herrn Brooks, ihren englischen Agenten, vom 28.12.1937. Das Schreiben befindet sich im Nachlass von Christa Winsloe. Ich danke Renate von Gebhardt, dass sie mir ihre Unterlagen zur Verfügung gestellt hat.

83 Brief an Hertha von Gebhardt, zitiert nach Schoppmann 1991, S. 114.

84 Brief von Christa Winsloe an Dorothy Thompson, zitiert nach Stützer, S. 175.

85 Zitiert nach Schoppmann 1991, S. 131.

86 Zum Tod von Christa Winsloe: Schoppmann 1994.

87 Kurth, S. 217.

## Literatur

Faderman, Lillian. 1991. *Odd Girls and Twilight Lovers: A History of Lesbian Life in Twentieth-Century America*. New York.

Jürgs, Britta. Hg. 2007. *Flotte Autos – Schnelle Schlitten: Künstlerinnen und Schriftstellerinnen und ihre Automobile*. Berlin.

Kurth, Peter. 1990. *American Cassandra: The Life of Dorothy Thompson*. Boston.

Mann, Klaus. 2006 [1952]. *Der Wendepunkt: Ein Lebensbericht*. Reinbek.

Metcalfe, Philip. 1988. *1933*. New York.

Sanders, Marion. 1973. *Dorothy Thompson: A Legend in Her Time*. Boston.

Schlüpmann, Heide, u. Karola Grammann. 1981. »Gestern und Heute: Ein Gespräch mit Hertha Thiele«. In: *Frauen und Film*. H. 28: *Trauer muß Sappho tragen?* Berlin.

Schoppmann, Claudia. Hg. 1991. *Im Fluchtgepäck die Sprache: Deutschsprachige Schriftstellerinnen im Exil*. Berlin.

Schoppmann, Claudia. 1994. »Ein Grabstein für Christa Winsloe«. In: *Ihrsinn*, Nr. 10, S. 17-22.

Sheean, Vincent. 1964. *Dorothy und Red: Die Geschichte von Dorothy Thompson und Sinclair Lewis*. Aus dem am. Engl. von Fritz Jaffé. München/Zürich.

Streitmatter, Rodger. Hg. 1998. *Empty Without You: The Intimate Letters of Eleanor Roosevelt and Lorena Hickok*. New York.

Stützer, Anne. 1993. *Dramatikerinnen und Zeitstücke: Ein vergessenes Kapitel der Theatergeschichte von der Weimarer Republik bis zur Nachkriegszeit*. Stuttgart.

Walter, Hilde 1946. »Was hat Christa Winsloe getan? Die Dichterin von *Mädchen in Uniform* in Frankreich erschossen«. In: *Neue Volkszeitung*, 1. Juni 1946. New York.

# »*I love you and other people*«[1]

## Margaret Mead (1901-1978)
## und Ruth Benedict (1887-1948)

*von*
*Swantje Koch-Kanz und Luise F. Pusch*

## Zwei große Vorbilder

Margaret Mead, die große Anthropologin, hat den Westen mit der Entdeckung überrascht, dass in manchen Kulturen die Männer sich so benehmen wie bei uns die Frauen und umgekehrt. Sie ist auch heute noch, mehr als 30 Jahre nach ihrem Tod, den meisten ein Begriff. Aber wer war Ruth Benedict? Benedict war ebenfalls Anthropologin, sie war Meads Lehrerin an der New Yorker Columbia University, die beiden hatten in den 20er Jahren ein stürmisch bewegtes Liebesverhältnis und blieben danach eng befreundet bis zu Benedicts Tod mit nur 61 Jahren im Jahre 1948.

Margaret Mead, die beste Kennerin von Ruth Benedicts Leben, Werk und Persönlichkeit, schreibt über sie in der Einleitung ihrer zweiten Benedict-Biographie von 1974:

Ruth Fulton Benedict war eine der ersten Frauen von Rang in der Sozialwissenschaft. Als sie 1919 mit dem Studium der Anthropologie begann, war diese noch eher ein Geheimtipp. Als sie 1948 starb, war man sich weit über die Fachgrenzen hinaus der Relativität kultureller Werte und der Bedeutsamkeit des Studiums unterschiedlicher Kulturen, primitiver wie moderner, bewusst. Sie selbst trug zu dieser Entwicklung maßgeblich bei.

Ihr bekanntestes Werk, *Patterns of Culture*, [...] ist jetzt, 40 Jahre nach Erscheinen, so lebendig wie zur Zeit seines Entstehens, weil Ruth Benedict sich darin mit einem Problem von höchster Aktualität beschäftigt: Wie können wir

Ruth Benedict,
1931

Margaret Mead, zwischen 1930 und 1950

die unterschiedlichen Arten menschlicher Sinnsuche verstehen? Ihre Darstellung, von großer Gelehrsamkeit und ästhetischer Sensibilität in der besten Tradition der englischen Literatur, überwand die formalen Grenzen einer einzelnen Sozialwissenschaft, um uns zu einem besseren Verständnis der conditio humana zu verhelfen.

Als junge Frau, lange bevor sie die Anthropologie entdeckte, schrieb Ruth Benedict in ihr Tagebuch: »Das Problem mit dem Leben ist nicht, dass es keine Antwort gibt, sondern dass es so viele Antworten gibt.«

Ihre Suche nach der Antwort, der Versuch, die Stellung des Individuums in seiner eigenen Kultur und Gesellschaft zu begreifen, zieht sich durch sämtliche Schriften Ruth Benedicts.[2]

Zur Bedeutung Margaret Meads wollen wir nun die bekannte Lesbenforscherin und Anthropologin Esther Newton zu Wort kommen lassen: Sie erzählt, wie Meads Forschungen ihr in den stickigen 50er Jahren halfen, ihr Lesbischsein einzuordnen und anzunehmen:

> Die Lektüre von Margaret Meads *Coming of Age in Samoa* war meine Einführung nicht nur in den Begriff der Kultur, sondern in die Kritik der Kultur – unserer Kultur. Schon vor 1961, dem Jahr, da ich *Coming of Age* in einem Anthropologie-Einführungskurs las [...], hatte Margaret Mead viel für die Verbreitung des Begriffs der kulturellen Relativität getan. Ihre Stimme hatte mich in der Hölle meiner Pubertät erreicht und mir mein erstes Trostmantra geflüstert: »Alles ist relativ; alles ist relativ« – mit anderen Worten: Es gibt andere Welten und Möglichkeiten als die kalifornische Vorstadt der fünfziger Jahre. [...] Ich war sportlich, verabscheute Dates mit Jungen und fand es blöd, so zu tun, als wäre ich in jeder Hinsicht geringer als sie. [...]
>
> Durch Margaret Mead begriff ich, dass meine adoleszenten Qualen bezüglich Sex, Gender und Gemütsleben durch andere soziale Arrangements hätten vermieden werden können. [...]

Margaret Mead eröffnete mir zwar den Zugang zur Anthropologie – genauso wichtig war aber die Tatsache, dass sie eine Frau war und sich Frauen als Forschungsgebiet ausgesucht hatte. [...] Ich wollte ursprünglich Psychologin werden wie mein Vater, aber die Lektüre von Margaret Mead und Ruth Benedicts *Patterns of Culture* änderte meinen Kurs. Vielleicht [...] gaben mir die Beispiele intellektuell so starker Frauen den Mut, eigene Wege zu gehen.[3]

## Die Zeit, bis sie einander kennenlernten

### *Ruth Benedict 1887-1922*

Ruth Fulton wurde am 5. Juni 1887 in New York geboren. Ihr Vater war ein junger erfolgreicher Arzt für Homöopathie mit eigener florierender Praxis, ihre Mutter, Bertrice Shattuck Fulton, war Lehrerin, aufgewachsen auf der Farm ihrer Eltern in der Nähe von Norwich, einer Kleinstadt im Norden des Staates New York. Die Shattucks gehörten zum US-amerikanischen »Uradel«; sie führten ihre Ursprünge bis auf die Pilgerväter und -mütter der *Mayflower* zurück, und etliche der männlichen Vorfahren hatten in der Revolutionsarmee gekämpft.

Bertrice hatte 1885 – damals für Frauen noch sehr ungewöhnlich – am angesehenen Vassar-Frauen-College ihren Abschluss gemacht und als Lehrerin gearbeitet, bevor sie 1886 Frederick Fulton heiratete. Die beiden kannten sich schon aus Norwich, hatten aber mit der Heirat gewartet, bis Frederick sich eine stabile Existenzgrundlage geschaffen hatte.

Alles ließ sich wunderbar an, bis Fulton Anfang 1888 plötzlich erkrankte. Einige sprachen von nervöser Erschöpfung (Neurasthenie, damals eine sehr häufige Diagnose), andere von einer Infektion, die der junge Chirurg sich bei einer Operation zugezogen hatte. Bertrice Fulton war wieder schwanger, und da Frederick immer kränker wurde, zog die kleine Familie zurück nach Norwich auf die Shattuck-Farm zu Bertrices Eltern und deren drei unverheirateten Töchtern.

Im Dezember 1888 bekam Ruth eine kleine Schwester, Margery, und drei Monate später starb ihr Vater im Alter von 31 Jahren.

Bertrice, mit 28 Jahren verwitwete Mutter zweier Kleinkinder, war untröstlich. Ruth berichtete später, die Mutter habe ihre Trauer so hemmungslos ausgelebt, dass es sie abgestoßen habe. Sie habe sich für die Mutter geschämt und begonnen, sich mit der Welt des Todes als der Welt des Vaters zu identifizieren. Eine so positive Einstellung zum Tod mag heute fremdartig anmuten, aber die kleine Ruth wuchs auf dem Lande auf, wo die Toten vor der Beerdigung zu Hause feierlich aufgebahrt wurden. Ruth wird viele Tote gesehen haben, denn die Kindersterblichkeit war hoch. Schön und friedlich sahen die Toten aus, und nach christlichem Glauben waren sie im Himmel bei Christus und seinen Engeln.[4]

Ruth wuchs heran zu einem distanzierten, verträumten und nicht selten störrischen Kind. Als sie eingeschult wurde, entdeckte man einen möglichen Grund für ihre Distanziertheit, das Nicht-hören-Wollen und die Wutanfälle: Die kleine Ruth war auf einem Ohr fast taub, vermutlich infolge einer frühen Infektion.

Während der nächsten fünf Jahre arbeitete Bertrice Fulton als Highschool-Lehrerin zuerst in Norwich, dann in St. Joseph (Missouri), danach in Owatonna (New York) und schließlich in Buffalo (New York). Kaum hatte die kleine Ruth sich an einem Ort eingelebt, zog man schon wieder um. Ruths Wutanfälle wurden immer häufiger und extremer; die Mutter bangte sogar um die kleine Margery. Mit Hilfe eines Bibelspruchs gelang es Bertrice Fulton schließlich, Ruth das feierliche Versprechen abzunehmen, nie mehr einen Wutanfall zu bekommen. Von da an wandte Ruth ihre Wut nach innen; es war der Beginn ihrer Depressionen, die ihr ein Leben lang zusetzten.

In Buffalo konnte Ruth mit ihrer Schwester Margery die private Mädchenschule St. Margaret besuchen; beide waren exzellente Schülerinnen und bekamen von einer anonymen Gönnerin Stipendien für ein vierjähriges Studium am berühmten Vassar College, das schon ihre Mutter besucht hatte.

Zu Anfang des vorigen Jahrhunderts war in Vassar die Kultur des »Smashing«, des Schwärmens für Lehrerinnen oder Mitstudentinnen, noch in vollem Gang.[5] In den Studentenzeitungen von Yale und Cornell stand 1873 darüber zu lesen:

> Wenn eine Vassar-Studentin für eine andere schwärmt, beginnt sie umgehend, ihr regelmäßig Blumensträuße zu schicken, zwischendurch pastellfarbene Briefchen, geheimnisvolle Päckchen von »Ridleys vermischten Süßigkeiten«, vielleicht Haarlocken, und viele andere zärtliche Angebinde, bis das Objekt ihrer Aufmerksamkeit eingefangen ist, die beiden unzertrennlich sind und die Angreiferin von ihrem Kreis als »smashed« angesehen wird.[6]

Manche Lehrerinnen waren von der Smashing-Kultur nicht eben begeistert: »Es hielt die Mädchen vom Studieren ab, manchmal geriet ein Mädchen dadurch Jahr um Jahr in Rückstand. […] Wenn die Schwärmerei gegenseitig ist, monopolisieren sie einander und ›löffeln‹ andauernd, schlafen zusammen und liegen die ganze Nacht wach und sprechen miteinander, statt schlafen zu gehen.«[7]

Schon Ruths Mutter hatte das dort in den 1870er Jahren erlebt, sich aber wohl nicht allzu intensiv beteiligt – genau wie später ihre Tochter und ganz im Gegensatz zu Margaret Mead und auch Meads Mutter, die am Wellesley College eine intensive Schwärmerei/Liebe mit einer Mitstudentin erlebte. Margarets Beschreibung der Smashing-Kultur im (unveröffentlichten) Entwurf ihrer Autobiographie ist einer der ausführlichsten Berichte darüber, die wir haben.[8]

Ruth Fulton beschäftigte sich in Vassar mit den Schriften Nietzsches und Walter Paters, aber auch mit feministischem Gedankengut. Sie las Margaret Fuller, Olive Schreiner und Charlotte Perkins Gilmans *Women and Economics*, das gerade erschienen war und überall heiß diskutiert wurde. Es war auch die Zeit des aktiven Frauenkampfs um das Stimmrecht. Für Ruth stellte sich dabei heraus, dass sie voll hinter der Sache stand, dass ihr aber das Agitieren nicht lag. Sie wollte ihre Umwelt lieber durch Worte und Ideen verändern und verbessern. 1909 machte sie ihren Abschluss und verließ das College, erzogen zu dem hohen Anspruch, ihr Leben und ihre Welt aktiv zu gestalten.

Dies erwies sich allerdings für eine Frau als so schwierig, dass sie nach drei Jahren frustrierender und miserabel bezahlter Arbeit als Sozialarbeiterin in Minnesota und als Lehrerin in Kalifornien resignierte und dem geduldigen Werben eines tüchtigen und gutaussehenden Chemieprofessors vom Cornell Medical College nachgab. 1914 heiratete sie Stanley Benedict und zog zu ihm nach New York. Sie war 27 Jahre alt, und beide waren sehr verliebt. Es schien Ruth jetzt, als ob das traditionelle Frauenleben als Gattin, Hausfrau und Mutter vielleicht doch dem aussichtslosen Kampf um die feministische Verbesserung der Welt vorzuziehen sei.

Aber Mutter wurde sie nicht, und bald fühlte sie sich in der Ehe einsam und unausgefüllt. Stanley war nicht sehr gesprächig; nach der Arbeit wollte er seine Ruhe haben und sich seinen Hobbies widmen. Ruth versuchte es mit dem Schreiben und begann mit Studien zu einer Serie von Biographien von Feministinnen: Mary Wollstonecraft, Margaret Fuller und Olive Schreiner. Das fertige Wollstonecraft-Manuskript reichte sie bei Houghton-Mifflin ein; der Verlag lehnte es ab.

Es gab jetzt auch scheinbar Wichtigeres als feministische Biographien: Die USA waren 1917 in den Weltkrieg eingetreten, und Ruth Benedict engagierte sich mit Sozialarbeit an der Heimatfront. 1920 bekamen die Frauen der USA das Wahlrecht nach 70 Jahren Kampf – Ende einer Ära, Zeit für etwas Neues.

Ruth war 31 Jahre alt, als sie ihr Studium wieder aufnahm; in diesem Alter war ihr Vater gestorben. Zwar litt sie immer noch regelmäßig unter Depressionen und sah den Tod als einen Freund, aber sie suchte auch weiter intensiv nach dem Sinn des Lebens, und zwar im Bereich von Erziehung und Philosophie, denn eine andere und bessere Erziehung könnte die Menschen zum Guten verändern. Ab Herbst 1918 studierte sie also zwei Semester pädagogische Philosophie bei John Dewey an der Columbia University. Im Herbst 1919 aber hatte Dewey sein Sabbatjahr, und so fand Benedict schließlich, was den Sinn *ihres* Lebens ausmachen sollte: die Anthropologie, damals verkörpert in dem großen Franz Boas (1858-1942), der ihr Vorbild, Lehrer, Mentor und väterlicher Freund wurde.

## Margaret Mead 1901-1922

Margaret Mead, geboren am 16. Dezember 1901 in Philadelphia, war das erste Kind des Wirtschaftsprofessors Edward Mead und der Soziologin und Frauenrechtlerin Elizabeth Mead, geb. Fogg. Sie bekam noch vier Geschwister: Richard (1904), Katherine (1907), Elizabeth (1909) und Priscilla (1911). Katherine starb schon mit 9 Monaten – ein Schlag, von dem sich die Familie nur schwer erholte und der die Eheleute einander entfremdete.

Edward Mead nannte seine Erstgeborene zärtlich »Punk« und seinen einzigen Sohn nach ihr »Boy Punk«. Margaret blieb »Punk« oder »Original Punk«. Dieses Mal wurde eine Tochter vom Vater nicht mit Ankunft eines Sohnes vom Thron gestoßen. Nach dem üblichen Verfahren wäre Richard zum »Punk« erhoben und Margaret zum »Girl Punk« degradiert worden.

In ihrer Autobiographie *Blackberry Winter: My Earlier Years* setzt Mead ihrer Großmutter väterlicherseits, Martha Meade, ein Denkmal: Während Margarets Mutter neben den fünf Geburten in zehn Jahren auch noch mit ständigen durch Edwards Beruf bedingten Umzügen und mit ihrer Dissertation über italienische Einwandererfamilien in New Jersey beschäftigt war und der Vater mit seiner Lehrtätigkeit, gab die Großmutter der kleinen Margaret Liebe und Geborgenheit und unterrichtete sie nicht nur in den »drei R: Reading, Writing, 'Rithmetic«, sondern auch in vielen praktischen Fertigkeiten, die Margaret ein Leben lang zugutekommen sollten. Und sie vermittelte ihr die typisch Mead'schen Qualitäten Optimismus, Lebensfreude, Neugier und unerschütterliches Selbstvertrauen.

Mit 15 lernte Margaret Mead Luther Cressman kennen, einen schmucken jungen Mann von 19 Jahren. Er war intelligent, humorvoll und ein guter Tänzer, und Margaret gefielen seine Ansichten. Ein Jahr später waren sie verlobt, allerdings vorerst nur heimlich – noch war Krieg und die Zukunft zu ungewiss.

Margaret wollte gern am Wellesley College studieren, genau wie ihre Mutter – aber Edward Mead, der sich wieder einmal verspekuliert und viel Geld verloren hatte, fand plötzlich, das Studium sei zu teuer und für eine Frau überhaupt unnötiger Luxus. Den Frauen der Familie gelang es jedoch, ihn umzustimmen mithilfe der Idee, Margaret könnte ja an *seiner* Alma Mater, DePauw in Indiana, studieren.

So geschah es – Margaret verbrachte 1919/20 ein nicht eben glückliches erstes Studienjahr an der DePauw-Universität. Ihre Kleidung und ihr Auftreten gefielen den tonangebenden Studentinnen dort nicht, und so wurde sie geschnitten. Jedoch wäre sie nicht Margaret Mead gewesen, wenn sie sich durch solche Borniertheit hätte entmutigen lassen. Sie glänzte mit ihren organisatorischen Fähigkeiten, verbündete sich mit anderen Außenseiterinnen und hatte trotz allem eine gute Zeit. Nach dem ersten Jahr aber wechselte sie nur zu gern zurück an die Ostküste, und zwar nach New York ans Barnard College für Frauen, das zur Columbia University gehörte. In New York studierte auch Luther Cressman; er wollte Pastor werden.

Nach dem ländlichen DePauw war New York eine Offenbarung – Margaret ließ sich nieder und blieb. Ihr Beruf führte sie bald in alle Welt an die entlegensten Orte, aber immer wieder kehrte sie nach New York zurück.

Am Barnard College belegte Mead die Fächer Englisch und Psychologie und schloss Freundschaft mit einer Gruppe unkonventioneller junger Frauen, die sich – nach dem Stoßseufzer einer Dozentin über ihr übernächtigtes Aussehen – Ash Can Cats (Mülleimerkatzen) nannten. Sie bewohnten ein Apartment, dessen Belegschaft ständig fluktuierte und doch eine Art Familienstruktur entwickelte und über lange Jahre zusammenhielt.

Mead erlebte eine leidenschaftliche Liebesbeziehung mit einer anderen Barnard-Studentin, Leone Newton, und nicht lange darauf verliebten sich zwei Marien unsterblich in sie: Marie Bloomfield, die Schwester des Linguisten Leonard Bloomfield, und Marie Eichelberger. Beide versuchten, die charismatische Margaret für sich zu gewinnen, indem sie sich mit allerlei Hilfs- und Liebesdiensten unentbehrlich machten. Die Beziehung zu Marie Bloomfield endete tragisch durch Selbstmord. Marie Eichelberger blieb lebenslang Margarets Vertraute und selbstlose Helferin.[9]

## Love Story

Im Herbst 1922 lernten Ruth Benedict, 35, und Margaret Mead, 20, einander kennen. Für Margaret war es das vierte und abschließende Collegejahr, für Ruth der Wiedereintritt in den Lehrberuf nach zehn Jahren Pause. Sie promovierte bei Franz Boas, dem deutschstämmigen »Vater der modernen Anthropologie«, und war seine Lehrassistentin, zuständig für den Anschauungsunterricht im Naturgeschichtlichen Museum (dem späteren lebenslangen Arbeitsplatz von Margaret Mead). Am 22. Oktober 1922 schreibt Margaret an ihre geliebte Großmutter: »Die Assistentin ist charmant – wir sind alle in sie verknallt – und die anderen in meiner Gruppe sind so lahm, dass ich es bin, die mit ihr redet und sie begleitet.«[10]

Die lebhafte und brillante Studentin war Benedict schon im Bus und auf dem Campus angenehm aufgefallen, noch bevor sie sie dann unterrichtete. Sie lud Mead zu einem Vortrag ein, den sie halten musste – und Mead war beeindruckt, aber in anderer Weise, als Benedict es sich vielleicht erhofft hatte: Sie fand Benedict zu schüchtern, außerdem unvorteilhaft angezogen und frisiert – kurz, Benedict weckte in Mead Beschützerinneninstinkte!

Bald schon aber brauchte Mead Beistand von Benedict. Marie Bloomfield, Meads Freundin, ja Anbeterin, hatte sich umgebracht. Sie war nach einer Masernerkrankung wieder ins Studentinnenheim zurückgekehrt und hatte Mead gebeten, bei ihr zu bleiben. Die aber musste sich just an diesem Wochenende um Leone Newton kümmern, die während eines

Examens einen Anfall von hysterischer Blindheit erlitten hatte. Marie Bloomfield, allein gelassen, nahm Zyankali. Sie hatte in den Wochen zuvor öfter von Selbstmord gesprochen; Freundinnen hatten versucht, ihr die Idee auszureden – Margaret Mead hatte von alldem nichts gewusst, machte sich nun aber Vorwürfe, dass sie der stabileren und ihr sympathischeren Freundin Leone und nicht der labilen, zu Depressionen neigenden Marie beigestanden hatte.

Von diesem Zeitpunkt an bis an ihr Lebensende bekam Margaret es mit der Angst zu tun, wenn sie in einer Krise nicht alle möglichen Konsequenzen bedacht hatte. »Unter fast allen Umständen, selbst wenn sie entschlossen war, ihren Willen durchzusetzen, versuchte sie es allen recht zu machen.«[11]

Margaret Mead fand in dieser Krise Trost bei Ruth Benedict, die ihr sagte, Maries Selbstmord sei erstens nicht ihre Schuld und zweitens sei ein Selbstmord durchaus nicht unbedingt etwas Verwerfliches; in anderen Kulturen, etwa im alten Griechenland oder in Japan, gelte er oft als ehrenvolle Tat.[12]

Benedict schenkte Margaret auch 300 Dollar, damals eine beträchtliche Summe, als ihr Vater ihr wieder einmal mutwillig den Geldhahn zudrehen wollte. Benedict wollte diese Ausnahme-Studentin für die Anthropologie gewinnen – und für sich.[13]

Das Jahr 1923 brachte für Mead viele Veränderungen: Sie machte ihren B. A., schrieb ihre master's thesis in Psychologie, entschied sich für eine Promotion in Anthropologie – und im September heiratete sie Luther Cressman, zog aus bei den Ash Can Cats und mietete mit ihm ein Apartment.

All das klingt nicht nach übermäßiger Verliebtheit in Ruth Benedict, und doch schrieb diese Anfang des Jahres ihr Gedicht »New Year«, das alle Chronistinnen der Liebesgeschichte zwischen Mead und Benedict zitieren:

> I shall lie once with beauty,
> Breast to breast;
> Take toll of you, year,
> Once be blessed –

Walk your desert quite
Self-possessed
Nor once cry pity
At any jest;

All thousands of hours, year
Be undistressed –
When I lie once with Beauty
Breast to breast. [14]

Ich werde einmal mit der Schönheit liegen
Brust an Brust,
Meinen Tribut fordern, Jahr,
Und einmal gesegnet sein –

Durch deine Wüste wandern
Ganz selbstbeherrscht
Nicht einmal Mitleid schreien
Bei keinem Scherz

Alle Tausende Stunden, Jahr,
Seien un-bekümmert
Wenn ich einmal mit der Schönheit liege
Brust an Brust.

Ruth Benedict arbeitete in den 20er Jahren sehr intensiv
an ihren Gedichten; sie pflegte darüber einen professionellen
Austausch mit ihrem Kollegen Edward Sapir, der ebenfalls
Gedichte schrieb. Es war überhaupt die große Zeit ameri-
kanischer Dichterinnen: Amy Lowell, Sara Teasdale, Leo-
nie Adams, Louise Bogan, Edna St. Vincent Millay hatten großen Erfolg, und Ruth Benedict wollte teilhaben,
schickte ihre Gedichte an Lyrikzeitschriften und wurde auch
publiziert.

Seit der Begegnung mit Mead schreibt Benedict erotische
Gedichte an/für ein weibliches Gegenüber. Wann die beiden
allerdings eine körperliche Beziehung anfingen, ist ungewiss,
denn sie waren diesbezüglich sehr diskret – Margarets eigene

Tochter, Mary Catherine Bateson, erfuhr erst nach dem Tod der Mutter von der Liebesbeziehung zwischen ihr und Benedict. Den Sommer 1923 jedenfalls verlebten die (angehenden?) Liebenden getrennt: Ruth mit Stanley in ihrem Sommerhaus am Lake Winnepesaukee in New Hampshire, Spanisch lernend für ihre geplanten Feldstudien bei den Pueblos im amerikanischen Südwesten; Margaret arbeitete zu Hause in Pennsylvania an ihrer master's thesis, und außerdem war die Hochzeit mit Luther Cressman vorzubereiten.

Wieder in New York, verbrachten Ruth und Margaret viel Zeit miteinander: Sie aßen zusammen zu Abend, gingen ins Theater und »erzählten sich stundenlang Geschichten über Leute, die die andere nicht kannte«.[15] Sie sprachen natürlich über Anthropologie, über Lyrik und Philosophie und den Kleinkram des Alltags; sehr gern nahmen sie auch die Persönlichkeit und Motive ihrer Mitmenschen auseinander. Ruth schrieb in einem Gedicht, dass Margaret »den Ball des Scherzes und Urteils über das neuste Stück mit lässiger Eleganz zurückwarf«, »auf moderne Art mit der neusten Kunst spielte« und »Soundsos arrogante Ansichten in der Luft zerriss«.[16]

Gegen Ende des Jahres 1924 waren beide lovers, schreibt ihre Biographin Lois Banner.[17] Ruth hatte Margaret überredet, ihre »närrische einseitige Vorliebe« – für eine heterosexuelle Beziehung mit Luther – aufzugeben, und sie zu einer »großen glühenden Affirmation der Gegenseitigkeit« gebracht (so Mead rückblickend in einem Brief an Benedict aus Samoa, September 1925).[18]

Ruth brauchte Margarets Jugendfrische und Optimismus gegen ihre »blauen Teufel«, die Depressionen, sie brauchte eine Jüngere zum Bemuttern und eine kompetente, starke Gefährtin für den Kampf mit den männlichen Kollegen im department und im Wissenschaftsbetrieb ganz allgemein.

»Du hast keine Verpflichtungen«, hatte Ruth Margaret versichert.[19] Dennoch wünschte sie sich eine enge, ausschließliche Bindung, aber Margaret schien dafür nicht geschaffen. Sie klagte, für sie seien die Menschen, die sie liebe, wie Wein – wunderbar, erfrischend, aber nicht lebensnotwendig. Außerdem wechsle man gern ab, zu der einen Speise trinke man diesen Wein, zu einer anderen jenen. Für jene Menschen, die sie liebten, sei sie hingegen wie Brot – etwas, was sie zum Leben brauchten, und zwar täglich. Sie wisse nicht, wie sie diesen Konflikt lösen könne.[20]

In Margarets Briefen klingt aus der Rückschau aber noch etwas anderes durch, das leicht übersehen wird: Ruths Ehe mit Stanley, die zu der Zeit zwar distanziert war, aber durchaus noch »vollzogen« wurde, und offenbar beiderseits nicht ungern. Ruth hatte um Margaret geworben mit dem Hinweis, frau brauche eine Liebesbeziehung zu einem Mann *und* zu einer Frau, um vollständig zu sein – und beide Arten von Beziehung nähmen einander nichts und könnten gut nebeneinander bestehen.

In vielen ihrer Briefe ringt Margaret mit dieser Konstante Stanley sowie mit Ruths »Unnahbarkeit« – beides mag sie »auf sich selbst zurückgeworfen« und in die Arme anderer Männer getrieben haben, um mit Ruth »gleichzuziehen«:

Ich frage mich, ob der Wunsch zu heiraten nicht wieder eine Identifikation mit dir ist, und eine falsche, denn ich hätte dich Stanley nicht wegnehmen können, du aber könntest mich Ray wegnehmen – das ist unbestreitbar […] Alles scheint nur in Bezug zu dir von Bedeutung.[21]

Ich konnte deinen Gefühlen keine Realität geben – stattdessen reagierte ich auf deine eigenen Zweifel an ihnen. Jetzt sehe ich Teile davon wieder in meiner Beziehung zu Gregory [Bateson, der ihr dritter Ehemann und Vater ihres einzigen Kindes, Mary Catherine, wurde], ich verstehe es jetzt besser. Sein Elfenbeinturm ist weniger zugänglich als deiner, weil Leidenschaft keine Zugbrücke ist […] Ich finde mich in demselben Labyrinth von Unwirklichkeit gefangen, in dem ich mich mit dir fand. Ich bin kein Mensch, der einen Elfenbeinturm stürmt – meine Aggressivität löst sich davor auf. Ich glaube, das ist es, was mit uns passiert ist, und jetzt passiert es vielleicht Nat [Natalie Raymond, Ruths Geliebte von 1931 bis 1939].[22]

Aber zurück in das Jahr 1925. Margaret verbrachte die zweite Jahreshälfte auf Samoa, wo sie Feldforschung betrieb; in *Coming of Age in Samoa*, ihrem Bestseller von 1928, wird sie der Öffentlichkeit davon berichten. Ruth und Margaret schrieben einander sehnsüchtige Briefe, aber Margaret sehnte sich auch nach ihrem und Ruths verwitwetem Kollegen Edward Sapir, in den sie sich kurz vor der Abreise verliebt hatte.

Auf dem Schiff von Sydney nach Marseille verliebte sie sich nun in den zwei Jahre jüngeren Reo Fortune, einen Psychologen aus Neuseeland, den sie 1928 heiratete. Ruth war darauf eingestellt gewesen, dass Margaret nach ihrer Ankunft in Europa zuerst einen Monat mit Luther und dann einen Monat mit ihr verbringen würde. Diese Planung zerschlug sich nun völlig wegen Margarets Eskapade mit Reo, der zwar die Rechte Luthers einräumte, aber nicht daran dachte, Margaret auch noch mit Ruth zu teilen. Luther verschwand bald aus Margarets Leben; er hatte kurz vor Margarets Rückkehr in London seine zukünftige zweite Frau kennengelernt.

Ruth reiste nun ohne Margaret durch Europa und schrieb ihr kurze kalte Mitteilungen aus verschiedenen Hotels. Äußerlich beherrscht, war sie innerlich verzweifelt depressiv und wünschte sich den Tod: »Leidenschaft ist ein Wendehals, aber der Tod wird überdauern. Das Leben muss sich immer erniedrigen, aber der Tod kommt mit Würde«, schrieb sie in ihr Tagebuch.[23]

In Rom sahen Ruth und Margaret sich wieder, es kam zur Explosion und dann zur Versöhnung. Beide liebten einander zu sehr, als dass sie voneinander lassen konnten. Zusammen fuhren sie über den Atlantik zurück in die Heimat. Margaret war wissenschaftlich gereift und inzwischen eine fast ebenbürtige Gesprächspartnerin, und sie starteten einen Dialog, der 22 Jahre lang währen sollte.

Die Männer kamen und gingen in Margarets Leben, in Ruths Leben kamen und gingen ab den 30er Jahren die Frauen. Die Beziehung zwischen Ruth und Margaret aber blieb als intensive und die Arbeit gegenseitig befruchtende Freundschaft bestehen bis zum frühen Tod Ruths mit 61 Jahren, im September 1948.

## Die Relativitätstheorie von Benedict und Mead

Die fruchtbare Zusammenarbeit von Benedict und Mead bescherte uns in den 30er und 40er Jahren des vorigen Jahrhunderts nichts Geringeres als die theoretischen Grundlagen für die Überwindung von Rassismus, Homophobie (Benedict) und Sexismus (Mead).

Ihr akademischer Lehrer, der deutsche Jude Boas, hatte schon in den 80er Jahren des 19. Jahrhunderts dem Antisemitismus im deutschen Kaiserreich angewidert den Rücken gekehrt, und als Hitler an die Macht kam, setzte der 75-jährige alles daran, die Welt über Hitlers mörderische Absichten aufzuklären und seinen verfolgten jüdischen Landsleuten beizustehen.

Boas, Benedict und Mead begründeten zusammen die moderne Kultur-Anthropologie; alle drei betrieben mit ihrer Forschung auch Identitätspolitik aus Betroffenheit: Für Boas war der Kampf gegen den Rassismus hitlerscher Prägung eine Herzensangelegenheit. Der psychische Antrieb für Benedicts Behandlung der sozialen Abweichung in ihrem Hauptwerk *Patterns of Culture* (1934) war ihre eigene »Abweichung« als Lesbe, als die sie sich seit 1931 verstand, ohne es allerdings publik zu machen. Das hätte ihre Karriere zerstört und zudem ihrem Plädoyer für Toleranz in den Augen der Mehrheit die Autorität und Überzeugungskraft geraubt. Margaret Mead schließlich wollte sich am liebsten nirgendwo einordnen lassen, sie beanspruchte Zutritt sowohl zur »männlichen« als auch zur »weiblichen Sphäre«, sie liebte Frauen und Männer – dazu passt sehr gut ihre Entdeckung, dass »weibliches« und »männliches« Verhalten nicht biologisch bedingt, sondern kulturell vorgeschrieben ist.

### Rassismus

Benedict sekundierte Boas aus Loyalität und wegen der politischen Entwicklung und schrieb zwei Werke gegen Rassismus: 1940 veröffentlichte sie die kurze Aufklärungsschrift *Race: Science and Politics*, und 1946 erschien ihre Studie *The*

*Chrysanthemum and the Sword* über den besiegten Kriegs-
gegner Japan, die den Siegern zu einem besseren Verständnis der Besiegten verhelfen sollte. – Bezüglich des Rassismus
im eigenen Lande war die Diskriminierung der Schwarzen
für das ForscherInnentrio weniger ein Thema als die Diskriminierung der indianischen Urbevölkerung. Letztere waren damals überhaupt bevorzugter Forschungsgegenstand
der Anthropologie; ein beliebter Witz ging so: »Eine india-
nische Familie im amerikanischen Südwesten besteht aus
fünf Personen: Vater, Mutter, zwei Kinder und ein/e AnthropologIn.«

## Homophobie

Ruth Benedict lebte seit 1931 mit Frauen zusammen; zuerst
mit Natalie (Nat) Raymond, anschließend dann von 1939 bis
zu ihrem Tod 1948 mit der Psychologin Ruth Valentine (mit
Stanley blieb sie trotzdem verheiratet; er starb 1936). Benedicts Buch *Patterns of Culture* erschien 1934, es wurde in
14 Sprachen übersetzt und gilt bis heute als Klassikerin der
anthropologischen Literatur. Der bleibende und auch für unser Thema zentrale Beitrag dieses Werks besteht in der Behandlung der sozialen Abweichung. »Es gibt mir die Chance,
etwas Differenziertheit (»sophistication«) in die Diskussion
über Abweichler (»deviants«) in einer Kultur zu bringen«,
hatte Benedict im Vorfeld dazu bemerkt.[24] In *Patterns* lieferte Benedict dem Publikum eine Neudefinition des Begriffs
der Normalität: Die »Normalen« passen in den Rahmen des
in ihrer Kultur akzeptablen Verhaltens, die »Abnormen« passen nicht hinein – in einer anderen Kultur könnten sie aber
völlig normal und akzeptabel sein, ja ihr Beitrag als besonders
wertvoll gelten. Mit anderen Worten: Sowohl Normalität wie
Abweichung sind relative Begriffe.

   Benedict machte Amerika mit dem Begriff »Kultur« vertraut, wie er in der Anthropologie gebraucht wird und wie
wir ihn heute meist verstehen: Eine Kultur ist die Gesamtheit
der Institutionen, Überzeugungen und Gebräuche einer Gemeinschaft; die Gemeinschaft wird durch ihre Kultur defi-

niert und umgekehrt. Benedict erklärte den weißen US-AmerikanerInnen unmissverständlich, dass es neben ihrer eigenen
Kultur noch zahllose andere Kulturen gibt, mitten in ihrem Land sogar (als Beispiele bringt sie u. a. die friedlichen
Pueblo des Südwestens und die kriegerischen Kwakiutl der
Nordwestküste). Sie betont, dass alle diese Kulturen gleich-
wertig sind und Respekt verdienen, dass es keine verbind-
liche Leitkultur gibt und geben kann, schon weil Kulturen
sich dauernd wandeln. Jede Kultur bedient sich gewisser Elemente aus einem großen Bogen (»arc«) von Elementen, so
ihre Metapher, andere übergeht sie. Diese Auffassung übernimmt Benedict von der modernen Linguistik (damals mehr
oder weniger eine Teildisziplin der Anthropologie; ihr be-
deutendster Vertreter war Edward Sapir, ein Kollege, Freund
von Benedict und Liebhaber von Mead). Die Linguistik
spricht z. B. auch von einem Vorrat an Lauten und Lautkom-
binationen, aus dem jede Sprache ihre charakteristische Auswahl trifft, ihre eigene Untermenge der theoretisch möglichen Kombinationen realisiert. So erlaubt das Deutsche am
Wortanfang kein »scharfes S«, das in den meisten anderen
Sprachen ganz normal ist.

*Patterns of Culture* war der abschließende Höhepunkt der
jahrzehntelangen Debatte darüber, ob menschliches Verhalten mehr durch die Natur/Biologie oder die Kultur bestimmt
wird. Die Debatte flackert in regelmäßigen Abständen wieder auf; z. Zt. sind wir wieder in einer eher biologistischen
Phase, in der besonders mit Hilfe der Neurobiologie die unterschiedliche mentale Ausstattung der Geschlechter nachgewiesen werden soll. Benedict lieferte aber schon 1934 überzeugende Argumente dafür, dass der entscheidende Faktor
die Kultur ist.[25]

## Sexismus

Genau dies ergaben auch die umfangreichen Feldstudien auf
Papua-Neuguinea, die Margaret Mead zwischen 1931 und
1933 mit ihrem zweiten Mann, dem neuseeländischen Anthropologen Reo Fortune, durchführte und 1935 unter dem

Titel *Sex and Temperament in Three Primitive Societies* veröffentlichte (ab Ende 1932 gehörte auch noch der britische Biologe Gregory Bateson, den Mead 1936 heiratete, zum Forschungsteam). Die 34-jährige Mead legte ihre »Klassikerin« genau ein Jahr nach Benedicts Hauptwerk vor. Somit hatten die Freundinnen zwei Jahre nach Hitlers Machtergreifung der Intoleranz einen gewaltigen Doppelschlag versetzt, der die Nazikatastrophe zwar nicht verhindern konnte, aber bis heute nachhallt.

Was Mead über den Einfluss des Geschlechts auf das menschliche Verhalten herausfand, sagt sie am besten selbst:

Wir haben […] die jeweils typischen Männer und Frauen bei drei primitiven Völkern untersucht. Wir haben festgestellt, dass bei den Arapesh Männer und Frauen eine Persönlichkeit entwickeln, die wir […] unter dem Elternaspekt mütterlich und unter dem Aspekt der Sexualität weiblich nennen würden. Männer und Frauen werden dazu erzogen, hilfreich, friedfertig und verständnisvoll gegenüber den Bedürfnissen anderer Menschen zu sein. Die Sexualität ist weder für Männer noch für Frauen eine treibende Kraft. In deutlichem Gegensatz hierzu haben wir bei den Mundugumor den Typus rücksichtsloser, aggressiver, stark sexueller Männer und Frauen vorgefunden, bei dem mütterliche Neigungen kaum vorhanden sind. Männer wie Frauen näherten sich einem Persönlichkeitstyp, der in unserer Kultur nur von undisziplinierten, äußerst gewalttätigen Männern verkörpert wird. […] Bei den Tchambuli fanden wir die Haltung der Geschlechter in unserer eigenen Kultur geradezu auf den Kopf gestellt, da die Frau der herrschende, sachliche und lenkende, der Mann der weniger verantwortliche und gefühlsmäßig abhängige Teil ist. […] [Es besteht also] überhaupt kein Grund mehr, derartige Verhaltensweisen für geschlechtsbedingt zu halten. […] Die Formung so gegensätzlicher Typen ist nur durch die Wirkung einer Fleisch und Blut gewordenen Kultur zu erklären […][26]

Mead schließt ihr Fazit mit dem berühmten, immer wieder zitierten Satz: »Wir werden zu der Folgerung gezwungen, dass die menschliche Natur außerordentlich formbar ist [...].«[27] Der Anthropologe Richard Warms versucht Meads Befunde zu relativieren:

Da sitzt Mead und liest ein Buch ihrer Geliebten (Benedict hatte ihr das Manuskript von *Patterns of Culture* geschickt), brütet über ihrer Beziehung zu ihren beiden männlichen Geliebten, der eine (Fortune) ein aggressives Raubein, der andere (Bateson) milder und verfeinerter – und beschließt, dass der Geschlechtscharakter kulturell bedingt und relativ sei. Man kann sich des Eindrucks nicht erwehren, dass – was auch immer zutreffen mag auf die Arapesh, Mundugumor und Tchambuli – Meads Analyse ihren persönlichen Lebensumständen mindestens so viel verdankt wie den Eigenschaften dieser Gesellschaften.[28]

Wie gesagt – persönliche Betroffenheit war entschieden ein Motor bei der Entwicklung der Mead-Benedict'schen Relativitätstheorie. Ob aber Warms Ähnliches über Boas gesagt hätte – »da hört der alte Jude von der Judenverfolgung in Nazideutschland und beschließt, dass die Rassentheorien Gobineaus und seiner Nachbeter unhaltbar seien«? Wohl kaum.

14 Jahre nach *Sex and Temperament* widerruft Mead viele ihrer in ihren/den Dreißigern formulierten Aussagen in der Abhandlung *Male and Female*, erschienen 1949, gleichzeitig mit Simone de Beauvoirs *Le deuxième sexe* und ein Jahr nach Ruth Benedicts Tod. In *Male and Female* spricht Mead von einem »grundlegenden Unterschied« zwischen den Geschlechtern und rät ab von »Kreuzzügen für Frauenrechte«; Konkurrenz mit Männern sei gefährlich. Gleichzeitig warnt sie vor rigider Geschlechtertrennung und beklagt die »verwickelte Situation« zweier Geschlechter mit »unterschiedlichen Begabungen«, wo doch die Welt verzweifelt die »Gaben der gesamten Menschheit« benötige. Kurz, Mead erkauft ihre Anpassung an dominierende konservative Denkweisen der Nachkriegszeit mit Brüchen und Widersprüchen.[29] Ihre

alte Idee, dass der Geschlechtscharakter »gemacht« und nicht angeboren sei, wird aber von Simone de Beauvoir am Leben gehalten und später zum Schlachtruf der Neuen Frauenbewegung: »Wir werden nicht als Frauen geboren, sondern dazu gemacht.«

Bleibt die Frage, wie die Menschenrechte durchzusetzen sind, wenn alle Kulturen denselben Respekt verdienen. Gilt das auch für die Kultur des orthodoxen Islam, der orthodoxen Juden, der christlichen Fundamentalisten, der Taliban, die den Mann privilegieren und die Frau unterdrücken? Für asiatische Kulturen, die die Wertlosigkeit oder Geringerwertigkeit der Frau predigen, weshalb weibliche Föten gezielt abgetrieben und Mädchen gezielt vernachlässigt werden, so dass mittlerweile in Asien, statistisch gesehen, 90 Millionen Frauen fehlen?[30] Diese Konsequenz aus der Benedict-Mead'schen Relativitätstheorie haben ihre Schöpferinnen sicher nicht beabsichtigt.

Wir brauchen einen bedingten Kulturrelativismus: Jede Kultur verdient Respekt, aber nicht jede ihrer Praktiken und Überzeugungen, vor allem nicht der Glaube an die Höherwertigkeit des Mannes und alles, was daraus folgt. Was der Menschenrechts-Charta widerspricht, ist abzulehnen.

## Freundinnen fürs Leben

Nach Benedicts Tod schrieb Mead: »I had read everything she had ever written and she had read everything I had ever written. No one else had, and no one else has.« [Ich hatte alles gelesen, was sie jemals geschrieben hatte, und sie hatte alles gelesen, was ich je geschrieben hatte. Das hatte niemand sonst getan, und das hat bis heute niemand sonst getan.][31]

Damit benennt Mead das, was an der Liebesbeziehung und Freundschaft dieser beiden großen Denkerinnen des 20. Jahrhunderts für beide vielleicht das Kostbarste und Wichtigste war: der ebenbürtige, kritische und unverbrüchliche Beistand für die andere als Wissenschaftlerin. Denn das war die Tätigkeit, die für die Zeit neu war – und für die Beteiligten gefährlich. Die beiden Frauen waren, obwohl sie von Männern viel Unterstützung erfuhren (allen voran Franz Boas, aber auch Edward Sapir, Reo Fortune und Gregory Bateson) doch Pionierinnen und der überwältigenden Männermehrheit im Beruf ständig ausgesetzt – Zielscheibe zermürbender Demütigungen, Verleumdungen und Zurücksetzungen. Benedict z. B. wurde, obwohl sie in der Anthropologie international als führend anerkannt war, erst mit 60 Jahren, vier Monate vor ihrem Tod, von ihrer Universität zur Vollprofessorin (full professor) ernannt – für einen Mann ein unvorstellbarer Karriereverlauf. Hier brauchten beide Beistand, Austausch, Offenheit und Treue am dringendsten, und hier bekamen sie diese Überlebenshilfen zuverlässig, von allen Beziehungskrisen unbeschadet, von der anderen.

Seit 1931 gingen Benedict und Mead sexuell eigene Wege. Benedict lebte in serieller Monogamie, erst mit Natalie Raymond, dann mit Ruth Valentine. »Nats« jugendlicher Schwung wirkte auf die von Mead oft enttäuschte und zu depressiven Verstimmungen neigende Benedict ähnlich belebend wie neun Jahre zuvor das Ungestüm der 21-jährigen Margaret Mead. Eine Freundin erkundigte sich zu Beginn der Beziehung mit Nat: »stürmt diese energiegeladene junge Dame, Nat, noch durch New York und bedroht das Leben aller sanften und wohlerzogenen jungen Männer, Katzen und Hunde?«[32] 1934 schrieb Benedict über sie: »[…] ich liebe Nat und habe solche Freude an ihr; meine Lebensbedingungen sind glücklicher als je zuvor.«[33]

Nats jugendliche Unbekümmertheit und sorglose Planlosigkeit verlor mit zunehmendem Alter an Attraktivität, und 1939 trennte sich Benedict von ihr, fand aber bald einen Ersatz in der promovierten Schulpsychologin Ruth Valentine, einer Freundin von Nat und Nachbarin ihrer Schwester Margery in Pasadena, Kalifornien. »Val«, wie sie allgemein genannt wurde, arbeitete dann mit Benedict und Mead an verschiedenen Projekten; über die private Beziehung zwischen Ruth und Val ist nicht viel bekannt. Sie lebten nach Möglichkeit zusammen, daher sind anscheinend wenig Briefe überliefert. Als Ruth im September 1948 in einem New Yorker

Krankenhaus nach einer Koronarthrombose auf den Tod darniederlag, hielt sie fünf Tage still aus, bis Val, die an Flugangst litt, mit dem Zug aus Kalifornien angekommen war; die beiden verbrachten noch einen Nachmittag miteinander, und am Abend schlief Ruth friedlich ein. Margaret, die während der letzten Tage und Nächte abwechselnd mit Freundinnen an ihrem Bett gewacht hatte, war bei ihr. Sie schreibt: »Im Augenblick des Todes sah sie wunderbar aus, fast übernatürlich, wie eine Figur an der Decke der Sixtinischen Kapelle [...].«[34]

Mead lebte ab 1928 mit ihrem zweiten Ehemann Reo Fortune, dann mit dem dritten, Gregory Bateson, zusammen, den sie 1936 heiratete und mit dem sie 1939 ihre Tochter Mary Catherine bekam. Die Ehe löste sich im Laufe des Krieges auf, da Gregory nach dem Angriff Nazideutschlands auf England zurück in seine Heimat ging, um sie zu verteidigen. 1942 trat die 13 Jahre jüngere Anthropologie-Studentin Rhoda Metraux (1914-2003) in Meads Leben, zunächst als ihre Assistentin – einer der vielen hilfreichen Geister, die den Sinn ihres Lebens darin sahen, Margaret Mead im Alltag zu unterstützen und ihr Arbeit abzunehmen. Vor ihr gab es dafür schon Marie Bloomfield, die für Mead Besorgungen und andere Hilfsdienste erledigte, bevor sie sich aus Enttäuschung umbrachte. Und Marie Eichelberger, die Mead lebenslang selbstlos beistand, so auch der jungen Mutter im Haushalt und bei der Erziehung und Betreuung ihrer Tochter, die später »Tante Marie« Eichelberger ihre berühmten Erinnerungen an die Eltern widmete (*With a Daughter's Eye*, 1984).

Rhoda wurde mehr und mehr zur unentbehrlichen Hilfe bei Meads beruflichen Projekten, z. B. soll sie Meads beliebte wöchentliche Kolumne im *Redbook Magazine* geschrieben haben, nach Stichworten und Ideen, die Mead aus den Diskussionen nach ihren Vorträgen entwickelte. Metraux war auch wesentlich an der Herstellung der Endfassung von Meads Autobiographie *Blackberry Winter* beteiligt. Nach dem Urteil von Lois Banner, die Meads Originalentwurf mit der von Metraux erstellten Fassung verglichen hat, hat Metraux den Text lesbarer gemacht (sie war die überlegene Stilistin) und alle Spuren lesbischen Lebens daraus getilgt – sicher mit Zustimmung Meads, die stets darauf bedacht war, von ihren lesbischen Beziehungen nichts an die Öffentlichkeit dringen zu lassen.[35]

1955 bezogen Mead und Metraux mit ihren Kindern Cathy und Daniel ein Haus am Waverley Place in New York. Jede hatte darin ihren eigenen Bereich, und sie blieben zusammen bis zu Meads Tod 1978. Im Internet schreibt Daniel Metraux über Mead und seine Mutter: »[Sie] bildeten ein eng verbundenes Berufs-Team; ihre Arbeit hat die amerikanische Anthropologie im späten 20. Jahrhundert stark beeinflusst. Sie teilten sich ein Haus in Greenwich Village von 1955 bis 1966 und ein Apartment am Central Park West von 1966 bis 1978. Mit ihnen zu leben war eine unglaubliche Erfahrung.«[36]

Mit Rhoda Metraux teilte Mead länger als mit irgendeinem anderen Menschen ihr Leben und ihr Haus. Wir wissen nicht genau, wie viel Metraux Mead bedeutet hat,[37] aber die Fakten sprechen schon eine deutliche Sprache.

Ebenso deutlich sprechen allerdings die Fakten der unermüdlichen Liebesmühen für den Nachruhm der verstorbenen Freundin Ruth Benedict. Mead leistete das, was oft die Witwe oder Tochter eines verstorbenen »Geistesriesen« als getreuliche, unermüdliche Nachlassverwalterin zu leisten versucht – denken wir etwa an Cosima Wagner, Elsa Reger oder Erika Mann. Die männlichen Erben von Geistesriesen und vor allem -riesinnen haben meist Besseres zu tun; sie arbeiten für ihre eigenen Interessen, als »Kreative« lieber für ihr eigenes Werk. Hat Otto Modersohn sich nennenswert für das Werk seiner früh im Kindbett verstorbenen Gattin eingesetzt? Davon ist uns nichts bekannt. Jawlensky für Werefkin? Ach was. Ted Hughes erbte Sylvia Plaths Nachlass und vernichtete den letzten Band ihres Tagebuchs. Leonard Woolf verhielt sich anders, aber da war auch viel Eigennutz im Spiel, Virginias Glanz fiel auch auf ihn.

Margaret Mead erbte den Nachlass von Ruth Benedict und machte sich ans Werk. Sie gab, unterstützt von Rhoda Metraux, ihre Werke heraus, normalerweise eine höllische Arbeit. Und sie schrieb zwei Biographien über sie.[38] Dieser Einsatz allein ist schon bewundernswert, und er wird es noch mehr, wenn wir bedenken, dass Mead nach dem Krieg eine internationale Berühmtheit wurde mit endlosen Verpflichtungen, Reisen, Interviews, Rundfunk- und Fernsehauftritten. Sie hatte der Welt etwas zu sagen, und die Welt wollte es unbedingt hören, man riss sich um sie. Trotzdem hörte sie nicht auf zu forschen, zu publizieren – und sich mit Ausdauer, Liebe und Gründlichkeit um das Werk und Andenken ihrer Geliebten, Freundin und großen Kollegin zu kümmern. Es will uns scheinen, als ob sie damit – viel mehr und nachhaltiger denn als oft anderweitig engagierte und sprunghafte Geliebte Benedicts – bewiesen hat, wie sehr sie der anderen verbunden war, sie liebte und verehrte.

## Anmerkungen

1 Margaret Mead an Ruth Benedict am 21.9.1928, zit. nach Banner 2003, S. 273.

2 Mead 2004, S. 1 f. Diese und alle anderen Übersetzungen aus dem Englischen von Luise F. Pusch.

3 Newton. S. 1-3.

4 Vgl. Banner 2003, S. 54.

5 »To smash« bedeutet eigentlich »zerschmettern«; »smashed« wird umgangssprachlich auch im Sinne von »betrunken« verwendet. Wo junge Amerikanerinnen von ihrer Verliebtheit »zerschmettert« sind, sind junge Deutsche »hingerissen« (wörtlich genommen ein ähnlich gewaltsamer Vorgang wie »zerschmettern«), »hin und weg«, »besoffen vor Liebe«.

6 Banner 2003, S. 33.

7 Alice Stone Blackwell (1857-1950), Schriftstellerin und Feministin, im Jahre 1882. Zit. nach Banner 2003, S. 33. »Löffeln« (»spooning«) bedeutet, eng aneinandergeschmiegt auf der Seite zu liegen, ähnlich wie Löffel in einem Bestecksasten.

8 Vgl. Banner 2003, S. 95

9 Vgl. Grinager, S. 17.

10 Mead 2006, S. 131.

11 Banner 2003, S. 179.

12 Caffrey, S. 186.

13 Banner 2003, S. 185.

14 Zit. nach Lapsley, S. 89.

15  Banner 2003, S. 223.

16  Ebd., S. 223.

17  Ebd., S. 225.

18  Ebd.

19  Ebd.

20  Vgl. Lapsley, S. 94.

21  Margaret Mead am 5. September 1928, kurz vor der Heirat mit dem Anthropologen Reo (»Ray«) Fortune (s. S. 250). Mead 2006, S. 146.

22  Margaret an Ruth, 23.-28. Februar 1933, aus Neuguinea, wo sie bei den Tschambuli Feldforschungen machte. Mead 2006, S. 158.

23  Lapsley, S. 159.

24  Benedict an Mead am 16. Okt. 1932. Vgl. Mead 1959, S. 324.

25  Vgl. Caffrey, S. 209.

26  Mead 1965, S. 533 f.

27  Ebd., S. 534.

28  Zit. nach Bowman-Kruhm, S. 67 f.

29  Vgl. Lapsley, S. 296 f.

30  Vgl. Ockrent, S. 23.

31  Zit. nach Banner 2005, S. vii.

32  Caffrey, S. 203.

33  Ebd.

34  Lapsley, S. 300.

35  Vgl. Lapsley, S. 308; Banner 2005, S. xvii.

36  Vgl. http://davidmetraux.com/daniel/rhodametraux.html.

37  Mead 2006 enthält einige liebevolle Briefe von Mead an Metraux, aber die Briefe an andere Personen, die ihr vermutlich weniger nahestanden, klingen genauso liebevoll.

38  Mead 1959 und 1974.

## Literatur

Banner, Lois W. 2003. *Intertwined Lives: Margaret Mead, Ruth Benedict, and their Circle*. New York.

—. 2005. »Foreword«. In: Mead [1974], S. vii-xvii.

Bateson, Mary Catherine. 1986 [1984]. *Mit den Augen einer Tochter: Meine Erinnerungen an Margaret Mead und Gregory Bateson*. Reinbek.

Benedict, Ruth. 1934. *Patterns of Culture*. Boston.

—. 1940. *Race: Science and Politics*. New York.

—. 1946. *The Chrysanthemum and the Sword: Patterns of Japanese Culture*. Boston.

Bowman-Kruhm, Mary. 2003. *Margaret Mead: A Biography*. Westport (Conn.).

Caffrey, Margaret M. 1989. *Ruth Benedict: Stranger in This Land*. Austin (Texas).

Grinager, Patricia. 1999. *Uncommon Lives: My Lifelong Friendship with Margaret Mead*. Totowa (N. J.).

Howard, Jane. 1990 [1984]. *Margaret Mead: A Life*. New York.

Lapsley, Hilary. 1999. *Margaret Mead and Ruth Benedict: The Kinship of Women*. Amherst (Mass.).

Mark, Joan T. 1999. *Margaret Mead: Coming of Age in America*. New York.

Mead, Margaret. 1949. *Male and Female: A Study of the Sexes in a Changing World*. New York.

—. [1959]. Hg. *An Anthropologist at Work: Writings of Ruth Benedict*. Westport (Conn.). 1977.

—. 1965. *Leben in der Südsee: Jugend u. Sexualität in primitiven Gesellschaften* [= *From the South Seas*]. Aus dem amerikanischen Englisch v. Gitta Carnegie. Enthält die dt. Übers. folgender Werke: *Coming of Age in Samoa* (1928); *Growing up in New Guinea* (1930); *Sex and Temperament in three Primitive Societies* (1935). München.

—. [1972]. *Brombeerblüten im Winter: Ein befreites Leben* [= *Blackberry Winter*]. Aus dem Englischen von Katrine von Hutten. Nachwort Margarete Mitscherlich-Nielsen. Reinbek. 1978.

—. [1974]. *Ruth Benedict: A Humanist in Anthropology*. 30th Anniversary Edition. With new forewords by Lois Banner and Nancy Lutkehaus. New York.

—. 2006. *To Cherish the Life of the World: Selected Letters of Margaret Mead*. Hg. Margaret M. Caffrey u. Patricia Francis. New York.

Newton, Esther. 2000. *Margaret Mead Made Me Gay: Personal Essays, Public Ideas*. Durham (N. C.).

Ockrent, Christine. Hg. 2007. *Das Schwarzbuch zur Lage der Frauen: Eine Bestandsaufnahme* [=*Le livre noir de la condition des femmes*]. Koordination von Sandrine Treiner. Mit einem Vorw. von Maybrit Illner. Aus dem Franz. von Enrico Heinemann. München/Zürich.

# »Hopes and prospects – but no illusions!«

Erika Mann (1905-1969) und
Pamela Wedekind (1906-1986),
Therese Giehse (1898-1975),
Annemarie Schwarzenbach (1908-1942)

*von*
*Christine Schmidt*

Erika Mann ist in einer ausschließlichen Paarbeziehung gar
nicht denkbar. Sie, die gutaussehende, androgyne, gescheite,
temperament- und humorvolle Schauspielerin, Weltreisende,
Schriftstellerin, Autorennfahrerin, Kabarettistin, politische
Rednerin, Kriegskorrespondentin mit einem Faible für de-
zenten Schmuck, teure Garderobe und schnelle Autos – und
nebenbei Tochter des Literaturnobelpreisträgers Thomas
Mann –, wurde von Frauen und Männern gleichermaßen umschwärmt und begehrt. Und Erika Mann legte sich nicht fest:
Sie hatte in jungen Jahren überwiegend Beziehungen und Affären mit Frauen, später eher mit Männern – aber nie verban-
delte sie sich endgültig. Das hätte sich mit ihrem Bedürfnis
nach Freiheit, auch der Freiheit von Ansprüchen, Forderungen und Geboten, nicht vertragen. Vielmehr kokettierte sie
auch im Beisein ihr Nahestehender ohne Rücksicht auf deren
Gefühle mit ihren VerehrerInnen. Wer sich mit ihr einließ,
musste sie teilen.

Wenn Erika Mann überhaupt je ein Paar bildete, dann mit
ihrem Bruder Klaus. Ihm war sie von Kindheit an bis zu seinem Tode auch über große Entfernungen hinweg eng verbunden. BiografInnen sind sich einig, dass diese Verbindung
über die übliche Geschwisterliebe hinausging. Klaus war von
Erika emotional abhängig; Erika war sehr viel selbstständiger.
»Nicht nur war sie seine fachliche Kritikerin, sie war auch
seine Beraterin in emotionalen, finanziellen und sexuellen Fragen, seine politische Mitstreiterin ohnehin, seine Koautorin

bei zahlreichen Büchern, Aufsätzen und Reden – kurz: er war ohne sie nicht denkbar, wie Klaus Mann mehrfach in seinen Lebensberichten und Tagebüchern konstatiert.«[1] Immer wieder auftretenden Gerüchten eines inzestuösen Verhältnisses trat Erika Mann energisch entgegen; so erwirkte sie 1966 eine Schmerzensgeldzahlung wegen Persönlichkeitsverletzung gegen zwei Journalisten der *Welt* und der *Kölnischen Rundschau*. Der gleiche Vorwurf hatte unter anderem dazu beigetragen, dass ihr Einbürgerungsantrag in die USA über Jahre hinweg verschleppt wurde, bis sie ihn schließlich entnervt und erschöpft zurückzog.

Erika Mann war klar, selbstbewusst, kritisch, mutig, draufgängerisch, kompromisslos, albern, spritzig, charmant, aufmüpfig und lebte für den Augenblick. Ihre Ziele erreichte sie nicht mit Glück, sondern mit Eloquenz und Beharrlichkeit. Im Gegensatz zu ihrem Vater und ihrem Bruder verwertete sie ihr Seelenleben nicht in ihren Arbeiten; sie hinterließ weder Tagebücher noch eine Autobiografie. Ihre Gefühle behielt sie meist für sich. Selbst in ihren Briefen ist selten von überschäumendem Glück, Schmerz oder Seelenqualen zu lesen. Klaus Mann stellte bereits 1922 in einem Brief beinahe erschrocken fest: »Ich weiß, Du magst es nicht, wenn so viel ausgesprochen wird.«[2]

Erika Julia Hedwig Mann wird am 9. November 1905 als ältestes Kind Katia und Thomas Manns in München geboren. Thomas Mann ist zu der Zeit ein aufstrebender junger Schriftsteller, der sich mit den *Buddenbrooks* bereits einen Namen gemacht hat, aber finanziell noch vom Schwiegervater abhängig ist. Erikas Mutter Katia ist die Tochter des wohlhabenden Mathematikprofessors, Kunstsammlers und Musikliebhabers Alfred Pringsheim und dessen Frau Hedwig, einer Tochter der Frauenrechtlerin Hedwig Dohm.[3] Ein Jahr nach Erika kommt Klaus zur Welt; es folgen Gottfried Angelus, genannt Golo (1909), Monika (1910), Elisabeth (1918) und Michael (1919).

Erika ist die Anführerin der »Herzogpark-Bande«, benannt nach ihrem vornehmen Bogenhausener Wohnviertel. »Erika war die rüstigste von uns. Sie konnte wie zwei Buben turnen

Erika Mann (links) und Pamela Wedekind, 1927

und raufen, und sah aus wie ein magerer, dunkel hübscher Zigeunerjunge, dessen braune Stirn sich manchmal trotzig verfinstert.«[4] Sie wirft sich insbesondere für den verträumten Klaus in die Schlachten, lügt, dass sich die Balken biegen, und kann perfekt Stimmen imitieren – als Einzige der Familie beherrscht sie den bayerischen Dialekt. Die Streiche der Jugendlichen reichen vom Erschrecken der Nachbarschaft über Telefonterror und Ladendiebstahl bis zum Vortäuschen von sexueller Belästigung. Erika ist »ein leibhaftiger kleiner Teufel«.[5]

Die Eltern Mann wissen nicht mehr ein noch aus; weder sie selbst noch die Schule sind in der Lage, ihre beiden Ältesten zu bändigen. Da kann nur noch die Reformpädagogik helfen! Katia Mann meldet Erika und Klaus 1922 in der Bergschule Hochwaldhausen am Vogelsberg an, wo die beiden nicht nur auf eine freie Schule mit verständnisvollen Lehrern und selbstbestimmtem Unterricht treffen, sondern auch Bekanntschaft mit den Idealen der deutschen Jugendbewegung und mit der gleichgeschlechtlichen Liebe machen. »Die ›Jugendbewegung‹ lehnte sogar bürgerliche Kleidung ab, man trug lockere Blusen und Sandalen und verbrachte die Nächte am Lagerfeuer statt in den von Rauch und Jazz erfüllten Nachtklubs von Berlin. Mädchen schliefen mit Jungen, Jungen mit Jungen, Mädchen mit Mädchen, Lehrer (die sich ›Kameraden‹ nannten) mit Schülerinnen und Schülern.«[6] Aber der Spaß dauert nicht lange, bereits nach einigen Monaten ist Erika zurück in München, wo sie 1924 am Luisengymnasium mit Ach und Krach ihr Abitur schafft.

Zuvor ist sie in den Sommerferien 1923 mit Klaus heimlich nach Berlin gefahren. Während die Eltern sie beim Wandern und auf Besichtigungstour im Thüringischen wähnen, genießen Erika und Klaus die Schnelllebigkeit und aufgeregte Buntheit der Reichshauptstadt, die durch die Inflation noch befeuert werden. Sie sehen die Nutten mit ihren hochhackigen Stiefeln in der Friedrichstraße, erkunden die blühende Lesben- und Schwulenszene und lassen sich von Paradiesvögeln faszinieren. »Wir kamen das erstemal […] in ein Lokal, wo Jünglinge miteinander tanzten. Daß es so was gab, fanden wir toll; und nun gar das fette alte Ungeheuer, das in Damenkleidern drollige Strophen zum Vortrag brachte. Sündiger und widerlicher konnte nichts mehr sein, es war wirklich ganz herrlich [...]«.[7] Eines steht für die beiden fest: Das ist nicht ihr letzter Besuch in Berlin!

In München wird dergleichen nicht geboten, aber auch hier besteht kein Anlass, Trübsal zu blasen – zumindest für diejenigen, die es sich leisten können. Es ist Inflationszeit und das Geld täglich weniger wert. Wer welches hat, gibt es am besten gleich wieder aus. Dies praktiziert z. B. der junge Bankangestellte Theo Lücke, der sich gerne mit Dichtern und interessanten, schillernden Persönlichkeiten umgibt und mithilfe undurchsichtiger Devisengeschäfte stets bei Kasse ist. Selbstverständlich gehören auch Erika und Klaus diesem illustren Kreis an. Sie besuchen Nachtlokale und teure Restaurants, Theo lädt sie zu nächtlichen Schlittenfahrten oder luxuriösen Wochenenden in Garmisch ein und haut für Champagnergelage Millionen von Reichsmark auf den Kopf. Bald schon ist ein weiteres Schriftstellerkind mit von der Partie: Pamela Wedekind. Erika und Klaus haben sie kurz zuvor beim Tee im Hause ihres Onkels Heinrich Mann kennengelernt.

Pamela Wedekind wird am 12. Dezember 1906 in Berlin geboren. Sie ist die ältere der beiden Töchter des lebenslustigen, aber bereits 1918 gestorbenen Skandalschriftstellers Frank Wedekind (*Die Büchse der Pandora*, *Frühlings Erwachen*) und der nicht minder sinnenfreudigen Schauspielerin Tilly Newes-Wedekind. Pamela leidet noch immer unter dem Tod ihres Vaters und unter dem ungeordneten Haushalt ihrer leichtlebigen und gleichzeitig depressiven Mutter. Immer wieder greift sie zu Wedekinds Laute und singt sich selbst zum Trost die Verse ihres Vaters. Bei den Mann-Geschwistern findet sie, was sie in der eigenen Familie vermisst: einerseits ein intaktes, bürgerliches Familienleben, einen geregelten Tagesablauf und Zuwendung durch die Eltern, andererseits ausgelebte Kreativität, künstlerische Betätigung, die Horrorgeschichten der »Herzogpark-Bande« und die Orgien in teuren Lokalen.

Die Faszination beruht durchaus auf Gegenseitigkeit. Klaus schreibt:

Ihr kühnes und leidenschaftliches Haupt mit der gebogenen Nase, dem strengen Mund und den herrlichen Augen war das eines Renaissance-Jünglings: von einer harten, gefährlichen und geistigen Lieblichkeit. Immer war es ihre Art, das eigene Wesen aufs radikalste und bewußteste zu stilisieren; jeder ihrer Schritte und Blicke war von einer konsequenten und oft beängstigenden Absichtlichkeit; angefangen mit der dämonisch korrekten Höflichkeit gegen Damen, bis zu ihrer Schwärmerei für Zirkus, Heilsarmee und Hafenbordelle. […] Ihr Liedervortrag war eine künstlerische Darbietung großen Stils, das Konzentrierteste, Reinste und Originalste, was sie zu geben hatte. Sie sang mit einem erschütternden Ernst und mit einer exakten, gleichsam eisigen Anmut. Ihr Mund, der bösartig, sehnsüchtig oder traurig lächelte, formte jedes der Worte, mit denen die zartesten und strengsten Fäden sie verbanden, zu einer von Leidenschaft vibrierenden Akkuratesse.[8]

Nicht nur Klaus ist hingerissen; Erika verliebt sich leidenschaftlich in Pamela. Aus dem nächsten Sommerurlaub mit der Familie nach dem – endlich – bestandenen Abitur schreibt sie ihr von der Insel Hiddensee: »Es wäre so tausendschön, wenn Du noch kämest! […] *Schreibe mir alsbald! Liebe mich!* […] Jetzt stürmt es toll und ich gehe baden. *Komm* doch, es ist so schön und die Wellen sind lebensgefährlich.«[9] Und Pamela kommt. »Es wird ein Sommer der Liebe, eine Zeit vollkommener Übereinstimmung, ein Geschenk, ungeplant und ungewollt, unwiederholbar und unvergesslich.«[10]

Für Pamela steht schon seit ihrem 15. Lebensjahr fest, dass sie Schauspielerin werden will, und auch Erika begeistert sich für diesen Beruf. Das Interesse dafür ist nicht neu. Bereits 1919 hatte sie mit Klaus den »Laienbund Deutscher Mimiker« gegründet, dem u. a. auch Golo und Monika, Ricki Hallgarten, Sohn der Pazifistin Constanze Hallgarten, Lotte und Gretel Walter, die Töchter des Dirigenten Bruno Walter, und weitere Nachbarskinder angehören. Im Mann'schen Salon führten sie Theaterstücke auf, darunter als Höhepunkte Lessings *Minna von Barnhelm* und Shakespeares *Was ihr wollt*. Erika tat sich hierbei als besonders begabt hervor und heimste allgemeinen Beifall ein. Während Pamela nun Schauspielunterricht bei Arnold Marlé von den Münchner Kammerspielen und anschließend bei Gustav Hartung in Köln nimmt, packt Erika im September 1924 die Koffer: Endlich geht es wieder nach Berlin! Sie mietet sich ein möbliertes Zimmer in der Uhlandstraße, widmet sich enthusiastisch und beharrlich dem Schauspielunterricht bei Max Reinhardt und taucht in das Berliner Nachtleben ein. »Überall suchte die Jugend eine Entschädigung für die Entbehrungen und Härten der gerade vergangenen ›großen Zeit‹. Überall stürzte sie sich in wilde Genüsse und Ausschweifungen. Neue und wilde Musik kam aus Amerika und berauschte sie. [...] Um dies zu verstärken, waren alle Mittel erlaubt: Musik und Alkohol, Marihuana, Morphium und Kokain. [...] Mädchen trugen kniefreie Röcke, sofern sie es nicht vorzogen, sich wie junge Männer zu kleiden. Es galt als chic, ungewöhnliche erotische Vorlieben zu haben, sich von anderen wenigstens etwas zu unterscheiden.«[11] Auch Erika gibt sich bald als klassische Garçonne: mit kurzgeschnittenen Haaren, Schlips und Hosen.

Nachtleben, das bedeutet vor allem die bunte und vielgestaltige Lesbenszene. Berlin ist in den Zwanzigerjahren neben Paris *das* Zentrum lesbischen Lebens. Es gibt etwa 50 Bars und Klubs, teilweise ausschließlich für Frauen, teilweise für ein gemischtes Publikum. Als besonders exklusiv präsentiert sich der Klub »Monbijou« (in dem später auch Annemarie Schwarzenbach verkehrt):

Die weitaus interessanteste Vereinigung lesbischer Frauen Berlins ist der ungefähr 600 Mitglieder fassende »Klub Monbijou des Westens«, eine streng geschlossene Gesellschaft, in die man nur durch Einführung hineingelangen kann. Das Klublokal befindet sich, von zwei intelligenten Freundinnen, Mali und Igel, die eine ein vollendeter Garçonnetyp, fein und bewußt, die andere mehr übermütiger Gamin – geschickt geleitet, im vornehmen Westen Berlins [...]. Die großen Fenster sind nach außen hin fest verhängt, man ahnt hinter ihren dunklen Mauern kaum die sanfte trauliche Heimlichkeit jener kleinen Räume, die Abend für Abend erfüllt sind von eleganten Frauen. Tiefe Klubsessel machen die Ecken behaglich, zartblumige Decken liegen auf den runden Tischen, die belichtet sind vom weichen Schein matter, bunter Lampen. [...] Hier verkehrt die Elite der intellektuellen Welt der lesbischen Frauen, Filmstars, Sängerinnen, Schauspielerinnen, überhaupt die künstlerisch schaffende und die wissenschaftlich arbeitende Frau, soweit diese überhaupt in der Öffentlichkeit anzutreffen ist. [...] Man kennt sich untereinander, weiß, an welchen Tagen diese oder jene bestimmt anzutreffen ist und hat immer Gelegenheit, die geschmeidige Eleganz einer vornehmen Art von Frauen zu bewundern, die sich im Tanze wiegen.[12]

Möglicherweise hier lernt die abenteuerlustige Erika u. a. Marlene Dietrich und Greta Garbo kennen, mit denen ihr Affären nachgesagt werden.[13] Wenn Erika mit Klaus um die Häuser zieht, dann kehren sie im »Eldorado« oder im »Toppkeller« ein. Gelegentlich schließt sich Pamela an, die zuweilen auf »hastige Visiten«[14] aus Köln anreist.

1924 verloben sich Klaus und Pamela, ein gefundenes Fressen für die Klatschpresse. Zwar ist Klaus angetan von Pamela, aber vor allem ist es ein Jux, denn die Öffentlichkeit weiß längst, dass Klaus schwul ist. Obschon im Hause Thomas Mann nicht über Sexualität gesprochen wird,[15] kann Erika ihre Freundinnen, können Klaus und Golo ihre Freunde mit nach Hause bringen. Erikas lesbische Freundinnen erhalten gar den Spitznamen »Eulen«.[16] Nun verlobt sich also Klaus mit Erikas »Eule« – aber die Konstellationen werden noch verworrener.

Klaus verfasst ein Theaterstück für vier Personen, *Anja und Esther*, in dem es um eine lesbische Beziehung in einem Erholungsheim für »gefallene« Kinder geht. Die beiden

Titelrollen sind Erika und Pamela auf den Leib geschrieben. Der begabte und ehrgeizige junge Hamburger Schauspieler und Regisseur Gustaf Gründgens will das Stück auf die Bühne bringen. Zwei Tage nach der Uraufführung am 20. Oktober 1925 an den Münchner Kammerspielen ist die Premiere in Hamburg – mit den HauptdarstellerInnen Erika Mann, Pamela Wedekind, Klaus Mann und Gustaf Gründgens. Die Aufführung löst einen Skandal aus, teils wegen des Inhaltes, teils wegen der prominenten Besetzung. Dabei wäre der Aufruhr wohl noch weitaus größer, wenn die Öffentlichkeit wüsste, dass Erika und Pamela nicht nur auf der Bühne, sondern auch im wirklichen Leben ein Paar sind.

Aber auch hinter der Bühne zeichnet sich im Verlauf der Proben ein verwirrendes Beziehungsgeflecht ab, das damit endet, dass Erika aus Gründen, die nur sie selbst kennt, am 24. Juli 1926 Gustaf Gründgens heiratet. Für Gründgens scheint es ein gutes Arrangement zu sein: Er, der Junge aus bescheidenen Verhältnissen, der stets versucht, seine Homosexualität zu verbergen, kann zugleich in eine der prominentesten deutschen Familien einheiraten. Für die Familie Mann scheint es klar zu sein, dass es sich nur um eine der verrückten Ideen Erikas handeln kann. Thomas Mann lässt deswegen auch nicht Grüße an den Ehemann in spe ausrichten, sondern an »deine Freundin« Pamela.[17] Denn Erika denkt gar nicht daran, die Beziehung mit Klaus' Verlobter nach der Hochzeit aufzugeben. Noch einen Monat zuvor sind die beiden just in jenem Hotel in Friedrichshafen am Bodensee abgestiegen, das nun eine Etappe der Hochzeitsreise ist. Erika schreibt recht ernüchtert an Pamela: »Viele, viele Grüße, meine (geliebte Göttin) von der Ehefrau. [...] Ja, Pamela, es war *schon* ein großer Schreck! [...] Und jetzt sind wir einfach im Kurgartenhotel, wo groß und klein uns frivol behandeln muß, da niemand und der Klügste nicht, den Ehestand uns glauben *kann*. Aber daß wir (Du und ich!) in der Kurliste des vorigen Monats stehen – ich als Schauspielerin und Du als Herr Wedekind aus München, ist mir lieb. – Meine Pamela, *bitte, bitte* komm bald. So schrecklich gern möchte ich es, weil ich Dich

eben doch über die Maßen liebe. [...] Alles Zärtliche E.«[18]
Schon nach wenigen Wochen trennt sich das Ehepaar: Gustaf
kehrt nach Hamburg zurück, Erika erhält Gastspielverträge
an verschiedenen deutschen Bühnen.

Ein Jahr später, 1927, kommt es zum großen Krach. Das
nächste von Klaus' Stücken, *Revue zu Vieren* – in der bereits
bekannten Besetzung –, wird zum absoluten Reinfall. Es
kommt gar zu Prügeleien im Publikum. Pamela findet das
Stück grässlich, Gustaf wirft die Regie hin. In Berlin, wo das
Stück nach seiner Leipziger Premiere gezeigt wird, schreibt
der Schauspieler Werner Krauss in Anlehnung an den Wirts-
hausspruch »Hier können Familien Kaffee kochen« ans
Schwarze Brett: »Hier können Familien Stücke spielen.«[19]
Auch privat läuft es nicht zum Besten: Der Dichter Carl
Sternheim, Vater der gemeinsamen Freundin Thea (Mopsa)
Sternheim, bandelt mit der fast 28 Jahre jüngeren Pamela
an – und die lässt es sich gefallen.

Aus Frust über die Misserfolge, aber auch aus Lust auf etwas Neues, begeben sich Erika und Klaus auf eine neun-
monatige Weltreise, die sie durch die USA, Hawaii, Japan,
Korea, China und Russland führt. Kurz vor der Abreise
schreibt Erika an Pamela: »Liebe Pamela: Wir sehen uns,
wenn ich wiederkomme (hoffentlich ist das nicht *zu bald*!),
augenblicklich *kann* ich nicht, und Dir wird es auch lieber
sein, Du siehst mich nicht. [...] *Wie* sehr ich an Dir hänge,
sehe ich immer dann, wenn ich es am wenigsten wissen
möchte.«[20] Am 7. Oktober 1927 verlassen Erika und Klaus
Deutschland an Bord der »Hamburg«; zwei Monate später
erfahren sie in New York aus der Zeitung von der Verlobung
Pamelas mit Sternheim.

Das Geld ist knapp auf der Reise, mehrfach müssen sie den
Vater um Geld antelegrafieren. Da kommt die rettende Idee:
Über die Reise berichten sie in ihrem Buch *Rundherum*, das
im S. Fischer Verlag erscheint. Es bleibt weder ihre einzige
gemeinsame Reise noch ihr einziges gemeinsames Buch. Unterwegs schreibt Erika auch kleinere Reiseberichte und Glossen, die sie nach der Rückkehr im Sommer 1928 verschiedenen Zeitungen anbietet. Von Gustaf Gründgens lässt sie sich

Anfang 1929 endlich scheiden. Nachdem Pamela im April 1930 den infolge einer Syphilis geisteskranken Carl Sternheim heiratet, der in einem offenen Brief an den Verleger Bermann Fischer Klaus' Bücher verrissen hatte, bricht der Kontakt zwischen Erika und Pamela für die nächsten 20 Jahre vollkommen ab.

Da Erika allein von der Schauspielerei nicht leben kann, arbeitet sie nun auch als Journalistin für verschiedene in- und ausländische Zeitungen, außerdem an Bühnen-, Radio- und Buchaufträgen. In einem Artikel für die Zeitschrift *Tempo* scheint sie sich selbst zu beschreiben: »Seit kurzem gibt es einen neuen Typ Schriftstellerin, der mir für den Augenblick der aussichtsreichste scheint: Die Frau, die Reportage macht, in Aufsätzen, Theaterstücken, Romanen. Sie bekennt nicht, sie schreibt sich nicht die Seele aus dem Leib, ihr eigenes Schicksal steht still beiseite, die Frau berichtet, anstatt zu beichten. Sie kennt die Welt, sie weiß Bescheid, sie hat Humor und Klugheit, und sie hat die Kraft, sich auszuschalten.«[21]

Im September 1930 lernt Erika über einen gemeinsamen Bekannten die Schweizer Geschichtsstudentin Annemarie Schwarzenbach kennen. Annemarie, die zurzeit an ihrer Dissertation über die Geschichte des Oberengadins arbeitet, ist von der selbstbewussten, verwegenen, lebens- und abenteuerlustigen Erika sofort hingerissen. Nach ihrer ersten Begegnung schreiben sie einander in kurzen Abständen.[22]

Annemarie Schwarzenbach wird am 23. Mai 1908 als Tochter einer der reichsten und auch einflussreichsten Familien der Schweiz in Zürich geboren. Sie hat noch eine ältere Schwester sowie einen älteren und zwei jüngere Brüder. Der Vater Alfred Schwarzenbach ist zu jener Zeit einer der bedeutendsten Seidenfabrikanten der Welt mit Fabriken in der Schweiz, Deutschland, Italien, Frankreich und den USA. 1911 kauft er das Gut Bocken bei Horgen oberhalb des Zürichsees, wo die Geschwister in sehr komfortablen Verhältnissen aufwachsen. Die Mutter Renée Schwarzenbach ist eine geborene Wille, Tochter des Generals Ulrich Wille, eines Verehrers Preußens – er ist nicht umsonst mit einer geborenen von Bismarck verheiratet – und Befehlshabers der

Schweizer Truppen während des Ersten Weltkriegs. Eine dementsprechend stolze, herrische und unnachgiebige Haltung legt Renée Schwarzenbach an den Tag. Ihr Herz gehört den Pferden, ihrer intimen Freundin, der Opernsängerin Emmy Krüger, nicht aber unbedingt ihren Kindern. Auch hat Renée Schwarzenbach ein Problem mit ihrer lesbischen Tochter Annemarie, obwohl sie selbst in einer Frauenbeziehung lebt – allerdings unter dem Deckmantel der wohlanständigen Familie.

Annemarie leidet unter den ambivalenten Gefühlen ihrer Mutter gegenüber, von der sie sich nie wirklich lösen kann – einerseits liebt sie ihre Mutter, andererseits fühlt sie sich von deren Dominanz und rechtsnationaler Gesinnung abgestoßen –, und flüchtet sich in die Schriftstellerei. Da kommt die starke, freche und selbstständige Erika gerade recht! Annemarie verliebt sich unsterblich und schreibt ihr bereits in den ersten Wochen: »Ich will aber unbedingt bald nach München weil nämlich Du dort bist, […] aber es gibt nichts Hübsches, Tröstliches, Ermutigendes ausser Dich, u. ich will gar nichts anderes als Dich. Das ist doch eindeutig, nicht?«[23] »Ich habe nicht gewusst, dass es so scheusslich sein kann ohne Dich. Und dass es jeden Abend schlimmer wird (ich dachte doch, Gewöhnung stumpfe ab).«[24] »Ich sehne mich furchtbar, bei Dir zu sein. Nach nichts anderem sehne ich mich.«[25] Und nach einem Besuch Erikas in Zürich: »Du musst bald wiederkommen, ich schreie nach Dir, ganz laut im Traum, ich bin sicher, dass ich laut Deinen Namen rufe.«[26] Erika muss aber auch die Schwierigkeiten Annemaries mit ihrer Mutter auffangen: »Er [= der Vater] sagte mir, Mama versuche, mich zu ›isolieren‹. […] Sie lauert ständig ob jemand mit mir spricht, ob jemand in mein Zimmer kommt […]. Meinen Schwager fordert sie etwa auf, meine Schwester von mir fern zu halten. Wenn Hansi [= der jüngste Bruder] sich für mich verwendet (!) sagt sie dass er ein ahnungsloser Engel sei. All das klingt kindisch u. wäre es, wenn sie nicht daran, an meine moralische Verworfenheit, glauben würde. […] Ich nehme Deine Geduld einfach in Anspruch, ich bin ein ganz u. gar unbrauchbares u. reizloses Stück.«[27]

Inwieweit Erika zumindest am Anfang auf die Avancen eingeht, ist nicht bekannt, da ihre Briefe an Annemarie nicht erhalten sind.[28] Im weiteren Verlauf ihrer Beziehung, in der Annemarie nicht nachlässt um Erika zu werben, wird klar, dass Erika Annemaries Leidenschaft nicht im gleichen Maße teilt. Sie ist ihr aber eng verbunden, fühlt sich für sie als »großer Bruder« verantwortlich und übernimmt (wieder einmal) die Beschützerinnenrolle.[29] Die statusbewusste Renée Schwarzenbach hat zunächst nichts gegen die Freundschaft ihrer Tochter mit Erika einzuwenden, schließlich sind die Manns nicht irgendwer. Als Erika auch auf Bocken selbstbewusst auftritt und versucht, Annemaries Interessen gegenüber der Mutter durchzusetzen, kühlt das Verhältnis zwischen Renée und Erika ab. Immerhin schafft es Annemarie mit Erikas Hilfe, nach ihrer Promotion zu Hause auszuziehen und für zwei Jahre nach Berlin zu gehen, wo sie ihre Arbeit als Schriftstellerin vorantreibt. Zwar muss sie oft auf Erikas Nähe verzichten, hat aber auch Gelegenheit, sich auszuprobieren: Annemarie wird Stammgast in verschiedenen Lesbenclubs, beginnt zahlreiche Affären mit Frauen und kommt erstmals mit Drogen in Berührung.[30]

Unterdessen geht Erikas rastloses Leben weiter. Eine weitere Reise führt sie und Klaus nach Nordafrika. In Marokko machen die Geschwister Bekanntschaft mit dem »Zauberkräutlein Haschisch«[31] und leiden die ganze Nacht fürchterlich unter ihren Halluzinationen. Trotzdem markiert dieses Erlebnis den Beginn ihrer Drogenabhängigkeit. Die alte Berliner Freundin Mopsa Sternheim kann über ihren Ehemann jederzeit Morphium besorgen und wird zuverlässige Lieferantin nicht nur für Erika und Klaus, sondern auch für Annemarie.

Bald nach der Rückkehr stellt Klaus sein nächstes Theaterstück innerhalb kürzester Zeit fertig. *Geschwister* orientiert sich an Jean Cocteaus *Les enfants terribles* und thematisiert ein inzestuöses Verhältnis zwischen Bruder und Schwester. Am 12. November 1930 wird das Stück an den Münchner Kammerspielen uraufgeführt. Wieder spielt Erika die Hauptrolle, aber obwohl nicht Klaus, sondern Wolfgang Liebeneiner die männliche Hauptrolle übernimmt, erntet die Vorstellung nur Pfiffe und Buhrufe. Die Einzige, die in den Pressekritiken gut wegkommt, ist Therese Giehse, die in einer Nebenrolle ein Dienstmädchen spielt. Erika und Klaus sind mit Therese befreundet, seit sie 1927 in einem Stück von Heinrich Mann aufgetreten war. Die Freundschaft zwischen Erika und Therese wird nun enger, was auch Annemarie erkennen muss. Sie lässt regelmäßig Grüße an Therese ausrichten; gelegentlich geraten die Gefühle auch durcheinander: »Von der Theres habe ich heute sehr eindringlich geträumt, sag es ihr, mit meiner ganzen Zärtlichkeit.«[32]

Von dem Reinfall der *Geschwister* lässt sich Erika nicht lange beeindrucken. Im lesbischen Filmklassiker *Mädchen in Uniform* spielt sie in einer Nebenrolle eine Lehrerin, außerdem eine kleine Rolle in *Peter Voss, der Millionendieb*. Sie schreibt neben ihren Zeitschriftenartikeln ein Theaterstück (*Plagiat*) und ihre ersten Kinderbücher *Jans Wunderhündchen* und *Stoffel fliegt übers Meer*, die von dem Maler und Jugendfreund Ricki Hallgarten illustriert werden. Und als wäre das noch nicht genug, wird sie auch noch Rennfahrerin. Sie lässt sich zur Automonteurin ausbilden und meldet sich für ein 10.000-km-Rennen quer durch Europa an, das vom ADAC und von Ford veranstaltet wird. Beifahrer soll Ricki sein, da Klaus für diesen Posten völlig ungeeignet ist. Kaum zu glauben, aber die beiden gewinnen das Rennen, und Erika kann ihr Siegerauto, einen kleinen Ford, behalten. Bis zu ihrem Lebensende bleibt Erika eine leidenschaftliche (und rasante!) Autofahrerin.

Eine große Autotour findet allerdings nicht statt: Erika, Annemarie, Klaus und Ricki planen im Frühjahr 1932 eine Reise nach Persien. Alle Vorbereitungen sind getroffen, die beiden Autos präpariert, Ausrüstung, Landkarten und Visa besorgt – da schießt sich Ricki am Vorabend der Reise in seinem Haus in Utting am Ammersee eine Kugel in den Kopf. Er, der sich selbst als »hysterisch-panerotisch«[33] bezeichnet hatte, litt unter Lebensangst, zweifelte an seinem künstlerischen Talent und konnte die Vorstellung einer sich abzeichnenden Machtübernahme durch die Nazis nicht ertragen. Er war nicht nur ein hochsensibler Spaßmacher gewesen, sondern auch äußerst depressiv. Erika hatte versucht, mit dem Illustrationsauftrag für den *Stoffel* und der Persien-Reise seinen Lebensmut zu erhalten. Vergeblich. Fassungslos blasen die drei die Reise ab. Die »Thun-Feste«,[34] bei denen reichlich Drogen konsumiert werden, werden häufiger.

Rickis Selbstmord ist in diesem Jahr 1932 einer der beiden tiefen Einschnitte in Erikas Leben. Sie, die allgemein als »verwöhnt, anspruchsvoll und luxusbesessen«[35] gilt und im Gegensatz zu Klaus oder gar zum Onkel Heinrich bisher eher unpolitisch war, wird gleich zu Beginn des Jahres schlagartig politisiert. Es ist eine Zeit rasch wachsender Arbeitslosigkeit als Folge der Weltwirtschaftskrise, ständiger Wahlen mit wechselnden Kabinetten und labilen Mehrheiten und dem spektakulären Aufstieg der Nationalsozialisten. Die pazifistische »Internationale Frauenliga für Frieden und Freiheit« unter ihrer Münchner Vorsitzenden Constanze Hallgarten, Rickis Mutter, hatte am 13. Januar 1932 zu einer großen Versammlung im Saal des Münchner Hotels Union geladen. Neben der Hauptrednerin Marcelle Capy aus Paris soll Erika politische Texte rezitieren. Die Veranstaltung wird durch lärmende SA-Männer zwar massiv gestört, nicht aber gesprengt. Einen größeren Krawall verursacht drei Tage später die rechte Presse: »Ein besonders widerliches Kapitel stellte das Auftreten *Erika Manns* dar, die als Schauspielerin, wie sie sagte, ihre ›Kunst‹ dem Heil des Friedens widmete. In Haltung und Gebärde ein blasierter Lebejüngling, brachte sie ihren blühenden Unsinn über die ›deutsche Zukunft‹ vor. […] Das Kapitel ›Familie Mann‹ erweitert sich nachgerade zu einem Münchner Skandal, der auch zu gegebener Zeit seine Liquidierung finden muß.«[36] Dieses Erlebnis und die unverhohlenen Drohungen wecken in Erika das Bedürfnis, sich politisch gegen die Nazis einzusetzen, wenn sie auch noch nicht genau weiß, wie.

Dieser und weitere Zeitungsartikel in braunen Presseorganen haben jedoch für Erika noch viel unmittelbarere Folgen: Sie hat plötzlich Schwierigkeiten, Engagements als Schauspielerin zu bekommen. Das Bergwaldtheater im fränkischen

Weißenburg kündigt ihren Vertrag für die sommerlichen Festspiele, so dass Erika auf Zahlung des Ausfallhonorars klagen muss. Der Zusammenstoß mit den Nazis, der Rechtsstreit, die ausbleibenden Theaterengagements, Rickis Tod, die geplatzte Reise – 1932 ist für Erika ein echtes Unglücksjahr. Und doch wird im Dezember die Idee eines politisch motivierten literarischen Kabaretts geboren. Von Anfang an mit dabei ist Erikas Freundin: Therese Giehse.

Therese Giehse wird mit dem bürgerlichen Namen Therese Gift am 6. März 1898 in München geboren. Ihr Vater Salomon Gift ist Textilhändler, ihre Mutter Gertrude die Tochter eines Farbenfabrikanten. Therese hat noch je zwei sehr viel ältere Brüder und Schwestern. Schon als Kind ist sie Einzelgängerin; als Jüdin wird sie von den Mitschülerinnen ausgestoßen. »Ich war dick und rothaarig und hatt' den Herrn Jesus umgebracht«, kommentiert sie später diese bittere Erfahrung.[37] Sie will als Schauspielerin zum Theater, obwohl sie weiß, dass sie nicht dem gängigen Schönheitsideal von der knabenhaft schlanken Amazone entspricht. Um sich das Geld für den zweijährigen Schauspielunterricht zu verdienen, arbeitet sie bei der städtischen Abgabestelle für Kohlenkarten. 1920 gibt sie sich den Künstlerinnennamen Giehse, den ihre Schwester Irma erfunden hat: vorne *Gift*, hinten The*rese* und ein *h* dazwischen. Nach einigen Jahren der Tingelei über verschiedene Provinztheater gelingt ihr in Breslau der Durchbruch, und sie wird Ende 1925 zurück an die Münchner Kammerspiele geholt. Unter der Leitung von Otto Falckenberg entwickelt sich Therese zur großen Charakterdarstellerin und Volksschauspielerin, die Publikum und Kritiker selbst in Nebenrollen begeistert. 1930, als sie gemeinsam mit Erika in Klaus' Stück *Geschwister* auf der Bühne steht, ist sie bereits der Star der Kammerspiele. Einen großen Verehrer hat sie nicht nur in Thomas Mann, sondern auch in Adolf Hitler. Der *Völkische Beobachter* jubelt in Verkennung der Tatsachen: »Endlich ein deutsches Weib in diesem verjudeten Haus.«[38]

Als Erika sie fragt, ob sie Lust hat, mit ihr zusammen in einem literarischen Kabarett gegen die Nazis anzuspielen, ist sie sofort dabei – nicht nur um der Sache willen, sondern auch wegen Erika, in die sie sehr verliebt ist.[39] Einige gleichgesinnte SchauspielerInnen sind bald gefunden, ebenso ein Name für das Kabarett. Am 1. Januar 1933 eröffnet die »Pfeffermühle« im Kleinkunsttheater »Bonbonnière« hinter dem Hofbräuhaus mit ihrem ersten Programm. Die Texte stammen vorwiegend von Erika und zum kleinen Teil von Klaus, außerdem fungiert Erika als Conférencière. Therese steht auf der Bühne und führt Regie. Zum Glück liegen die Kammerspiele gleich in der Nähe, denn nicht selten spielt Therese an ein und demselben Abend in beiden Häusern abwechselnd. Dann vertauscht sie in der Pause bzw. nach Vorstellungsschluss geschwind die Garderobe und eilt ins jeweils andere Theater. Kurios genug, dass das kleine Ensemble den Nationalsozialismus in Liedern, Gedichten und Sketchen lächerlich macht, während im Nachbarhaus die Gegner sich selber feiern: »Am 30. Januar wurde Hitler Reichskanzler, und als er, nebenan, im Hofbräuhaus, seine Antrittsrede hielt, hatten wir schon ein neues Programm. Wir spielten gegen ihn an, Wand an Wand mit ihm und unter dem Jubel seiner Untertanen, oder vielmehr der ›Geführten‹, wie das jetzt heißt.«[40] Die »Pfeffermühle« wird ein voller Erfolg; jede Vorstellung ist ausverkauft.

Erika war Conférencier, Direktor, Organisator; Erika sang, agierte, engagierte, inspirierte, kurz, war die Seele des Ganzen. Nein, die »Pfeffermühle« hatte eine Doppelseele; die andere Hälfte hieß Therese Giehse. Sie gehörte dazu, von Anfang an, und mit welcher Intensität, welch unbedingtem Einsatz! Der Star der Münchener Kammerspiele – eine schauspielerische Persönlichkeit von starker Vitalität und großem Können – stellte dem noch unbewährten und übrigens politisch bedenklichen Tingeltangel die ganze Fülle ihrer Erfahrung und ihres Talents zur Verfügung. Ohne sie wäre die »Pfeffermühle« nicht geworden, was sie jahrelang war: das erfolgreichste und wirkungsvollste theatralische Unternehmen der deutschen Emigration.[41]

Die enge und fruchtbare Arbeitsbeziehung zwischen Erika und Therese festigt die Liebesbeziehung, die über mehrere Jahre andauert.

Annemarie geht es währenddessen sehr schlecht. Die hoffnungslose Liebe zu Erika, der ausbleibende berufliche Erfolg in Berlin, die Probleme mit der Mutter – das ist alles zu viel für sie. Die Weihnachtsferien auf Bocken verbringt sie fast nur unter dem Einfluss von Morphium, häufig in höherer Dosis, als sie verträgt. In einem Brief an Erika im Januar 1933 verspricht sie, sich künftig mehr unter Kontrolle zu halten. Sie kann das Versprechen nicht einlösen. In den nächsten Jahren unternimmt sie mehrere Entzugsversuche, auf die ebenso viele Rückfälle folgen.[42]

Nach zwei Monaten ist die »Bonbonnière« für die »Pfeffermühle« längst zu klein, und Erika schaut sich nach einer neuen Spielstätte um. Doch der Umzug findet nicht mehr statt. Der Reichstagsbrand bietet den Nazis hochwillkommenen Anlass, sich der KritikerInnen und RegimegegnerInnen zu entledigen. Vom Chauffeur der Familie, einem Nazi-Spitzel, werden Erika und Klaus gewarnt. Es bleibt gerade noch genug Zeit, die Eltern, die in der Schweiz Urlaub machen, telefonisch zum Bleiben zu überreden, einige Sachen zu packen und sich über die Schweizer Grenze in Sicherheit zu bringen.

Auch Therese ist in Gefahr. Sie hat sich mehr als einmal despektierlich über den »spinnerten Uhu« Hitler geäußert. Als sie in einem Nebenraum der Kammerspiele auch noch einen Witz erzählt (Vater und Sohn sitzen bei Tisch. Fragt der Sohn: »Wer hat denn den Reichstag angezündet?« Und der Vater antwortet: »Ess, ess, mein Junge.«[43]), wird sie denunziert. Noch während der Probe flieht sie ohne jegliches Gepäck über Österreich in die Schweiz. Hinter der Schweizer Grenze erwartet sie Erika mit dem Auto.

Erika denkt vorübergehend daran, die »Pfeffermühle« in Paris wiederzueröffnen. Aber die Deutschen, die dort leben, sind überwiegend Emigranten. Denen muss man nicht erzählen, wie es in Deutschland zugeht. »[…] das konnte nicht in unserem Sinne sein. Wir hatten die Absicht, für einen sehr breiten Kreis zu spielen, der nichts wußte und sich kein Bild machen konnte von den politischen Verhältnissen in Deutschland.«[44]

Peu à peu treffen die meisten anderen Ensemblemitglieder der »Pfeffermühle« in der Schweiz ein. Doch bevor das Kabarett im Exil neu beginnen kann, muss sich Erika mit den Schweizer Behörden wegen arbeitsrechtlicher Bestimmungen herumschlagen, was etliche Monate in Anspruch nimmt. Therese findet derweil Unterschlupf und Engagement beim Zürcher Schauspielhaus, das in den folgenden Jahren vom Exodus hochkarätiger SchauspielerInnen aus Deutschland profitiert. Erika und Therese sind nahezu unzertrennlich. »Therese Giehse, die sieben Jahre ältere Freundin und Lebensgefährtin, tat, was ihr möglich war, um Erika zu beruhigen und auszugleichen, wo sie zu weit gegangen war. Sie waren sehr verschieden, die mütterlich-korpulente Therese und die schmale, knabenhafte Erika. Sie waren ebenbürtig und ergänzten sich; sie stritten, aber stützten sich auch. Therese Giehse und Erika Mann bildeten ein Paar ohne große Worte. Sie waren leidenschaftlich von sich, von ihrem Tun und vom Leben mit der *Pfeffermühle* überzeugt.«[45] Hitler will seine Lieblingsschauspielerin jedoch nicht so einfach ziehen lassen, obwohl er mittlerweile davon überzeugt werden konnte, dass Therese ganz und gar nicht »arisch« sei. Nach dem Motto »Wer Jude ist, bestimme ich«, bietet er ihr einen »Schutzbrief« an, der sie vor Repressalien schützen soll. Als das nichts nützt, wird Thereses ältester Bruder Max ins Konzentrationslager verschleppt, um so die Schwester zur Rückkehr zu zwingen. Aber Therese ist nicht käuflich und nicht erpressbar; sie bleibt in der Schweiz.[46]

Nachdem die Manns in Küsnacht ein eigenes Haus bezogen haben, ist auch Therese sehr häufig dort. Ihren ersten Geburtstag im Exil feiern Therese, Erika und Klaus zunächst mit einem Sekt- und Kaviarfrühstück, dann mit einem Besäufnis und abschließend mit »Thun«.[47] Annemarie ist nicht dabei. Die seinerzeit abgesagte Persien-Reise tritt sie von Herbst 1933 bis Frühjahr 1934 allein an und stößt hiermit bei Erika auf Unverständnis: »Von Miro laufen auch bei mir die trockenen und verwirrten Briefe ein. Es ist ein Sonderbares mit dem Kinde. Und leider wird wohl nie etwas dabei herauskommen, weder menschlich noch produktiv. Auch ihre Skepsis sich selber gegenüber hat etwas Schlappes und was sie aus der Reise macht, ist nicht viel: Whysky, Thunfisch, ein bischen [sic] Fern-Hochmut, – wie wir ihn in Korea auch hatten, – aber wir waren jünger und die Zeiten waren anders.«[48] Annemarie ist nach ihrer Rückkehr nur ein halbes Jahr in der Schweiz; im September bricht sie erneut nach Persien auf und kommt erst im Dezember 1934 zurück. Daher kann sie ihren Freundinnen bei den nachfolgenden Ereignissen nicht beistehen.

Am 30. September 1933 wird die »Pfeffermühle« im Zürcher Hotel »Hirschen« endlich wiedereröffnet. Zunächst geht alles gut. Die SchweizerInnen scheinen auf ein Kabarett wie dieses geradezu gewartet zu haben. Sie amüsieren sich köstlich über die Anspielungen auf jene Vorgänge, die sich hinter ihrer Grenze ereignen. Es finden Gastspiele in mehreren Schweizer Städten und eine zweimonatige Tournee in die Niederlande statt. Mitte November 1934 kommt es in Zürich jedoch zum Eklat, in den die Frontisten – Schweizer Nationalisten und Sympathisanten der deutschen Naziregierung – verwickelt sind. Auslöser ist das Lied »Weil ich will«, das Erika geschrieben hat und das von Therese vorgetragen wird:

> […] Was so ein Wille will,
> Ist wirklich einerlei, –
> Wenn er das Schlechte will,
> Ists auch egal.
> Es kommt nur darauf an,
> Dass einer wollen kann, –
> Denn dann gehorchen wir
> Ihm allemal.
>
> Weil er will,
> Schenkt man ihm die Macht.
> Weil er will,
> Wird der Tag zur Nacht.

Weil er will,
Heisst das Schlechte gut.
Weil er will,
Stinkt die Welt nach Blut. [...]⁴⁹

Auf einen Signalpfiff hin bricht Tumult im Saal aus. Die Rufe
»Pfui«, »Use mit de Jude« und weitere Hetzparolen ertönen,
Tränengasampullen werden zu Boden geworfen. Frontisten
prügeln sich mit dem Publikum, zertrümmern das Mobiliar.
Als Initiator des Krawalls stellt sich James Schwarzenbach
heraus, ein Cousin Annemaries.⁵⁰ Was geht hier vor?

Das Lied wird als Anspielung auf die Affäre um den
Oberstkorpskommandanten Ulrich Wille verstanden, Sohn
des gleichnamigen Generals und Bruder von Renée Schwarzenbach. Wille hatte unter Missachtung der Schweizer Neu-
tralität und ohne Wissen der Schweizer Regierung Adolf
Hitler und einige seiner Minister besucht und mit ihnen geheime Gespräche geführt. Die empörte Schweizer Öffentlichkeit forderte daraufhin Willes Dispensierung. Indem nun
die »Pfeffermühle« vermeintlich dieses Thema aufgreift, wirft
man Erika Einmischung in innerschweizer Angelegenheiten
und Missbrauch des Schweizer Gastrechtes vor.

Erika vermutet sofort Renée Schwarzenbach als Draht-
zieherin der Übergriffe, denn die kühle Distanz zwischen
ihr und Annemaries Mutter hat sich inzwischen zum gegenseitigen Hass gesteigert. Renée hatte Erika und Klaus auf
Bocken Hausverbot erteilt und hätte Annemarie am liebsten
jeglichen Kontakt zu den Geschwistern verboten, die sie für
Annemaries Aufsässigkeit, ihre linke Einstellung und vor allem für ihre Drogensucht verantwortlich macht. Darüber
hinaus finanziert Annemarie mit dem Geld der Schwarzen-
bachs Klaus' Exilzeitschrift *Die Sammlung*.

Als Annemarie im Dezember aus Persien zurückkehrt, ist
sie entsetzt. Sie beschimpft ihre Mutter und die Verwandtschaft, schreibt einen Zeitungsartikel »pro ›Pfeffermühle‹«,
schickt Erika zu Weihnachten Blumen und nimmt an einer
Aktion gegen die Frontisten teil.⁵¹ Sie fragt Erika, ob sie nicht
in ihr Haus in Sils-Baselgia im Oberengadin kommen will,

das sie mit finanzieller Unterstützung ihres Vaters gemietet hat. Es hilft nichts, der Familienbannstrahl trifft auch Annemarie; Erika bricht den Kontakt zu ihr ab. Sie kann nicht verstehen, wie Annemarie sich in den Weiten Asiens herumtreiben und an archäologischen Ausgrabungen beteiligen kann, während sie und Klaus gegen die Nazis kämpfen. In ihrer Verzweiflung schreibt Annemarie an Klaus: »Du, Klaus Heinrich, weisst es doch, dass man nicht ohne Eri auskommt. Ich wusste es auch, immer schon. Aber jetzt, ich habe sie gefragt ob sie nach Sils kommt – u. werde ihr sanftes Nein nie wieder vergessen.«[52] Am 12. Januar begeht sie einen Selbstmordversuch.

Erika lässt sich erweichen und nimmt den Kontakt wieder auf. Außerdem hat sie noch andere Sorgen: In der Schweiz hat es sich die »Pfeffermühle« erst einmal verscherzt. Aber sie wäre nicht Erika Mann, wenn sie jetzt das Handtuch würfe. Bis 1936 tourt die »Pfeffermühle« durch die Tschechoslowakei, die Niederlande, Belgien, Luxemburg und hier und da auch wieder in der Schweiz. Für Straßburg und Österreich bekommt Erika keine Auftrittserlaubnis – man möchte es sich nicht mit den Deutschen verderben. Gastspiele in Skandinavien scheitern an den hohen Reisekosten. In den Tourneepausen, wenn es »heim« in die Schweiz geht, kommt Therese mit ins Haus der Manns in Küsnacht. Weihnachten feiert sie immer mit der Familie »und gehört[e] dazu«.[53] Auch gemeinsamer Drogenkonsum gehört bei Erika, Annemarie, Therese und Klaus immer wieder »dazu«, wie Klaus – auch er zieht rastlos in Europa umher – wiederholt seinem Tagebuch anvertraut.[54]

1935 kommt ein neues Problem auf Erika zu: Ihr Reisepass wird ungültig, und ohne Reisepass keine »Pfeffermühlen«-Tourneen! In Berlin läuft inzwischen ihr Ausbürgerungsverfahren, aber noch bevor Propagandaminister Goebbels triumphierend Erikas Ausbürgerung verkünden kann, kommt sie ihm zuvor. Auf Vermittlung Christopher Isherwoods, eines Freundes von Klaus, heiratet sie am 15. Juni den schwulen englischen Lyriker Wystan Hugh Auden, den sie vorher nicht einmal dem Namen nach kannte, und wird damit britische Staatsbürgerin. Das Arrangement ist so vortrefflich, dass im nächsten Jahr Therese auf ähnliche Weise unter die Haube gebracht wird. Sie heiratet am 23. Mai 1936 den ebenfalls schwulen Romanschriftsteller John Frederick Hampson Simpson und bekommt als Hochzeitsgeschenk den britischen Pass.

Um Aufführungsmöglichkeiten für die »Pfeffermühle« steht es immer schlechter. Ein Land nach dem anderen verschließt sich aus Furcht vor dem mächtig gewordenen deutschen Nachbarn. Als Erika letzten Endes in den Niederlanden aufgefordert wird, aus ihrem Kabarett ein reines Amüsiertheater zu machen, trifft sie Vorbereitungen, mit der »Pfeffermühle« in die USA zu emigrieren. Therese ist von Anfang an dagegen; sie hat mehrere verlockende Rollen am Zürcher Schauspielhaus in Aussicht. Auch in der Beziehung kriselt es. Erika will gefallen und flirtet gerne – auch mit Männern, was ihr Therese sehr übel nimmt. Therese pflegt nur wenige treue Freundschaften, und in der Beziehung gibt es für sie kein »nebenher«. Erika gehen Thereses Eifersuchtsszenen auf die Nerven. Sie vertragen sich nicht mit ihrer Vorstellung von Freiheit. Zudem kämpft sie mit ihrer angeschlagenen Gesundheit: Gallensteine, Gelbsucht, dauernde Erkältungen, eine überbeanspruchte Stimme. Kein Wunder, sie schont sich nicht, raucht wie ein Schlot und schluckt Medikamente. Die Drogen, vor denen sie Klaus stets warnt, nimmt sie selbst, um ihre Nervosität zu vertreiben. Für Selbstkritik ist da kein Platz.[55] Im Juli 1936 verbringen Erika, Therese und Annemarie ein paar erholsame Wochen in Annemaries Haus in Sils, und die Atmosphäre ist ungetrübt wie lange nicht. Im September reisen Erika und Klaus mit dem Dampfer nach New York ab, um den Start der »Pfeffermühle« in den USA zu organisieren. Therese fährt zwei Monate später hinterher.

Es wird noch chaotischer als befürchtet. Als Erika in New York eintrifft, muss sie umgehend nach Washington weiterreisen. Annemarie, die gerade in den USA als Fotojournalistin arbeitet, liegt mit einer Blutvergiftung darnieder, vermutlich verursacht durch eine nicht sterilisierte Spritze. Der emigrierte Arzt, Schriftsteller und Freund der Familie Mann Martin Gumpert kann sie in letzter Minute retten. Auch die nächsten Wochen sind ausgefüllt: Mit der Hilfe von Wystan Auden übersetzt Erika die »Pfeffermühlen«-Texte ins Englische, sucht eine Spielstätte für die »Peppermill«, wie das Kabarett nun heißen soll, und lernt den schwerreichen Bankier Maurice Wertheim kennen, der ihr Unternehmen sponsern will.

Am 5. Januar 1937 hat die »Peppermill« Premiere. Es wird ein totales Fiasko. Thereses Englisch ist viel zu schlecht; sie kann die Feinheiten nicht rüberbringen. Und die AmerikanerInnen verstehen die literarischen Bezüge und politischen Anspielungen nicht; sie interessieren sich überhaupt nicht für europäische Politik. Es gibt nicht einmal beineschwingende Girls, wie sie es aus ihren Shows kennen! Therese hat es vorausgesehen: »Ich wußte [...] mit absoluter Sicherheit, daß das amerikanische Gastspiel ein großer Unsinn war. Aber die Erika, die hat's halt gewollt.«[56] Therese ist noch aus einem anderen Grund vergrätzt. Erika hat mit ihrem Gönner Maurice Wertheim eine Affäre begonnen, um ihn gewogen zu stimmen – wenn sie auch nicht gedenkt, seinen Heiratsantrag anzunehmen. Außerdem trifft sie sich nach Thereses Geschmack viel zu häufig mit Martin Gumpert, der in Erika verliebt ist. Das Psychodrama erreicht seinen Höhepunkt, als sowohl Therese als auch Martin Gumpert drohen, sich umzubringen.[57]

Es finden noch drei Auftritte statt, dann ist es endgültig vorbei mit der »Pfeffermühle«. Seit ihrem Beginn hat sie 1034 meist ausverkaufte Vorstellungen erlebt. Auch die Beziehung zwischen Erika und Therese ist am Ende. Zwar werden sie weiterhin befreundet sein, die intime Verbindung ist aber vorbei.[58] Entnervt schreibt Erika ihrer Mutter: »Wie dem auch sei: es war sehr wirr und hat mich arg hergenommen. Denn warum?: Erst war doch schon alles so schwierig mit unserer bockbeinigen Spinnurschel, die denn doch so sehr von allem Verstand und jedwedem Einsehen verlassen wurde (angesichts all meiner neuen connaissancen), daß, freilich, natürlich, selbstverständlich, auch ihre Künstlerschaft darunter litt.

Es steht dahin, ob ich es feiner und unmerklicher hätte machen können, – wie auch immer ich es gemacht hätte. [...] Therese, die arme beese, möchte ums Sterben nicht abreisen, was sie doch müßte.«[59] Auch Annemarie bekommt ihr Fett weg, da sie von Wertheim eine »Rente« für die ganze »Pfeffermühlen«-Truppe gefordert und ihm angeblich von Erikas Beziehung mit Martin Gumpert erzählt hat: »Annemarie hingegen bewegte sich *aussprachentrunken* von Stube zu Stube, – grossen Schaden stiftend, durch elenden Seelentratsch und unzweckmässigst-puerile Landerziehungsheims-Manieren.«[60]

Therese reist dann doch ab – sehr verärgert und sehr traurig. Annemarie, die mittlerweile ihre Arbeit in den wirtschaftlichen Krisengebieten in den Alleghenies und in Pittsburgh beendet hat,[61] begleitet Therese zurück nach Europa. Als sie in Frankreich von Bord gehen, wartet bereits ein Telegramm auf Therese: Sie wird am Schauspielhaus Zürich gebraucht. Dort wird sie bis zum Ende ihres Exils 1949 bleiben und noch bis 1966 auf der Bühne stehen. Zunächst fährt sie aber auf Vorschlag Annemaries mit ihr nach Sils, um sich dort von den Enttäuschungen und Strapazen der letzten Monate zu erholen.[62]

Erika hakt die »Pfeffermühle« schnell ab. Es wartet bereits die nächste Karriere auf sie: die der politischen Rednerin, die Mitte März 1937 mit einem viertelstündigen Vortrag unter freiem Himmel beginnt. »Am Sonntag spreche ich ja in Madison-Square-Garden, – es sind 22.000 Leute da und alles wird über das ganze Land gefunkt, das regt mich auf. ›Die Frau im Dritten Reich‹, – ich werde es ihr geben.«[63] Erika erzählt, wie Parteiverpflichtungen und Arbeitsdienst die Familie zerstören, die doch angeblich gefördert werden solle, vom Misstrauen zwischen Eltern und Kindern, vom Denunziantentum und Überwachungsstaat – Themen, die sie kurz darauf in ihrem Buch *School for Barbarians* wieder aufgreifen wird.[64] Erika kommt an. Sie spricht mit klarer Stimme, anschaulich und lebendig, verbindet persönliche Geschichten mit überzeugenden Überlegungen. Noch bevor sie mit den Vortragsreisen zu Wohltätigkeitsveranstaltungen, Women's Clubs oder jüdischen Organisationen beginnt, fährt sie im

Sommer für zwei Monate nach Europa. In Annemaries Haus machen sie zu fünft Urlaub: Annemarie, Erika, Therese, Klaus und dessen neuer Freund Thomas Quinn Curtiss.

Die strapaziösen »lecture tours« führen Erika von 1937 bis 1943 kreuz und quer durch die USA. Die Saison dauert vier bis fünf Monate zwischen Oktober und Mai, mit vier bis fünf Terminen pro Woche. Sie wechselt die Hotels fast täglich, und wenn sie nicht gerade ihre Vorträge hält, lebt sie im Eisenbahnwagen, wo sie auch ihre Artikel und Bücher schreibt. Nebenbei engagiert sie sich in Hilfskomitees und Flüchtlingsorganisationen. Außerdem muss sie die Übersiedlung ihrer Eltern aus der Schweiz in die USA vorbereiten und immer wieder Klaus aus seinen depressiven Stimmungen holen. Rücksicht auf sich selbst und ihre Gesundheit nimmt Erika wie üblich nicht. Ihre ständigen Begleiter sind Schlaflosigkeit, chronische Nervosität, Aufputschmittel und unzählige Zigaretten.[65] Martin Gumpert, mit dem Erika eine – aus ihrer Sicht – zwanglose Beziehung führt, macht ihr Vorhaltungen: wegen der Drogen und des Alkohols,[66] wegen ihrer ständigen Abwesenheit, wegen der Unverbindlichkeit ihrer Beziehung. Sie hingegen hat keineswegs die Absicht, ihr Leben seinetwegen umzukrempeln. Auch als sie 1937 ein Kind von ihm erwartet, ändert sich daran nichts. Erika Mann als sesshafte Hausfrau und Mutter, ohne ihre Reisen, Vorträge, Artikel und Bücher, ohne den Kampf für die EmigrantInnen und gegen die Nazis? Dazu der empfindliche und larmoyante Martin als Vater? – Sie lässt abtreiben.[67]

Erika setzt ihr gehetztes Leben fort. In den Wintermonaten ist sie auf ihrer Vortragstour, im Sommer fährt sie regelmäßig für längere Zeit nach Europa. 1938 ist sie mit Klaus für drei Wochen in Spanien, um vom Bürgerkrieg zu berichten. Sie reisen nach Barcelona, Valencia, Tortosa, interviewen Opfer und Teilnehmer des Krieges, erleben Luftangriffe der mit Franco verbündeten deutschen »Legion Condor« und sind zu Gast bei den Internationalen Brigaden. Erika und Klaus sind begeistert: Während Österreich und die Tschechoslowakei widerstandslos an Hitler gefallen sind, wird hier für die Demokratie und gegen den Faschismus gekämpft.

Erholung finden sie in der Schweiz, in Annemaries Haus in Sils, wo sie auch während deren Abwesenheit willkommen sind. Therese gesellt sich hin und wieder dazu. Sie ist aus dem Ensemble des Zürcher Schauspielhauses nicht mehr wegzudenken und längst zum Publikumsliebling geworden. Erleichterung auch in privaten Angelegenheiten: Endlich ist es Therese gelungen, 10.000 Schweizer Franken zu leihen, um damit ihre Schwester Irma aus Deutschland in die Schweiz zu holen.

Während Erika und Klaus aus Spanien berichten, befindet sich Annemarie mal wieder auf Entziehungskur. Mit ihrer Mutter hat sie sich endgültig überworfen. Noch immer leidet sie trotz diverser Affären unter ihrer unerfüllten Liebe zu Erika. »Eri wusste mich liebevoll zu überzeugen, dass sie all die Jahre u. soviel Mühe und Geduld u. Sorge nicht aufgewandt hätte für mich, wäre es nicht des Aufwands ihrer Meinung nach wert. Aber gleichzeitig redete sie mir auch zu, dass es, so wie die Dinge liegen, nicht tragbar wäre, eine Beziehung so zu ändern, wie ich es auf einmal ertrotzen u. wahr haben wollte. Sie überzeugte mich nicht ganz, mir war Himmelangst davor, [...] mir war Angst vor dem Alleinsein, u. nichts blieb übrig als die Realität Freunde zu haben – ich wollte es legitimiert wissen.«[68] Erika unterstützt sie bei der Bewältigung der Drogensucht, so gut sie kann, sieht dabei aber auch Annemaries Abhängigkeit von ihr wieder wachsen.

Um die amerikanische Öffentlichkeit über Nazideutschland aufzuklären, reichen Erika ihre Vorträge nicht mehr aus. Sie erzählt in ihrem Buch *The Lights Go Down* anhand von zehn Episoden vom Alltag in einer kleinen süddeutschen Universitätsstadt;[69] mit Klaus schreibt sie *Escape to Life* über deutsche Intellektuelle im Exil. Klaus fühlt sich angesichts von Erikas Tatkraft an die Wand gedrückt. Anscheinend kann sie ihm nicht in dem Umfang beistehen, wie er es sich wünscht. »Traurigkeit, ohne Ende. Todeswunsch, als physische Begierde. Gefühl der Einsamkeit wie ein Frost. [...] E[rika], abgelenkt durch ihre Erfolge, Reisen, Aktivitäten und die Bindung an G[umpert]. Wie lang ist *Anja und Esther* her; wie ist sie gewachsen. Mir nie entfremdet; aber doch sich schrittweis entfernend. – – – Oft meine ich, Pygmalion zu sein. Was wäre sie ohne mich? – Was bin ich ohne sie?«[70] »Sorge mischt sich mit Neid, Traurigkeit mit Stolz [...], die Scham des Zurückbleibens«,[71] als Erika auf Einladung des britischen Informationsministers Duff Cooper im August 1940 nach England fliegt, um Korrespondentin der BBC zu werden. London ist zu dem Zeitpunkt bereits Ziel deutscher Luftangriffe.

Nach dem japanischen Angriff auf Pearl Harbor am 7. Dezember 1941 und dem darauf folgenden Kriegseintritt der USA wird Erika zusätzlich amerikanische Kriegsberichterstatterin – im Status einer Armeeangehörigen im Offiziersrang.[72] Im Winter hastet sie weiterhin von Vortragstermin zu Vortragstermin, im Sommer pendelt sie zwischen den USA, England und diversen Kriegsschauplätzen. Für ein Privatleben ist nicht viel Zeit.

Erika kann sich nicht auch noch um Annemaries Probleme kümmern. Diese hatte Ende 1940 versucht, in einem New Yorker Hotel ihre derzeitige Geliebte Margot von Opel im Schlaf zu erwürgen. Nur mit Mühe kann der Hoteldirektor davon abgehalten werden, die Polizei zu rufen. Als kurz darauf ihr Vater in der fernen Schweiz stirbt, dreht Annemarie durch: Sie versucht sich mit einem Cocktail aus Whisky, Schlaftabletten und Benzedrin umzubringen. Dies misslingt, und sie erklärt sich zunächst bereit, in eine psychiatrische Klinik zu gehen. Dann aber randaliert sie und tritt die Fensterscheiben ein. Sie wird in eine Zwangsjacke gesteckt und in die geschlossene Abteilung verlegt. Kurz darauf gelingt es Annemarie, bei Nacht und Nebel aus der Klinik nach New York zu fliehen und bei einer Freundin unterzuschlüpfen. Nach einem weiteren Selbstmordversuch, bei dem sie sich die Pulsadern aufschneidet, wird Annemarie mit polizeilicher Gewalt erneut in die geschlossene Abteilung einer psychiatrischen Klinik gebracht.[73] Von Erika und Klaus fühlt sie sich im Stich gelassen.

Mein Bruder hat das Aeusserste getan um mich herauszuholen. Sonst habe ich in diesen 3 Wochen von Niemandem gehört. Ich habe mich manchmal gefragt, was Du, auch was Eri Euch wohl vorgestellt haben mögt – *wer* sich meiner wohl annehme, – wer mich aus den Händen der Polizei hole, – oder gibt es solche Grenzen der Freundschaft – dass, wenn Einer wirklich in trouble ist, man ihn in *solchem* Elend einfach umkommen lässt.[74]

Es gibt nur eine Möglichkeit, aus der Klinik entlassen zu werden: die sofortige Ausreise aus den USA, ohne die Möglichkeit der Wiedereinreise. Am 1. Februar nimmt Annemarie das Schiff nach Lissabon. Sie und Erika werden sich nicht mehr wiedersehen.

Am 6. September 1942 stürzt Annemarie mit dem Fahrrad; sie schlägt mit dem Kopf auf einen Stein. Die Wunde ist nicht lebensbedrohlich, aber die Krankenhausärzte stellen bei Annemarie »geistige Verwirrung«[75] fest. Sie vermuten die Manifestation einer bereits vor dem Sturz vorhandenen Schizophrenie. Renée Schwarzenbach nimmt ihre Tochter mit nach Bocken. An ihrem Zustand ist nicht zu zweifeln, wie die Großmutter Clara Wille in ihrem Tagebuch notiert: »Eben kommt Renée & Annemarie mit einer Krankenschwester – es hat mich ganz umgeworfen, sie ist ja ganz krank – verblödet, es scheint nichts mit dem Sturz zu thun zu haben! Arme Renée! – Völlig geisteskrank ist Annemarie – es ist furchtbar! Oh Gott!«[76] Einige Tage später fährt Annemarie in Begleitung einer Krankenschwester nach Sils, aber die erhoffte Genesung bleibt aus. Ihr Gesundheitszustand verschlechtert sich rapide. Am 15. November 1942 stirbt Annemarie in ihrem Haus. Als Todesursache wird »toxische Encephalitis« festgestellt[77] – Gehirnentzündung als Folge von Vergiftung.

Erika erfährt erst Anfang 1943 vom Tod Annemaries. Erschüttert schreibt sie an Klaus:

Carson [McCullers] erhielt, auf Cabel-Anfrage mit Rückantwort, folgende Antwort von der Giehse: »Annemarie terrible bicycle accident followed by brain illness. Taken by mother to Sils. Died there in care of two nurses separated from friends.« Genau so hatte ich es mir vorgestellt, aber deswegen hätte es doch nicht gleich so sein müssen.

Das *arme* Kind! In welch gespaltenen Finsternissen es um-
hergeirrt sein muss! Unheimlich ist auch, dass ich, mit ihr
ihren Tod discutierend, immer gesagt habe: »Mir ist lieber
Du stirbst bei Deiner Mutter und schreist nach mir, als,
Du stirbst bei mir und schreist nach Deiner Mutter.« Nun
hat sie gewiss etwas nach uns geschrieen. Schau heimwärts,
Engel, – o, – verloren![78]

In der Zwischenzeit hat Erika eine Affäre mit Bruno Walter
begonnen, dem langjährigen Freund der Familie, dem ehemaligen Münchner und nunmehr kalifornischen Nachbarn der
Eltern. Die beiden können sich nur heimlich treffen. Erika
hat den fast 30 Jahre älteren Bruno Walter bereits als Kind
bewundert. Nun ist aus der Verehrung Liebe geworden, aber
diesmal ist er es, der selbst nach dem Tode seiner Frau diese
Liebe nicht legitimieren will. Statt sich nun zu Erika zu be-
kennen, beginnt er eine Beziehung mit der Sängerin Delia
Reinhardt. Erika stürzt sich wieder in die Arbeit. Als Kriegsberichterstatterin reist sie in den Maghreb, nach Kairo, Palästina, in den Irak, nach Teheran, Italien, Frankreich und
schließlich nach Deutschland.

1944 lernt sie unterwegs die ebenfalls als Kriegskorrespondentin tätige Betty Knox kennen. »Hier bei mir ist eine junge
Frau – eine Amerikanerin, die für den London Evening Stan-
dard arbeitet –, gentille comme tout, wenn auch überaus verrückt und gefährdet. Mein Tomsky,[79] sozusagen. Wir sind
durch einen Zufall zusammen herübergekommen und haben
seitdem Feldbetten, Jeeps und Autos geteilt.«[80] Betty ist ein
Jahr jünger als Erika und stammt aus Salina in Kansas. Sie ist
anstrengend und unberechenbar: verrückt wie Annemarie
und eifersüchtig wie Therese.[81] »Eine seltsame Neuanschaf-
fung – unendlich üsis, recht gefährdet und beunruhigend
und – noch einmal – nicht gerade das, was mir der Arzt verordnet hat.«[82] Allmählich übernimmt Betty Erikas Schreibstil und legt eine persönliche Note in ihre Reportagen. Im
Weihnachtsurlaub begleitet sie Erika nach Pacific Palisades
in das Haus Thomas Manns. Die ausgeflippte Betty macht
sich gleich unbeliebt, weil es ihr an Ehrfurcht gegenüber

dem Hausherrn gebricht. Auch die Mutter ist etwas pikiert, dass Erika »auf ihre älteren Tage auf dergleichen verfallen mußte«.[83] Erika lässt sich trotz der Ablehnung durch die Eltern von dieser Affäre nicht abbringen. Wohl gerade, weil sie frei ist von Ansprüchen, dauert sie mehrere Jahre. »Betsie, die sich im uebrigen zu etwa 95 % sehr liebenswert verhielt, reiste soeben ab, nicht ohne die Nacht, die (vorher) kam, in eine Ungemeine verwandelt zu haben. Da schliefen die Hunde, nicht aber schlief E.Maus.«[84]

Der Höhepunkt von Erikas Korrespondententätigkeit ist die Berichterstattung von den Nürnberger Kriegsverbrecherprozessen. Als einzige weibliche Korrespondentin darf sie das Kriegsverbrechergefängnis besuchen. Mit dem Ende des Krieges endet jedoch Erikas bewegteste und aufregendste Lebensphase. Mit der Kapitulation Nazideutschlands hat sie ihre Lebensaufgabe verloren. Ihre Vorträge in den USA sind nicht mehr so gefragt. Sie kränkelt immer häufiger; sie leidet an einer Leberentzündung und chronischer Bronchitis und muss sich mehreren gynäkologischen Operationen unterziehen. Die Schmerzmittel helfen kaum, weil sie zu sehr an Drogen gewöhnt ist. »Die Zwergen-Dosen schmerzstillender Präparate, die man ausschenkte, waren totaliter für die Katz und leise vor mich hinwimmernd fand ich mich zween Tage lang nicht einmal in der Laune, um mehr zu kämpfen.«[85]

Erika wird zur »Sekretärin, Biographin, Nachlaßhüterin, Tochter-Adjutantin«[86] ihres Vaters. Bis zu seinem Tode 1955 begleitet sie ihn auf Vortragsreisen, formuliert teilweise seine Reden vor, redigiert seine Manuskripte, kümmert sich um Honorarverhandlungen, begutachtet die Drehbücher für mehrere Verfilmungen seiner Romane. Außerdem beginnt sie wieder Kinderbücher zu schreiben. Während einer Vortragsreise ereilt sie am 21. Mai 1949 in Stockholm die furchtbare Nachricht: Klaus hat sich in Cannes mit einer Überdosis Schlaftabletten das Leben genommen. Erika plagen Selbstvorwürfe, weil sie sich für seinen Tod mitverantwortlich fühlt. Sie hat es nicht geschafft, ihn von den Drogen wegzuziehen,[87] seinen Lebensmut zu stärken, ihm Hoffnung zu geben. Klaus' Tod erschüttert Erika bis ins Mark.

Nach fast zwanzig Jahren des Stillschweigens bekommt sie einen Brief von Pamela: »Eri, liebe, liebe Eri, […] Die kurzen, aber von mir unvergessenen Jahre unseres gemeinsamen Lebens – so schwer belastet durch das Schicksal der Trennung und alles, was diese noch erschwert und vertieft hat, es ist eigentlich gar nichts zu sagen darüber. Nur, dass ich an Dich denke, heute wie immer und nur eines wünsche und hoffe, dass Du an diesem Verlust nicht zu sehr leiden musst. Und dass Du mir verzeihst, Eri, was man ja wohl nie verzeihen kann – dass ich so von Euch gehen musste.«[88] Erika antwortet wesentlich distanzierter: »Liebe Pamela, – (mein Gott, seit wie langem habe ich keinen Brief so begonnen!) ich war sehr froh von Dir zu hören, – und so zu hören. Trotz den Jahren der Trennung und der traurigen Entfremdung, weißt Du gewiß und kannst es ganz ermessen, was dieser Tod mir bedeutet. Daß er auch Dich getroffen hat, lese ich dankbar aus jeder Deiner Zeilen. […] Wie ich leben soll, weiß ich noch nicht, weiß nur, daß ich muß; und bin doch gar nicht zu denken, ohne ihn.«[89] Künftig schreiben sich die beiden häufiger. Erst im November 1951 werden sie sich wiedersehen – nach vorsichtiger Annäherung und der gegenseitigen Versicherung, eine Begegnung nicht zu fürchten. Doch der Frieden ist brüchig: Pamela ist seinerzeit in Nazideutschland geblieben und hat von der Verbindung zu Erikas Exmann und Todfeind, dem »Duckmäuser« Gustaf Gründgens, profitiert, mit dem sie noch immer befreundet ist.[90]

Das Unglück verlässt Erika nicht mehr. Bereits 1946 hatte sie sich um die Einbürgerung in die USA bemüht. Aber die Entscheidung über ihren Einbürgerungsantrag wird wegen ihrer unkonventionellen Ansichten, ihrer angeblichen »sexuellen Perversionen« und ihrer linken politischen Einstellung immer wieder verzögert. Angesichts der Feindseligkeit, der Erika während der McCarthy-Ära ausgesetzt ist – das FBI versucht vergeblich, ihr kommunistische Umtriebe nachzuweisen –, zieht sie maßlos enttäuscht ihren Antrag nach vier Jahren zurück. Völlig zermürbt, überredet sie ihre Eltern 1952 mit ihr zusammen in die Schweiz überzusiedeln. Nach Deutschland will Erika nicht zurück. Sie ist nicht nur darüber empört, dass ehemalige Nazis wieder in ihren alten Positionen sitzen, sondern auch über das larmoyante Verhalten der Deutschen, ihre mangelnde Selbstkritik und den fehlenden Willen zu einem gesellschaftlichen Neubeginn.

In Europa verzichtet Erika auf einen beruflichen Neuanfang. Sie lebt zunehmend zurückgezogen. Zwar schreibt sie weiterhin Kinderbücher, aber ihre verbliebene Energie steckt sie in die Aufgabe der Managerin und »Pressesprecherin« ihres Vaters. Sie wird von chronischer Schlaflosigkeit, Magen- und Darmleiden, Kopf- und Rückenschmerzen, Knochenleiden und verschiedenen anderen Krankheiten geplagt. Während eines Klinikaufenthaltes versucht sie erfolglos, vom Rauchen und Alkohol wegzukommen. Auch Drogen nimmt sie weiterhin – Tabletten und Spritzen. Innerhalb weniger Jahre altert sie sichtbar. Sie ist launisch, streitsüchtig, kompromisslos und verbittert. Selbst ihre Eltern sind hilflos angesichts ihres herrischen und reizbaren Wesens. Aus der erfolgreichen, strahlenden, umschwärmten jungen Frau ist ein Wrack geworden.

Nach dem Tod Thomas Manns 1955 lebt Erika fast nur noch in der Vergangenheit. Wie eine Medizin verordnet sie sich Arbeit, um ihre Trauer zu betäuben. Sie ist mit dem Nachlass ihres Vaters befasst; u. a. gibt sie seine Briefe in drei Bänden heraus. Außerdem setzt sie sich nachdrücklich für die Veröffentlichung von Klaus' Büchern ein. »Ich bin nur noch ein bleicher Nachlaßschatten«, schreibt sie über sich selbst.[91] Das hält sie nicht davon ab, sich zu politischen Ereignissen zu äußern. Sie schreibt Artikel gegen die atomare Aufrüstung und zweifelt öffentlich an der Kriegslüsternheit der Sowjetunion.[92] Überdies zeigt sie Sympathie für die entstehende Studentenbewegung. Mit diesen Ansichten schwimmt sie mal wieder gegen den Zeitgeist.

Gesundheitlich geht es ihr immer schlechter. Die Ärzte diagnostizieren eine progressive Atrophie, den Schwund von Knochen, Muskeln und Drüsen. Die Situation verschlimmert sich durch einen Oberschenkelhalsbruch. Nach einer misslungenen Operation kann sie nur noch an Krücken gehen.

Wahrscheinlich kommt es gerade jetzt für Erika selbst überraschend: Sie verliebt sich. 1957 trifft sie in Ehrwald in Tirol Signe von Scanzoni wieder. Die beiden hatten sich bereits in den frühen Dreißigerjahren in München kennengelernt, dann aber aus den Augen verloren. Die zehn Jahre jüngere Signe ist ausgebildete Schauspielerin und Sängerin. Als Autorin ist sie bereits mit Beiträgen für die *Opera News* in Erscheinung getreten, außerdem arbeitet sie gerade an ihrem Buch *Wiener Oper*. Eine intensive Freundschaft, eine Leidenschaft zwischen den beiden Frauen beginnt: »Du bist wie ein Erdbeben, lass mich auch Deines sein.«[93] Liebesbriefe werden geschrieben oder mit Buntstiften gemalt.

Auch Signe widmet sich auf ihre Weise dem Dasein als »Nachlaßschatten«, allerdings ist sie sehr viel weniger persönlich involviert als Erika. Ihr bevorzugtes Thema ist Richard Strauss. Sie verfasst Bücher und Zeitschriftenartikel, darunter den Katalog für die Richard-Strauss-Ausstellung im Münchner Stadtmuseum 1964.

Signe nimmt sich heraus, was sich sonst wohl niemand erlauben dürfte: Sie kommentiert und kritisiert – wenn auch ohne Vorwürfe und Besserwisserei – die enge Beziehung Erikas zu ihrem Vater sowie die Idealisierung und Verklärung der Geschwisterbeziehung zu Klaus. Auch sonst prallen persönliche und politische Gegensätze aufeinander: Im Gegensatz zu Erika war Signe nicht emigriert; darüber hinaus hatte sie Erikas verhasstem Exmann Gustaf Gründgens beruflich nahegestanden[94] – Dinge, die Erika Pamela und anderen ehemaligen WeggefährtInnen mit harschen und unversöhnlichen Worten vorwirft.

Trotz der Gegensätze bleibt die Beziehung zwölf Jahre, bis zu Erikas Tod, bestehen. Ja, Erika versucht sogar ernsthaft, ihr Leben noch einmal umzukrempeln. Angesichts ihres limitierten und kontrollierten Privatlebens im Kilchberger Elternhaus erwägt sie den Auszug, um mit Signe in Lugano oder Klosters zusammenzuleben. Aber die Kräfte dazu reichen nicht mehr.[95]

Nach dem Selbstmord von Gustaf Gründgens 1963 – wie bei Klaus durch eine Überdosis Schlaftabletten – kommt es zu einer zarten Wiederbelebung der Freundschaft mit Pamela. Pamela schreibt Erika nach einem Besuch in der Schweiz, dass sie sich wundert,

wie wir so sehr getrennt sein konnten – aber es ist ja einzig meine Schuld. [...] In meiner vermessenen Naivität hatte ich geglaubt, das Schicksal würde uns, ebenso wie es uns getrennt hatte, auch wieder zusammenführen und mir, vom Wahn der Vollkommenheit geheilt, erlauben, einen kleinen Teil früherer Verheißung mit mehr Verständnis und Dankbarkeit in die Tat umzusetzen. Jedenfalls war die höchste Auszeichnung, die mir im Leben zuteil wurde, Deine Freundschaft – sie ist nie durch nichts und niemanden ersetzt worden.[96]

Im April 1969 muss Erika ein Gehirntumor entfernt werden. Von dieser Operation erholt sie sich nicht mehr. Im Juli besucht Pamela sie noch im Krankenhaus. Am 27. August 1969 um 13.50 Uhr stirbt Erika Mann im Zürcher Kantonsspital.

Zu eigenen größeren Arbeiten ist sie nicht mehr gekommen. Ein Film über die »Pfeffermühle« hatte sich zerschlagen; Erika glaubte nicht, dass sich deutsche Zuschauer dafür interessieren. Auch ihre Autobiografie »I, Of All People« (dt.: »Ausgerechnet Ich«), die sie bereits 1943 begonnen hatte, ist Fragment geblieben.[97] Ihre politischen Aktivitäten, von denen sie in der Autobiografie berichten wollte, hatte sie unter dem Motto zusammengefasst »After having dreamt backward, I begin to dream forward ... Hopes and prospects ... (but no illusions!)«.[98] Hoffnungen und Aussichten, aber keine Illusionen – das hätte auch als Überschrift über ihrem Leben stehen können.

Und ihre ehemaligen Geliebten?

Therese Giehse wird nach der Rückkehr aus den USA zu einer der tragenden Säulen des Zürcher Schauspielhauses. Dort beginnt die intensive Zusammenarbeit mit Bertolt Brecht, u. a. in ihrer Paraderolle als »Mutter Courage«. 1950 kehrt sie nach München an die Kammerspiele zurück, was als große Sensation gefeiert wird. Hier hat sie ebenfalls mit

Brechts *Mutter Courage* sowie Hauptmanns *Der Biberpelz* und Fleißers *Der starke Stamm* große Erfolge. Nebenbei spielt sie weiterhin in Zürich – z. B. in den Dürrenmatt-Stücken *Der Besuch der alten Dame* und *Die Physiker* – und beim Berliner Ensemble von Bert Brecht und Helene Weigel in Ost-Berlin.

Zunehmend arbeitet Therese auch für Film und Fernsehen. Sie ist jetzt berühmter denn je; 1955 erhält sie das Filmband in Silber. Sie spielt in 26 Filmen mit, u. a. 1958 als Oberin in der zweiten Verfilmung von *Mädchen in Uniform* – in der ersten Verfilmung hatte ja Erika mitgewirkt. Ab 1966 geht Therese mit Brecht-Abenden in Deutschland und der Schweiz erfolgreich auf Tournee. Schallplattenaufnahmen der Brecht-Abende erscheinen sowohl in der BRD als auch in der DDR.

Der Kontakt zu Erika reißt auch nach der »Pfeffermühlenzeit« nie ab; mehrmals fahren sie gemeinsam in Urlaub. Anlässlich ihres 70. Geburtstages schreibt Erika 1968 einen offenen Brief in der *Süddeutschen Zeitung*: »Ich feiere Dich, Theres, aus ganzem Herzen [...] Verzeih, Theres. Verzeih insbesondere, daß ich der Jahre nach 1937 nur im Weggehen noch gedenken kann, wohl wissend, wie glanzvoll Du sie bestandest.«[99]

In ihrem Privatleben ist Therese äußerst diskret: Wenn die Rede auf Intimes kommt, erwähnt sie stets ihren englischen Ehemann. Ab 1950 lebt sie in einer Beziehung mit ihrer Schauspielkollegin Marianne Hoppe. 1956 bezieht Marianne Hoppe eine Wohnung im selben Haus wie Therese.[100]

Nach einer Augenoperation stirbt Therese Giehse am 3. März 1975 im Münchner Rotkreuzkrankenhaus an Nierenversagen. Auf eigenen Wunsch wird sie in Zürich beerdigt.

Die Ehe Pamela Wedekinds mit Carl Sternheim, die zu den ersten Rissen in ihrer Beziehung zu Erika führte, wird bereits 1934 geschieden. Pamela geht nicht ins Exil, sondern bleibt in Deutschland. Der von Hermann Göring zum Intendanten des Preußischen Staatstheaters in Berlin ernannte Gustaf Gründgens hält sich zunächst bedeckt – zu peinlich ist die gemeinsame Vergangenheit –, wird aber dann Pamelas Förderer. Damit steht Pamela endgültig auf der Gegenseite von Erika und Klaus.

1940 heiratet sie den Schauspielkollegen Charles Regnier; die drei Kinder werden 1943, 1945 und 1946 geboren. 1941 zieht das Paar wegen eines Engagements von Charles an den Kammerspielen nach München. An den Kammerspielen herrscht Frauenüberschuss, daher findet Pamela keine Beschäftigung. Nach dem Krieg unterzeichnet Pamela eine Petition zugunsten von Gustaf Gründgens, die es ihm erlaubt, an die Berliner Bühne zurückzukehren. Sie selbst spielt nur noch selten Theater, geht mit den Liedern und Gedichten ihres Vaters auf Vortragstournee und arbeitet als Übersetzerin von Büchern und Theaterstücken aus dem Französischen.

1968 wird bei Pamela die Parkinson-Krankheit festgestellt. Ihr Zustand verschlechtert sich zusehends; sie benötigt ständige Betreuung. Ihre früher gerühmte klare Aussprache wird verwaschen. Gelegentlich überfällt sie der Kummer, als Schauspielerin nicht erreicht zu haben, was sie zu werden versprach, und ihr Liederrepertoire nicht auf Schallplatten festgehalten zu haben. Sie stirbt am 9. April 1986 in ihrem Haus am Starnberger See. Warum sie einst mit Klaus – und vor allem mit Erika – brach und zugleich ihre Karriere aufs Spiel setzte, kann sie bis zu ihrem Tode nicht erklären.[101]

Ebenso wie Erika eine Art Protokoll über das letzte Lebensjahr ihres Vaters verfasst hatte (*Das letzte Jahr – Bericht über meinen Vater*), schreibt Signe von Scanzoni nach Erikas Tod unter dem Titel *Als ich noch lebte. Ein Bericht über Erika Mann* eine Lebensbilanz Erikas. Sie schildert in diesem bewegenden Text sowohl empathisch als auch sachlich-kritisch Erikas letztes Lebensjahr.[102] In einer Mischung aus Zuneigung und Nähe, Trauer und Enttäuschung schreibt sie über ihre zwölfjährige Verbindung: »Unser Irrtum bestand darin, daß wir glaubten – daß man zu später Lebensstunde durch Veränderungen äußerer Umstände Fehlhaltungen noch korrigieren kann.«[103]

Über das weitere Leben Signes ist der Öffentlichkeit nichts bekannt geworden. 1988 tritt sie noch einmal mit einem Buch in Erscheinung: *Der Prinzipal* über den Richard-Strauss-

Dirigenten Clemens Krauss. Im Gegensatz zu ihren früheren sachbetonten Texten wirkt dieser fast wie eine Rechtfertigung, ja zuweilen wie eine Anklage gegen das Haus Mann. Sie verteidigt Krauss, der ebenfalls nicht emigriert war, sondern – im Gegenteil – noch im August 1944, als bereits alle Theater geschlossen waren, Richard Strauss' *Die Liebe der Danae* im Salzburger Festspielhaus uraufführte, und prangert die Arroganz der Familie Mann – auch Erikas! – gegenüber jenen an, die weiterhin im Machtbereich der Nazis wirkten, statt ins Ausland zu emigrieren:

> Die Familien Mann und Walter vermeinten sicher eine genaue Kenntnis aller – auch kultureller – Vorgänge in Hitlers Deutschland zu haben. […] Im Hause Mann sah man Kunst, die in jenen Jahren gemacht wurde, durch den Zerrspiegel des 1936 verfassten Romans von Klaus Mann: Mephisto. […]
> Was aber war wirklich opportun zu jener Zeit? Sicher das: den Eingeschlossenen das Gefühl zu geben, daß sie nicht von allen guten Geistern verlassen waren. Man war dankbar, daß es Oasen der Kunst im Dritten Reich gab, die Theater nicht alle braun geflutet waren und es Künstler gab, die nicht verlernt hatten, Fidelio zu spielen.
> Das Beispiel »Mephisto« von Klaus Mann hat gezeigt, daß es auch der Emigration nicht immer gelingen konnte, die NS-Zeit künstlerisch zu bewältigen.[104]

Dem Großteil der deutschen Bevölkerung (und damit den LeserInnen ihres Buches!) muss sie sicher nicht die Haltung der dagebliebenen KünstlerInnen anhand des Beispiels Clemens Krauss vermitteln; vielmehr mutet dieses Plädoyer wie ein »letztes Wort« in der Auseinandersetzung mit der in diesem Punkt unversöhnlichen und kompromisslosen Erika an. Auf der anderen Seite bittet Signe aber auch um Verständnis für die EmigrantInnen: »Betroffene des Infernos der Jahre 1933-1945, die gekämpft und gelitten haben, an Leib und Seele beschädigt hervorgekrochen sind – man muß ihnen das Recht zubilligen nicht zu verstehen.«[105]

Signe von Scanzoni stirbt 2000 im Alter von 85 Jahren in München.

Die Frauenbeziehungen Erika Manns werden im Gegensatz zu ihren Männerbeziehungen marginalisiert. Geradezu dankbar scheinen sich BiografInnen auf ihre Ehen und Affären mit Männern zu stürzen, als wollten sie beweisen, Erika Mann war eigentlich nicht »so eine« – höchstens aus Abenteuerlust und Neugier. Da wird spekuliert, ob die Ehe mit Wystan H. Auden »vollzogen« wurde,[106] oder darüber phantasiert, ob Erika Mann bereit gewesen wäre, ihr Leben für den Kommandanten der Internationalen Brigaden Hans Kahle zu ändern, den sie während der dreiwöchigen Spanien-Reise traf und nicht länger als ein paar Tage gekannt haben kann.[107] Irmela von der Lühe, die Erika-Mann-Biografin schlechthin, schenkt der unglücklichen Liebe zu Bruno Walter wesentlich mehr Aufmerksamkeit als der Beziehung zu Therese Giehse. Selbst die Schwester Elisabeth Mann Borgese bezeichnet Erikas langjährige Beziehung zu Therese Giehse als »Verhältnis«, die (geheim gehaltene) Affäre mit Bruno Walter aber als »große Liebe«.[108] Der vor Ort ansässige Cousin Klaus Pringsheim und die Schwägerin Gret Mann – die weniger Anlass haben, den Ruf der Familie Mann zu schonen, als unmittelbare Familienangehörige – hatten davon allerdings nichts bemerkt.[109] Aber es geht auch umgekehrt: Anatol Regnier bestreitet in seiner Wedekind-Biografie die Beziehung Erikas mit Pamela nicht direkt, aber er beschreibt seine Mutter (!) als »nur bedingt homoerotisch« und weist ihr die passive Rolle in der Beziehung zu.[110] Wenn tatsächlich alles so harmlos ist, stellt sich die Frage, warum die Korrespondenz zwischen Erika und Pamela für die Öffentlichkeit gesperrt ist.[111]

Es fällt auf, wie schnell BiografInnen bereit sind, eine heterosexuelle Beziehung anzunehmen, eine gleichgeschlechtliche muss jedoch »bewiesen« werden. So schreibt Dohrmann: »Es ist wahrscheinlich, dass Erika Mann und Pamela Wedekind zu dieser Zeit ein lesbisches Verhältnis haben. An dieser Stelle muss allerdings auch betont werden, dass jene Annahme sich zur Zeit mangels Quellen nicht wird belegen lassen.«[112] Sie übersieht, dass es auch für Erika Manns Männerbeziehungen keinerlei Beweise gibt – die allerdings nirgends eingefordert werden – außer für eine einzige: die zu Martin Gumpert, dessen Kind sie hat abtreiben lassen.

Einen einschlägigen Hinweis liefert jedoch (der eindeutig schwule) Klaus Mann, der sich selbst als unfähig erlebte, neben der Bindung zu Erika eine befriedigende Beziehung zu führen, und sich diesbezüglich mit der erfolgreicheren Schwester verglich: »… sehr nachgedacht wie ungehörig und traurig es ist, dass ich allein bin, wo ich so bereit wäre – – – Der Zusammenhang mit E[rika]. Aber die hat Theres, hatte Pamela. Das Gesetz unserer Bindung würde es also gestatten, dass auch ich mich noch nach einer anderen Seite binde. Ich überdenke all die missglückten oder halb-geglückten Versuche.«[113]

## Anmerkungen

1 Dohrmann, S. 9. Dohrmann fasst das vor allem in der Literatur zu Klaus Mann rezipierte Geschwisterverhältnis kurz zusammen.

2 Zit. n. Strohmeyr, S. 51.

3 Weder Hedwig Pringsheim noch Katia Mann hatten vom frauenpolitischen Engagement der Mutter bzw. Großmutter etwas geerbt: Katia Mann verzichtete ihrem Ehemann zuliebe auf ihr Mathematik- und Physikstudium und kümmerte sich ihr Leben lang ausschließlich um Mann und Kinder. Als sich Thomas Mann bei der Geburt Erikas beklagte, dass es »nur« ein Mädchen sei, soll Uroma Hedwig Dohm ihn als »verdammter alter Anti-Feminist« bezeichnet haben (Dohrmann, S. 32).

4 Zit. n. Klaus Mann 2000, S. 20.

5 Erikas Freundin und Schulkameradin Friederike Schmitt-Breuninger, zit. n. von der Lühe, S. 27.

6 Erika Mann, zit. n. Weiss, S. 33 f.

7 Zit. n. Klaus Mann 2000, S. 202.

8 Zit. n. ebd., S. 213 f.

9 Brief vom 23. Juli 1924, zit. n. Erika Mann 1984, S. 11 f. (Hervorhebungen im Original).

10 Zit. n. Regnier, S. 188.

11 Erika Mann, zit. n. Weiss, S. 37 f.

12 Ruth Roellig (1928), zit. n. Meyer, S. 71 f.

13 Vgl. Rieder, S. 17 und 100. Zu jener Zeit drehten Greta Garbo und Marlene Dietrich gemeinsam den Film *Freudlose Gasse* in Berlin.

14 Zit. n. Klaus Mann 1989, S. 174.

15 Laut Elisabeth Mann Borgese, zit. n. Möller, S. 108 f. Katia Mann erwähnt in ihrer Autobiografie »Meine ungeschriebenen Memoiren« die Homosexualität von dreien ihrer Kinder mit keinem Wort. Thomas Mann war vor allem in seinen Tagebüchern, aber auch in seinem Werk, sehr viel freizügiger. Allerdings hatte er, der stets mit seinen homoerotisch-pädophilen Neigungen kämpfte, wenig Anlass, sich über seine Kinder zu mokieren. Mit den lesbischen Beziehungen Erikas hatte er offenbar kein Problem, eher schon mit Klaus, der sich im Gegensatz zu ihm selbst ganz offen zu seinem Schwulsein bekannte.

16 Zit. n. Möller, S. 129.

17 Zit. n. Weiss, S. 43.

18 Brief vom Juli 1926, zit. n. Erika Mann 1984, S. 13 (Hervorhebungen im Original).

19 Zit. n. Regnier, S. 202 f.

20 Zit. n. ebd., S. 206 f. (Hervorhebungen im Original).

21 Zit. n. von der Lühe, S. 57.

22 Von der gesamten Korrespondenz existieren nur noch 88 Briefe von Annemarie und ein einziger, der letzte, von Erika. Noch bevor sich die Nachlassverwalterin Anita Forrer nach dem Tode Annemaries am 15. November 1942 einen Überblick verschaffen konnte, hatte Annemaries Mutter aus dem Haus ihrer Tochter sämtliche Briefe, Tagebücher und Manuskripte an sich genommen. Die Manuskripte gab sie später wieder heraus, sämtliche Briefe und Tagebücher wurden jedoch von ihr vernichtet (Miermont, S. 65 und 406 ff.).

23 Brief an Erika Mann von Anfang Oktober 1930, zit. n. Fleischmann, S. 20.

24 Brief vom 29. Oktober 1930, a.a.O., S. 27.

25 Brief vom 16. November 1930, a.a.O., S. 31 (Hervorhebung im Original).

26 Brief von Mitte Dezember 1930, a.a.O., S. 39.

27 Undatierter Brief an Erika Mann (unveröffentlicht, Literaturarchiv Monacensia).

28 Siehe Anm. 22. Die Häufigkeit von Annemaries Briefen, die offensichtlich auch erwidert wurden, legt die Schlussfolgerung nahe, dass das Verhältnis zwischen beiden anfänglich sehr intensiv war (Georgiadou, S. 89 ff., Müller u. Grente, S. 76).

29 Annemarie Schwarzenbach bezeichnete Erika Mann in ihren Briefen oft als »großen Bruder« und unterschrieb schon bald mit »Dein Kind A.«.

30 Vgl. Georgiadou, S. 100 ff., Müller u. Grente, S. 108 ff., Rieder, S. 25 u. 29, Miermont, S. 88 ff.

31 Zit. n. Klaus Mann 1989, S. 277.

32 Brief an Erika Mann vom 30. September 1931, zit. n. Fleischmann, S. 63.

33 Zit. n. Klaus Mann 1989, S. 306.

34 »Thun« oder »Thunfisch« war zwischen Klaus, Erika und Annemarie das Codewort für Drogen.

35 Zit. n. von der Lühe, S. 82.

36 Artikel im *Völkischen Beobachter* vom 16. Januar 1932, zit. n. Keiser-Hayne, S. 9 (Hervorhebung im Original).

37 Zit. n. Giehse, S. 21.

38 Zit. n. ebd., S. 34.

39 Weiss, S. 58, und Schmidt, S. 69.

40 Zit. n. Erika Mann 2005, S. 56.

41 Zit. n. Klaus Mann 1989, S. 322 f.

42 Annemarie und Erika nahmen auch gemeinsam Drogen, wie ein Brief von Erika an Klaus zeigt: »Annemarie und ich hatten neulich grosse Erlebnisse mit Resten des dämlichen Wolfgangpulvers, welches nicht nur schauerlich juckte, und ware [sic] Beulen erzeugte, sondern auch, zwei Stunden nach Genuss, fast wie Kräutlein H., die fürchterlichsten Folgen zeitigte, unendliche Magenkrämpfe bei A. und erhebliche bei mir, sodass ich, in mein Einbettstübchen im Hotel, nachts um drei, A.'s biedern Hausarzt, den Doktor Hämmerli zu bestellen hatte, dem alles zu gestehen war, bis er uns endlich mit Dilaudit aus der Klemme half.« (Brief vom 30. März 1933, unveröffentlicht, Literaturarchiv Monacensia).

43 Zit. n. Schmidt, S. 75.

44 Erika Mann, zit. n. Keiser-Hayne, S. 65.

45 Zit. n. von der Lühe, S. 112.

46 Max Gift konnte später aus Deutschland entkommen und nach Argentinien auswandern.

47 Schmidt, S. 82.

48 Brief an Klaus Mann vom 24. Januar 1934 (unveröffentlicht, Literaturarchiv Monacensia).

49 Zit. n. Keiser-Hayne, S. 134 f.

50 Ebd., S. 154.

51 Georgiadou, S. 82. Bis heute konnte die Urheberschaft für die Übergriffe auf die »Pfeffermühle« nicht abschließend geklärt werden. Annemarie machte ihre Mutter zwar nicht direkt, aber »in einem weiteren Sinne« dafür verantwortlich, da sie »ihre Abneigung gegen Erika Mann nie verborgen, und von der Person Erika Manns in einer Weise gesprochen [hat], die unter erwachsenen und unbescholtenen Menschen nicht angängig ist. Jeder wusste deshalb, dass Mama es mindestens gern sehen würde, wenn Frau Mann Unannehmlichkeiten bereitet würden« (Brief an Annemaries Schwester Suzanne, zit. n. Alexis Schwarzenbach, S. 223).

52 Brief vom 21. Dezember 1934, zit. n. Fleischmann, S. 122.

53 Katia Mann, S. 118 f.

54 Nach Strohmeyr, S. 83, siehe auch Möller, S. 175.

55 Möller, S. 174, Schmidt, S. 97.

56 Zit. n. Giehse, S. 189.

57 Brief an Klaus Mann vom 1. Februar 1937 (unveröffentlicht, Literaturarchiv Monacensia).

58 Schmidt, S. 105.

59 Brief an Katia Mann vom 1. Februar 1937, zit. n. Erika Mann 1984, S. 109 f.

60 Brief an Klaus Mann vom 1. Februar 1937 (unveröffentlicht, Literaturarchiv Monacensia, Hervorhebung im Original).

61 Annemarie setzte später ihre Fotoreportagen in den Südstaaten der USA, im Vorkriegseuropa und in Asien fort. Diese Arbeiten zeigen großes Einfühlungsvermögen, eine scharfe Beobachtungsgabe und eine interessante Mischung aus Fakten und persönlichem Erleben. Die Fotos und Reportagen wurden 1990 in dem Sammelband *Auf der Schattenseite* neu veröffentlicht und beweisen Annemaries eigentliches Talent – im Gegensatz zu den inhaltlich oft etwas dünnen belletristischen Werken.

62 Miermont, S. 229.

63 Brief an Katia Mann vom 14. Februar 1937, zit. n. Erika Mann 1984, S. 116.

64 *School for Barbarians* erschien im Oktober 1938 zunächst in der englischen Fassung in einem New Yorker Verlag und noch im selben Jahr im Amsterdamer Exilverlag Querido unter dem Titel *Zehn Millionen Kinder* auf Deutsch.

65 Von der Lühe, S. 213 f.

66 Andererseits versorgte Martin Gumpert Klaus mit Drogen (Tabletten und Injektionen), an die er als Arzt leicht herankam, n. Weiss, S. 120.

67 Elisabeth Mann Borgese, zit. n. Dohrmann, S. 204, s. a. S. 115.

68 Brief an Klaus Mann vom 18. März 1938, zit. n. Fleischmann, S. 164.

69 Das Buch erschien erst 2005 unter dem Titel *Wenn die Lichter ausgehen* auf Deutsch.

70 Tagebuch Klaus Mann, zit. n. Weiss, S. 145 (Hervorhebung im Original).

71 Zit. n. Klaus Mann 1989, S. 464.

72 Von der Lühe, S. 257.

73 Miermont, S. 325-336.

74 Brief an Klaus Mann vom 28. Januar 1941, zit. n. Fleischmann, S. 186 (Hervorhebungen im Original).

75 Die behandelnde Ärztin Gustava Favez, zit. n. Miermont, S. 390.

76 Am 10. Oktober 1942, zit. n. Alexis Schwarzenbach, S. 386.

77 Der behandelnde Arzt Paul Gut, zit. n. ebd., S. 387.

78 Brief an Klaus Mann vom 11. Februar 1943 (unveröffentlicht, Literaturarchiv Monacensia, Hervorhebung im Original). Die ame-

rikanische Schriftstellerin Carson McCullers war hoffnungslos in Annemarie verliebt, die Leidenschaft beruhte aber nicht auf Gegenseitigkeit.

79 »Tomsky« war der Spitzname von Klaus' Geliebtem Thomas Quinn Curtiss.

80 Brief an Klaus Mann vom 4. September 1944, zit. n. Erika Mann 1984, S. 199.

81 Von der Lühe, S. 295.

82 Brief an Klaus Mann vom 15. Januar 1945, zit. n. Weiss, S. 151 f.

83 Brief von Katia an Klaus Mann, zit. n. Möller, S. 279.

84 Brief an Klaus Mann vom 22. August 1947 (unveröffentlicht, Literaturarchiv Monacensia).

85 Brief an Klaus Mann vom 19. April 1948 (unveröffentlicht, Literaturarchiv Monacensia).

86 Tagebuch Thomas Mann, zit. n. Möller, S. 295.

87 Fünf Wochen vor seinem Tod hatte sie ihn noch eindringlich vor der zerstörerischen Wirkung der Drogen gewarnt: »Wärest Du selbst weniger freimütig gewesen und hättest *nicht* auf ein *Vorrätlein* angespielt, von dem Du denkst, es möchte bis *Österreich* reichen, ich hätte der zärtlich-euphorisch-plauderhaften Melodei Deiner Kommunikation entnehmen *müssen*, dass Du [ ] wieder mal tüchtig runtersäbelst vom Kunsthonig. Ja, hast denn Du *überhaupt* keinen Verstand mehr? Was *soll* denn nur wieder werden? Dann sitzest Du als amal da und haust die Schreibmaschine in Klümpchen und man muss Dich in die Geschlossene verbringen und wie Espenlaub zittern um Dich. *Zuzu* zipfelhaft und ganz, als ob Du Dir's nicht AUSRECHNEN könntest!« (Brief vom 13. April 1949, unveröffentlicht, Literaturarchiv Monacensia, Hervorhebungen im Original).

88 Brief an Erika Mann vom 6. Juni 1949, zit. n. Regnier, S. 355.

89 Brief an Pamela Wedekind vom 16. Juni 1949, zit. n. Erika Mann 1984, S. 260.

90 Regnier, S. 355 f.

91 Brief an Paul Citroën vom 13. September 1963, zit. n. von der Lühe, S. 346.

92 Erika Mann, *Blitze überm Ozean*, S. 485.

93 Telegramm an Signe von Scanzoni (unveröffentlicht, Literaturarchiv Monacensia). Im Sommer 2009 wurden aus dem Nachlass Signe von Scanzonis ca. 100 Briefe und Telegramme von Erika dem Literaturarchiv Monacensia übergeben. Leider waren die Dokumente zum Zeitpunkt der Erstellung des Beitrags noch nicht einsehbar. Das zitierte Telegramm und einige Briefe wurden anlässlich einer Buchpräsentation in der Monacensia gezeigt.

94 Von der Lühe, S. 378 f.

95 Ebd., S. 377.

96 Brief von Pamela Wedekind an Erika Mann, zit. n. Regnier, S. 385.

97 Das Fragment »Ausgerechnet Ich« wurde erstmals im Sammelband *Blitze überm Ozean* (2000) auf Deutsch veröffentlicht.

98 Unveröffentlichtes Exposé zu »I, Of All People«, S. 9 (Literaturarchiv Monacensia).

99 Artikel in der *Süddeutschen Zeitung* vom 2. März 1968, zit. n. Erika Mann 1985, S. 205 ff.

100 Schmidt, S. 204 und 251.

101 Regnier, S. 395.

102 Literaturarchiv Monacensia, Nachlassverzeichnis. Vgl. Signe von Scanzoni, *Als ich noch lebte* (erschienen nach Fertigstellung des Beitrags).

103 Zit. n. von der Lühe, S. 377.

104 Von Scanzoni, S. 13 f.

105 Ebd., S. 19.

106 Schmidt, S. 94.

107 Dohrmann, S. 117.

108 Ebd., S. 204.

109 Ebd., S. 199.

110 Regnier, S. 188.

111 Auskunft des Literaturarchivs Monacensia München. Laut von der Lühe (S. 386) besteht die Korrespondenz allein von Erika an Pamela aus 35 Briefen aus der Zeit von 1924 bis 1929 und knapp 70 Briefen von 1949 bis 1969.

112 Dohrmann, S. 57.

113 Tagebuch Klaus Mann, zit. n. Weiss, S. 88.

## Literatur

Dohrmann, Anja Maria. 2003. *Erika Mann – Einblicke in ihr Leben* (= Diss.). Freiburg/Br.

Fleischmann, Uta. Hg. 1993. »*Wir werden es schon zuwege bringen, das Leben«, Annemarie Schwarzenbach an Erika und Klaus Mann, Briefe 1930-1942*. Pfaffenweiler.

Georgiadou, Areti. 1995. »*Das Leben zerfetzt sich mir in tausend Stücke«, Annemarie Schwarzenbach – Eine Biographie*. Frankfurt a. M.

Giehse, Therese. 1973. »*Ich hab nichts zum Sagen«, Gespräche mit Monika Sperr*. München.

Keiser-Hayne, Helga. 1995. *Erika Mann und ihr politisches Kabarett »Die Pfeffermühle« 1933-1937*. Reinbek.

Lühe, Irmela von der. 2009. *Erika Mann. Eine Lebensgeschichte*. Reinbek.

Mann, Erika. 1933-49. Briefe an Klaus Mann (unveröffentlicht, Monacensia, Literaturarchiv und Bibliothek München).
– 1943. »I, Of All People«. Maschinenschriftliches Exposé und Manuskriptfragment, o.O. (Monacensia, Literaturarchiv und Bibliothek München).
– 1984. *Briefe und Antworten, Bd. I: 1922-1950.* München.
– 1985. *Briefe und Antworten, Bd. II: 1951-1969.* München.
– 2001. *Blitze überm Ozean.* Reinbek.
– 2005. *Ausgerechnet Ich. Ein Lesebuch.* Reinbek.
Mann, Katia. 2000. *Meine ungeschriebenen Memoiren.* Frankfurt a. M.
Mann, Klaus. 1989. *Der Wendepunkt.* München.
– 2000. *Kind dieser Zeit.* Reinbek.
Meyer, Adele. Hg. 1981. *Lila Nächte. Die Damenclubs der Zwanziger Jahre.* Köln.
Miermont, Dominique Laure. 2008. *Annemarie Schwarzenbach. Eine beflügelte Ungeduld.* Zürich.
Möller, Hildegard. 2005. *Die Frauen der Familie Mann.* München.
Monacensia, Literaturarchiv und Bibliothek. o.J. Nachlassverzeichnis. München (einsehbar unter http://www.muenchner-stadtbibliothek.de/stadtbibliothek/stadtbib-nachlass-verzeichnis.html? letter=s&mnid=562).
Müller, Nicole u. Dominique Grente. 1995. *Der untröstliche Engel. Das ruhelose Leben der Annemarie Schwarzenbach.* München.
Regnier, Anatol. 2003. *Du auf deinem höchsten Dach – Tilly Wedekind und ihre Töchter. Eine Familienbiografie.* München.
Rieder, Ines. 1997. *Wer mit wem? Berühmte Frauen und ihre Liebhaberinnen.* München.
Scanzoni, Signe von. 1988. *Der Prinzipal. Clemens Krauss. Fakten, Vergleiche, Rücksichten.* Tutzing.
– 2010. *Als ich noch lebte. Ein Bericht über Erika Mann.* Hg. und mit einem Nachwort von Irmela von der Lühe. Göttingen.
Schmidt, Renate. 2008. *Therese Giehse. Na, dann wollen wir den Herrschaften mal was bieten! Biografie.* München.
Schwarzenbach, Alexis. 2008. *Auf der Schwelle des Fremden. Das Leben der Annemarie Schwarzenbach.* München.
Schwarzenbach, Annemarie. Undatierter Brief [vermutlich 1931] an Erika Mann (unveröffentlicht, Monacensia, Literaturarchiv und Bibliothek München).
Strohmeyr, Armin. 2004. *Klaus und Erika Mann. Eine Biografie.* Leipzig.
Weiss, Andrea. 2000. *Flucht ins Leben. Die Erika und Klaus Mann-Story.* Reinbek.

# Frauen aller Länder,
# vereinigt euch

## Nachwort

*von*
*Luise F. Pusch*

Wir schreiben das Jahr 2009. Seit vier Jahren hat Deutschland eine Kanzler*in*; sie wurde gerade für vier Jahre wiedergewählt. Thüringen hat erstmals eine Ministerpräsident*in*, sie ist die zweite Frau auf so einem Posten. Unser Finanzminister ist Rollstuhlfahrer. Wir haben einen offen schwulen Außenminister. Offen schwul sind auch die Bürgermeister der Stadtstaaten Berlin und Hamburg.

Wir haben Fortschritte gemacht. Es gibt heute ein wenig mehr Gerechtigkeit bei der Verteilung hoher politischer Ämter an minorisierte Gruppen wie Frauen, Schwule, Behinderte.[1]

Lesben dagegen sind nirgends zu sehen. Es gibt sie natürlich, auch in höchsten politischen Ämtern, aber ein Coming Out können sich Politikerinnen hierzulande offenbar noch nicht leisten. Zu gemein war wohl die Schmutzkampagne gegen Annette Schavan bei der Kandidatur für das Amt der Ministerpräsidentin von Baden-Württemberg im Jahr 2004.

## Sport: Alles unterm Teppich –
## Depressionen, Doping, Lesbischsein

*Das* Thema in den gestrigen Nachrichten (11.11.2009) war der Selbstmord des Nationaltorwarts Robert Enke (32) von Hannover 96. Er litt seit sechs Jahren an Depressionen, fürchtete aber den Verlust seines Jobs, der lukrativen Werbeeinnahmen und vielleicht sogar seiner Adoptivtochter, wenn seine Krankheit publik würde. Aus Angst, entdeckt zu werden, begab er sich auch nicht in klinische Behandlung. Ein Teufelskreis.

Das Volk war erschüttert und ging zu Tausenden auf die Straße, um seine Betroffenheit zu bekunden. Abends gab es eine Trauerandacht in der Marktkirche, mit viel Fußball- und Kirchenprominenz von Ballack bis Käßmann. – Ich hatte, obwohl seit 25 Jahren in Hannover ansässig, von Robert Enke noch nie etwas gehört. Lebe ich in einer lesbischen Enklave?

Und was soll Enkes Tod hier in einem Nachwort zu einem Buch über Liebesbeziehungen zwischen bekannten Frauen der Geschichte? Nun, es gibt zwischen depressiven Fußballstars, anderen HochleistungssportlerInnen und Lesben eine Reihe interessanter Parallelen. Enke versuchte seinem Publikum den makellosen Helden vorzuspielen, den es haben wollte. Das Publikum identifizierte sich mit ihm; aber wer will sich schon an einem depressiven Helden aufrichten? Andere Sportidole vergiften sich mit Doping, bis sie auffliegen oder daran sterben; anders können sie heute gar nicht mehr mithalten. Aber es ist sehr anstrengend und manchmal tödlich, ständig eine Scheinwirklichkeit darzustellen.

Lesben standen und stehen unter einem ähnlichen Druck. Zwar wird gern behauptet, Lesben könnten doch jetzt sogar heiraten und kämen doch dauernd im Fernsehen vor, sogar mit einer eigenen Serie (*Das L-Wort*). Eine Lesbe, Anne Will, moderiert immerhin eine der beiden wichtigsten Polit-Talkshows der Republik. Aber das Beispiel Annette Schavan zeigt, dass *jede* Frau jederzeit des Lesbischseins verdächtigt und so in ihrer Karriere mit Leichtigkeit nachhaltig geschädigt werden kann. Kein Wunder, dass ein freiwilliges lesbisches Coming Out für Frauen mit großer Fallhöhe ziemlich selten ist. Islands Ministerpräsidentin wurde Anfang des Jahres die *erste* offen lesbische Staatschefin der Welt.

Aus Angst versuchen viele Lesben auch heute noch in einem nervenzerrenden Versteckspiel, ähnlich wie Enke, »der Gesellschaft« etwas vorzumachen, um keine Angriffsflächen zu bieten. Als die deutsche Fußball-Nationalmannschaft der Männer 2006 auf den dritten Platz kam, bereiteten die Fans den Spielern und ihren Frauen oder Freundinnen einen grandiosen Empfang auf dem Frankfurter Römer. Drei Jahre zuvor waren die deutschen Fußballfrauen Weltmeisterin geworden, waren auch frenetisch auf dem Römer gefeiert worden, allerdings ganz ohne Anhang. Kein Ehemann oder Freund war zu sehen. Auch keine Ehefrau oder Freundin. 2007 wurden sie wieder Weltmeisterin, und das Feiern ohne Anhang wiederholte sich. Ob sie alle lesbisch sind und die Freundin hier nicht vorzeigen wollen, schon wegen der gefährdeten Werbeverträge, fragte ich mich. Nicht mal als Weltmeisterinnen können sie sich das leisten? Vielleicht sind sie nicht *alle* lesbisch, haben aber solidarisch beschlossen, dass der Anhang zu Hause bleibt, weil die Lesben unter ihnen die Partnerin nicht öffentlich vorzeigen können.

In den neunziger Jahren sah ich das Weltmeisterschafts-Endspiel zwischen den US-Amerikanerinnen und den deutschen Spielerinnen. Die Deutschen sahen sportlich-herb aus, kurze Haare, stramme Beine. Die Amerikanerinnen dagegen alle so »feminin« wie möglich, die obligatorischen langen Haare hatten sie zu einem feschen Pferdeschwanz gebunden. Der Unterschied in der Aufmachung lag wohl wieder an den Werbeverträgen. Für die Deutschen gab es noch keine nennenswerten, während die Amerikanerinnen schon voll im Geschäft waren. Und die Voraussetzung des Geschäfts ist: feminines Aussehen. Der Verdacht des Lesbischseins muss mit überzeugenden Signalen fortlaufend abgewehrt werden.


Was ist denn an Lesben so fürchterlich?


Es lassen sich gute Argumente für die These anführen, dass die politischen Konflikte, die zurzeit die Welt bewegen, mit dem Kampf der Männer um den Erhalt ihrer Vorherrschaft zu tun haben. Beim Konflikt zwischen der islamischen und der westlichen Welt geht es nicht nur um Öl, sondern auch um den Status der Frau – und damit des Mannes. In den USA, dem mächtigsten Land der Welt, haben die Einstellungen zur

»gay marriage«, zu den »gays in the military« und zur Abtreibung schon viele Wahlen und damit die Weltpolitik entschieden: Die acht Jahre Bush junior verdanken wir wahrscheinlich seiner rechten Gesinnung in puncto Abtreibung, »Homo-Ehe« und »gays in the military«.

Zwar denken die meisten Menschen bei »Homo-Ehe« an Ehen zwischen Männern, aber die eigentliche Bedrohung der männlichen Vorherrschaft stellt der lesbische Lebensentwurf dar. Da er für viele Frauen eine reizvolle Alternative zur herkömmlichen Ehe sein könnte, muss er verteufelt werden. Akzeptanz der »Homo-Ehe« erodiert den traditionellen Anspruch des Mannes auf das weibliche Versorgungssystem in all seinen Ausprägungen einschließlich der sexuellen Versorgung.

Shere Hite entwickelt in ihrem jüngsten Buch eine interessante These über Frauenbündnisse. Sie fragt sich, warum Frauen – immerhin die Mehrheit der Bevölkerung – es bisher nicht geschafft haben, eine ihrem Bevölkerungsanteil entsprechende politische Macht auszuüben. Als Ursache ortet sie die praktische männliche Erfindung des »Schreckgespensts Lesbe«:

Obwohl Frauen privat Freundinnen sein können, können sie auf Ablehnung stoßen, wenn sie diese Freundschaft um die berufliche, also öffentliche Ebene erweitern wollen. Stellen Sie sich zwei Frauen vor, die gemeinsam einen Kredit bei einer Bank beantragen – auf welche Reaktionen werden sie wohl stoßen? Oder stellen Sie sich eine politische Kandidatin mit einer Wahlkampfmanager*in* vor – würden nicht einige sie »die beiden Lesben« nennen? Bis heute wird das Wort *Lesbe* dafür benutzt, Frauen in einem strikt auf Fortpflanzung ausgerichteten Denken festzuhalten und ihnen Angst davor zu machen, ihre Einstellung Männern gegenüber zu ändern – sie könnten dann ja als männerfeindlich oder neurotisch gelten. Das soll nicht heißen, dass Frauen jetzt alle lesbisch werden sollten, aber es wurde willkürlich eine Grenze gezogen, die nicht realer ist als des Kaisers neue Kleider.[2]

Hites Botschaft ist einfach, aber überzeugend: Wenn die Frauen es nicht endlich fertigbringen, das patriarchale Liebesverbot zu ignorieren, wenn sie sich nicht verbünden und einander an die erste Stelle in ihrem Leben setzen (statt Männer, die an erster Stelle typischerweise einen männlichen Gott haben oder einen Ersatz), wenn sie einander nicht genauso viel Zärtlichkeit, Aufmerksamkeit und Liebe schenken wie dem Mann, dann wird es nichts mit der Frauenbefreiung.

Ähnlich argumentiert auch Sheila Jeffreys. Nach ihrer Analyse in *The Spinster and her Enemies* (1985) wird seit dem Aufkommen der sogenannten Sexologen bzw. Sexualwissenschaftler (mit Ausnahme von Helene Stöcker alles Männer)[3] das breite Spektrum der weiblichen Sexualität planmäßig eingeengt auf den heterosexuellen Geschlechtsverkehr. Ausgeschlossen bleiben Liebesbeziehungen zwischen Frauen, Sexualpraktiken, die keine Schwangerschaft bewirken, bewusster Verzicht auf Sexualität mit Männern, Asexualität. Als normal gesetzt und gefordert wird weiblicher Enthusiasmus für alles, was den Mann sexuell anmacht und/oder befriedigt. In den 20er Jahren wurde zu diesem Zweck die »Krankheit« Frigidität speziell erfunden, unter der bezeichnenderweise nur Frauen leiden. Eine Frau, die den geforderten Enthusiasmus nicht aufbrachte, galt als frigide, hatte ihren Lebenszweck als Frau verfehlt und musste therapiert werden.

Die sogenannte Sexualbefreiung der Roaring Twenties und Swinging Sixties (nach Erfindung der Pille) war keineswegs eine Befreiung, argumentiert Jeffreys überzeugend, sondern diente vor allem männlichen Interessen. Denn die Frauen bekamen dadurch nicht etwa Wahlfreiheit. Sie wurden nur dazu »befreit«, dem Mann, mit niemals nachlassender Begeisterung, sexuell zur Verfügung zu stehen.

## Ohne Lesben ist keine Frauenbewegung zu machen – und umgekehrt

Die Biographien in diesem Band illustrieren sehr einprägsam die Tatsache, dass die sexuellen Identitäten – nicht nur die heterosexuelle, sondern auch die lesbische – durch das soziale und politische Umfeld und die Interessen der jeweils tonangebenden Kreise geprägt sind und sich im Laufe der Zeit wandeln. Um es mit Margaret Mead zu sagen: »Die menschliche Natur ist außerordentlich formbar.« Zunächst einmal möchte ich die Diskussionen darüber, ob es angemessen sei, von frauenliebenden Frauen der Vergangenheit als »Lesben« zu sprechen, wo es doch damals diesen Begriff noch gar nicht gab und wir außerdem keinerlei Zeugnisse darüber haben, ob deren Liebe »genital« gewesen sei oder »nur romantisch«, als einäugig zurückweisen. Mit Recht weist Hilde Schmölzer darauf hin, dass wir uns diese Frage hinsichtlich der Heterosexualität auch nicht stellen.[4]

Die Freundinnen, die in diesem Band biographiert werden, haben bis auf Linck und Mühlhahn ihre wichtigen Frauenbeziehungen zwischen 1860 und 1933 gelebt – in einem Zeitraum von rund 75 Jahren, der in etwa zusammenfällt mit der Zeit der sogenannten ersten Frauenbewegung – und das ist durchaus kein Zufall.

Ordnet frau die Frauen bezüglich ihrer Einstellung zum Lesbischsein auf einer Skala von *unbekümmert positiv* bis *ängstlich*, so ergibt sich etwa folgende Reihe mit Anneke als der Unbekümmertsten und Thompson als der Ängstlichsten: Anneke, Barney, Vivien, Smyth, Parnok, Mann, Giehse, Wedekind, Zwetajewa, Mead, Benedict, Winsloe, Thompson.

Grob gesprochen sind diejenigen, deren Geburtsdatum am weitesten zurückliegt, am unbekümmertsten. Annekes Umfeld einschließlich ihres Ehemanns akzeptierte ihre innigen Beziehungen zu Frauen. Es war jene goldene Zeit der »romantischen« Liebe zwischen Frauen, bevor die Sexologen die Lesbe als abartiges Monstrum definierten, das sich gegen die Schöpfung versündigt und seinen wahren Lebenszweck (Kinderkriegen und einen Mann glücklich machen) verfehlt hat. Smyth gibt sich ihren Gefühlen für Frauen auch noch recht ungehemmt hin und schreibt ab 1919 ausführliche, offene Memoiren darüber. Verantwortlich dafür ist neben ihrem »günstigen« Geburtsdatum die Tatsache, dass sie in KünstlerInnenkreisen und im Hochadel verkehrte, wo Abweichungen von der bürgerlichen Norm als eigene Norm gelten und begrüßt oder zumindest entspannter gesehen werden. Ein Sonder- und Glücksfall sind Barney und Vivien; sie werden in die Zeit »romantischer Freundschaften« hineingeboren und sind außerdem reich genug, um ihre eigene Welt aufzubauen und ihr Leben nach eigenen Gesetzen zu gestalten. Mann, Giehse und Wedekind gehen mit Frauenliebe auch entspannt um, ich führe das auf die KünstlerInnenkreise zurück, in denen sie verkehrten, und auf die wilden 20er Jahre, in denen sich ihre Beziehungen entfalteten (die Empfehlungen der Sexologen waren noch nicht *überall* absorbiert worden). In den 30er Jahren war die erste Frauenbewegung erledigt, und es wurde eng und finster. Erst am Ende ihres Lebens hatte Erika Mann wieder eine stabile Beziehung zu einer Frau – ein ähnlicher Lebenslauf wie der von Margaret Mead. Auch Parnok und Zwetajewa lebten überwiegend in KünstlerInnenkreisen, Parnok war ziemlich auf Frauen festgelegt, während Zwetajewa zwischen der Liebe zu ihrem Mann und der zu Parnok hin- und herschwankte. Auch sie nahm in den 30er Jahren Abstand von ihren Gefühlen für Frauen und verfasste eine theoretische Schrift über die Gründe, warum lesbische Liebe scheitern muss.

Benedict entschied sich in den 30er Jahren zwar endgültig für ein Leben mit Frauen, blieb aber strikt »im Schrank versteckt«. Ihre Landsfrau Dorothy Thompson widmete sich ab Mitte der 30er Jahre ganz der Politik, die lesbische Liebe verschwand in den Hintergrund.

Wir sehen, die Beziehungen zwischen den Frauen werden beeinflusst durch ihren Charakter, ihr Milieu und ganz besonders durch ihre Zeit.

Wären Thompson und Winsloe, Mead und Benedict ein oder zwei Jahrzehnte früher geboren worden, hätten sie sich nicht so verstecken und zerbretzeln müssen mit dem unlösbaren Problem, ihre Liebeswünsche und die Moralvorstellungen ihrer Zeit in Einklang zu bringen. Wären sie hingegen in den dumpfen 50er und 60er Jahren erwachsen geworden, hätten sie es vielleicht nicht überlebt. Wenn doch, hätte die Frauenbewegung der 70er Jahre sie wieder befreit.

Etwa um 1910 waren in vielen Ländern die Frauen kurz davor, politisch und gesellschaftlich entscheidende Durchbrüche zu erzielen, denn sie hatten das getan, was nach Hites Analyse (s. o.) einzig und allein Erfolg verspricht: Sie hatten sich in großem Stil miteinander verbündet und waren privat mit Vorliebe Beziehungen mit Frauen eingegangen, kurz: Sie hatten Frauen privat und beruflich/öffentlich an die erste Stelle gesetzt. Die Männer wehrten sich gegen den drohenden Verlust ihres Versorgungssystems und ihrer Macht mit

- einem Ablenkungsmanöver, dem Ersten Weltkrieg[5]
- der sexualwissenschaftlichen Erfindung der Krankheit »Frigidität« und der Verteufelung der Bündnisse zwischen Frauen als sexueller Perversion.

Der Zusammenbruch der alten Ordnungen nach dem Ersten Weltkrieg brachte dann immerhin vielen Frauen endlich das Wahlrecht. Wieder erstarkten sie bedrohlich, und wieder wehrte sich das Patriarchat, in Europa diesmal mit dem extrem männerbündischen Faschismus.[6] Schon Virginia Woolf erklärte sich so das zeitliche Zusammenfallen der Ausbreitung des Faschismus mit der Durchsetzung des Frauenstimmrechts.

Etwa um 1980 waren in vielen Ländern die Frauen wieder kurz davor, politisch und gesellschaftlich entscheidende Durchbrüche zu erzielen, denn sie hatten sich wieder in großem Stil miteinander verbündet und waren privat mit Vorliebe Beziehungen mit Frauen eingegangen, kurz: Sie hatten Frauen privat und beruflich/öffentlich an die erste Stelle gesetzt.

Diesmal kam kein Weltkrieg dazwischen, sondern die internationale Sexindustrie, ein Abkömmling der sogenannten Sexualbefreiung der späten 60er Jahre. Seit den 90er Jahren bestimmt die Sexindustrie, die die weibliche Sexualität nicht mehr »nur« einengt, sondern aus kommerziellem Interesse versklavt, den Diskurs über Sexualität. Sie ist ein Milliardengeschäft und unauflösbar verkoppelt mit dem organisierten Verbrechen (Kinderpornographie, Frauenhandel, Zwangsprostitution).[7] Männer konsumieren Pornographie aus dem

Internet und verlangen zu Hause von ihrer Frau oder Freundin, dass sie sie nach allen Regeln der Pornographie erfreuen soll. In *Beauty und Misogyny: Harmful Cultural Practices in the West* (2005) schildert Jeffreys eindrücklich die pornographischen, verstümmelnden Praktiken, denen Frauen sich heute mehr und mehr unterwerfen, um es dem Herrn recht zu machen.

Die Ideen der Pornographen haben – wie seit Anfang des vorigen Jahrhunderts die Ideen der Sexologen – den Feminismus unterwandert und die sogenannten sexpositiven, neoliberalen Feministinnen hervorgebracht, so dass das Lager der Feministinnen derzeit mindestens zweigeteilt ist: Auf der einen Seite diejenigen, die an den Analysen der Frauenbewegung der 70er Jahre festhalten und meinen, dass Prostitution Ausbeutung von Frauen ist, Pornographie Frauen erniedrigt und beides zusammen dem Status der Frau schwersten Schaden zufügt. Auf der anderen Seite diejenigen, die finden, dass Pornographie auch Frauen Spaß macht und ihnen deshalb zusteht und dass Prostituierte selbstbestimmte Unternehmerinnen sind, die einen ganz normalen Dienstleistungsberuf ausüben und keine staatliche Bevormundung brauchen, sondern staatliche Anerkennung.

So weit der betrübliche Status quo. Aber es gibt Hoffnung, denn, wie dieser kurze historische Überblick nahelegt …

## Liebe zwischen Frauen ist gefährlich

Sie ist gefährlich, weil sie das Patriarchat zum Einsturz bringen kann. Das Patriarchat weiß das sehr wohl und wehrt sich jeweils prompt und mannhaft. Nur wir selber haben es noch nicht so ganz begriffen und verharren in Schreckstarre vor dem männergemachten »Schreckgespenst Lesbe«. Wenn diese Politik des »teile und herrsche« einmal durchschaut ist – worauf warten wir noch? Das Jahrtausend der Frauen ist angebrochen – wenn wir es wollen und Frauen privat und beruflich/öffentlich wieder an die erste Stelle setzen wie in den guten alten Zeiten der ersten und der zweiten Frauenbewegung.

# Anmerkungen

1 Ich verwende hier nicht den Ausdruck »Menschen mit Behinderung«, weil sich für »Schwule« und »Lesben« auch noch nicht die Bezeichnung »Menschen mit gleichgeschlechtlicher Sexualpräferenz« oder dergleichen durchgesetzt hat.

2 Hite, S. ix f. Übersetzung aus dem Englischen von Luise F. Pusch.

3 Vgl. Sigusch.

4 Schmölzer, S. 7.

5 Ich weiß, die gängigen Erklärungen für die Entstehung des Ersten Weltkriegs lesen sich völlig anders, zum Beispiel in Golo Manns monumentaler *Deutschen Geschichte des neunzehnten und zwanzigsten Jahrhunderts* (1958). Golo Mann, immerhin ein Urenkel Hedwig Dohms, der bedeutendsten feministischen Denkerin Deutschlands im 19. und frühen 20. Jahrhundert, brachte es aber auch fertig, in seinem erschöpfenden Werk die Frauenbewegung komplett zu ignorieren. So erlaube auch ich mir hier eine eigenwillige bis einseitige Gewichtung, um die Dinge wieder ins Gleichgewicht zu bringen.

6 Vgl. die obige Anmerkung, die sich auch auf Erklärungen der Ursachen des Faschismus ausdehnen lässt.

7 Vgl. Jeffreys 2008.

# Literatur

Hite, Shere. 2007. *The Hite Report on Women Loving Women.* London.

Jeffreys, Sheila. 1985. *The Spinster and her Enemies: Feminism and Sexuality 1880-1930.* London/Boston/Henley.

—. 2005. *Beauty and Misogyny: Harmful Cultural Practices in the West.* Hove (East Sussex)/New York.

—. 2008. *The Industrial Vagina: The Political Economy of the Global Sex Trade.* Taylor & Francis e-library.

Mann, Golo. 2002 [1958]. *Deutsche Geschichte des neunzehnten und zwanzigsten Jahrhunderts.* Frankfurt a. M.

Schmölzer, Hilde. 2009. *Frauenliebe: Berühmte weibliche Liebespaare der Geschichte.* Wien.

Sigusch, Volkmar. 2008. *Geschichte der Sexualwissenschaft.* Frankfurt a. M.

# Zu den Autorinnen

*Diana Burgin*, geb. 1943 in den USA, Professorin für Slavistik an der Universität von Massachusetts in Boston. Bücher (Auswahl): *Sophia Parnok. The Life and Work of Russia's Sappho* (1994); *Russian Women on the Margins of Everyday Life* (auf Russisch, 2004); *Marina Tsvetaeva and Transgressive Eros* (auf Russisch, 2000). Zahlreiche Übersetzungen und Aufsätze. Ausführliche Darstellung und Materialien auf www.dianaburgin.com.

*Doris Hermanns*, geb. 1961, studierte Pädagogik und Soziologie in Bielefeld. Lebt seit 1990 in den Niederlanden, wo sie als selbstständige Antiquarin arbeitet und sich auf Bücher von und über Frauen spezialisiert hat. Seit 2000 in der Redaktion der *Virginia Frauenbuchkritik* und bei den BücherFrauen aktiv, einem Netzwerk von Frauen in der Buchbranche. Arbeitet derzeit an einer Biographie von Christa Winsloe.

*Ritta Jo (Joey) Horsley*, geb. 1940 in den USA. Professorin für Germanistik und Women's Studies an der Universität von Massachusetts in Boston, inzwischen pensioniert. Jüngste Veröffentlichung: *Berühmte Frauenpaare* (2005), hg. mit L. F. Pusch. Mitarbeit am Kalender *Berühmte Frauen* seit 1987. Mitgründerin von FemBio e.V.

*Birgit Kiupel*, Dr. phil., freischaffende Kultur-Historikerin, Autorin und Zeichnerin. Einblicke in ihre Arbeit zwischen Wissenschaft und Kunst liefern z. B. diese Internet-Seiten von MUGI (Musik und Gender), Hochschule für Musik und Theater Hamburg 2005: »Dienstmädchen auf der Opernbühne des 18. Jahrhunderts«, http:// mugi.hfmt-hamburg.de/dienstmaedchen/.

*Swantje Koch-Kanz*, geb. 1939 in Bremen. Zehn Jahre Verlagstätigkeit für Mouton, Den Haag. Veröffentlichungen mit L. F. Pusch über die Töchter J. S. Bachs, Dorothea Händel, Johanna die Wahnsinnige, Charlotte Perkins Gilman, Elizabeth Packard und über Rachel Carson und Dorothy Freeman in *Berühmte Frauenpaare*, hg. von Horsley und Pusch (2005). Mitarbeit am Kalender *Berühmte Frauen* seit 1989.

*Luise F. Pusch*, geb. 1944 in Gütersloh, Sprachwissenschaftlerin und Gründerin von FemBio e.V. (www.fembio.org). Bücher (Auswahl): *Das Deutsche als Männersprache* (1984), *Alle Menschen werden*

*Schwestern* (1990), *Die Frau ist nicht der Rede wert* (1999), Kalender *Berühmte Frauen* (seit 1987), *Berühmte Frauenpaare* (2005), hg. mit Joey Horsley. Glossen: *Die Eier des Staatsoberhaupts* (2008) und *Der Kaiser sagt Ja* (2009).

*Christine Schmidt*, geb. 1961 in Bielefeld. Dipl.-Geogr., Redakteurin und Fotografin in München. Verfasserin zahlreicher FemBiographien, u. a. Constanze Hallgarten, Hildegard Hamm-Brücher, Liesl Karlstadt, Charlotte Knobloch, Lola Montez. Alle sind auf www. fembio.org veröffentlicht. Mitarbeit am Kalender *Berühmte Frauen 2010*.

*Andrea Schweers*, geb. 1952 in Bremen. Lehrerin und Journalistin. Sieben Jahre Mitarbeit im Frauenkulturhaus Bremen. Mehrere Jahre im Ausland als Lehrerin tätig (Kenia, Mayotte – französisches Überseedepartement). Lebt und arbeitet jetzt wieder in Bremen. Essays über Camille Claudel, Séraphine Louis und Adèle Hugo in *WahnsinnsFrauen* 1-3, hg. von Duda und Pusch, sowie über Rosa Bonheur, Nathalie Micas und Anna Klumpke in *Berühmte Frauenpaare*, hg. von Horsley und Pusch. Mitarbeit an *Ohne Frauen ist kein Staat zu machen*, hg. von Pusch und Schweers, und am Kalender *Berühmte Frauen*.

*Angela Steidele*, geb. 1968, Dr. phil., erforscht die Geschichte der Frauenliebe vor der Erfindung der so genannten »Homosexualität« (1869). Ihrer Dissertation *»Als wenn du mein Geliebter wärest«: Liebe und Begehren zwischen Frauen in der deutschsprachigen Literatur 1750-1850* (2003) folgte die Biographie über Catharina Linck (*In Männerkleidern*, 2004), die mit dem Gleim-Literaturpreis ausgezeichnet wurde. Im Frühjahr 2010 erscheint *Geschichte einer Liebe: Adele Schopenhauer und Sibylle Mertens*.

## Bildrechte

S. 51 (oben): Wisconsin Historical Society, WHS Image ID 72188.
S. 51 (unten): Special Collections, Vassar College Libraries.
S. 93 (oben): © Getty Images / Hulton Archive.
S. 93 (unten): Henry W. and Albert A. Berg Collection of English and American Literature, The New York Public Library, Astor, Lenox and Tilden Foundations.
S. 237 (oben): Special Collections, Vassar College Libraries. Aufnahme: Arthur Muray, N. Y.
S. 265: Monacensia. Literaturarchiv und Bibliothek München. Signatur: EM F 142. Aufnahme E. Sogalla, Berlin 1927.